NARRATIVE OF COURT TRIALS

Within the Framework of Cognitive Theory

认知理论框架下的
庭审叙事

余素青 ◎ 等著

北京大学出版社
PEKING UNIVERSITY PRESS

图书在版编目(CIP)数据

认知理论框架下的庭审叙事 / 余素青等著. -- 北京：北京大学出版社，2025.4. -- ISBN 978-7-301-35562-6

Ⅰ. D925.04

中国国家版本馆 CIP 数据核字第 2024C4L280 号

书　　　名	认知理论框架下的庭审叙事
	RENZHI LILUN KUANGJIAXIA DE TINGSHEN XUSHI
著作责任者	余素青　等著
责 任 编 辑	张宇溪
标 准 书 号	ISBN 978-7-301-35562-6
出 版 发 行	北京大学出版社
地　　　址	北京市海淀区成府路 205 号　100871
网　　　址	http://www.pup.cn　　新浪微博：@北京大学出版社
电 子 邮 箱	zpup@pup.cn
电　　　话	邮购部 010-62752015　发行部 010-62750672　编辑部 021-62071998
印 刷 者	北京圣夫亚美印刷有限公司
经 销 者	新华书店
	730 毫米×980 毫米　16 开本　25.5 印张　458 千字
	2025 年 4 月第 1 版　2025 年 4 月第 1 次印刷
定　　　价	98.00 元

未经许可，不得以任何方式复制或抄袭本书之部分或全部内容。
版权所有，侵权必究
举报电话：010-62752024　电子邮箱：fd@pup.cn
图书如有印装质量问题，请与出版部联系，电话：010-62756370

内容摘要

在侵犯或违法事件发生后,受到侵犯的一方或公诉人会向法庭提起诉讼,要求对方对造成的损失作出赔偿,或要求法律对其所犯罪行作出制裁。诉讼就是从被侵犯人或公诉人对事件的叙事开始的(起诉书)。该叙事包括八个方面:何时、何地、何人(施事)、因何、以何方式、对何人(受事)、做何事(侵害/侵犯)、致何果。辩论阶段无外乎是对以上细节的一个确认过程。法官在判决书中也是先叙述认定的案件事实,然后说明适用法律,最后宣布判决结果。

由于诉讼的结果关涉到个人或群体的财产得失、毁誉荣辱乃至生命予夺,被告方往往会构建出他们对事件的一个叙事版本,而双方因为有极深的利益关系,所以对所发生的事件构建出的叙事版本完全相反。对于法官而言,他必须兼听双方的叙事,进行确认、审查、评价等,从而认定证据和法律事实。庭审之前,在查看卷宗等的基础上,法官已经在脑海中形成了一个事件的故事版本,控辩双方/原被告在庭审中对事件的叙事会对他脑海中的故事版本产生一定的影响。此外,法庭审判中还有原被告对己方证人的直接询问以及对对方证人的交叉询问,有时到庭作证的证人还不止一个,那么在这种情况下,原被告是如何在提问中构建他们故事版本的叙事的,他们的故事版本的各个要素又是怎样进行有效衔接和连贯以达到"说服"法官的效果的?同时,事件本身的事实在法庭上的叙述受法律框架的约束,因此还有事件事实和法律事实之分。比如根据证据法的原则,如果原告不能举证证明被告人对原告的侵犯是真实的,那么即使侵犯真正发生过,事件事实也构不成法律事实。

可见,法庭审判中的叙事有它结构上、形式上、语境上等方面的独特性和制约性,整个审判是一个多方互动的过程,法官、公诉人、辩护人、被告/被告人、证人等不同角色都是叙事者,同时又都是受叙者。[①] 与文学叙事不同,庭审叙事的问答对话形式决定了其动态性,各庭审角色都具有不同的知识、经验、情感等,并不是被动地接收信息,而是会处理、分析及判断所接收的信息,并即时作出回应。因此在庭审中,原被告/控辩双方通过证据对客观发生的事件进行认知,在法庭上运用语言来叙述案件"事实";法官在兼听双方的叙述和论辩的基础上认定法律事实、被告/被告人的悔罪表现以及在法庭审判过程中的悔罪态度等,并根据相应的法律法规,形成心证、作出裁判。整个庭审过程中有许多主客观因素在起作用,这就是本书重点关注的内容——认知。

首先,我们设计了3份调查问卷,通过数据分析来考察公诉人、律师、被告人和证人等庭审言语角色的叙事构建对言语效果的影响程度、法官在裁判事实构建的过程中受当事人叙事的影响程度以及庭审的最终结果——判决书中的叙事构建可接受性状况。问卷的内容除了受访者性别、所在区域、任职时间、受教育程度、专业背景、审理案件总数等基本信息之外,还包括以下问题:他们在庭审之前一般对涉案事件的细节以及相关法律法规的了解程度如何?了解或掌握涉案事件的内容和情况的途径、庭审期间的发问重点、庭审叙事和判断时所用的知识有哪些?在庭审前脑海中有没有一个该事件的故事版本?庭审中各叙述者的故事在哪些方面会影响或修正自己已有的故事构建?影响庭审进程的主要因素有哪些?哪些因素在作出裁判时会让人偏向于酌情加重或减轻刑罚?如何应对案件审理过程中证据链不衔接或故事情节不连贯的情况?怎样辨别作伪证或虚假陈述甚至虚假诉讼以及应对方式是什么?庭审中的有效叙事比较重要的方面有哪些?在庭审及裁断过程中司法人员个人的哪些主客观因素会起作用?被告(人)个人的哪些主客观因素会影响到司法人员?案件如果最终由审判委员会判决,那么最后判决中对案件的描述部分跟法官脑中原有故事版本的一致性如何?在写判决理由时碰到的最麻烦的问题是什么?对

---

① 本书区分"叙述"和"叙事",关于两者的区别,则可以参见申丹(2009)的解释:"叙事"和"叙述"这两个术语的同时存在使得表述更有可能更加准确。在所描述的对象同时涉及叙述层和故事层时,我们可以采用"叙事";但若仅仅涉及叙述层,我们则可以选用"叙述"来予以描述。所以根据上下文,本书中出现了"叙述者"和"叙事者",这样表述相对更准确。

判决书中的案件事实的叙述部分的满意度如何？格式化的判决书有哪些弊端？审判制度还应该在哪些方面进行改革？这些问卷比较全面地考察了庭审叙事过程中的现状和问题。

问卷中包括很多对庭审中的主客观语境因素的考察，因此本书第五章介绍了叙述者在庭审中的语境认知，包括传统语境因素、制度性语境因素以及动态的认知语境等。认知语境宏观上包含社会团体所共有的集体意识，即背景知识或认知结构；微观上包括交际对象的角色、动机、情绪、态度、性格、气质、经历等，以及交际双方或多方的角色关系和言语交际的微观场合等等，因此该章也探讨了根据这些认知语境因素而形成的叙事认知手段。

不论什么样的故事，叙述者都是从一个特定的角度来叙述的，这就是视角——叙述者或者人物观察故事的角度。在了解庭审现场不同角色的认知语境因素之后，叙述者需要考虑到视角问题。在庭审的不同阶段，同一个言语角色可能会是叙述者，也有可能是受叙者，站在不同的视角对事件的观察和认知也是不同的。本书第六章主要是研究刑事案件中法官、控方、辩方、被告人以及证人作为叙事者或者受叙者观察已经发生的事件时选择的视角，为什么针对同一事件，控辩双方会构建出两个完全相反的故事（有罪和无罪，罪重和罪轻）？因为叙述者视角的选择是一个认知过程。

庭审叙事话语是法庭上控辩双方用来陈述诉讼事实，包括按证据转换的法律事实的话语。建构这种话语要按照时间顺序和事件顺序，更要按照逻辑顺序，建构严密而通顺的话语。庭审叙事有其独特的形式及结构特征。从形式上看，有自述、独白，还有多角色互动交际（以问答形式）等。从层级结构上看，有判决中的叙事、原被告总体叙事、相对完整叙事、论辩过程中原告/被告对证人询问时证人的"次叙述"，以及直接询问及交叉询问中问答式的"最小叙述"等。从叙事结构上看，证人/被告的叙事结构又区别于拉波夫的一般叙事结构。由于庭审叙事结构层次的复杂性，从叙事的角度来看庭审的连贯性也是一个集复杂性和多层次性于一体的问题。有学者从时间连贯性、逻辑连贯性和主题连贯性对该问题进行了研究。我们则从信息的连贯性，认知图式下的连贯，故事模型框架下的内部和外部连贯以及宏观、中观和微观层次上的连贯等方面对其进行了研究。

在以上分析的基础上，本书还从认知角度解读了以下庭审叙事的策略和手段：庭审叙事修辞主要是指一种运用修辞手段和修辞方法进行说服或者劝服的行为，是法律人有意识、有目的的思维构建，是影响受叙者、达到法治目的的思维活动，具体如三段论的使用等。事件与解释之间的先后情节安排，会影响受叙者的理解程度，"先构建事件再做解释"或"先有解释再构建事件"两种情节安排模式分别适用于不同环节的庭审叙事；评价性描述是用语言来构建我们对事物的评价，在庭审叙事中包括对对方律师话语的评价、对证据和证人的评价、对罪行的评价、对被告人的评价以及公共舆论对案件的评价等等，虽然这些评价不涉及具体法律法规，但确实会对庭审结果产生无形的影响，因为品格证据是影响判决的一个很重要的方面。修辞性叙事不同于叙事修辞，它更加关注受叙者的存在与认知情况；辩护律师通常会通过修辞性叙述构建意义，包括低调陈述和夸大陈述两个方面，对被告/被告人的罪名、罪行程度等进行低调陈述，维护被告人利益，反之，控方或原告则会采取夸大陈述的方式。消减叙事也是被告方所采取的叙事策略，它包括虚假陈述、作伪证、模糊用语等，虽然从刑法理论上讲，被告人作伪证是缺乏期待可能性的不可罚行为，但从调查问卷中可以看出，大多数的法官还是会酌情从重处罚。

综上所述，本书是从认知语言学角度对庭审叙事进行的探讨，尤其是在庭审过程中，叙述者如何通过使用认知手段达到庭审叙事的有效性以及怎样从认知角度解读庭审叙事的策略。理论形成于实践，也服务于实践，本研究是从认知语言学、法学和叙事学三个学科相关理论结合司法实践的综合运用，也希望能够在一定程度上对这些理论的发展有所裨益，并能产生一定的社会影响和效益。

关键词：庭审叙事　认知语境　认知图式　连贯　视角　叙事有效性　叙事策略

目 录

1　绪论	001
1.1　研究意义	004
1.2　国内外研究现状	011
1.3　研究目标	013
1.4　研究内容及重点难点	013
1.5　主要观点和创新之处	015
1.6　研究思路和方法	015
1.7　前期相关研究成果——从静态转向动态	016
1.8　研究所使用的语料	022
2　庭审叙事及其认知研究综述	025
2.1　庭审叙事及相关概念	025
2.2　国内庭审叙事研究综述	027
2.3　国外庭审叙事研究综述	044
2.4　国内外庭审叙事研究的特点	065
3　研究的理论基础	067
3.1　认知语言学理论基础	067
3.2　叙事学理论基础	070
3.3　本研究的法学理论基础	072
4　庭审叙事状况调查	080
4.1　调查问卷及数据统计情况	080

4.2　庭审各言语角色的叙事构建对言语效果的影响程度调查　　080
4.3　法官裁判事实构建过程中受当事人叙事的影响程度调查　　093
4.4　庭审判决书中的叙事构建可接受性状况调查　　099

5　叙述者在庭审中的语境认知　　107
5.1　庭审叙事中的语境　　107
5.2　庭审叙事中多角色交叉互动的庭审规则制约　　132
5.3　庭审话语的制度性语境认知　　144
5.4　庭审叙事中动态语境的有效构建和认知　　153

6　叙事者的庭审叙事视角选择　　160
6.1　叙述者视角　　161
6.2　受叙者视角　　178

7　庭审多层级叙事结构中叙事连贯的认知框架构建　　186
7.1　庭审叙事的形式　　186
7.2　庭审叙事的层级结构和特征　　189
7.3　庭审叙事连贯的认知框架构建　　197

8　达到庭审叙事有效性的认知手段　　230
8.1　叙事手段的合理应用　　230
8.2　叙事视角的选择　　240
8.3　叙事的完整性　　247
8.4　叙事中的法律法规相关性　　254
8.5　叙事的说服功能　　263

9　从认知角度解读庭审叙事策略　　270
9.1　修辞性叙事的应用及其解读　　270
9.2　通过叙述构建意义的应用与解读　　278
9.3　消减叙事的类别及其解读　　285
9.4　虚假诉讼的识别　　292

10　余论	299
附录一　刑事法官调查问卷表及数据统计	303
附录二　检察官调查问卷表及数据统计	318
附录三　律师调查问卷表及数据统计	331
附录四　民事法官调查问卷表	347
附录五　刑事案件语料	356
附录六　民事案件语料	366
参考文献	375
后　记	397

1 绪 论

叙事之于法律，不管对立法和司法都有举足轻重的作用，尤其是在实行抗辩制的英美法系国家。关于庭审"叙事"，英美学者们分别使用"故事"(story)、"讲故事"(storytelling)、"叙事"(narrative)、"叙述"(narration)、"叙事性"(narrativity)、"叙事推理"(narrative reasoning)等词，它们之间的关系我们将在第二章再进行区别。

霍姆斯大法官曾说：法律的生命并不是逻辑，而是经验。从本质上讲，霍姆斯的主张是，法律不仅仅是关于规则和逻辑的（能中立地适用于需要被证明的事实）。实际上，法律是一种不断适应环境的生长体系，一直改变着社会和人类的经验（Morrison，2004）。因为这些经验随着时间而改变，因此法律必须不断作出调整。这种现象是霍姆斯在他的经典著作《普通法》中所描述的普通法制度的核心。

Kenneth(2014)则提出法律的生命并不是逻辑，而是故事。故事，或者更确切地说，"叙事推理"可以对法律产生实质性的改变（Cover，1983）。Kenneth所说的讲故事，一方面是从故事是如何帮助塑造法律本身这一角度来理解的。一个善于讲故事的律师更容易说服法官或陪审团作出对该律师的当事人有利的裁判。另一方面，法律本身也反映了这一点——我们理解和接受的故事，是我们原则的正确表述（Cover，1983）。

认知心理学家肯德尔·黑文认为人类对故事的反应是与生俱来的（Haven，2007）。最初将人类与其他灵长类区分开来的是我们互相能看出对方意图和心理状态的能力的扩展——我们的主体间性能力或"读心"能力。这是我们在特定的文化中要集体生活的先决条件。如果我们人类不能以叙述的形式组织和交流经验，这样的集体生活是否还有可能？

我们以故事的形式体验世界；正如 Michael(2012)所说的那样，我们都是自己生活中的故事主角。因此，我们对他人故事的迷恋是自然的，因为它帮助我们了解他人。故事比书面语言本身要古老得多；它是我们理解世界和理解他人的机制（Haven，2007）。

讲故事与古典修辞学中的理性诉求（logos）、人品诉求（ethos）和情感诉求（pathos）三要素紧密联系：ethos在希腊语中是"人格"的意思，对应的演讲方法是演讲者在演讲中（尤其是开始）要向观众展示自己的知识和道德水平，让观众信任自己。pathos的原意是"痛苦"，当然，这里指的是所有深刻的情感。logos指"逻辑"。pathos和logos实际上就是汉语中所说的"动之以情，晓之以理"。好故事需要良好的理性诉求和人品诉求，还需要关注说服的情感诉求。

一个与合理的情感诉求交织在一起的逻辑论据，远比一个忽视情感诉求的论据要有力得多。从本质上讲，辩护律师应尽力做到两点：(1)向法院表明，他的首选结果是合法允许的（理性论证）；(2)使法官想要达到这个结果（情感论证）。如果案件的情感对对方有利，那么要达到一个有效的逻辑论点就相当困难；因此，如果辩护律师要获得对诉讼委托人有利的判决，就应该努力在情感上打动法官——在理性中融合情感。

向法庭提出以情感为基础的论点的过程有时也被称为叙事推理（Edwards，1996）。叙事推理的核心特征是基于价值的推理，侧重于什么是正确的或者什么是公正的，不仅涉及事实调查者（陪审员或初审法官）的情感，还包括他在基本层面上的道德判断（Edwards，2010）。它帮助事实发现者作出的判断不仅是合乎法律的，而且在情感上、伦理上和道德上也都是正确的（Johansen，2008）。

罗伯特·伯恩斯（Burns，2006）认为，至少在审判阶段，叙事推理对于防止纯粹主观的判决是必要的：

> 如果案件是以平铺的记录展示的，无任何叙事和（审判仪式上的）戏剧元素，那么判决就将是由裁判者完全凭主观而任意作出的，也有可能是根据"态度（政治学家们发现它能最佳预测上诉法院的判决）"作出的判决……这里还有一个叙事推理的更深层的必要性：尝试在司法判决（legal decision）中消除常识道德判断的作用可能导致这样一个结果——它不是产生出一种更高层次的合法性，而是在具体案件的判决中产生更大的随意性。

许多法律规则都需要用叙事推理来解决。其中，最简单的例子就是英美法系中的陪审团。陪审员无疑需要广泛的自由裁量权来解决摆在他们面前的争端，他们在作出裁决时具有情绪化倾向；这种倾向实际上是该制度的一个特征，而不是问题（Burns，2006）。我们希望陪审团在对一个因特定争议所发生的事件进行裁决时,能运用他们的常识。我们相信这个团体的集体智慧能够使裁决有其可信度。

除了陪审员,初审法官也运用常识。当初审法官进行非陪审团审判时,他就是事实发现者,他们跟陪审团一样,在运用常识时有广泛的自由裁量权(英美法系中的陪审团只审理事实,法律部分由法官审理。当初审法官进行非陪审团审判时,他既要审理事实,也要审理法律。大陆法系的法官是既审事实,也审法律)。但即使在其他情况下,我们也要求初审法官把他们的人性带进法庭。案例如下:首先,在对刑事被告进行量刑时,法官必须对每个案件作出惩罚裁量。法官必须在以下两种情况中平衡一种人类意识:首先,除了很多其他因素外,所判刑期更长的话,长到什么程度才可能完全改造罪犯,什么时候该考虑公共安全。其次,在孩子抚养权纠纷中,法官必须决定父母中的哪一方能更好地抚养孩子。他们可能会参考一系列因素,包括先前的案例和他们自己的经历,但最终,法官必须用叙事推理来决定在任何特定情况下怎样做才是最好的。最后,根据美国1964年《民权法案》第七章,法官经常被要求设身处地为原告着想,以便确定是否受理一个案件(Ben, 2009),当然,不进行叙述推理是不可能的。

虽然许多人接受叙事推理在初审阶段的作用,但有些人可能会反对说上诉法官不会至少不应该运用叙事推理。一个著名的案例是,美国首席大法官罗伯茨就曾声称,他作为法官的职责将是充当裁判,根据其他人预先制定的规则叫坏球和好球口令。① 其他法官所宣称的"原旨主义者"或"诠释者"是用演绎方法从固定不变的原则推导出判决。这些争论充其量是天真的,因为它们使法官造法(实行普通法系制度的英美国家根据遵循先例原则,所有法官的判决都是以后相似案件判决的参照标准)没有余地。即使在宪法或法律解释的问题上,法官们也有一个广阔的领域来解释固有的(往往是故意的)、含糊的词语;这些解释可以且肯定经常是以法官的价值观和直觉为基础的(Berger, 2013)。换句话说,它们来源于一种叙述推理的形式。

此外,当我们仔细审视似乎是应该按照逻辑并且不带任何感情地适用普通法的"规则"时,很显然这些规则需要人类运用情感来解决。比如衡平法学,它的整个体系都依赖于叙述推理。衡平是法律世界的"自由因子"(Dan, 1993)。在严格遵守法律逻辑规则的情况下,当一个无辜的人受伤而得不到救济时,衡

---

① Confirmation Hearing on the Nomination of John G. Roberts, Jr. to be Chief Justice of the United States: Hearing before the Committee on the Judiciary, United States Senate, One Hundred Ninth Congress, first session, September 12-15, 2005.

平法会介入并采取救济措施。在诸如侵犯公民权利、就业歧视诉讼、大公司用市场力量抑制竞争时发生的反垄断和不正当竞争诉讼等情况下，如果强大的实体利用它们的力量压迫较弱的对手，通常就需要这种救济功能。事实上，衡平法学的基石原则之一是只有当受害方"在法律上没有充分救济的情况下"（Farnsworth，2004），才能实施救济。换一种说法就是，只有当理性论点不能解决损害的痛苦时，衡平法才会介入。因此衡平法的关键原则是公平性——在当事人受到损害、传统的金钱损害赔偿并不足以完全救济受害方时，衡平法就有效。解决这类案件几乎需要所有的叙述推理。

这样的例子有许多。法律经常要求初审法官在解决具体案件时考虑他们自己的感受。审查这些判决是否有滥用自由裁量权现象的上诉法院法官通常会肯定初审法官的发现。滥用自由裁量权审查作为一种审查标准，从定义上赋予初审法官广泛地参与叙事推理的机会。这一审查标准是没有争议的。上诉法院制定了许多规则，要求初审法官在上述例子中进行叙述性推理。许多法律规则都是由法官所造，例如侵权行为法、合同法和财产法的许多概念。这引发了一个问题：他们在制定这些规则时首先应用的是什么价值观？Kenneth（2014）认为，法官的价值观来源于叙事推理及其对社会有益的观念[①]——他指的是上诉法院在确定先例（或制定法律）时的行为。当然，至少在中级上诉法院的层面，法院工作的一部分是错误纠正（确保个人公正）。在实践中，法院不可能将它的法律制定与其纠错功能分开。

因此，叙事推理不仅是法律制定的必要特征，也是一种可取的特征。无论是成文法还是普通法所产生的规则，往往都需要事实调查者进行叙述推理，以便使这些规则适用于案件的事实。可以说，庭审事实的构建是通过人对证据和证词有主观认识之后用语言来建构的，在完成了专著《法庭审判中事实构建的叙事理论研究》之后，作者拟从认知语言学的角度对庭审叙事进行动态研究。

1.1 研究意义

在1949年后长达30年的时间里，我国虽间或有涉及刑事诉讼规则的法律零星出台，如《中华人民共和国逮捕拘留条例》（1954年）、《中华人民共和国人

[①] Kenneth, D. Chestek, 2014, The Life of the Law Has Not Been Logic: It Has Been Story, *Savannah Law Review*, (1): 21-44.

民法院组织法》(1954年,以下简称《人民法院组织法》)等,但刑事诉讼法典却始终未能问世。其间,尽管20世纪50年代曾有《中华人民共和国刑事诉讼条例草稿》(1955年)、《中华人民共和国刑事诉讼法草案》(1957年),60年代也曾有《中华人民共和国刑事诉讼法草案》(1963年),但由于各种因素的干扰,这些立法最终均告搁浅。刑事诉讼无法可依的局面一直延续到1979年我国第一部刑事诉讼法典的颁布。

1979年以前,中国长期处于司法不完善的状态,各级法院没有统一的诉讼程序。针对这种情况,1979年制定的《中华人民共和国刑事诉讼法》(以下简称《刑事诉讼法》)纳入刑事诉讼的所有重要阶段,使大部分重要司法行为实现了法律化与程序化,一套相对完整的程序规范由此形成,尤其是审判程序的规范颇为全面。当然,这部刑事诉讼法有不少方面的规定比较粗糙,操作起来有难度,尤其是关于侦查行为的规定较少。

1991年4月,新的《中华人民共和国民事诉讼法》(以下简称《民事诉讼法》)颁布。其中规定了当事人举证责任原则,即"谁主张,谁举证"的原则。同时,在一些地方进行了控辩制的司法审判改革试点。当时,控辩制在社会上和法学界都引起了不少反响。

1996年《全国人民代表大会关于修改〈中华人民共和国刑事诉讼法〉的决定》经八届人大四次会议审议通过,1997年1月1日起施行。这是改革我国刑事司法制度的一个重大步骤,从立法精神到具体规定都有修改补充,其中,与审判制度相关的主要内容有:

(1) 在相应的立案、侦查、审判、执行制度环节中都有具体规定。特别是增加了"未经人民法院依法判决,对任何人都不得确定有罪"的内容。实质上,这是在世界上大多数国家统称的无罪推定原则上,根据我国国情吸收其合理内容加以确认,也可以说是具有中国特色的无罪推定。这一规定既确认了犯罪嫌疑人、被告人在判决生效前的非罪犯法律地位;又确认了除有法定的情况以外,犯罪嫌疑人、被告人不负举证责任;如果控方指控其犯罪而又提不出确实充分的证据,应当作出证据不足、指控的犯罪不能成立的无罪判决。

(2) 提前了辩护律师参加诉讼的时间,加强了对犯罪嫌疑人和被告人合法权益的保障。为了使犯罪嫌疑人能够尽早得到律师提供的法律帮助,增加了"犯罪嫌疑人在被侦查机关第一次讯问后或者采取强制措施之日起,可以聘请律师为其提供法律咨询、代理申诉、控告。犯罪嫌疑人被逮捕的,聘请的律师可以为其申请取保候审",以及"受委托的律师有权向侦查机关了解犯罪嫌疑人涉嫌的罪名,可以会见在押的犯罪嫌疑人,向犯罪嫌疑人了解有关案件情况"的内容。把辩护律师参加诉讼的时间由法院决定开庭审判后,提前到案件侦查终结后移送检察院审查起诉时,即"公诉案件自案件移送审查起诉之日起,犯罪嫌疑人有权委托辩护人。自诉案件的被告人有权随时委托辩护人"。这就使辩护律师有足够时间,可以查阅、摘抄、复制本案的诉讼文书、技术性鉴定材料,可以同在押的犯罪嫌疑人会见和通信,可以为辩护进行充分的准备。扩大了应当指定辩护案件的范围,确立了律师应当承担法律援助的义务。例如,被告人是盲、聋、哑或者未成年人而没有委托辩护人的,人民法院应当指定承担法律援助义务的律师为其提供辩护;被告人可能被判处死刑而没有委托辩护人的,人民法院应当指定承担法律援助义务的律师为其提供辩护,对律师提出了更高的要求(程荣斌,1997)。1996年《刑事诉讼法》的修订,意味着控辩制在中国的司法实践中全面开展。

此时的控辩制还很难称得上是一种真正的对抗,有两个方面的原因可以说明这种对抗的虚置化。一是控辩双方严重失衡,缺乏公平对抗的基本条件。对抗的前提是要有辩护律师协助被告人,而中国当时的刑事辩护率不足,有被告人没有律师辩护的现象,被告人只能孤零零地面对实力强劲、人数众多的公诉人,在这样的场景下,在双方实力悬殊十分明显的情况下,法庭的裁决有可能是不公平、不公正的。二是我们的控辩制庭审由于没有证人出庭而进一步被虚置,证人不出庭,辩方无从对证人进行直接质询,无法对鉴定人的鉴定进行言词质询,对抗根本就无从着手、无法展开。所以,中国的法律职业共同体,包括法官、检察官与律师对各自在对抗制庭审方式中的地位与角色尚需进一步的体悟,中国的刑事辩护律师数量还有待增加,执业环境还有待改善,中国的刑事法律援助还需加强。

2012年3月14日,《全国人民代表大会关于修改〈中华人民共和国刑事诉讼法〉的决定》在十一届人大五次会议上通过,自2013年1月1日起施行。《刑事诉讼法》的再次修改,使控辩式庭审方式改革取得了新的进展。如完善了回避制度,规定辩护人有权申请回避及复议;改革辩护制度,完善了法律援助制度,扩大了法律援助辩护的适用范围,强化了辩护律师的会见权、阅卷权、申请调取证据权及保守职业秘密权等执业权利;修改了证据制度,其中规定公诉案件中被告人有罪的举证责任由人民检察院承担,建立了非法证据排除规则,完善了证人保护制度,建立了证人作证补偿制度;完善审判程序,建立了强制证人出庭作证制度。此外,辩护人有权申请法庭通知有专门知识的人出庭,就鉴定人作出的鉴定意见提出意见,辩护人可以就定罪、量刑问题进行辩论,等等。上述新规定都有助于控辩式庭审方式改革的深化。

控辩制和纠问制皆源于西方，均属于现代诉讼制度，分属于英美与大陆法系，两者的审判方式有着相当大的不同。控辩制又称当事人主义诉讼方式，或称对抗制、抗辩制，双方当事人各自收集并向法庭展示其证据，并以对抗方式表达对事实和法律的理解，提出自己的主张，法官则处于消极中立的地位，并作出审判。① 纠问制也称为职权主义或混合式诉讼方式，审判官集侦查、控诉、审判职能于一身，不论是否有被害人或其他控告，均根据职权主动追究犯罪，被告人是被审问、受追诉的对象。概括而论，在纠问制中，法官的角色是发现案件真相和依法裁决，而在控辩制中，用美国大法官杰克逊的话来说，就是"让双方打仗"，法官的责任不是发现案件事实真相，法官仅处理或集中处理有关法律的问题。

刑事辩护制度的发达与完善程度是衡量一个国家民主与法治进程的重要标志。2014年10月，党的十八届四中全会通过的《中共中央关于全面推进依法治国若干重大问题的决定》针对我国当前的司法体制改革，更进一步地提出了"努力让人民群众在每一个司法案件中感受到公平正义"的更高目标。

与我国诉讼法和审判制度改革相一致的还有《中华人民共和国律师法》（以下简称《律师法》）的制定和修订。1950年7月，中央人民政府政务院公布的《人民法庭组织通则》中规定："应保障被告有辩护和请人辩护的权利。"1954年我国颁布了第一部宪法，其中明确规定："被告人有权获得辩护"；同时公布的《人民法院组织法》规定被告人除自己行使辩护权外，可以委托律师为他辩护。从1955年开始，全国各地许多市、县都开展了律师培养工作，逐步建立起我国的律师队伍。1956年，国务院正式批准了司法部提出的《关于建立律师工作的请示报告》，该报告对律师工作机构、性质、任务、任职资格等问题都作了明确的规定，并建议通过国家立法正式确认律师制度。

改革开放后，随着司法部和地方各级司法行政机关的恢复建立，从1979年下半年开始，各地着手依法重建律师队伍，律师制度方面的立法工作也有条不紊地进行。1980年8月26日，五届全国人大常委会第十五次会议通过了《中华人民共和国律师暂行条例》（以下简称《律师暂行条例》），该条例对律师的性质、任务、职责、权利、义务、资格条件及工作机构等作了明确规定。这是新中国成立以来有关律师制度的第一部法律，它的颁布使我国的律师制度以法律形式固定下来，从而使我国律师制度的建立和发展走上了法制化轨道。

---

① 案件事实由陪审团裁决，所谓事实审；法官是法律问题的裁断者，如果陪审团裁决有罪，再由法官量刑并判决。

1996年5月15日,八届全国人大常委会第十九次会议通过了《律师法》,该法对律师的性质、律师的执业条件、律师事务所、律师的业务、执业律师的权利和义务、法律援助、律师协会、律师的法律责任等内容作出了系统规定,许多方面超越了《律师暂行条例》的规定或者弥补了《律师暂行条例》之不足,我国律师制度得到了极大的发展和完善(熊秋红,1999)。

由2001年12月29日九届全国人大常委会第二十五次会议通过,自2002年1月1日起施行的《全国人民代表大会常务委员会关于修改〈中华人民共和国律师法〉的决定》是《律师法》的第一次修订。此次修订主要是协调了《律师法》,以及《中华人民共和国法官法》和《中华人民共和国检察官法》的相关规定,确立了统一的司法考试制度,并没有随着时代的进步、形势的变化而对其进行整体性的修订(王进喜,2008)。

2007年10月,十届全国人大常委会第三十次会议表决通过修改后的《律师法》,于2008年6月1日起施行。此次新增、修订条款40余条,从律师执业许可、律师事务所组织形式、律师执业权利和义务、律师业务和律师执业监督管理、法律责任等诸多方面进一步改革和完善了我国律师制度。一是进一步明确了律师的职业使命。二是进一步规范和完善了律师执业许可制度。三是调整和完善了律师执业的组织形式,明确了普通合伙和特殊的普通合伙两种律师事务所合伙组织形式,增加了设立个人律师事务所的规定。四是充实了律师执业权利保障内容,增加了对律师依法行使会见权、阅卷权和调查取证权保障的规定,增加了律师参与法庭诉讼活动责任豁免的权利和对律师采取强制措施方面的保障措施。五是增加了规范律师执业行为的规定。六是完善了对律师的行政管理和行业自律的措施。对司法行政机关的监管职责和行政处罚权层级配置进行相应调整,强化对律师执业的监督,同时,进一步明确了律师协会的职责,为发挥律师协会的自律作用进一步作出规定。

2012年10月十一届全国人大常委会第二十九次会议通过,自2013年1月1日起施行的《全国人民代表大会常务委员会关于修改〈中华人民共和国律师法〉的决定》是《律师法》第三次修订。此次新修订的《律师法》特别强调律师会见犯罪嫌疑人、被告人不被监听。这使"会见权"具有了更加实在的内容。为了更好地保障律师的阅卷权利,其中明确规定:受委托的律师自案件审查起诉之日起,有权查阅、摘抄和复制与案件有关的诉讼文书以及案卷材料。受委托的律师自案件被人民法院受理之日起,有权查阅、摘抄和复制与案件有关的所有材料。在保护律师调查取证权利方面,针对原来律师调查取证要"经有关单位或者个人同意",但在实践中基本无人同意的实际情况,规定:律师可以申请人民检察院、人民法院收集、调取证据或者申请人民法院通知证人出庭作证；律师自行调查取证的，也可以向有关单位或者个人调查有关情况。此外，还明确规定：律师在法庭上发表的代理、辩护意见不受法律追究。但是，发表危害国家安全、恶意诽谤他人、严重扰乱法庭秩序的言论除外。相关法律界人士表示，这条规定实际上是对律师在法庭上的代理或辩护的免责规定，对律师正常开展工作非常重要。

从以上内容可见，我国刑事审判模式正处于由职权主义走向控辩式的改革过程之中，被告人及其辩护人被赋予了更多的权利。开庭审理即人民法院在当事人和所有诉讼参与人的参加下，全面审查认定案件事实，并依法作出裁判或调解的活动。在法庭上，控辩双方针对案件事实的陈述（讲故事）基本是相反的（如有罪或者无罪，罪轻或者罪重），而且都有相应的证据予以支撑。"司法活动向来都不是一个追求真理的纯粹理性过程，而是一个通过语言进行交涉和商谈解决纠纷并达成合意的过程，作为语言活动的修辞与叙事对事实的认定往往发挥着潜移默化的影响"（王彬，2013）。那么法官是如何判定被告或被告人在整个事件中的行为是否有罪的呢？他接受的必定是两个版本的事实陈述（叙事）中更有说服力的那一个。

我国《刑事诉讼法》规定，未经人民法院依法判决，对任何人都不得确定有罪。人民法院的依法判决必须经过开庭审理才能实现。法庭审理既是人民法院行使国家审判权的重要阶段，又是当事人行使诉权的重要阶段，也是诉讼参与人行使诉讼权利履行诉讼义务最集中的场合。它是最重要的法律活动之一，也是法律实践最重要的形式之一。而每年如此庞大数量的诉讼案件，考察了法官的办案能力，更关系到几百万人甚至更多人的切身利益。因此，就"全面审查认定案件事实"而言，从认知语言学的角度对庭审叙事的构建进行研究非常重要。

1.1.1 本研究的理论意义

庭审是一种十分讲究规则和技巧的高度专业化的对抗，而且民事和刑事案件都采用一次性的、连续的和口头即兴的审理，公诉人或律师的作用极其重要，他们在法庭上的叙事策略、提出证据的顺序和方式等对法官的说服程度等都至关重要；那么法官又是怎样从双方的激烈诉辩中辨别哪些是虚假叙事、哪些是真实叙事，并构建案件的法律事实、形成令人信服的判决的？这些都与认知有关。我们拟用认知语言学的理论对建构话语者是怎样对法庭情况有准确的认识和反应，依照反应调整话语，完成诉讼任务等内容进行实证研究。

本研究将引用认知语言学、叙事学、话语分析及法律语言学等理论进行分析，因此其成果对认知语言学、叙事学及法律语言学等的理论和应用都将有一定的发展。

1.1.2 本研究的应用价值

在侵权或违法事件发生后，受到侵犯的一方或公诉人会向法庭提起诉讼，要求对方对造成的损失做出赔偿，或要求法律对其所犯罪行作出制裁。诉讼就是从被侵犯人或公诉人对事件的叙事开始的（起诉书）。但由于诉讼关涉个人或群体的财产得失、毁誉荣辱乃至生命予夺，被告方往往会构建自己对事件的叙述版本，因此双方对所发生的事件的叙述版本或许完全相反。

对于法官而言，他必须兼听双方的叙述，对证据进行确认、审查、评价等，从而断定事实，作出判决。在听了双方当事人的叙述之后，法官的脑海中也形成了一个事件版本，他在最后作出判决时也以叙述的形式来表达对事件的认定结果。

法庭审判中还有原被告对己方证人的直接询问以及对对方证人的交叉询问，有时到庭作证的证人不止一个，那么在这种情况下，原被告是如何在提问中构建他们的叙事版本的？他们事件版本的各个要素是怎样进行有效衔接以达到"说服"法官的效果的？

最后，事件本身的事实在法庭上的叙述还要受法律框架的约束，因此还有事件事实和法律事实之分。比如根据证据法的原则，如果原告不能举证证明被告人对原告的侵犯是真实的，那么即使侵犯真正发生，事件事实也构成不了法律事实。

可见，法庭审判中的叙事有其结构上、形式上以及语境上等方面的独特性和制约性，对庭审叙事的分析也将有其特殊的意义和价值。庭审叙事的认知研究有助于提高法官、公诉人等司法人员的办案能力：这可以体现在司法人员办案的准确性和提高时间效率等方面。另外，对庭审叙事的分析和研究也旨在有效识别近几年来日趋增多的"虚假诉讼"。

1.2 国内外研究现状

1.2.1 国内研究概述

国内学界对庭审叙事的研究不是很多,从认知语言学的角度进行的研究更是凤毛麟角。在"中国期刊全文数据库"中用"法庭/庭审/判决书/裁判事实+叙事"等关键词搜索,共有近60篇与庭审叙事相关的文章,它们的基本情况是:

(1) 从文献检索到的年份来看,1995—2007年总共有13篇文章,平均每年1篇,2008年增加到4篇,而且一直到2016年基本都保持在每年6—8篇的发表量(2014年较低,为2篇;2009年和2012年分别为4篇),这说明学界对庭审叙事的关注度逐渐提高。

(2) 从研究内容来看,1995—2005年间发表的论文中,有7篇是讨论司法文书写作过程中的叙事问题的,如侯兴宇(1995),陈炯(2000),李凌云(2000),李萍、邓军(2001),安秀萍(2002),赵静(2004),刘明娜(2005)。另外2篇分别是朱靖江(2000)和姜同玲(2003)。这说明前期进行庭审叙事研究的主要以司法实践人员为主,其他领域的研究涉入不多。

(3) 2006年之后,学界对庭审叙事的研究呈多角度趋势,这也可以从上文提到的2008年后发表量的明显上升得到佐证。归结起来说,这一时期对庭审叙事研究的角度主要有以下几个方面:司法文书写作中的庭审叙事、影视及文学作品中的庭审叙事、法律叙事与文学叙事、庭审叙事的叙事学研究(叙事结构及叙事构建、简述与详述、虚假叙事、叙事视角、人物形象塑造、转述、叙事修辞、修辞叙事、叙事修辞的可接受性、叙事策略如人物形象建构、叙事交流、叙事特征等)、庭审叙事的语言学角度研究(叙事语篇分析、叙事话语特征分析、叙事话语的衔接与关联、叙事连贯、文化视角)、庭审叙事的法学角度研究(事实构建、裁判、证据/论证、诉讼心理学)、庭审叙事的认知研究等。具体内容请参见第二章的国内研究综述部分。

1.2.2 国外研究概述

前面已经说过,根据英美国家的普通法制度,庭审实行的是控辩制,由陪审团根据庭审中控辩双方所呈的证据或论辩对案件事实进行有罪或者无罪的裁决;法官处于中立地位,如果陪审团作出有罪裁决,法官再在陪审团裁决的基础上根据法律进行量刑。因此,法庭上控辩双方不仅要说服陪审团,让陪审员们相信自己的故事是真实的、可信的,同时还要说服法官。其中,陪审员不懂法,但对案件事实作出裁决,法官懂法,但只能根据陪审团的裁决予以判决。这样,有许多因素会影响到控辩双方对案件事实的构建。另外,英美国家的抗辩制有要求证人出庭制度,证人也是非法律专业人士居多,律师对证人的质证也有很多技巧性的方面。因此,国外庭审叙事的研究要广泛和深入得多。在HeinOnline法学期刊全文数据库[①]中输入关键词"cognitive courtroom narrative",搜索到的结果如下:

2010年至今(1488篇);2005—2010年(911篇);2000—2005年(731篇);1990—1999年(911篇);1980—1989年(270篇);1970—1979年(142篇);1960—1969年(26篇);1950—1959年(12篇);1900—1949年(9篇);1850—1899年(1篇)。

但根据标题和内容来确定,实际与本研究相关的论文有220多篇,具体情况是:

2010年至今(43篇);2000—2010年(97篇);1990—1999年(57篇);1980—1989年(19篇);1970—1979年(3篇);1960—1969年(1篇);1950—1959年(3篇);1940—1949年(1篇)。

另外,用关键词"storytelling courtroom trial"在HeinOnLine上搜索,也搜到了100多篇相关论文。在一些人文社科类期刊的数据库如EBSCO、SAGE HSS人文社科期刊数据库、SSCI、剑桥人文社科类期刊、Springer人文社科期刊等中搜索到了100多篇相关论文。

这些论文主要涉及以下几个方面:法律与叙事(法律写作课程教学、律师职业教学)、法律事实与故事、庭审叙事、庭审叙事与文学叙事、庭审叙事与说服、庭审叙事与修辞、庭审叙事结构和故事模型、庭审叙事连贯、律师的叙事、庭审叙事与证据、庭审叙事与证据可信度、庭审叙事与文化、庭审叙事与语境、庭审叙事与知识、庭审叙事与认知等。具体见第二章的庭审叙事国外研究现状部分的内容。

2015年7月6日第十二届国际法律语言学大会(简称"IAFL12")在广东外语外贸大学召开,来自24个国家和地区的130余位法律语言学专家学者和法

---

① 由William S. Hein & Co.,Inc.公司出品。该公司从事法律出版及信息服务已有近80年的历史,在美国乃至全球均享有盛名,现为全球最大的法律期刊的提供商、订购商和法律图书馆界的服务商。

律执业者参会并共同探讨了法律语言研究的新理念、新思路和新方法。

1.3 研究目标

本课题研究的目标主要有以下几个方面：

一是对国内外庭审叙事研究进行梳理。从知网收集的材料来看，国内对庭审叙事的研究论文在60篇左右。而在各类法学和人文科学网上搜到的国外研究的相关论文有400多篇。我们希望通过对国内外研究现状的梳理，看出两者的侧重点，对该领域的研究也有参考和借鉴的作用。

二是现状调查。经过多年来朝着控辩制方向进行改革的司法实践，就庭审中案件事实构建的叙事而言，庭审言语角色的叙事构建对言语效果的影响程度、法官裁判事实构建过程中受控辩双方及当事人叙事的影响程度以及庭审判决书中的叙事构建可接受性状况等问题，已有诸多变化。本文将通过问卷调查形式，进行数据分析及研究。

三是从认知语言学的角度对庭审中案件事实构建的叙事进行分析，认知语言学的内容包括原型理论、认知语境、认知图式、认知框架、认知视角等。

四是从实践应用的角度探讨叙述者如何通过使用认知手段达到庭审叙事的有效性以及怎样从认知角度解读庭审叙事策略。

1.4 研究内容及重点难点

本书的主要内容是着重从认知的角度对法庭审判中的多重言语角色混合叙事的结构与连贯、法庭叙事与庭审过程中的法律事实的构建、法庭叙事与法律法规之间的关系、法官判决的形成等方面进行全方位的研究。

基本思路和重点难点是：

（1）庭审叙事状况调查，包括庭审言语角色的叙事构建对言语效果的影响程度调查、法官裁判事实构建过程中受当事人叙事的影响程度调查和庭审判决书中的叙事构建可接受性状况调查。

（2）叙述者在制度性语境及多角色交叉互动的庭审中是怎样认知语境的？庭审叙事话语展开方向要服务于法庭论辩需要，依据话语角色和语境决定。案件事实认定的过程是双方的一些证据被否定或被采信的过程,整个庭审是动态变化的,除了一些规约性语境因素之外,还有一些语境因素处于动态变化之中(证人的出庭等)。那么,人们是怎样认知庭审话语的制度性语境因素的?多角色交叉互动受什么庭审规则制约?怎样有效构建和认知动态语境?

(3) 叙述者怎样有效选择庭审叙事视角?针对发生的事件,控辩/原被告双方是怎样选择视角,构建完全相反的事件版本的?本书将主要考察叙事者视角(控方视角、辩方视角、证人视角)和受叙者视角(法官视角、隐形受叙者视角)。

(4) 在庭审多层级叙事结构中叙述者的叙事衔接的认知框架是怎样构建的?庭审叙事话语是法庭上控辩各方用来陈述诉讼事实,包括按证据转换的法律事实的话语。建构这种话语要按照时间顺序和事件顺序,更要按照逻辑顺序,建构严密而通顺的话语。第一,庭审话语的叙事形式及其层级结构的特殊性体现在哪些方面?① 原被告及法官的总体叙述(由下面三个层次的叙事构成的一个错综复杂的整体);② 相对完整叙述:开庭时原告陈述、被告答辩陈述、被告最后陈述、法官判决;③ 论辩过程中原被告对证人询问时证人的"次叙述";④ 直接询问及交叉询问中问答式的"最小叙述"。其中,②—④这三种形式及三个层级的叙述相互交织,但对原被告来说,他们的总叙事是分别由这三个层级的叙述来支撑的;他们的总叙事又是法官判决中总叙事构成的基础。第二,庭审叙事衔接的认知框架是怎样构建的?庭审中的叙事形式及其层级结构的复杂性决定了其本身衔接的复杂性,那么① 庭审叙事衔接的认知图式是什么?② 庭审叙事是怎样动态地衔接与连贯的?

(5) 叙述者如何通过使用认知手段达到庭审叙事的有效性?叙事话语不完全是叙事的,有时会有论证、说明等,但服从叙事话语的总体结构,那么① 怎样合理运用叙事手段?② 叙事视角怎样选择?③ 怎样达到叙事的完整性?④ 怎样做到叙述中的法律法规相关性?⑤ 怎样做到法庭审判中叙事的"说服"功能?

(6) 怎样从认知角度解读庭审叙事策略?庭审叙事因为关系到切身利益,甚至生命的生杀予夺,因此极具策略性。那么① 对于消减叙事、修辞性叙事以及通过叙述对意义的构建等策略,应该怎样解读和应对?② 怎样识别近几年来为了私利而越来越猖獗的"虚假诉讼"?

1.5　主要观点和创新之处

我们认为庭审场景的特殊性、角色多重交叉互动性及其过程的对抗性导致该语境的复杂性,因此要达到叙事的有效性,必须对语境有充分的认知。在该语境下,控辩双方因为切身利益甚至生命的生杀予夺,都想方设法地从不同视角且极具策略地用叙事构建对自己有利的故事版本(包括通过证人)以影响法官大脑中的故事版本,达到说服法官的目的。法官又要根据自己在此基础上形成的故事版本做出能说服多个受叙者的判决,因此,可以说庭审过程就是这三个基本"故事版本"怎样整合的过程,它们受证据、法律程序和规则以及叙事策略等因素的影响。为了达到"说服"的目的,这些故事版本都必须在一个认知框架内是衔接和连贯的,而因为故事版本的构建是在论辩过程中进行的,所以叙事的多重层级结构性使得其衔接和连贯区别于一般语篇,这也是本书的重要价值之一。

本书的创新之处如下:叙事探究既是研究现象也是研究方法,同时又是思维方法,因此与认知有关。叙事探究中,叙述什么、怎样叙述是由作者的建构意图、意义诠释指向所决定的。也就是说,叙事探究中的故事序列并非单纯的时间自然序列,而是经过作者重组和建构的。在庭审言语这一极受限制又有多重言语角色的动态交际过程中,运用认知的方法对各言语角色的叙事进行探究应该是极有成效和解释力的。

1.6　研究思路和方法

本书的研究思路是:首先对国内外相关研究进行综述,确定研究现状。其次对国内法官、检察官、律师等司法人员进行调研,以了解庭审过程中案件事实构建的问题、叙事的言语效果、叙事策略、主客观影响因素、虚假陈述、虚假诉讼、作伪证、对判决书的满意度、判决书可接受性的问题等。再次,运用认知语言学的认知语境因素、叙事视角的选择、多角色交叉互动下的叙事连贯等对庭审叙事进行分析。最后从实践应用的角度探讨叙述者如何通过使用认知手段达到庭审叙事的有效性,以及怎样从认知角度解读庭审叙事策略。

本书的研究方法主要是：第一，案例分析方法。运用认知语言学的认知语境因素、认知原型、认知图式、认知视角、认知突显等对案例进行分析，考察在构建庭审叙事话语中认知因素的作用。第二，实证研究法和调研法。运用已经收集的四十多个庭审语料进行实证研究；设计 4 份调查问卷，对（刑事和民事）法官、检察官、律师等法律职业人员进行调研，在量化统计的基础之上得出相对可靠的结论。第三，多学科理论角度的阐释论述方法。运用认知语言学、法学、叙事学、篇章语言学等相关理论对庭审叙事进行阐释和论述。

1.7 前期相关研究成果——从静态转向动态

1.7.1 作者对庭审言语及庭审叙事的研究专著类的成果

（1）法庭言语研究

法庭言语研究主要体现在作者第一部专著《法庭言语研究》（余素青，2010）中，其主要内容如下：

法庭审判是最重要的法律活动之一，也是法律实践的最重要形式之一，法庭审判的结果即法庭判决将关系到对被告人的生命的予夺、原被告双方的财产得失以及毁誉荣辱等。因此，法庭言语研究具有重要的理论意义和应用价值。

言语行为理论主张说话即做事，即人们往往通过说话直接或间接地完成一定的行为。法庭审判是一个大言语行为，由言语行为序列组成。法庭言语活动中的言语行为功能主要有指令、表述行为（如宣告）、获取信息、确认、陈述事实或意见、请求、劝诫、指称等。法庭话语属严肃性基调，具有客观地陈述事实、不表明主观评价和意向、话语正规等特点，从法庭言语活动的功能来看，其主要言语方式有问答、陈述、说明、辩论、宣告等。

根据我国诉讼法的相关程序规则，法庭审判中的宣布开庭宣布了庭审的案由，也即提出了法庭话语的主题，预示了法庭话语展开的方向。法庭调查阶段的言语目的是查明案件事实，因此其言语功能是对案件事实的相关证据进行举证和质证，所有话语围绕事实展开。法庭辩论阶段是以法律为准绳对查明的案件事实进行法律适用的辩论。最后意见/陈述阶段是在举证和辩论之后法官对原被告最后意见的确认。宣告判决是法庭言语活动得出的结论，标志着言语目的的完成。因此，法庭话语语篇也相应地划分成五个语段。每个法庭话语语段又由多个回合组组成,比如在法庭调查阶段,针对每一个证据的举证产生的话语就是一个回合组。回合组由回合组成,回合则由话轮组成。

　　社会文化语境因素在法庭言语活动中起作用,另外,法庭的物理场景、言语角色、话题、时间等语境因素还具有制度性特征。语境因素的制度性特征是法庭言语的制度性特征的一个重要方面。在法庭的言语活动中,各言语角色对法庭言语的制度性语境因素有一个充分的认知,才能达到良好的言语效果。语境因素影响语言的使用,并形成使用语言的特点。从法庭言语活动的语境因素可以推出部分法庭言语特征。相对于日常言语来说,法庭言语主要有以下特征:制度性言语特征(包括任务指向性、严格限制性、推理独特性等)、法律专业话语特征、严肃性话语基调、即兴口语特征和口头书卷语体特征等。

　　法庭言语具有比较典型的制度性特征。法庭言语角色之间的权势不对等引起了他们之间的权势层级性。权势的层级性、对法律知识的掌握、司法经验以及对庭审案件的了解情况等影响着各言语角色之间的话语权的大小。其中法官的权势最大,原被告、公诉人或控辩双方律师次之,证人及刑事案件中的被告人处于权势的最底层。法庭活动中的语言使用者之间是一种交叉互动关系,即法庭上一方言语角色在说话时,其他多方角色根据自己的不同目的同时作出反应,因此法庭上说话者和听话者之间的交叉互动是在一对一的互动基础上的交叉互动。在法庭言语的互动中,一个言语角色在发言时,必须考虑与其他言语角色之间的关系并对对方可能作出的反应进行预测,因此,说话的目的要明确。一个言语角色所说的话语可能是多方角色作用下的结果。法庭所有的互动中,最终的话语接受者是法官。

　　在法庭言语各因素的作用下,各法庭言语角色的言语也有各自的特征,如法官的言语特征是使用提问、给话题、打断等强势言语方式;律师的言语特征是法律专业话语性、话语目的明确、话语策略性等;公诉人的言语特征是"明知故问";原告、被告的言语特征是法律专业话语性不强、法庭言语目的性不强等;证人处于权势的底层,话语权很少,他们的言语特征是一般只能答话,不能提出问题,答话的内容常受律师的影响和限制,不能凭自己的意愿偏离或转换话题。

　　为了达到最佳言语效果,各言语角色都会自觉或不自觉地使用各种论辩策略,以达到控制的目的。语言策略有语音策略、词汇策略、句法策略等;言语策略有修辞策略、主题/话题策略、提问策略、语境策略、话轮策略等。以上的语言和言语论辩策略并不是孤立的,有些策略之间可以互为攻守。在更高层面上,法庭论辩策略还可以在论据的充分性、叙事的完整性、法理的关联性、谋篇的策略性以及论据的情理性等方面进行。

可以说讯问是一门"斗争"艺术,所以司法人员会根据具体案情和被告人的不同特点,如性别、年龄、心理素质、职业、文化程度、个性、智商、反应灵敏度、经历等,确定讯问策略与技巧。因此研究还分析了职业、性别、年龄、文化程度、弱势群体等会影响到法庭言语效果的因素。

该书运用了外国语言学及应用语言学的理论对具有制度性特征的法庭言语的各个方面进行了分析,并总结了法庭言语的一些法律语言学的特征和规律。其中第七章"法庭审判中的叙事话语分析"分别从庭审言语的叙事研究、庭审中的叙事及其特征、庭审叙事形式及其层级结构分析、法庭审判中的叙事衔接和法庭审判的总叙事等五个方面对庭审叙事进行了概述。

(2)法庭事实构建中的叙事理论研究

2010年,作者以"法庭事实构建中的叙事理论研究"为课题申报了国家教育部人文社科基金项目并获立项,2013年以专著《法庭审判中事实构建的叙事理论研究》结项,其主要内容是:

司法工作的原则是"以事实为根据,以法律为准绳",因此,法官裁判的根据是裁判事实。事实作为小前提,法律作为大前提,经过形式逻辑的三段论推理得出判决结论。法庭上事实的构建可能会受到立法问题、证据问题、裁判问题、语境制约、虚假叙事、记忆缺失、媒体舆论、道德与情感等因素的影响,因此裁判事实不同于客观事实,但裁判事实的客观性是我们永远的追求。

庭审叙事作为叙事的一种,有其一般叙事特征,如都是对过去事件的重构、具有基本叙事框架及其选择性等。但作为一种特殊领域的叙事有其结构形式上的独特性,表现在其多角色交叉性和结构的层级性上;庭审叙事当然具有非文学叙事特征,以及它本身所特有的对立统一性、法律与逻辑的关联性等特征。

法庭审判中的叙事形式及其层级结构的复杂性决定了其本身连贯的复杂性,因此庭审叙事的连贯性也是本书研究的一个重要方面。庭审叙事首先是时间连贯的,叙述者都是根据事件发生及发展的时间顺序来叙述的。诉讼是由于一系列的事件对某人造成伤害或侵犯后,被害人寻求法律补救方法的一种手段,所以庭审叙事的因果连贯也很明显。在庭审的举证质证阶段,控辩双方提供的证据并对其的展示和陈述都是围绕该事件或行为是否构成侵害或侵犯这一主题的,法庭言语活动中的话题是庭审要解决的法律争端,因此主题连贯也是庭审连贯的一个重要方面。语篇被称为语篇是因为除了衔接和连贯外,它还具有意图性和信息性,因此如果把法庭审判的叙述看作一个语篇的整体,根据话题的可及性和预设的可及性,我们可以在多层次的、凌乱的法庭叙述和论辩中找到语篇信息的连贯性。最后,从整个庭审来看,法官和控辩双方的话题都是围绕着对故事图式中的"何时、何地、何人(施事)、因何、以何方式、对何人(受事)、做何事、致何果"这八个识别构成故事的单元、这些单元的顺序,以及特别容易出现在单元之间的各种连接进行的。因此,可以说庭审的叙事连贯是在故事图式的基础上展开的,而这个故事图式是一个序列的连续体,因而是连贯的。

　　这一研究还想在司法实践中起到一定的指导作用,因此还分析了法庭事实构建中叙事的有效性,主要有法规的一致性、故事的完整性、情节的连贯性、叙述的策略性、论证的逻辑性、主题的明确性和语言的精简性等。当然,它们之间并不是孤立的,而是互相联系的。

　　最后,该书对判决书中事实构建的叙事、叙事可接受性、叙事交流以及判决书体现公正的一些策略进行了分析。就我们国家的判决书而言,它有规定的文书样式,必须先叙述原被告/控辩双方的意见,再叙述法院对证据和事实的认定,说明法律的适用和判决的理由,以及最后的判决结果。判决书的受叙者除了原被告或被告人之外,还有公诉人、辩护人、法警、旁听人员以及公众等,因此判决书的可接受性尤为重要。法院作为裁判的国家机构,作出的判决书有其庄重性和权威性,这是由叙事策略来实现的。

(3) 认知理论框架下的庭审叙事研究

　　"认知理论框架下的庭审叙事研究"课题是把叙事学、语言学和法学三个学科的相关理论有机地运用于法庭审判中的叙事研究的一种尝试,其研究成果是对法律语言学、话语语言学以及叙事学理论和应用的一定发展。

(4) 新媒体传播语境下舆论审判的叙事理论研究

　　2013年,作者针对当时的药家鑫案、许霆案、时建锋案、吴英案、邓玉娇案、李昌奎案、彭宇案等案件的舆论审判现象,进行"新媒体传播语境下舆论审判的叙事理论研究"并出版《新媒体传播与舆论审判叙事》(余素青,2017)作为课题成果,其主要内容为:

　　20世纪末,新媒体进入中国,起步虽晚且起势较弱,但其发展速度却十分惊人。可以说,新媒体已经成为国人日常生活的一部分。随着新媒体舆论的巨大影响力越来越清晰,新媒体逐渐成为一种不可忽视的监督力量,其中很重要的一方面就是对司法审判的监督;但同时,新媒体也在一定程度上造成了公众在是非判断上的迷茫。因此,该研究结合叙事学等理论集中探讨新媒体传播语境下的舆论审判,或称"新媒体审判",可以理解为:在法院对被告作出有罪判决前后,互联网等新媒体通过传播报道,大肆制造一种其有罪或无罪的认知,从而对其声誉或形象造成影响。

　　该书首先在梳理国内外各界对新媒体现有理解、总结新媒体传播特点的基础上,尝试提出"新媒体"的定义,即基于数字技术产生的,以互动性为本质特征的,传播多元复合信息,形成特定效应的全天候、全覆盖的大众传播媒介,也可称为数字化互动式复合媒体。然后通过分析新媒体与法律之间的"利弊纠缠",建立新媒体时代我国法律关系主客体互动的模式。

那么新媒体传播语境下的舆论对于司法审判会有怎样的影响?该研究列举近几年社会争议较大的案件,包括药家鑫案、邓玉娇案、时建锋案、吴英案、李昌奎案、彭宇案等,结合案件事实和审判经过进行了分析。不可否认,新媒体舆论在有些案件中起到了积极作用,如有助于培育法治意识、实施社会监督、实现言论自由等,但同时也存在负面效应,如充斥谣言,破坏法律秩序;言论失当,引发名誉侵权;信息曝光,招致隐私泄露;乱象丛生,法律规制缺失等。

除了上述事实分析外,我们还运用相关叙事学理论对新媒体审判进行了理论分析。首先,通过结合归因偏差相关理论分析药家鑫案、崔英杰案等,结果表明无论是新媒体审判还是法庭审判,其叙事都会有意识地将某些类型的归因偏差作为辩护策略以影响公众的判断或法官的裁决。其次,通过结合评价理论集中分析药家鑫案,可以得出这样一个结论:评价性语言是一种隐藏的说服推动力量,而这种力量主要源于它的三个功能,即表达观点的功能、维持关系的功能以及组织话语的功能。

在新媒体舆论影响力如此巨大的今天,尽管我国已经出台了诸如《中华人民共和国突发事件应对法》《中华人民共和国政府信息公开条例》等规范新闻传播的法律法规,以及以《全国人民代表大会常务委员会关于加强网络信息保护的决定》为代表的重点规制新媒体舆论传播的规范性文件,但对于新媒体传播引发的舆论审判问题,在法律规制上仍有诸多待完善之处。具体而言,新媒体传播语境下的言论自由、信息自由与隐私权、侵犯名誉、藐视法庭、保密、审查、版权等问题之间的关系、界限还有待确定,相关的法律保障和法律规制也并不明确。

面对国内法律规制的不足,该研究通过介绍国外新媒体审判的法律规制及解决措施,探讨了我国可从中获得的启示和值得借鉴之处。由于新媒体传播导致的越来越多的法律问题,如影响司法审判的公正性等,大多数国家都在积极立法加以规制。我国也应该根据切实需求,加快实践的脚步。整体上,要进一步完善新闻立法,在为新闻自由提供法律保障的同时,加强对新闻自由的法律规制,防止权力滥用。同时,就媒介而言,网络是一种主要的新媒体,要具体完善网络立法,严惩发布不良信息、煽动民族仇恨、导致社会混乱者,保护人们在新媒体时代的良好信息环境。此外,国外藐视法庭罪的相关立法也值得借鉴,相关规定既可以用于规范司法人员、律师、案件当事人的行为,也可以适用于当今广泛存在的新媒体传播平台,与前述新闻立法、网络立法共同发挥作用。

当今中国正致力于法治建设,而新媒体舆论的广泛存在和巨大影响力对于法治建设而言有利有弊。要充分发挥新媒体传播与新媒体舆论的积极作用,就有必要根据我国具体国情和法律体系等方面提出切实可行的方案,以构建新媒体传播语境下的法治秩序。这需要坚持正确的舆论导向、贯彻新的法治建设方法、扩充建设法治队伍、提升有权机关在新媒体时代的影响力等等。新媒体相关立法尚待补充与完善,同时司法审判过程中要以司法公正为根本原则严格控制舆论的肆意传播。

虽然该书的主要目的是在新媒体传播语境下提出对舆论审判进行规制的一些建议,但通过分析,我们充分注意到舆论审判中案件事实的叙事对相对封闭的庭审语境、对庭审事实构建以及对最后的判决等都造成了很大的影响。

1.7.2 整个研究期间发表的系列论文

研究论文主要分为以下五大类:

(1) 话语分析及法庭言语研究

王德春先生在为我们确定博士毕业论文的研究方向时说:"立法语言研究的内容相对较少,还是研究法庭言语吧,它是活的语言。"法庭言语是在法庭这个特定语境下的言语活动,包括其言语活动的结果——法庭话语。因此,在着手研究法庭言语之前,我也阅读了一些相关书籍,并发表《虚构话语:言语行为和非交际性》和《文学话语的多语境研究》两篇论文。

法庭言语研究相关的论文主要有《法庭论辩中的言语策略分析》《法庭言语的制度性特征分析》《法庭言语的功能及其特征分析》和"The Language in Trial by New Media—An Evaluation Theory Approach"(评价理论框架下的媒体审判语言分析)等。

(2) 叙事理论及庭审叙事

在叙事理论方面,曾发表论文《自由间接引语的语用分析》。在庭审叙事方面发表的文章有 4 篇,分别是《庭审叙事形式及其结构分析》《庭审叙事特征分析》,以及"Attribution Bias as a Strategy in the Narrative of Trials"(《庭审叙事中的归因偏差策略》)和"The Narrative Communication in Court Judgment"(《判决书的叙事交流分析》)。

(3) 庭审叙事与修辞

在庭审中,控辩双方就同一事件进行事实构建,而构建出来的结果却截然相反。这种事实构建是通过语言来实现的,其中修辞的作用不可小觑。本人就庭审叙事与修辞方面发表的论文主要有《庭审叙事的修辞性叙事学分析》《判决书叙事修辞的可接受性分析》以及"The Rhetorical Interpretation of the Fuzzy Expressions in Judgments"(《判决书的模糊修辞解读》)等。

(4) 认知语言学及庭审叙事认知连贯

在认知语言学理论及其在庭审叙事中的应用方面,本人发表的论文主要有:《〈关联性:交际与认知〉述评》《认知语言学的经验观、突显观、注意观及其一致性》《认知图式下的庭审叙事连贯机制》等。

(5) 翻译理论及译作

在翻译理论方面,本人发表过论文《翻译转换和语义结构补偿》。除此之外,本人也做了一些法学翻译工作,主要的译文有《死刑是道德上的要求吗?》(编译)等,并出版译著《陪审团和民主——论陪审协商制度如何促进公共政治参与》。

1.7.3 其他成果

本人除了从话语分析、叙事学、认知语言学等角度对法庭言语的一些内容进行了一些探讨外,也在语言学和法学的交叉领域有了一定的成果。主要包括:主编了4部法律语言学论文集,即《法律语言与翻译》(1—4辑);主编或出版政法类院校版系列教材3套。

1.8 研究所使用的语料

以前,法庭是不允许录音的,所以进行法庭言语研究的最大的困难是语料的收集。并且,经书记员转写的笔录也已不是真实自然的法庭言语。

随着司法改革的进一步深入,近年来人民法院在司法公开制度改革方面采取了一系列措施,针对人民群众的新要求、新期待,进一步深化和完善司法公开制度。通过司法公开,将人民法院的审判工作及其他工作置于阳光之下,把司法公开的实现程度当作衡量司法民主水平、评价法院工作的重要指标,最大限度地保障人民的知情权、参与权、表达权、监督权,增进社会公众对司法的认知和认同,有助于规范司法行为,实现司法公开,提升司法公信,确保司法廉洁,推进我国社会主义民主法治建设的进程。因此,现在有些法院要求所有的庭审都在网络上公开。这给我们获取语料带来了极大的方便。

1.8.1 语料收集和语料类别

本书的语料主要来自中央电视台 12 频道转播的"庭审现场"节目中播出的庭审实况,通过录像后转写而成。还有一部分是作者在上海市静安区人民法院旁听的笔记。为真实呈现庭审,便于开展研究,本书对法庭发言做了实录,仅对个别文字错误加以修正。

语料的类别主要分刑事案件和民事案件。其中民事案件涉及赔偿款分配案、赡养纠纷案、残疾人赡养纠纷案、返还原物纠纷案、拆迁款分配纠纷案、死亡赔偿金案等。刑事案件包括交通肇事及附带民事诉讼案、故意杀人案、抢劫案、诈骗刑事附带民事诉讼案、交通肇事案、虐待女童案、故意毁坏财物案等。

1.8.2 语料的标注

语料的标注方式:
1) 停顿时间:用"n's"标示,如"3's"表示"停顿三秒";
2) 说话拖音:用"～",如果拖音长,则用"～～";
3) 同时说话:用"‖";
4) 说话修正:用"△";
5) 说话被打断:用"▲";
6) 打断:用"▼";
7) 重述结构中的重述或重复部分又带上升语调的句子标点:用"?。";
8) 强调部分或需要特别指出之处:用下划线"_____";
9) 特别强调:着重号
10) 审判长或独任审判员:审
审判员 1:审 1
审判员 2:审 2
公诉人:公
辩护人:辩
原告:原
被告或被告人:被

原告代理人:原代
原告代理人1:原代1
原告1代理人:原1代
被告代理人:被代
自诉人:自
自诉人代理人:自代
证人:证
证人1:证1

需要说明的是,本书所收集的语料只为本研究所用,其中的当事人的名字都已被隐去,只留下姓,名字一律都用"某"或"某某"来代替。

2 庭审叙事及其认知研究综述

在从认知语言学角度对庭审叙事进行研究之前,先要对庭审叙事的研究现状有个比较全面的了解。因此,我们在进行研究综述时先对庭审叙事研究进行梳理。需要注意的是,因为国内对庭审叙事的研究还不多见,从认知语言学角度的研究就更少了。

2.1 庭审叙事及相关概念

2.1.1 叙事

关于庭审"叙事",英美学者们分别使用"故事"(story)、"讲故事"(storytelling)、"叙事"(narrative)、"叙述"(narration)、"叙事性"(narrativity)、"叙事理性"(narrative rationality)、"叙事推理"(narrative reasoning)等词。它们之间有什么区别呢?

首先,罗宾斯(R. H. Robbins)认为"讲故事"中的"故事"一般限于"特定的人和事件",而"叙事"是一个"更广义的词",它能"包括一些抽象的实体,如以法律推理的一些形式将真实情景进行类比的基础"。莱德奥特(Rideout)根据言语交际理论家费雪(Walter Fisher)的论著使用"叙事理性"一词,表明听众相信的故事必然是符合他们对叙事连贯、叙事对应和叙事忠实等想法的。约翰逊则使用"叙事性"这个词(而不是用"故事""叙事",或"讲故事"),因为"叙事性"这个词同时吸收了"故事"一词的日常意义和语义更广的"叙事"的含义,它"包含抽象的实体,比如在一些法律推理的形式中对实际情况进行类比的基础"(Derek,2012)。

Kenneth(2014)认为"故事",或者更确切地说,"叙事推理"可以对法律产生实质性的改变。在法学院,法学教授们几乎在每门课程中都教授该内容。法学教授和学生对这一过程了解越多,我们大家就越能理解法律本身。

关于"叙事"和"叙述"的区别,则可以引用申丹(2009b)的解释:汉语中"叙事"和"叙述"这两个术语的同时存在使得表述有可能更加准确。在所描述的对象同时涉及叙述层和故事层时,我们可以采用"叙事";但若仅仅涉及叙述层,我们则可以选用"叙述"来予以准确描述。

2.1.2 庭审叙事

前面提到,法庭言语活动中的言语行为功能主要有指令、表述行为(如宣告)、获取信息、确认、陈述事实或意见、请求、劝诫、指称等。法庭话语属严肃性基调,具有客观地陈述事实、不表明主观评价和意向、话语正规等特点,从法庭言语活动的功能来看,主要有问答、陈述、说明、辩论、宣告等五种言语方式。表面上看,只有陈述类话语是叙事性的,而事实上,庭审问答也可以构成叙事,如:

公:你们交流的主要内容是什么?
被1:也没有具体交流过什么,都是一些消极的思想。
公:那么你在网上有没有跟"血狼"交流过关于抢劫或者杀人,做杀手这样的内容?
被1:具体没有说过。
[被告人夏某说他通过这个网名叫"黑旗血狼"的人认识了本案的第二被告人郑某某]
公:"血狼"是以一种什么样的方式让你们俩认识的?
被1:是好像中介人那种。就是～ 通过QQ号认识的。
公:通过QQ号认识了这个郑某某? 这个QQ号是谁提供给你的?
被1:   ‖嗯。血狼。
公:后来你跟郑某某是利用手机联系还是利用QQ号联系?
被1:利用手机。
公:之前你们有没有商量好在南京抢劫?
被1:(点头)商量了。
公:是在网上商量,还是利用手机短信联系,还是手机电话联系?
被1:   ‖短信。
公:短信联系的是吗? 那么他是什么时候来南京的?
被1:记不清了。

公：他从哪里来南京的你可知道？
被1：从沈阳。
公：他来南京的时候是你去接的吗？
被1：是的。
公：在哪里接的？
被1：玄武车站。
公：怎么寻找抢劫目标的？
被1：就是在网上，搜索图片。
公：搜索到哪里？哪些地域作为你们的抢(目标)？
被1：某小区。

从以上公诉人和被告人的问答中可以看出他们构建了一个抢劫案事件的叙事。另外，说明性的内容也有助于叙事的构建，辩论的内容也无外乎叙事八个要素内容的确认，判决结果中的宣告内容中就有案件事实的陈述。

2.2　国内庭审叙事研究综述

应该说，国内庭审叙事的研究才起步不久，为了有一个综合的认识，我们将把庭审叙事的认知研究作为其中的一个方面来介绍。

2.2.1　司法文书写作中的庭审叙事

刑事法律文书写作中的叙事：李华文(2009)认为刑事诉讼过程是一个语言角力的过程，公安机关在写作刑事法律文书时应该做到对案件事实进行还原描述，所描述的事实才有可能得到诉讼各方的认同。研究案件事实的形态及这种形态对语言描述的影响、研究影响事实还原描述的各种因素以及对这些因素的消解方式，使刑事法律文书对案件事实的描述更接近事实的原生态，是公安机关参与刑事诉讼的重要内容。消极的叙事目的主导刑事法律文书的叙事是事实还原描述的基本原则。

丛学芳(2016)认为司法文书中文字叙述部分是案件情况及事实证据的精要概况，它的制作质量直接影响着行文的目的是否能实现，更影响着案件的进程及结果。文字叙述部分在具体文书中被称为"简要案情""事实理由"等，虽然文字很简洁精短,一般只占一个自然段,但在制作中依然会存在不少问题。主要存在的问题为:涉及的事实要素残缺,关键要素表述不明;逻辑混乱,人物关系不明;语言表述不够准确庄重;同一案件相关内容表述的事实内容完全相同,毫无针对性。相应的解决对策如下:熟悉已知案情,明确行文目的;掌握写作方法,表述清晰明了;紧扣"七何"要素,要件体现完全;要突出重点,抓住关键;精心结构、精练语言,做到简明庄重。总之,司法文书的文字叙述部分的制作质量直接影响着行文的目的能否实现,因此,制作者一定要认真慎重,反复推敲,仔细斟酌,切不可认为无所谓而草草几笔,也不可不加区别而一概简单复制。

陈炯(1998)在《法律语言学概论》中论述了"司法叙述语言"的求实性、时序性和非描绘性三个特征。他认为:(1)司法叙述语言的最大特色是求实性。即客观地反映案情真相,如实地记叙案情的来龙去脉、发展过程,把因果关系、当事人的法律责任交代清楚。叙述案情事实必须考虑两方面的因素。一方面考虑法律上构成案件的要件,应该在叙述案情事实时把构成案件的要件叙述清楚;另一方面又必须考虑语言表述上的要求,这就是通过语言文字把案情事实表达清楚。这两者必须结合在一起。(2)叙述语言与任何事物一样,是时间的产物。即叙述语言有它的时序性。文学语言中有顺叙、倒叙、插叙、追叙等。从微观结构看,文学语体中一个叙述层或叙述段有时间倒错,即故事时序与叙述语言时序之间各种不协调的形式。司法语言中采用顺叙,条理清楚,案情的来龙去脉可一目了然。如果采用微观叙述层的时序倒错,或采用宏观篇章的倒叙、补叙、追叙等,造成案情混乱,不利于定性量刑,也有损于司法文书的庄重性。至于文学语言采用时序倒错、倒叙、补叙,则是为了使情节曲折离奇,增强艺术表达效果。当然,司法叙述语言中有一种打破时序的写法,即按照被告人犯罪性质的轻重程度来叙述。这种写法叫突出主罪法:先写重罪,后写轻罪。司法叙述语言中还有一种写法,是把突出主罪法与时间顺序法等结合起来叙述案情。一般以突出主罪法为主,兼以时间顺序法。(3)司法叙述语言不同于文学叙述语言。文学叙述语言具有描绘性,司法文书具有执法的严肃性与庄重性。如果用描绘性的文句去写被告人的犯罪动机和犯罪预备过程,就有损于执法的严肃性,也有损于执法机关的形象。

叙述性司法书面语:孙懿华(2006)在专著《法律语言学》中认为,叙述性司法书面语主要用于表述起诉类、裁判类文书正文中的事实部分。事实的叙述是决定案件如何适用法律的前提,更是决定案件或起诉与否,或定罪科刑,或判决、调解的法定根据。大千世界中案件形形色色,即使触犯了同一刑律的犯罪,也绝不可能有完全相同的事实情节。法学家史蒂文·J.伯顿(Steven J. Burton)曾言:每个案件在其所有特殊之处都是独一无二的。……每一个案件都只能发生一次。但毋庸置疑,无论刑事案件还是民事案件的事实均由法定的要素构成,必须运用叙述性司法书面语。其表述必须显示案件事实的法律因果关系,必须准确、简明、突出个性。

(1)叙述性司法书面语的表达内容,即案件事实的法定要素。案件事实的每一要素均具有特定的法律意义及法律效力。因案件性质不同,刑事案件与民事案件事实的构成要素也不尽相同,现分述如下:

刑事案件的事实即犯罪事实,其构成要素为:时间、地点、动机、目的、手段、情节、后果。犯罪事实七要素的法律意义可作如下归纳:犯罪时间、犯罪地点,是犯罪事实能否成立的前提;犯罪动机、犯罪目的,是区分此罪、彼罪及准确量刑的重要依据;犯罪手段既是区分此罪、彼罪的重要依据,又是从重或从轻惩处的关键;犯罪情节、犯罪后果,是上述诸要素的总体整合,是定罪科刑的总体依据。

民事案件是由法院受理的关于民事权利、义务纠纷的案件。在我国由民法、婚姻法、继承法、合同法、劳动法等所调整的财产关系或人身关系纠纷,均属民事案件范畴。民事案件事实的构成要素为:时间、地点、当事人、经过、目前状况、争执焦点。

(2)叙述性司法书面语的表达方法:案件的事实,一旦落笔于起诉书系列、裁判文书系列则成为法律事实。法律事实是经法定程序以证据佐证属实的事实,是经法律推理去伪存真、去粗取精的事实,是直接关系到定罪科刑或判决、调解的事实。案件的性质不同,事实叙述的笔法也不同。

刑事案件形形色色,犯罪事实繁简各异。触犯的刑律不同,构成的犯罪亦不同。一个刑事案件,可由一人一罪构成,也可由一人数罪或数人一罪构成,还可由数人数罪构成。案件的类型不同,犯罪事实的叙述笔法也各有差异,归纳起来,大体可以分为六种:以时间为序,以综合为序,以性质为序,以主次为序,以总分为序,以罪名为序。

民事案件的事实情节错综繁复,一个案件往往牵涉多个当事人,纠纷头绪若干,故其叙述笔法必须以时间为序。以时间为序大体可分为三种类型:综合归纳、分别引用、综合插入。

(3)叙述性司法书面语的表达特点:叙述性司法书面语的"准确平实""简明翔实"两个特质均可从两方面分析:一是篇章结构方面,一是遣词用句方面。在篇章结构方面,叙述性司法书面语的准确平实,即必须依法准确、客观、实事求是地表述各类案件法律事实的构成要素。诚然,案件的性质、类型不同,其要素叙述的侧重点也有所不同,但不能含混不清、模棱两可。在篇章结构方面,叙述性司法书面语的简明翔实,即必须依法简明扼要地表述各类案件法律事实的构成要素,该详则详,该略则略。依案件性质、类型的不同,需要详述的要素和关键情节均要不厌其详。

叙述性司法书面语的类比:法庭审理全过程的不同阶段,要选用不同类型的司法文书表述案件的事实情节。审理刑事案件,法庭调查之前要选用起诉书,法庭辩论阶段要选用公诉意见书(即公诉词)、辩护词;审理民事案件,法庭调查阶段当事人要陈述纠纷的事实情节(即诉状、答辩状),法庭辩论阶段原告、被告双方要分别发表代理词、答辩词。刑事、民事案件审理终结宣判要选用判决书、调解书或裁定书。起诉书、判决书类是具有法律效力的文书,公诉词、辩护词、代理词类的文书不具有法律效力,是仅供庭审参考的法庭演说词。不过应该说明,上述法庭演说词虽然出现于法庭辩论阶段,属于司法口语范畴,但从成文过程来看,却是在庭审之前就落笔于书面。这正是将其纳入类比范畴的缘由。法律言语交际环境不同,文书类型不同,即使表述同一事实情节的叙述性司法书面语,在语言材料、语言手段的选择方面,也必定呈现出明显差异,产生语体特征、语体色彩不同的效果。

2.2.2　影视及文学作品中的庭审叙事

刘维娜(2012)认为,由于独特的场景封闭性和必须通过语言来表现戏剧冲突的特点,法庭电影的叙事策略与电影的音画导向理论稍显背离,突出表现为法庭电影需要借助独特的话语叙事机制来表现镜头无法实现的主题要求。电影叙述的作用在于讲故事,话语承载故事的功能很强,话语中的故事丰富易读,话语形式本身也就变得极其重要,"话语"本身就是叙述者要讲的"故事"。这使我们越来越清楚地发现,话语不再只简单充当故事内容"透明"媒介的作用,它不仅影响对故事的叙述,而且影响我们对故事的接受,它对于法庭电影情节发展的能动作用是不容忽视的。

姚睿(2015)认为美国法庭片是严肃法律与大众文化的完美融合,更是美国社会问题的显影。美国法庭片以"探询"和"选择"作为动作母题,通过试听序列完成对法庭仪式的塑造,呈现出经大众文化润饰的美国主流价值观和美国博大精深的法律文化。法庭片由律师、陪审团、证人、当事人与法官等类型人物组成。这些人物为法庭片的人物塑造提供了坚实可靠的基础。这些类型人物不仅在现实的庭审过程中串联起整个的庭审实践,在法庭片中也发挥着各自模式化的叙事功能。一般意义上的法庭片由发生在法庭内部的庭审与外部的社会空间所构成。在视听风格的构建中,法庭片的导演们通过镜头序列的安置,巧妙地建构出庭审的仪式性,从而潜移默化地操纵观众的知觉。庭审中法官和律师的假发、法官的法槌和其他道具,天然形成了仪式感与戏剧化情境。法庭片是对法律尊严的敬畏与探索。影像中的正义来自于一种对正义的想象。美国法庭片的叙事模式充分体现了美国司法制度的结构性优势。

李莉、黄飞(2015)在类型电影理论和结构主义叙事学理论遗产的指导下对美国电影的叙事机制进行了分类,指出"美国律师创造正义神话"这一核心主题在基本情节模式、叙事行为以及文化指涉三个层面的具体化和实现策略。法庭电影作为一种成熟而独立存在的电影类型,其自身所包含的类型逻辑与叙事形式已经在有着丰富观影经验的观众们心中生根发芽。法庭电影所代表的类型电影是作为一种文化仪式在观众所代表的"沉默的大多数"与掌握着主流意识形态的政治与文化机构之间建立起一座桥梁。其中包含的社会文化意义在其精密的媒介语言与特性的根基之上被彰显、被传承。

文仕江(2015)在西方经典法律理论和类型电影理论指导下,通过对香港法庭片的解读,阐释了法庭片这一类型电影的思想内涵,通过论述香港法庭片的叙事、视听以及法与情之间的关系,对香港法庭片进行了梳理,初步探讨了英美法系背景下香港法庭片偏爱关注底层社会女性角色的叙事母题。香港法庭片常爱探究法律、人情之间的灰色地带,以及剪不断理还乱的复杂人际关系。一方面,它通过精彩的法律故事来展示大众文化视野下的香港法律现状,以此来表现大众对于法律的辨析和认识;另一方面,它鲜明地展示了香港社会法制的现状,即在形式上实现了法制,却时常面临着人情社会转型的困惑。

2.2.3 法律叙事与文学叙事

赵静(2008)认为,二战以后国外兴起的法律与文学运动,又可称为法律故事学,是一种具有强烈后现代主义风格的学术主张。其核心内容是不把法律看作一系列的原则和规则,而是看作人类的故事、表演和语言交流,看作叙述和修辞。司法实践中产生的极其重要的法律文书判决书是一种应用性很强的文体,与叙事文学文体似乎是风马牛不相及的。然而文学史却告诉我们,判词文体曾强烈地影响了一些叙事文学文体。赵静(2004)以司法活动中的法律文本判决书为基本依据,从法律与文学的视角,重点探讨法律叙事与文学叙事的区别与联系,以及法律叙事向文学叙事的转换。

刘俐俐(2015)梳理了美国"法律与文学"的研究的出现及研究的不同侧重点、中国的"法律与文学"的研究现状与走向等,着重考察如下两个研究取向:其一,针对中国"法律与文学"研究领域发掘文学作品内涵的实践性研究路向的性质与特点,引申出"故事陈旧而有用"的思考;其二,针对美国以努斯鲍姆(Martha C. Nussbaum, 1994)为代表的侧重文学对社会正义观念和司法中立建设的研究,考察其学术背景、出发点、观念与学理轨迹,发现这一切也基于"故事陈旧而有用"的原理。她以为,首先,陈旧故事既然在当代人们精神生活中具有合理性和特殊价值,应当成为理论工作者的研究对象。其次,人们对故事需求和接受的心理机制,是值得研究的课题。再次,陈旧故事范围非常宽泛。如何理解听故事、读故事的人难免接触到劣质故事?这正是布斯(Wayne C. Booth)提出的"伦理教学之下的悖论"的问题。如何面对这些复杂现象,是非常值得研究的理论问题和现实问题。

2.2.4　庭审叙事的叙事学研究

以叙事学为基础的庭审叙事研究的角度比较广泛,如叙事结构及叙事构建、简述与详述、虚假叙事、叙事视角、人物形象塑造、转述、叙事修辞、修辞叙事、叙事修辞的可接受性、叙事策略(如人物形象建构)、叙事交流、叙事特征等。

2.2.4.1　叙事结构及叙事构建

陈松松(2008)借助拉波夫的叙事结构理论以及辛克莱尔(J. Sinclair)与库尔特哈德(M. Coulthard)的层级理论,采用描述性和解释性相结合的方法,分析了四场中国刑事审判讯问阶段中的叙事构建和策略使用。揭示了庭审过程中所隐藏的叙事结构,找出法庭上公诉人、律师和法官如何通过询问达到自己的叙述目的,形成自己认可的叙事。同时探究在这一过程中,他们使用了哪些策略,他们的问话又具有怎样的宏观和微观结构。作者通过这种寻找和分析,得出了一些对庭审改革有益的参考性意见。

徐伟、管振彬(2008)以法庭提问中的叙事为研究对象,通过研究叙事的结构构建及律师与公诉人的质疑来说明在法庭提问过程中正确把握和运用叙事的重要性。文中以拉波夫等人提出的叙事理论为框架,分析了法庭提问中的叙事结构构建形式以及公诉人或律师如何依据叙事的结构特点对其提出异议从而在提问过程中取胜。

王建(2010)认为结案陈词为控辩双方最后也是真正面对陪审团进行的最

充分、最自由、最详细陈述的机会,其叙事的战略重要性在辛普森一案中尤为突出。该案中,辩方在故事主角的选派、叙事组织结构以及凸显事件或状态时所采取的措施等方面,均较控方更胜一筹,陪审团因此裁决辛普森无罪。该文从法庭叙事的角度为被告方何以无罪提供相应的语言层面上的支撑,为叙事学在法学领域的运用提供一个思路,而法庭叙事研究也将拓宽法官或陪审团看待事实问题的视野,有助于案件判决的准确性。

刘竹雀(2010)认为判决书是法院行使裁判权所制作的文本,但它并非完全在客观事实的基础上自动生成,而是法官说服当事人及其他人的独白式文体。因而,可以将其看作一种叙事方式。判决书首先是一种建构性的叙事,然后才是分析与评论及决定。判决书的目的是说服,说服的对象首先是当事人,其次是法律共同体与普通民众。信息从信源(即法官)通过信道(即判决书)到达受众是一个漫长而曲折的过程,法官为了使信息有效传达,或者是突出其想表达的某部分的内容(即为其叙事目的而服务),将不可避免对客观事实进行剪裁,在看似客观公正的判决语言中不着痕迹地加入表露其情感偏向的语言,或是运用其修辞策略表现其倾向。总之,判决书的叙事方式是为其说服目的而服务的,而决定其叙事方式的逻辑基础便是主客体认识与判决书建构的理性与经验。

2.2.4.2 简述与详述

陈劲松(2010)从民事判决书应然价值出发,论述了如何在民事判决书中叙事、析理、辨法,并提出了总体要求和具体方法。总的来说,民事判决书应注意以下三点——叙事简洁:一份好的判决书首先是一个好故事;析理:判决结果的得出源于理性的说理;辨法:法官对引用此条文而不是彼条文要做到详尽论证。

2.2.4.3 虚假叙事

毛春香(2008)以叙事分析法为研究手段,旨在探讨法律背景下中文刑事讯问笔录的语言和结构特点,进而探讨识别真实或虚假的几个语言线索,以期对以后的司法实践和法律语言研究具有前瞻性价值。该研究提出了用于中文刑事询问笔录的识别谎言或证明真实的八个语言线索,其中四个线索假定为虚假陈述中最常出现的语言线索,另外四个假定为真实陈述中最频繁出现的语言线索。通过例证及对比案例分析,该研究详细阐述了这八个假定的语言线索。统计分析进一步检验了这些语言线索在中文询问笔录中出现的频率,六个最频繁出现的语言线索——连贯性,细节的数量,独特的感官特征,否定性话语,模糊性话语及开场白长度——可用于识别研究和相关的司法实践。在询问证人的阶段,警方可特别关注上述六个语言线索,这对于尽快破案具有一定作用。虽然刑事讯问笔录不是庭审内容,但它与庭审直接相关,所以我们也将其考虑其中。

2.2.4.4 叙事视角

邓晓静(2009)认为,对法律事实的认知需要人们凭借自身的感观去感知,这就使得法律事实的呈现与法律事实叙述者的个体因素密切相关。不同的叙述者,由于制作文书的目的不同,其叙事的视角、选择事实材料的标准各有不同,而且他们陈述事实的能力也是千差万历别的。因此,叙述者的视角的选择对叙述者个体的法律叙事是主要的影响因素。叙述者观察和认知法律事实的角度,即视角,肯定会影响对案件事实的叙述。站在不同的角度观察同一个法律事实,由于观察全面或片面、深入或肤浅,不同的观察者传达出来的信息不可能完全相同;而从自身需求出发来认知法律事实和从客观公正的角度出发去认知法律事实,也会得出不尽相同的结论。

2.2.4.5 人物形象塑造

刘燕(2009)认为司法审判所依据的案件事实,不仅是证据的产物,更是一个叙事活动的产物,人物形象的塑造是其中关键的叙事策略。叙事者根据预设的人物形象及其价值定位,运用证据等材料建构故事化的事实文本,并使用人物形象来诱导受众认同叙事者建构的文本以及叙事者所预期的司法结果。同时,司法结果能否得到民众的认可,除了必须符合实体和程序的法律规范,也需要让事实叙事符合民众的经验语境。

2.2.4.6 转述

罗桂花(2013)认为,在法庭互动中,转述是一种创造性、建构性、策略性的言语行为,具有直接引语、间接引语、自由间接引语和言语行为的叙事转述四种基本形式,同时还具有间接引语与直接引语混用或嵌套的混合模式。转述语的声音来源有自我、第三方、互动参与对方以及对话的多(双)方等广泛来源。在转述者的交际目的、原述语的可及性以及转述者和被转述者之间身份和权力关系等因素影响下,转述语的忠实度呈"虚构"到"复制"的连续统。话语功能上,转述言语行为具有证据、评价、责任分离和作为言谈基础等作用。

2.2.4.7 叙事修辞

刘燕(2007)认为,作为审判依据的案件事实并非纯然得自证据,而是一种在修辞中完成的故事。证据所能得出的是零散的、片段化的事件,事实则是情节化、戏剧化的全景叙事,根据相同的证据和已经获得确认的事件,可以形成不同的事实文本和判决结果。崔英杰案提供了一个细致的实例,展示出解释、挑选等修辞手段在案件审理中的形态和作用,以及如何得来最终的情节化、戏剧化的案件事实。更进一步,修辞并非仅仅是语言的装饰或者说服的手段,实际上修辞本身就是事实的建构,而不同的叙事文本背后又隐含着修辞者的立场抗衡。

刘燕(2013)从修辞和叙事角度对案件事实构建进行研究。该书以崔英杰案、邓玉娇案作为分析材料,研究的问题为案件事实在司法活动当中如何形成,从理论上推进法理学关于案件事实及其司法审理的认识。这本书论证的基本观点是:案件事实并非一个现成存在的事物,至少,为司法的语境所要求的、最终需要用来当做审判依据的故事文本,不是一个现成的事物,因此它不是被发现的,而是在司法过程中产生的,或者说是被建构出来的。

张存建(2015)认为自媒体信息传播凸显了司法审判中的舆论应对问题,对法官认定案件事实的模式提出了挑战,要求法官具有从语言规范性的高度把握事实信息的能力。案件事实的修辞叙事解释偏执于语言的描述性,难以解释人们何以可能达成案件事实共识,却提示我们同时从描述性与规范性的角度认识对法官语言能力的要求。在自媒体语境下,完善法官认定案件事实的模式,必须重视语言规范性在保证案件事实质量方面的作用;遴选法官,则应当关注其识别他人语言规范性的能力,给其以批判性思维的考量。

张德森、康兰平(2015)认为修辞作为一种分析工具,具有认知属性。而案件形成过程中,修辞所扮演的角色不仅仅是语言的技巧,且参与了案件事实的建构、演变以及最终的形成。因此,有必要认识修辞在案件事实的形成过程中发挥的建构性作用,而非语言的修饰和技巧。它不仅能将碎片化的证据信息组织成为完整的、有情节的、有人物形象的叙事文本,还能使得客观事实的还原成为可能。当然,尽管修辞可以为我们提供一种价值追求的可能,但也要警惕修辞的陷阱,避免修辞的滥用掩盖事实的真相。

2.2.4.8 修辞叙事

陈珊珊(2016)认为裁判事实构建的过程是法律故事由碎片化逐渐串成文本化的过程,案件事实的建构围绕一定的修辞叙事模型而展开,在这个模型中,结合论证的主题、故事、法理、情境、说服对象等情节化要素,通过修辞方法把破碎的证据与事实串联起来加以论辩并进行诠释,从而达到事实建构的目标。同时,我们也要警惕实践中对法律修辞的滥用以及过度使用的情形,要从制度根源上促进修辞的发展与完善,维护司法的公正与权威。

2.2.4.9 叙事修辞的可接受性

余素青(2013)认为可接受性理论源于修辞学,强调修辞文本的建构应遵守"适切性"和"有效性"的基本原则。就判决书中叙事修辞(广义)的可接受性而言,应有叙事情节的逻辑可接受性、叙事说理的论证可接受性和叙事表述的修辞(狭义)可接受性。判决书的叙事相对独立完整,主要内容包括对裁判事实的论述、相关法律法规的适用以及判决结果等,它的受众除了法庭审判中的各言语角色之外,还有庭外的广大一般受众,因此判决书要达到其说服各类受众的目的,在叙述过程中就必须尽量做到叙事情节的逻辑可接受性、叙事说理的论证可接受性和叙事表述的修辞(狭义)可接受性。就司法判决对社会的法律警醒和教育意义而言,它的影响不可小觑,这也是判决书叙事可接受研究的意义之所在。

2.2.4.10 人物形象建构的叙事策略

刘燕(2011)认为邓玉娇案的事实叙事在判决书中和公众当中各有一套说法,邓玉娇等涉案人员的面目在判决文本中显得模糊不清,而在公众叙事中却形象鲜明。尽管人物形象建构是司法审判中书写案件事实的一个重要叙事策略,但对某些案件来说,消解人物也可以成为一种修辞机制,这种机制往往与它的对立面形成叙事博弈,折射出个人在法律制度下的矛盾性,以及对自身存在的感知和把握状况。该文从邓玉娇案事实认定的修辞研究出发,分析缺少人物形象的案件事实,认为无人物形象的修辞策略有助于消解争议、回避矛盾。叙事作为一种思维方式、存在方式,则出现了个人自由和法律理性之间的矛盾。把存在主义纳入法律与叙事学的研究,将是进一步探索的方向。

2.2.4.11 叙事交流

张黎(2016)认为,庭审微博直播是随着微博的兴起而出现的一种新的庭审直播形式。从叙述学角度看,庭审微博直播也是一种超媒体叙事行为。庭审微博直播与传统庭审无论在外部环境还是活动方式上都有很大不同。2016年初的"快播案"作为庭审微博直播的典型样本,与传统庭审"有限叙述""单一叙受叙者"的特点相比,出现了"叠套叙述""多元叙受叙者"等新特点。也就是说,庭审微博直播出现了"庭内叙述"和"庭外叙述"的现象,庭审微博直播中法院既是"庭内叙述者"也是"庭外叙述者"。庭审微博直播的"叠套"叙述和"多元的叙述者和受叙者",改变了传统庭审严肃而神秘的面貌,以阳光沟通、全民关注的新方式重新书写了司法部门的窗口形象。新媒体时代,庭审直播比传统庭审信息传播速度更快、受众面更广、受关注度更高,它对司法透明的促进作用毋庸置疑,但同时也面临着更多机遇和挑战。

2.2.4.12 叙事特征

余素青(2011)认为叙事首先是作为文学要素发展起来的,因此通常被用于文学作品的研究。随着叙事理论研究的不断深入,现代叙事学已经成了一个多学科研究方法,并被广泛用于各个领域的研究。从法庭审判的功能来看,开庭审理即人民法院在当事人和所有诉讼参与人的参加下,全面审查认定案件事实,并依法做出裁判或调解的活动。因此,庭审中认定事实的过程就是一个案件事实的构建过程,构建的主要方式是叙述。庭审中的叙事有很多其自身的特征。法庭审判中的叙述的特殊性表现为受法律框架的约束,叙述事实时还要考虑法律条文的相关性等等。可见,法庭审判中的叙事有它结构上、形式上以及语境上等方面的独特性和制约性,对法庭话语的叙事分析也将有其特殊的意义和价值。

2.2.5 庭审叙事的语言学研究

以语言学为基础的庭审叙事研究角度主要有叙事语篇分析、叙事话语特征分析、叙事话语的衔接与关联、叙事连贯、文化视角的研究等。

2.2.5.1 叙事语篇分析

刘云(2011)认为法庭叙事语篇属于法律语篇的一种,是庭审语篇必不可少的组成部分。法庭叙事是依据法律程序,通过不同种类的叙事将所有的案件事实组织成一篇形式连贯的故事,最终确认案件的法律事实。法庭叙事能够说服受众,达到指控、辩护、证明和认定法律事实的目的。该文的主要目的是分析法庭叙事语篇的基本特征及结构。无论在叙事类型、叙事特征和叙事结构上,法庭叙事语篇都有其特殊性、复杂性、策略性和选择性。作为法律事实建构的基础,法庭叙事语篇的分析对于法官主持庭审、当事人双方充分构建事实和表明主张有着重要的实践意义。

2.2.5.2 叙事话语及其特征分析

向波阳、李桂芳(2017)认为庭审叙事话语的定义是:在法庭审判语境下,诉讼参与各方自然发生的、连贯的口头或书面话语,话语的内容涉及对案件事实的讲述。它包括刑事庭审叙事话语、民事庭审叙事话语和行政庭审叙事话语。

中国刑事庭审叙事话语具有独特的鲜明特征。通过对庭审现场的观察和对真实语料的认真分析,发现中国刑事庭审叙事话语具有四个特征:层级结构性、庭审阶段性、互动性、对抗性。中国刑事庭审叙事话语可分为宏观、中观、微观三个层级,叙事话语在庭审不同阶段的叙事主体和叙事内容不尽相同,起诉叙事话语、辩护叙事话语和判决叙事话语相互间具有互动性,叙事话语主体间也有互动性,辩护叙事话语和起诉叙事话语之间呈对抗趋势。对中国刑事庭审叙事话语特征的研究有助于发掘参与庭审的控辩审三方所使用的话语策略,探究庭审叙事话语普遍性规律,可以对我国司法实践语言研究提供有益的借鉴。

另外,《法庭言语研究》一书第七章专门讨论"法庭审判中的叙事话语分析",因本书绪论的"前期相关研究成果"有具体介绍,这里不再赘述。

2.2.5.3 叙事话语的衔接与关联

李蕾(2006)用实证的方法从衔接和关联的角度研究法庭叙事话语,认为衔接和关联都是法庭叙事的重要特征。衔接理论用于律师和证人的独白分析,而关联理论用于律师和证人的对话分析。在庭审过程中,法官或陪审团、辩护律师、原告、被告和证人用问答话语结构共同参与构建片断形式的叙事话语。该文在拉波夫叙事理论的框架中分析语篇的衔接手段;在关联理论明示—推理交际模式的基础上,分析语义关联、话题关联和语境关联对语篇衔接的促进作用。其结论是:证言证词的关联性和衔接性有助于增强叙事话语的说服力。

2.2.5.4 叙事连贯

薛爱昌(2016)认为,对于证据和证明问题来说,英美证据法的主流传统是盖然性理论,而这种理论通常也被认为是原子论的。原子论包括两个维度:在第一个维度上,原子论是在一个相对真空中来对单个证据进行评价。它把每一个证据都看作是一个孤岛,并且以一种相对孤立的方式来评价每一个证据。在第二个维度上,原子论涉及将证据分解成更小的单元——对证据进行逐个的评价,而不是把证据作为一个单一的整体来进行评价。可以说,迄今为止,在英美有关证据的话语传统中,有关证据组织和评价的主流观点始终是"原子论"的,也就是说,对有关证据的论证所进行的重构和批评,涉及的主要是对基于证据的个体命题之间的关系进行逻辑分析。

2.2.5.5 文化视角的研究

崔明石(2011)从叙事的角度,阐释情理法在历史中的发展。就叙事的主体以及传统社会的结构而言,叙事具有两个面向:官方和民间。官方叙事是以官方记录的历史和判词为表现形式,反映了主流的文化和价值观。该文首先从立法的角度阐释了法律合于情理,其实是将法律和道德融会在一起,即学者们所谓的"法律的道德化"和"道德的法律化"。在司法领域,为了使司法的结果合情合理,法官需要结合儒家思想中"忠和恕""经和权"的观念来审理案件。这即是情理法中所蕴含的人文精神和人文情怀。当然,在立法和司法中尽"情理",其实与古人的治世理念和举措有着直接联系。

2.2.5.6 "自叙"型法律语言交际

潘庆云(1997)认为自叙型交际的"单向性"是从表述形式的角度与对话型交际相对而言、相比较而存在的。严格地说,任何形式的交际都是双向的,在自叙型交际中,传播者与接收者也联结在一个动态运转结构中,要取得交际的成功,传播者必须随时从接收者处捕捉反馈信息,并不断调整和修改交际策略、重新组织交际言辞。书面自叙型交际也必须事前洞悉接收者的状况,事后收集反映。立法文本的制定、施行,司法文书的制作、运用,都要遵循语言交际的这一原则。根据交际宗旨、目的、内容和所呈现的语言特点的差异,自叙型交际又可分为陈述、描摹和论说等模式。其中,陈述即叙述和回溯案情或有关的法律事实、说明情况、条陈法律规范。"以事实为根据,以法律为准绳"是处理各种案件和法律事务的准则。在立法语言中,常常用以解释概念,划定范围,在法律文书中常常用以说明当事人身份概况、案件来源等。解说只能给人以较为概括的了解,要使人有一个清晰的感性认识,常常还要动用举例说明的方法。举例又可分为列举性举例、比方性举例和典型性举例等。立法说明事物,必要时可以引用一些有关资料来充实说明的内容,或者作为说明的依据,使说明具有说服力和权威性。为了说明事物的特征与性质,往往可以运用一些数字和数据来说明。针对这一观点,潘庆云在《中国法律语言鉴衡》(2004)中,使用的标题是"单项(自叙)型法律语言交际"。

《法庭审判中事实构建的叙事理论研究》(余素青,2013)一书对庭审叙事的形式、结构、特征、连贯机制、有效性、判决书叙事等内容进行了论述。因在序言中有比较全面的介绍,在此不再赘述。

2.2.6 庭审叙事的法学研究

以法学为基础的庭审叙事研究角度主要包括案件事实的构建、裁判事实的构建、证据/论证中的叙事以及诉讼心理学等。

2.2.6.1 事实构建

栗峥(2007)认为叙事的准确性直接取决于证明信息的"密度"。证明信息密度小说明论证证据不充分,需要填补的证明空间大,叙事的诗化功能增强,逻辑化功能削弱,叙事的精准程度明显降低,认定事实有可能出现悬疑与多种可能;相反,如果证明信息密度大说明论证证据丰富,空白地带小,叙事逻辑化功能占优势,叙事准确性提高,认定事实几乎趋于唯一。

2.2.6.2 裁判事实构建

孙日华(2010)认为司法过程是一个叙事的过程。当事人通过动听的叙事争取利己的裁判,大众以道德为名建构美德佳话,法官在人情与法理之间徘徊。法官必须在不同的故事版本之间进行剪裁与抉择,既要避免道德裁判的质疑,维护法治的权威,又要回应大众的声音,保障裁判的公信力。法官只有保持张弛之间的合理限度,才能创造出裁判的美妙篇章。法律是可以被解释的故事。

孙日华(2011)认为对于司法过程中的事实问题,始终存在着多种分类。大多数都是在静态意义上对事实进行划分;事实只有在司法过程中才有意义,事实需要在司法过程中进行动态的考察。从客观事实的发生、案件事实的陈述到裁判事实的建构,是诉讼参与人、法律规范、证据等各种因素整合的结果。裁判事实的最终形成是在法律理性主导下进行的事实演化;事实的形成是一个动态的过程,静态意义上的分类并不是司法过程中事实的真实形态。他从客观事实的发生、客观事实被陈述为案件事实、案件事实被陈述为裁判事实三个环节详细介绍了裁判事实的形成过程。

孙来清、毕可良(2010)认为,法律存在于语言之中,法律的意义是透过语言而实现的。由于主客观方面的原因,法律语言具有模糊性。司法过程的核心问题是法律与事实的结合。模糊性意味着在法律运作中对人的因素的引入,语言规则的先在性使得司法过程的任何决定行为必须遵守语言的规则,无论是有关事实的界定还是规范的适用,抑或是涵摄的过程演绎,都需要作为解释者的法官运用语言在语言规则下加以言说并加以明晰。由此,法官的人格、智识和信仰就显得尤为重要,它可能直接关系到法律理想的实现。

刘方荣、何向东(2013)认为,叙事指的是将特定事件按时间顺序纳入人们了解和把握的语言结构中,并赋予其意义的过程。司法叙事理论的基本主张是,人们在法庭中利用叙事方式来获取案件事实,司法叙事理论研究旨在解释司法案件事实的叙事形成过程,以叙事与证据及修辞的关系、叙事情节化的视角及要素、司法叙事的客观性等为主要内容,为司法实践提供坚实的叙事理论和方法支持。

王彬(2013)认为,法律叙事学对于裁判事实认定的意义并不在于通过虚构否定真实,而在于让裁判中的叙事摆脱逻辑的遮蔽,揭示叙事在事实认定中的作用机理。在法律叙事学的视野下,确信真实是裁判事实认定的目标;裁判事实认定的过程是法内叙事和法外叙事相互交织、相互作用的过程;裁判事实的认定过程是围绕事件、通过语言活动展开的建构过程,挑选、添加、诠释等叙事策略贯穿于这一语言的建构活动之中。司法活动是一个通过语言进行交涉和商谈解决纠纷并达成合意的过程,作为语言活动的修辞与叙事往往对事实的认定发挥着潜移默化的影响,所以,通过对事实认定机制的革新为叙事和修辞提供发挥作用的空间是超越司法裁判中形式理性与实质理性悖论的可能进路,研究司法裁判活动中叙事的内在规律和修辞的方法技巧也是当下法律方法研究的重要课题。

张存建、刘方荣(2015)认为,陪审团以推理—叙事的方式裁定案件事实,暗含了对陪审团成员的知识素质要求,要求陪审团成员既具有关于证据的经验知识,又具有一定的关于知识表征的知识。陪审团模式关于知识存在与辩护的预设提示我们,评价和超越这一模式需要一种文化相对性的思考。对这一模式所预设之知识及其辩护的分析来看,肯定陪审团模式的某种普适性,或者试图从中获得司法制度改革的启示,则必须认识这种普适性所依赖的社会生活文化语境。

于辉(2016)认为,在裁判事实叙事构建过程中,叙事者通过言语行为、修辞技巧将碎片化的证据信息整合成为完整的、融贯的、一致的故事模型,但该模型毕竟仅是叙事者对过往事实的次级感知,其内容并不能引起内心确信或者排除合理性怀疑,因此,司法裁决者有必要运用批判性问题评估法,在批判与回应的对话剖面中检验裁判事实建构中的各种叙事主张,使主观的怀疑接受客观层次的检验,并从中识别出与故事假说不符合的例外情形,予以排除或反驳,从而实现裁判事实叙事构建中的"可接受性"。因此,裁判事实叙事构建就是裁决者在控辩双方提供的故事模型及支持该模型的证据基础上,运用批判性思维对存有怀疑的事实(故事)逐一检验评估,最终排除合理怀疑形成裁判事实的过程。

2.2.6.3 证据/论证中的叙事

宋方明(2014)认为,刑事司法叙事视角中包括的证据问题主要有:证据绝对数量上的不足及其相互关系的复杂性,决定了运用证据准确认定案件事实是相对的,这是刑事司法叙事得以产生的前提。证据规则设定的限制条件,决了通常情况下刑事司法叙事是围绕证据进行的技艺展示。人们对证据感知的主观性,决定了刑事司法叙事是一个借题发挥的过程。通过科学技术获取的证据自身无法克服的局限性,决定了刑事司法叙事是一个不断接受检验并避免"科学证据至上"片面性错误的过程。许多情况下由于人的前见占支配地位,从而导致刑事司法叙事其实是一个受前见引导的关于证据的想象建构过程。所采用叙事策略的不同,决定了针对同一案件、同一事实的刑事司法叙事会产生不同的版本和结局。由于证据总是按照一定的观点收集而来,这导致证据调查有可能被动迎合刑事司法叙事的需要。

范仲瑾、白雷杰(2013)认为,交叉询问不是一套可以简单套用的数学公式,而是一种需要根据法庭上临时出现的情形而随机应变的即席表演。在英美法庭上,一代代辩护律师已经积累了大量交叉询问的经验,并形成了交叉询问的规则,但是,这些经验与规则只是表演的"脚本",至于究竟如何应用这些规则、如何在法庭上有效展开,则最终依赖于辩护律师的机敏和智慧。

郭悦(2013)认为法院审判的核心问题是查明案件事实和适用法律,法律规范的适用应以案件事实为裁判基础,以法律规范为大前提,以案件事实为小前提,法院的判决结果就是这个推理过程的结论。所以,案件事实的认定是法院判决最先需要解决的问题。所谓案件事实,又称"证据事实",是指在诉讼过程中由证据所表明或建构起来的客观事实。认定案件事实是一个艰辛复杂的过程,真实的案件事实不会自动地摆在裁判者的面前,它以案件当事人的陈述方式展现出来。作者首先通过典型案例提出案件事实的不同陈述问题,然后分析案件事实陈述的特点,最后提出法院认定案件事实的方法。

2.2.6.4 诉讼心理学

李安(2009)认为人类对历史事实的认识有两种方式,即直接感知与回溯性认识。在诉讼活动中,司法人员对证据的认识可以是直接感知,但对案件事实的认识则属于回溯性认识。在司法实践中,很少能根据证据完全呈现案情,而是通过证据对证据的意义进行阐释并对案件的事实进行建构,最后将案情陈述为能够被证据证明的裁判事实。这一过程不仅依循特定程序,而且还兼顾法律规范对事实要件的设定,这样形成的结果与真相进行比对有时难免会出现偏离。当对"证据"与"证据感知"以及"事实"与"事实建构"进行区分考察后,不难发现据以裁判的事实并非"硬邦邦"的。其实,自法官接到起诉书的那一刻开始,法官就"被动认知"了公诉人(或自诉人)在起诉书中所表达的对案件的叙事,这一叙事对法官来说就成为后来构建案件事实的第一印象,心理学研究表明第一印象比后来信息对人的认知有更大的影响。结合诉讼心理学的研究,为减少案件事实偏离真相的情况,应注意以下三点:一是法官应有案件叙事偏离的反省意识,依据心理学研究,反省偏离的过程本身就能起到纠偏的功能;二是依据认知取样的规律重新设计证据提交方式与顺序,即把握信息的入口关;三是依据司法认知的科学规律,完善诉讼程序对案件认知偏离的制约功能。

栗峥(2010)主要介绍了20世纪90年代国外证据法学研究的新学派——社会心理学派,并取得一些有新意的结论:陪审团是通过对故事的构建和比较,而不是通过运用证据进行论辩来评判事实真伪的。这一发现得到了其他学科如医学诊断学和历史学的积极响应,由此社会心理学派产生了它的核心观点:人类需要通过叙事作出裁判。其中,最具代表性和实践指导意义的当属彭宁顿(N. Pennington)和黑斯蒂(R. Hastie)提出的故事模型理论。相较于其他有关事实裁判者司法证明思维研究的模式,故事模型更为通俗且准确地论证了司法证明思维的过程,并且该理论模型的提出是建立在大量实证研究的基础之上,又被很多学者采用相似的实验方法加以验证的,可以说,它是目前有关事实裁判者认定事实方式的极为成功的模型。

梁玉霞(2011)认为法庭审判实质化,需要诉讼参与各方在叙事性表达内容上的有效沟通。"事实发现"始终是审判的重心。案件事实从诉辩双方的证明向裁判者心证的位移,就是诉讼证明三元系统的对接,也即心证的形成过程。该文的初步结论是:(1)裁判者心证具有不同于当事人证明的独特性,不应受到忽略;(2)关注诉讼证明三元系统的对接,是把握审判实质公正的钥匙;(3)诉讼证明三元系统对接的四个图景,分别表现了心证的范式与可控的自由向度;(4)裁判者的心证自由度与当事人的满意度大致上成反比关系,心证自由度大,则诉辩双方的满意度就差。

2.2.7 国内庭审叙事的认知研究

国内从认知语言学的角度对庭审叙事的研究还不多见,现有研究主要从裁判与认知以及庭审叙事的认知连贯方面出发,主要有以下两篇文章。

在裁判与认知方面,张存建(2016)认为,案件事实论辩需要真理论的支撑,理性实践观将案件事实的确定性解释为一系列规则的实现,主张把理性和融贯作为判定案件事实的标准。然而,新媒体信息传播凸显了案件事实陈述的一致解读问题,包括以下两个方面:案件事实论辩的方法和前提。诉诸语言诠释一致性可以解释论辩方法的一致性,两者都预设案件事实论辩的前提一致。解释语言诠释的一致性,则需要从限制认知因素的角度引导和培植论辩者的结构关联偏好,基于此,有必要在庭审中明确一些关于案件的实在假定和价值假定,把它们作为案件事实论辩的最基本前提。通过明确案件事实论辩的基本实在假定和基本价值假定,可以促进庭审各方及公众一致地解读案件信息,可能消解案件事实论辩中的个体认知差异。虽然该文讨论的是案件事实确认的方法,但其中也多次论及认知内容,如认知因素、个体认知差异和认知心理模型等。

在庭审叙事的认知连贯方面,余素青(2013)认为,从整个庭审来看,法官和控辩双方的话题都是围绕着对故事图式中"何时、何地、何人(施事)、因何、用何方式、对何人(受事)、做何事、致何果"这八个识别构成故事的单元,以及这些单元的顺序和特别容易出现在单元之间的各种连接进行的。因此,可以说庭审的叙事连贯是在故事图式的基础上展开的,而这个故事图式是一个序列的连续体,因而是连贯的。它是通过语言表达来实现的,所以体现在语言形式上,有词汇手段、语法手段、逻辑语义手段和语用手段等。

2.3 国外庭审叙事研究综述

国外(以英美国家为主)对庭审叙事的研究要比国内研究广泛得多,这与英美国家实行控辩制有关。庭审叙事的研究尤其是从心理学和认知角度的研究有助于对法庭审判中事实构建的认识。

2.3.1 法律与叙事

国外学者对法律与叙事的讨论比较广泛,其中有法律写作课程教学中的叙事问题,如 Philip N. Meyer(2006)论述了为什么要教法学院学生"叙事的说服力"。首先,律师,特别是诉讼律师,在很大程度上身处一个讲故事或叙事的文化环境中。他认为法律论据应该被理解为经伪装和转变的故事,即使是其结构似乎更加正式并拘泥于法律条文的论据(如美国联邦最高法院判决书中的上诉事实摘要或司法修辞)。它最初可能是受法律推理的典型形式"驯服"的叙述,使叙述冲动得到控制,转换并重塑故事以达到论证的目的。但是,我们对正义和正确结果的观念从根本上说是扎根于叙事之中的。

当然,法律叙事是极受限制的。所讲的故事以及他们的讲述方法必须是真实的、有事实根据的、准确的和细致的。此外,如果对法律的教学和理解完全是建立在变换的法律基础之上的竞争性叙事之间的较量,而不是基于原则、先例以及遵循先例原则的话,那么这样的法律教学法将是危险的和不稳定的。法律上的叙事说服显然不是无限制地讲故事;叙事受制于法律规则、法律文化假设和法律写作惯例。在这个框架内,一些律师似乎非常敏感,擅长选择"正确"的叙述,特别是在书面的上诉辩论中,知道如何谨慎地将核心叙述转换成分析实证主义的语言。尤其是当叙述更广泛地包含关于法律的故事,而不仅仅是关于事实的故事时。具体来说,在辩护中的叙事说服力不限于案件陈述。叙述常常体现问题的选择和有效论点的内部组织结构。

  法律写作的教授们如何才能更好地为法律学生提供叙事技术,使他们成为更有效的从业人员?我们应当对司法实践者的训诫作何补充——对于律师来说讲一个好故事很重要,这些叙事课程的内容应该是什么?叙事作为教学模式,什么资源可以推荐给我们的学生?在这篇文章中,作者提供了这些问题的一些初步回答,认为法律叙事最主要的是文体(展示还是叙述、用不同的声音叙述、叙事视角)、情节设计、主题、人物形象塑造(角色分派)和场景(描述与环境)这五个方面。

  关于律师职业教学中的叙事问题,Larson(2000)讨论了 Baron(2000)和 Frank(1992)对律师、事实和故事的新观点。Larson 认为有效的律师技能教学需要女性主义的洞察力。而 Baron 提出的三个观点与律师执业中的故事的作用有关,因此也与法律技能的教学有关。她的愿望是,法律需要更能体现妇女的生活经验。

  Baron 指出,首先,故事是人类认知和判断的基础。其次,我们倾向于在法律和生活之间划一条界线,把故事的丰富性赋予生活,而不是法律。Frank 甚至声称"一个真正的律师讨厌事实",以及这些事实所显示的"真实的故事"。对此,Baron 是持怀疑态度的,认为"我们可能需要考虑'法'与'日常生活'是否并非描述一组经验的两种方式,而不是两个完全不同的范畴"。如果故事是生活中不可缺少的,Baron 的观点表明它们之于法律也是不可或缺的。传统的看法是,法律上的事实发现追求的是比在日常生活中通过了解、理解和判断而获得的更高的理性。然而,社会科学家告诉我们,故事是陪审团在决策时心理上的需要,是法律事实认定的非常手段;接受一个故事与作出判决似乎是相同的人类行为(Pennington and Hastie,1991)。如果是这样,那么法律技能的教学必定是讲故事教学。最后,Baron 认为经还原的、诽谤的和有害的故事"只能用更多其他的故事来反驳"。她建议教授律师技能的教师应将"法律和非法律对事件的描写与讲故事以及文学阅读进行比较"。

关于法律与叙事的其他讨论还包括以下这些研究：

Jackson(1994)描述了专业实践研究的一种新的理论模式——符号学模式，阐明了该模式在刑事正义中的操作。作者指出，符号学可以帮助我们理解刑事过程，因此提出了一种符号学的假设来帮助我们理解"专业"这个概念，论证了可视化的行为内容对构建"专业性"的重要性。作者指出，专业性概念的转化对于实现职业律师的目标至关重要。

Sherwin(2009)研究了法律事实的叙事构建，旨在说明更好地理解故事成分有助于构造和阐明法律事实的意义。作者首先考察了一起自杀案的一系列重述中叙事纲要的使用。接着以米兰达诉亚利桑那(Miranda v. Arizona)案为例，讨论了叙事纲要和体裁，以及法律顾问向美国联邦最高法院提交的案情简要中讲述的故事情节和语气的作用。

Picinali(2012)为刑事事实认定提出了一种推理理论：类比理论。作者认为，推理的类比理论有三个优点。第一，该理论可将"不定性下的推理"的不同方法的重要见解囊括在一个统一的理论框架之中。第二，有助于提升我们对于指称类问题的传统理解。第三，该理论提供了一个合理怀疑的功能分类法。

Baron和Epstein(1997)探讨了法律是否是叙事这个问题。作者首先说明了传统法律综述文章的叙事特征。然后将讲述故事与当前关于客观发现和表征事实的可能性的争议结合起来讨论。

Brooks(2006)探讨了法律是否需要叙事学这个问题。作者讨论了叙事在法律中的作用，阐明了故事讲述的方式如何影响法律结果。作者试图解决以下问题：如果故事的讲述方式影响法律，为什么法律不对叙事、叙事分析甚至叙事理论给予更多关注？作者首先分析了一些实例，然后再从理论上探讨了叙事学及其在法律中的地位。

French(1996)研究了法律与人类学的叙事。作者以两位法学教授和一位人类学家的叙事为例，比较了法律和人类学这两个学科中叙事的使用。他们运用叙事具有不同的目的：一种是作为理解法律中的元叙事结构的分析工具；一种是抵制该学科的现代主义表征的策略。

Levit(2010)介绍了法学界对于叙事的争议。长期以来，法学界对于叙事在法律中的价值一直都有争议。作者首先描述了争议的历史，然后考察了认知神经科学中有关故事对人类理解世界的重要性的证据。接着，作者分析了媒体叙事，最后重申了叙事的重要性。

Posner(1997)考察了法律叙事学这一话题。法律叙事学关注的是法律和法学中的故事成分。故事在法律过程中扮演重要角色。原告和被告两方都在讲故事,这实际是将"真实"的故事转化为由法律认可的叙事和修辞形式,而陪审团选择最喜欢的那个故事。故事在法学中的作用比在法律过程本身中的作用要小,但是这种作用日益变大。

Twining(1999)研究了事实问题论证中的叙述与概括。作者指出,事实问题论证中的概括虽然是必要的,但也是危险的,故事也是必要同时危险的。此外,作者还探讨了故事和概括之间的关系。

Gordon(2010)研究了法学教育学的叙事理论。作者认为,叙事理论部分解释了法学系统和相关民主体制的一些方面。作者指出了上诉实践和上诉意见书中的问题,介绍了课堂中叙事的应用,最后指出民主教育和法律中应重视叙事。

Meade(1996)对死刑判决中的叙事建构进行了解读。首先,作者分析了赞成死刑的叙事,这些叙事表明了死刑在美国的作用:死刑代表在暴乱的世界中创造秩序。然后,作者分析了反对死刑的叙事,这些叙事讲述无辜被告的故事。接着作者探讨了如何在被告有罪时讲述有说服力的反对死刑的叙事。

Cover(1983)探讨了法律与叙事的关系。作者首先讨论了法律世界与法律意义,以及如何创造法律意义,尤其关注在法庭之外如何创造法律意义。然后讨论了承诺在法律意义中的独特地位,对比了赞同法律意义的社团承诺和法官的承诺。最后作者运用提出的原则和方法批判地分析了鲍勃·琼斯大学诉美利坚合众国案(Bob Jones University v. U.S.)。

Olive(2009)研究了叙事的作用,重点关注了定罪后叙事的作用。作者认为,法官纠正不公正的法律基础之一就是叙事的影响。定罪后上诉时运用有说服力的、意在减刑的叙事,可能激发法官的想象力,使之置自己于被告的地位,表征被告的痛苦,从而达到减刑的效果。

Farber和Sherry(1992)综述了法律叙事运动,评价了其主要观点。两位作者关注的是叙事在法学界的合适地位。他们首先注意到妇女和有色人种会用不同语态写作这一论点,并考察了叙事与这一论点的联系。最后作者探讨了如何确定故事的合法性,如何评价法律叙事的质量等问题,得出法律叙事有助于法学研究的结论。

Brooks(2002)考察了法律的叙事性。法学界首次关注叙事的重要性是从"为反对者叙事"开始的。现在更激进的观点是"法律靠叙事而存在"。作者认为,叙事不只是一系列的内容,也是一种形式和程序。叙事可使分析形式化,从而具有一定程度的抽象性。此外,作者还考察了叙事的传播,即讲述的故事是如何被对方接受和回应的。

叙事学已成为心理学和符号学中一个重要研究范式。Jackson(1988)从叙事概念化、法庭过程应用本身和认识论假设三个方面比较了刑事案件中事实裁定的三种叙事理论。最后作者还考察了这些不同方法对于法庭裁定的潜在可解决性。

2.3.2 法律事实与故事

DeSanctis(2012)考察了叙事推理和类比推理的关系。作者首先讨论了什么是"故事",然后考察了逻辑推理和叙事推理为何无法分开,继而指出类比推理同样依赖叙事,如果将叙事推理和类比推理划为两类,则无法发现叙事推理在法律分析中广泛存在。作者最后指出,深入理解叙事推理和非叙事推理的关系有助于法律教学。

Kenneth(2012)研究了叙事推理在司法判决中的作用。论文首先介绍了叙事理论的基本原则,然后通过讨论《患者保护与平价医疗法案》的诉讼案中诉讼双方所讲述的故事来说明叙事如何影响法官的裁决。

Paskey(2014)认为将故事和法律规则二分是错误的,每一条法律规则都具有故事的底层结构,此外,我们认为的基于规则的推理所采用的分析方式通常是一种叙事推理。因此,律师依赖故事,不是因为故事具有说服力,而是因为规则需要故事,故事存在于规则的结构之中,只有通过故事讲述才能实现规则。

Burt(2009)论述了"讲故事"在一个死刑案件各个阶段的重要性。作者首先讨论了对死刑罪犯的历史调查和令人信服的叙事之间的关系,然后讨论了对公诉人的叙事,继而讨论了陪审员选择的叙事,最后讨论了叙事在陪审员指示和结案陈词阶段的重要性。

Jonathan(2012)罗列了律师的 25 个叙事技巧,例如,故事不只是事实的堆积,应至少有一个核心主题;主题不必直接陈述出来,隐含的主题更有效等。

Lubet(2001)探讨了有助于律师出庭辩护能力的一项重要工具——建构故事框架。作者首先指出,律师在叙事时应运用理论并明确主题。然后作者探讨了如何识别故事框架。最后以一起谋杀案为例具体展示了如何建构故事框架。

Kenneth(2014)认为法律并不只是规则和逻辑,而是一个不断适应环境的有生系统。法律的生命不在于逻辑,而在于故事。故事,或者更精确地说"叙事推理"能够极大地改变法律。如果法学教授和学生能更好地认识这点,那么就会更好地理解法律本身。

Larson(2000)探讨了好故事与真实的故事之间的关联。故事是人类认知和判断的基础,故事对于陪审员作出裁决是必不可少的。作者认为,法律上讲述的故事不仅要真实,同时也要是具有说服力的好故事。

Ellison和Munro(2015)同样探讨了讲故事在法庭中的运用。论文讨论了陪审员在多大程度上能够并且愿意理解和遵循法官的指示,例如书面指示是否会影响陪审员讨论的语气和方向,陪审员为何往往误解或错误运用法官的指示等。在此基础上,作者讨论了上述结果背后的原因。

2.3.3 庭审叙事与文学叙事

Ledwon(2003)讨论的是证据诗学:法律与文学的若干应用。作者认为,可以把法律规则视为文学作品,法则可被视为是故事,从这一视角出发,讨论主题、故事、体裁等相关问题,可使我们发现以往不曾发现的现象。

Meyer(2001)认为,成功的出庭辩护取决于将法律语篇转化为故事形式的能力。这些故事应该是陪审员熟悉的,越来越多地来源于视觉媒体,尤其是电影。作者以一场审判为例,详细分析了律师将辩护与一部有关黑手党的电影联系起来的过程。最后作者还考察了为什么小说与电影在本质上有区别的原因,在将小说改编为电影的过程中,简化不可避免地会出现。

Levinson(1998)探讨了文学与法律的关系。作者认为,二者的关系是动态的,需要有一些艰难的改变,但改变的最终目标的是为了进步。

Vidmar等(2007)首先探讨了电影《十二怒汉》中间接证据的另类叙事,然后分析了一个真实案例,在这个真实案例中,由于陪审员没有考虑间接证据而错误地作出无罪判决。最后,作者将这个真实案例与另一个完全依赖间接证据定罪的案例进行了对比。通过上述案例分析,作者针对有关陪审员如何使用直接证据和间接证据这个问题提出自己的见解。

2.3.4 庭审叙事与说服

Lubet(1991)的核心观点是审判即有说服力的故事。作者首先分析了有说服力的故事需具备哪些条件才能使案件更易胜诉,并探讨了如何规划样本故事。然后,作者讨论了叙事过程中要注意的伦理。在此基础上,作者进一步讨论了为形成有说服力的审判故事需要进行哪些准备工作,包括形成理论和主题、最后陈述、主诉、规划交叉审问、重新评估每个环节等几个方面。最后,作者总结指出,审判律师必须掌握许多问案技巧、程序规则和审讯技巧,但他们的出发点始终是案例理论以及自己想要讲述的故事。

Rideout(2008)讨论的主题是讲故事、叙事理性与说服。作者首先分析了叙事的一般特点,指出叙事是"内在的理解和构建人类经验的方式",这令其有内在的说服力;叙事模式超越基于正义或非正式逻辑的说服模式,涵盖"叙事理性";叙事体现了心理上有说服力的几个属性:叙事一致性、叙事对应性和叙事保真性。在上述讨论的基础上,作者借助案例分析的方法探讨了司法意见与叙事保真性,认为正是由于故事叙述的不同造成了原被告双方观点的分歧。

Singer(1989)研究的主题是法律中的说服。律师花费很多时间试图说服别人,法律教授大部分时间都在教导说服艺术。作者通过描述自己的一堂课展示了说服在法律领域的应用。

Kadoch(2000)首先讨论了讲故事的口头和书面模式之间的持续相互作用,介绍了两种模式中传递和处理信息的不同方法。作者继而将这两种矛盾的叙事模式应用到分析一次司法辩论中。作者的结论是,虽然口头上的叙事在法庭上没有地位,但是在法律系统中扮演着重要的角色。

Steinberg和Fromm(2012)的主题是叙事与说服在儿童司法精神病学报告和证言中的应用。由于儿童法医精神病学医生试图通过报告撰写和证词来传达证据和意见,因此他们有义务使自己的报告和证词可信并被人接受。作者讨论了叙事如何在以下方面发挥作用:使个人在法庭上更人性化,向年幼的孩子发声,解释人际关系,以及收集和评估现有数据。

2.3.5 庭审叙事与修辞

Tahin(2011)描述了一种用于分析劝说策略的方法,称为修辞探索法(rhetorical heuristics),该方法可应用于论点主要集中在事实或问题上的演讲中。首先,作者解释了这一概念如何从古典演讲术研究中兴起。然后通过简要讨论决策心理学的相关方面,概述修辞探索法的理论背景。最后,作者说明了如何能够找到这些劝说策略,且更详细地介绍了修辞探索法。

Ferguson(1990)运用文学批评分析了法律所提供的独特的陈述方式。由于法律上最具创意和普遍阅读的文学形式是上诉司法意见书(judicial opinion),因此作者主要考察了该种形式。作者分别从独白之声、疑问方式、陈述语气和修辞的必然性等四个方面讨论了修辞在司法写作中的应用。

MacCormick(2005)提出了一种法律推理理论,解释了法律领域三段论在推理中的核心作用,除了演绎推理之外,通过使用先例、类比和原则来解释法律是如何应用的和决策的合理性。书中强调,在将一般法律标准应用于个别案例时,总会出现解释、分类和相关性问题。为了证明他们对这些问题的结论是合理的,法官必须忠实于明确的法律理由,并且要对他们面前案件的细节完全敏感。这是如何实现的呢?我们应该如何评价法官在解决问题时所采取的各种可能的方法呢?通过对上述问题的讨论,作者阐释了法律本质和法治道德复杂性的核心问题。

Greenhaw(1995)将法律作为修辞实践,认为应当将法律研究和写作融入法学院第一年的课程。法律作文和法律主题在修辞活动中相互作用,因此最好一起理解和学习。论文解释了马歇尔对马伯里诉麦迪逊(Marbury v. Madison)案的意见,表明了法律是什么。继而阐述了修辞批评,特别是修辞情境的概念。作者最后描述了传统教学材料和方法如何教授法律修辞,以及如何整合写作材料和方法来改进法律教学。

Sarat 和 Kearns(1994)的主要思路是从修辞方面来考虑法律,文中提出不应从外部来看法律,把法律当作一种思想和社会的官僚主义。相反,应该从法律内部来探讨法律,我们应当把法律视为律师和法官必须学习和使用的一种话语系统,可以质问法律能为我们个人和集体生活创造什么意义,以及允许我们创造什么意义。建议将法律想象成一个修辞和文学过程,在现实社会中发生的一种演讲和想象力的活动。

Brooks 和 Gewirtz(1996)把法律视为故事、解释、行为、语言交流——作为叙述和修辞,而不是规则和政策,认为这反映了最近关于法律的学术工作与公众对法律的巨大兴趣的明显趋同。该书的第一组论文本身就是故事或者为故事辩护。第二组和第三组论文是关于审判和审判中的叙事交易(大部分是刑事审判)。最后一部分主要关于司法意见书,特别是司法意见书的修辞。

2.3.6 庭审叙事结构和故事模型

Lempert(1991)讨论了庭审中的故事讲述,分析了庭审步骤和故事模型。作者认为,法庭上呈现的故事的连贯性影响陪审员对案件的裁定:故事越是连贯,陪审员越容易接受陈述,反之则不易采纳。作者采用彭宁顿和黑斯蒂的分析模型,逐一分析了开场陈述、案件呈现、交互询问、排除规则和有限可受理性、结案陈词、指示、评议和专家证词等这些程序中的叙事和故事模型。①

Cunliffe(2014)初步探索了彭宁顿和黑斯蒂关于法律决策的故事模型、丹尼尔·卡尼曼(Daniel Kahneman)及其同事关于直观推断和认知偏差的研究(Kahneman and Tversky, 1972),以及刑事审判中持续存在的性侵、虐待儿童和专家证词评估等事实认定难点之间的关联。论文还讨论了一些认知心理学上的观点,即关于法律决策者如何认定案件事实,以及法律决策者在哪些方面容易出错等。

Maynard(1988)认为,在辩诉交易过程中,当被告被指控有罪时,律师使用故事来讲述发生了什么。论文关注的就是律师如何讲述故事,包括叙事结构的考虑,以及在辩诉交易中是如何使用这些内容的。作者指出,叙事结构是谈判的互动秩序的一部分,参与者可通过这一机制来汇集案件特征和法庭设置的各个方面。叙述者本能地成为了他们讲述的故事的一部分,这就是他们在谈判中的表现良好的结构动力。

Spottswood(2013)基于认知心理学中的双过程框架为事实认定提供了一种新的说明。研究表明,我们的大脑拥有两种完全不同的思维方式。"系统1"认知是无意识的、快速和联想型的,而"系统2"则涉及努力、有意识的推理。依赖这些见解,作者描述了陪审员听取和裁决案件时无意识加工和有意识思考互动的方法。现有的证据模型大多数都提供了关于陪审员使用相关信息来裁决案件的有用见解,但是未能解释他们的决策容易受到不相关的刺激影响的情况。相比之下,双过程方法就能够解释证明和偏见对于决策制定的影响。

Goodrum(2013)研究的是通过共享情感弥合刑事案件中检察官与被害人之间的差距。研究受害者与检察官的遭遇表明,受害者的权利对受害者对刑事司法系统的满意度影响有限。这项研究考察了受害者—检察官的关系。调查结果表明,共同的情绪(例如悲伤、愤怒)代表了将受害者与检察官(以及个人对组织)联系起来的关键机制,以及改善受害者与刑事司法系统的经验。

---

① 由于传统概率论的变体和其他代数模型没有一个能主导法律学术或司法实践,没有一个能作为描述性模型被运用到关于陪审员复杂决策任务的实证研究中,彭宁顿和黑斯蒂(Pennington and Hastie,1991)提出了一个新的陪审员决策模型。他们从心理学的角度尝试描述陪审员的决策过程,开发了一种描述陪审员所使用的认知策略的理论,将这个理论称为故事模型,认为陪审员决策的核心认知过程就是构建叙事。故事模型是基于这样的假设:陪审员将一种故事叙述结构强加于审判信息上。核心观点是,陪审员所构建的故事决定了陪审员所作出的裁决。作为理论的一部分,作者还提出了四个确定性原则——涵盖性、连贯性、独特性和适合性,从而判断哪个故事将被接受,哪种裁决将被选择,以及对某一特定裁决结果的信度、确定度。

2.3.7 庭审叙事连贯

Rideout(2013)以斯科特诉哈里斯案(Scott v. Harris)为例,主要论述叙事可能性以及叙事合理性的最重要的形式或结构性特征。叙事可能性是使叙事具有合理性的叙事特征,使叙事在结构上具有说服力。如果采用费雪使用这个术语的方式,叙事合理性的一个同义词就是"叙事连贯性"。叙事连贯性是司法说服的有力组成部分,它强大到可以增加法官或陪审团接受一方的背后故事的可能性,且独立于作为信息或事实陈述的证据的质量。当编织成一个故事时,这些事实变得有说服力。作者将叙事连贯分为两部分:外部连贯和内部连贯。作者认为,从本质上来说,这两种叙事连贯有关整体性和关联性。

Kress(1993)认为,欧内斯特·魏因瑞伯(Ernest Weinrib)教授有关连贯性的严格形式主义的观念对于道德合法性既不是必要的,也不足以在法律规范、制度和理论上达到最终的期望。作者认为,魏因瑞伯没有提供健全的规范性论据来支持形式主义连贯性,但是有强烈的实质性理由来放弃这一要求,并进一步研究了最近道德、法律和政治理论中的连贯性概念,探讨了形式主义的连贯性如何与之相比较。此外,他还分析了罗纳德·德沃金(Ronald Myles Dwokin)、魏因瑞伯和约翰·罗尔斯(John Rawls)使用这些子概念作为部分或全部的连贯性概念,并且作者重新考虑了魏因瑞伯严格要求形式主义的连贯性的理由。

Yovel(2004)通过对涉及暴力死亡和法院边缘化的法律案件的筛选,探讨了叙事连贯性、叙事荒诞和原始神话叙事模式在司法判决中的关系。在这里,连贯不是静态的、为事实重建增加吸引力的预设标准,而是一个高度可操控的叙述、修辞和认知表现。通过分析案例,作者探讨了司法叙述和事实重建是如何以法庭在"叙事意识形态"方面所采用的连贯类别作为框架的,这反过来有助于塑造机构性能的类别,这些类别包括从机构正义性的形式方法到治安维持会的政策。

Bryan(2008)从故事讲述、法律连贯性和矫正正义等方面分析了卡利南大法官的司法判决。作者认为,伊恩·卡利南(Ian Callinan)的高等法院职业生涯例证了重要的司法美德。通过适当的法律方法找到事实,将事实整理成一个连贯可理解的叙事的过程是他对法律的分析和应用的必要先决条件。

Amaya(2011)考察了连贯性的概念及其在法律推理中的作用。首先,论文确定了法律推理的连贯性理论领域的一些问题,它们是关于有争议的事实问题和有争议的法律问题的。其次，为了解决这些问题，作者提出了法律推理的连贯性模式。这种连贯模式的主要宗旨是，如果有"最优连贯"，那么有争议的法律和事实就是有道理的。最后，从连贯理论的角度出发，论文探讨了为一般的法律推理和理性理论所提出的法律连贯主义的含义。

Mundlak(2015)提出以下三点：第一，连贯性可以是已达成共识的结果，但在缺乏协商一致的情况下，并不一定是形成共识的方式。第二，全球社会领域的内容和制度的集中可以创造一个更难改变的固定概念。第三，使用全面的国际治理手段来管理中央机构，确定了过程中的参与者、索赔渠道和补救办法。

2.3.8 律师的庭审叙事

Berger(2012)认识到，虽然有很多研究支持在法庭上讲述故事，讨论叙事的重要性以及如何更好地在法庭上发挥叙事的作用，但很少有研究关注当上诉重视证据的充分性和重要性时，刑事被告讲述的故事也有可能对上诉审查产生负面影响。作者指出，律师除了要向刑事被告讲明作证的潜在作用之外，还应告知某些叙事可能会对上诉产生负面影响。作者也展示了刑事被告的叙事如何会对上诉产生消极影响。

Holland(2009)将叙事律师理论延伸到通常被大家忽视的法官审理中。作者仔细考察了三场审判：一场关于合同纠纷，两场刑事案件，借鉴了近来关于法官认知习惯的研究成果，探究了律师在法官面前受到的挑战。法官审理中法官给予的反馈时常要求（虽然有时是无意的）律师不仅要娴熟地处理信息，而且在展示信息时要全面、高效。由于法官对法律要旨、程序和风俗了然于心，这就要求律师要富有创造力。作者所分析的三个案件充分显示了律师在法官审理中面临的困难，如果没有意识到这些困难会带来哪些后果，作者同时也说明了在不同情况下如何叙事会更有效。

Heffer(2005)关注的是律师在询问证人时说服陪审员所采用的语言学方法。我们可以将这些方法理解为叙事模式和范例模式之间的冲突。作者将辩护律师视为案件的叙述者，考察了叙事在辩护律师的各种修辞方法中占据的地位。作者认为交互询问可能取得前景化效果，并且交互询问远非范例式的，可能不会以叙事的形式展现，因为交互询问者的主要任务是对诉讼故事进行解构，但是辩护律师在向陪审员展现案件时会充分利用语境和自己的主观性。

2.3.9 庭审叙事与证据

Powell和Snow(2007)为面向儿童的调查性访谈自由叙述阶段提供了一些指南。作者描述了自由叙述的关键性原则,并为提问提出了切实可行的建议。作者关注的是对中小年龄段儿童的访谈,首先定义了"自由叙述",描述了该类叙述在儿童身上是怎样发展的。作者接着描述了自由叙述阶段堪称好问题的四个关键特征,它们是:语言简单,不含细节或胁迫技巧,接受访谈的人能自由决定讲述哪些细节,鼓励详尽回应。最后,作者描述了引出自由叙述的过程,符合上面四个特征的提问就是其中之一。

Mcdonald和Tinsley(2011a)关注的是性侵案件中的证据规则问题,这些规则有些只在性侵案件中涉及,有些涉及的案件种类更为广泛,但在性侵案件由于其特别的应用方式而具有特别的重要性。

Poole、Dickinson和Brubacher(2014)梳理了有关儿童不可靠证言的过往研究,从法庭发展心理学的角度将其归纳为四个原则。以往的研究主要讨论以下三个问题:(1)目击者研究中儿童的表现;(2)为何有些儿童证言不如其他儿童准确;(3)什么现象导致不可靠证言。作者关注的是除说谎之外产生不可靠证言的因素。研究表明,儿童对目击事件的准确性很大程度上依赖语境;神经上的不成熟导致儿童在某些状况下容易出错;有些儿童更易被外界因素影响。这些影响儿童作证可靠性的多种因素表明,将儿童的证言当作成人的来分析会导致误解。

学界对儿童在法律程序中作为证人的能力一直有所争议。但是很少有研究考查儿童的定义事实和谎言能力。Haugaard等(1991)对此进行了研究。他们首先总结了美国联邦和各州政府对证据的规则和有关儿童能力的案例法,考察了以往研究中儿童对谎言的定义,接着描述了近期进行的实验研究。实验显示,儿童确实对事实有自己的定义,这使他们可以作为有能力的证人。

Westera等(2015)通过四个实验研究表明,没有根据证实录像证据的叙事风格会影响对强奸原告证词的判断。

Melton(1981)讨论的主题是儿童作证能力。作者首先介绍了以往关于儿童作证能力的案例法和心理学研究。如果使用直白简单的问题,儿童的记忆能力不会是问题。但是儿童在自由回忆方面存在困难,这可能会导致他们易受问题的影响。此外,还应关注儿童形成"对事实的公正印象"的能力。作者认为,如果法官能从儿童的描述中察觉客观现实,那么儿童有限的概念能力就不会是问题。此外,还应加强法庭环境对儿童行为影响的研究。

　　Perry 等(1995)考察了律师在法庭上向儿童提问的形式对审问的影响。实验调查显示,如果使用复杂问句,如双重否定句或者含有复杂的词汇等,这会阻碍向儿童提问的效果,因此应该避免。

　　Walker 和 Nguyen (1996)对儿童取证提出了一些建议。作者认为,在向儿童取证时,应该要做到以下几点:提前为交谈作好准备;为交谈创造合适的氛围;使用与儿童发展水平相适合的语言;建立密切关系;解释交谈目的;讨论交谈规则;让儿童自由叙述;必要时才使用直接问句;解释法律程序;正式结束交谈。不应该做的有以下这些:尽可能避免使用示范教具,避免讨论"好"与"坏"的接触;避免引导或暗示问题;避免修饰儿童的陈述;去除多项选择问题;避免带有强制选项的问题。

　　Pardo 和 Allen(2008)认为,司法证明就是一个寻找最佳解释的过程。在这个过程中,逻辑推理是获得最佳解释的途径。作者首先描述了这个寻找最佳解释的推理过程,然后解释了如何将这一过程应用到法律取证中。接着作者也对该观点的反面看法进行了讨论。文章最后详细讨论了该观点的理论和实践意义。

　　Richards(2013)讨论了神经心理学家作为专家证人及其在民事和刑事环境中的证言。作者综述了神经心理学家作为专家证人的促成因素,介绍了如何取得专家证人的一致意见以及直接和交叉盘问的策略,同时从运筹和责任义务方面进行了探讨。此外,作者也以现实中的事例说明了神经心理学家作为专家证人可能会遇到的阻碍。

　　Sauerland 和 Sporer (2011)讨论了测试的方法是书面还是口头是否会对目击者证词产生影响。实验研究结果表明,口头证词会比书面证词表明更多更广泛的信息。作者讨论了造成这一结果的认知和其他因素。

　　由于学界对于作为证据的录像的合法性存在争议,Mcdonald 和 Tinsley (2011b)考察了该争议的背景,包括新西兰 2006 年的证据法的条款和法庭上其他提供证据的方式,讨论了成年证人的录音证据在实践、证据、心理等方面的优缺点。结论是,与其支持其他提供证据的方式,不如要求仔细考察每一个案件的个体状况。

　　Allen(1994)讨论了法律证据的可行性理论,区分了证据结构和法律证据理论这两个相关但却不相同的话题,在对二者进行了区分之后,作者详细探讨了证据理论。

　　McGough 和 Warren(1994)讨论了对儿童进行调查访谈时应注意的问题。

作者指出,对儿童访谈应该尽早进行,要建立基本规则,注意诱导性提问,注意道具的潜在弊端,加强儿童的回忆,注意同一场访谈中重复问题可能产生的弊端,应该使用适合儿童年龄的语言,避免偏见,注意多个访谈存在的危险等问题。

Simon(2011)讨论的话题是刑事审判的诊断有限性。作者首先考察了不同类型的证据,如证人的证词、事件记忆的见证、口供的证据、不在场的证据等。接着讨论了非证据的影响,如庭审说明、种族偏见等。最后作者从事实准确性、拒绝错误等方面讨论了如何诊断证据。

Krähenbühl 和 Blades(2006)考察了访谈技巧对儿童回答问题的影响。研究发现,提问方式和措辞会影响儿童的回答和准确性,这种影响在幼儿身上尤其明显,因此,作者指出提问者应该充分认识这种影响,并据此采用相应方法以保证获得完整而准确的信息。

Dunn 等(2006)考察了法庭上的电脑动画对陪审员的说服效果。作者比较了两场模拟审判中动画和图表对陪审员的说服效果,发现动画的说服效果由案件而定,案情的熟悉性可能是产生这一结果的原因。此外,陪审员对动画说服效果的预测与动画的实际影响存在差异。

Goodman 等(1984)考察了影响儿童作为证人的可信度的因素,包括陪审员、证人、法庭因素等,在此基础上探讨了如何应对儿童证人。

Brown(2011)讨论了证据法的情感盲点,认为证据法重视理性而忽视了感性。作者指出,情感对推理通常是必不可少的,尤其是在社会交往中。作者从现有的规则和实践以及心理学的前提出发,指出证据法应关注情感上的细微差别,对如何修正现有的规则从而对情感给予适当的重视提出了相应的建议。

Scott(1989)讨论了如何评估法律证据的可信度,指出应对陈述的事实性作出评估,提出的效度量表包括以下方面:与陈述相关的因素如心理特点、访谈特点、动机,以及调查问题等。此外,还应从符号学和语言学视角考虑问题,如能否代表真相、符号体系等。

Ralph(2014)首先阐明了 Twombly 案和 Iqbal 案所涉及的合理起诉标准,介绍了合理起诉标准在美国联邦最高法院最近的实践中是如何形成和发展的。然后文章考察了对 Twombly 案和 Iqbal 案的判决结果和合理起诉标准最常见的一些批评,例如,有些人批评该标准对事实的要求超出了原告的获取范围,有些人批评该标准赋予了法官过高的支配权。接着文章对叙事理论和叙事技巧进行了综述,重点关注的是它们何以能够阐释合理起诉标准。在此基础上,作者进一步探讨了为什么叙事理论能够帮助解释合理起诉标准,这是因为叙事理论能够有效地指导诉讼当事人和法官给合理标准下定义。另外,文章也考察了过度强调叙事理论可能引发的问题。最后,文章给诉讼当事人和法庭在叙事理论的运用方面提出了一些建议。

Griffin(2013)评价了在庭审中建构叙事与取得事实准确性二者之间的关系。作者首先讨论了叙事在审判中的意义和功能,认为由于故事模型的不完整性,法律真实性须来源于叙事以及其他方式的审问,因此庭审应对证据加以更系统的考察。此外,叙事与审判所要求的事实性存在冲突,这是由叙事的本质特征所造成的,因为叙事会掺杂个人偏见和错误。那么审判员应如何对待故事呢?作者认为,应该注意故事的真实性、解释内容和时机这几个方面。

2.3.10 庭审叙事与证据可信度

显而易见的是,证人证言对罪犯的逮捕、起诉和仲裁都影响巨大。在美国—墨西哥边境上的执法人员非常依赖证人证言的准确性和特殊性。这些叙事陈述对最初的调查和刑事审判负有责任。但是,如果证人提供的信息是错误的该怎么办?Ortega(2003)分析了证人的困境,以及律师和专家在评估过程中协助陪审员的能力,并且定义了补救措施。

错误的信息可以影响人的信念和回忆,那么,编造的证据是否能引起虚假目击证人证言?Wade,Green和Nash(2010)通过实验研究表明编造的证据确实能引起虚假目击证人证言。作者还探讨了产生这一结果的可能认知机制。

Porter和Brink(2009)讨论了法官和陪审员准确评判证人和被告可信度的问题。危险裁决理论提供了理解裁决过程的理论框架。作者的结论是,基于经验的教育加上负责任的专家证言可以减少偏见,提升法律裁决的公正。

错误信息对证人证言的准确性有消极影响。如果允许证人作答时给出多个答案,这会不会有助于降低这种消极影响呢?Luna和Martin-Luengo(2012)对此问题进行了研究。实验结果显示,如果证人可以控制自己的答案,证言会更加准确。

Uviller(1990)讨论了判处有罪者无罪这一判决错误。作者首先讨论了"真""假""证据""事实"等概念,通过分析两个案件,展示了何以造成判处有罪者无罪。接着还探讨了陪审员了解案情的方式,然后分析了陪审员的核心问题,即对证据标准的误解。最后作者解释了什么是合理的怀疑标准。

Sharps等(2009)运用标准化的刺激和技巧对目击错误进行了分类。实验显示,目击证人的证言存在诸多错误,主要是物理错误,其他可观察到的错误还包括目击证人对作恶者或受害者的感情的错误推理。这些错误的分类对庭审研究很有实用价值。

Paz-Alonso,Goodman 和 Ibabe(2013)探讨了事件过后错误信息对负面事件记忆的影响。结果显示,不同中心概念的使用部分解释了记忆研究以及中心和边缘信息的暗示性研究之间的不一致。此外,社会因素至少在一定程度上影响对负面事件的错误信息效应。在此基础上,作者还讨论了该研究对证人记忆和暗示性的启示。

Yale(2013)探讨的是开发和验证叙事的可信度等级问题。作者发现叙事可信度等级是心理测量学上一个有效的测量叙事可信度的方法,可以预测裁决和裁决信度的差异。

Peace 等(2015)研究了跨越时间的真实和虚假指控的叙事。作者分析了 147 类跨越短期(3 个月)和长期(6 个月)的指控陈述。总体结果显示,真实的指控包含更一致的细节和犯罪信息,虽然随时间而变化的速度不同,这些改变似乎因记忆和回忆随时间的跨越而自然而然地变化。但是,在虚假指控中直接冲突(不一致的细节)更多,这些断言随着时间跨越而越加稳定。

Corley 和 Wedeking(2004)探讨了法律裁决者如何增加他人对其裁决的肯定回应。作者基于语言中的确定性表达而提出了一种新的理论。该理论有着心理学和法律辩护的基础,核心观点是,表达确定性可以增加信息的说服力。分析显示,最高法院的意见书表达得越是确定,下级法院更有可能肯定意见书。此外,作者还讨论了如何将确定性理论应用到更广的范围。

2.3.11 庭审叙事与语境

Batchelder,Koski 和 Byxbe(2004)研究了强奸案审理中女性对女性的敌意,考察了自愿模拟陪审员中因变量、裁决和陪审员特征之间的关系,也运用逻辑回归分析研究了性别因素在多大程度上预测有罪判决。结果显示,性别对陪审团裁决有着显著影响,能够用于预测陪审团裁决。

Elliott(2011)考察了诉讼律师的性别是否会对被告人所受到的惩罚产生影响,陪审员的性别与诉讼律师的性别和结案陈词阶段的论证是否存在交互作用,最后还评价了律师性别和陪审员性别对陪审团裁决的交互作用。

Hastie(1999)研究了媒体对陪审员决策的影响。日常经验和媒体曝光影响陪审团裁决,因为陪审员运用老故事来理解法律证据,陪审员将背景知识带到法庭上来,其中就包括从媒体学习的信息。

Fielding(2013)研究了罪犯审理程序对受害者、证人和被告经历的影响。作者尤其关注的是非专业人士面临的关于法庭惯例的问题,讨论了给予叙述证言更多空间的替代性程序,对比了这种方法和旨在获得可靠数据的研究方法。

Daudistel 等(1999)讨论了被告的种族对陪审团处置重罪案件的影响。研究发现,陪审团判决结果与被告的种族和所犯罪行的类型密切相关。被告的种族和陪审团的种族构成之间的互动也会影响判决结果。

Spottswood(2013)指出,情感可帮助或阻碍作出正确的决策,即使陪审员试图抵制情感,情感的影响也会持续,因为大部分情感的影响都是自发的、无意识的。此外,作者还就法官如何运用现存的规则在法庭上更好地管理情感提出了建议。

Dahlberg(2009)探讨了法律诉讼中情感的表达。作者首先描述了法院和法庭,然后讨论了诸多案件和不同的法官、律师和观众。在简要阐述法律诉讼中停顿的重要性之后,讨论了法律诉讼中的逻辑和情感表达。

Newman 和 Roberts(2014)关注的问题是访谈者在对儿童性侵做调查时是如何获取主观信息的。结果显示,儿童证言中的主观信息影响儿童的可信性,法律访谈者极大地影响儿童提供的主观信息。

2.3.12 庭审叙事与知识

Berger(2009)对儿童监护纠纷中的隐喻—叙事进行了修辞分析,目的是考察嵌入知识结构如何影响司法决策。作者建议从业律师和学者使用修辞分析方法,首先发现影响司法决策的标志和故事,然后形成能够克服限制、帮助委托人和说服政策制定者的论点。

Thompson(1995)探讨了常识和美国文化中法律的关系,表明常识是司法判决中的一个决定性因素。作者认为常识是不可避免的,但是基于对人和行为的常识性理解而作出司法判决会掩盖司法中的偏见。

Chen 和 Hanson(2004)探讨了知识结构对法律和法律理论的影响。作者首先介绍了图式、范畴和人类认知,然后将这些概念用于分析法律和法律理论。

2.3.13 庭审叙事的认知研究

国外的庭审叙事认知研究涉及面比较广,包括原型理论、故事模型、概念化和隐喻、认知语境因素和认知连贯等。

2.3.13.1 原型理论

隆格伦(A. Lundgren, 2004)认为, 原型和概念语义的二分法是语言影响我们对意义与解释的认识的一个方面。当我们想到词义时, 脑海中就会出现一个字典条目或其他可靠来源的意象。这个对意义的定义方法的特征通常是其类规则的特性(rule-like properties)。例如, 为了正确地解释法条, 读者必须意识到语言中的某些基本概念, 即句子结构, 包括特定的主语、宾语和修饰语, 以及它们是如何相互作用的。通常, 语言的这些结构方面不被注意, 因为它们是在日常言语中的自然流露而通常不具争议。

他介绍了加利福尼亚大学的语言学家琳达·科尔曼(Linda Coleman)和保罗·凯(Paul Kay), 通过探究"谎言"这个词的原型讨论了这种可变性。他们首先设定一个虚拟原型, 其中包括三个要素: 虚假、故意讲假话和故意欺骗。然后通过给受试者一系列简短的叙述对原型进行测试, 目的是让受试者反馈叙述者是否撒谎。每个故事在原型元素的侧重点和数量上各不相同。此外, 每一道多项选择题的回答都有一个分数; 分数越高, 越能确定叙述者在撒谎。

实验结果证实了科尔曼和凯的假设: 得分最高的叙述是包含所有原型元素的叙述。具体来说, 他们发现按重要性的顺序, "认为虚假"的优先级高于"有意欺骗"。最小的构成影响因素是事实的虚假性。虽然受试者普遍同意元素的"相对权重", 但科尔曼和凯确实发现受试者"相当容易地、确确实实地把'谎言'这个词或多或少地, 而不是全部或全不地, 用在转述言语行为中……"

该原型的另一个方面——不确定性——可能会在裁决的情况下出现。就具体的"说谎"这个词来说, 其语义原型揭示了这样一个概念, 即从概念上说这一情境可能既非真也非假。另外, 科尔曼和凯的实验结果很有吸引力, 因为它们揭示了一个真—假连续体的心理建模:

假——非全假(非真)——非全真(非假)——真

现实中, 在判决的情况下, 这样的符号[例如, 非全假(非真)和非全真(非假)]都不可能存在。这是因为在实际的互动中, 人们必须判断一个给定的情况是 X 还是 Y(X 和 Y 在此指真或假)。但是, 人们用什么标准来作出这样的判定呢? 也许会有一个竞争的原型进入思考过程; 或者, 在不确定的情况下进行判断时, 人们只是在两个都不满意的选项中选择更接近真实的那个。

科尔曼和凯的研究指出, 有时概念化和现实之间会是两个不同的世界。在判决的情况下, 这两个世界往往交织在一起, 其结果是一个人可能以错误的意图作了正确的选择, 或更糟的是, 以正确的意图作出错误的选择。诚然, 一个非对即错的真值体系表明确定原型的各种难度,而且有可能是一个不精确的类比。但是,一个二值的方法仍然是上述(受试者)反应的例证:当面对不符合预想的心理模型的情况时,就会产生一种不合逻辑的虚构(X 非假,但仅半真;因此 X 必为真)。在概念世界里,一切皆为可能,但在现实世界中,肉眼往往无法区分灰色梯度。

隆格伦描述了认知和语言的一些一般特征,以及这些我们自然构建的心理模型是如何导致我们在语义上误入歧途的,之后他提出,如果我们认识到我们易受说服影响,这也可能成为辩护律师的语言"武器库"中的一个有效手段。虽然他不打算称精通认知心理学的律师可以就某一特定的立场变出特定的"咒语",使其赢得陪审团和法官的支持,但值得注意的是,我们的许多语言处理,包括把意义归属到一个特定的语境,都发生在潜意识的层面,我们无法感知。

然而,近年来,学界对潜意识因素进行了大量的跨学科研究,特别是,许多研究都明确地集中在抽象的判决语境下的意义。他们同时也旨在研究司法的和法律的裁决。此外,上文讨论的两个概念——叙述建构和原型语义,共同为进一步的分析奠定了良好的基础。

隆格伦介绍了这些认知调查的方法和研究结果,并在美国联邦最高法院对 Markman 案件所作判决的语境下讨论裁判的意义。具体而言,他分别对法官和陪审员进行研究,详细说明每个法律行为者特有的认知假设。讨论中的许多概念对两类裁判者同样适用;两者显然都是人类受相似的欲望所驱使。然而,两者在角色上存在差异。因此,他试图表明,因为每个行为者在法律体系中的地位和受到的训练各不相同,每个人都容易受到不同的思维模式的影响。这种可变性使人们质疑,如果将诉讼构建的责任归于法官,其作为法律问题的正当性如何。

之后,隆格伦考察了陪审团裁决中叙述和原型范畴相交叉的一些方法。特别是,根深蒂固的文化规范可能以什么方式干扰对事实情况的客观评估以及在达成法律结论过程中对这些事实的应用。

首先,他从"外行(陪审员)陈述的影响"和"庭审话语中的身份原型"两方面考察了作为文化仲裁者的陪审团的情况。他介绍了史密斯(Vicki L. Smith, 1991)在刑事审判的裁决阶段对陪审员的裁决过程进行的研究。特别是,通过利用对陪审团的假设性指示,史密斯调查了陪审员如何代表判决类别,如何理解法官指令中包含的信息,以及在选择一种裁决时如何处理事实和法律。在测试受试者对法律的理解上,这项研究从三个不同的假设开始。第一,陪审员从指示中学习所有他们需要知道的法律;第二,陪审员掌握有关法律的一些正确信息,这些指示有助于填补知识空白;第三,陪审员对法律有一些不正确的看法,法官必须通过陪审团的指示对其进行纠正。最后一个假设将陪审团指示的目标从概念形成转变为概念修正。

通过原型分析,史密斯设计了几个实验来测试非法律职业的受试者对犯罪的认识。结果表明,陪审员不是一张白纸,他们会把先入为主的观念带到审判中来。例如,在入室盗窃的案例中,受试者不同程度地表示"有价值的东西被拿走了",或者说犯罪只"发生在家里或公寓里"。与入室盗窃的一般定义"犯罪嫌疑人擅自进入建筑并意图犯罪"有一定差异,这些差异虽然细微,但在裁决的情况下也起到重要作用。史密斯的研究表明,这些非法律职业人员的陈述是持久的,因此,法律的定义方面(体现在法官的指责中)可能会被弱化,导致潜在的错误裁判。

2.3.13.2 庭审叙事中的故事模型

彭宁顿、黑斯蒂之所以将其理论称为故事模型,是因为他们主张故事构建是陪审员裁决的关键认知过程。尽管故事构造是其理论的关键,是大多数经验研究的重点,它却只是两位作者所提出的三个过程之一。概括说来,故事构造包括三个组成过程:(1)通过故事构造评估证据,(2)通过学习裁决范畴属性表述几种裁决选项,以及(3)通过把故事分类到最适合的裁决范畴达成裁决。除了描述处理过程之外,此模式的一个主要主张是陪审员推定的故事决定了陪审员的裁决。作为该理论的一部分,作者还提出11个确信原则,决定哪个故事将被接受,哪个决定将被选用,以及作出某一特定裁决的把握或确信程度。

2.3.13.3 庭审叙事中的认知语境

微观认知语境因素主要关注个体的个性心理特点,即包括交际对象的角色、动机、情绪、态度、性格、气质、经历,以及交际双方或多方的角色关系和言语交际的微观场合等等(郭春燕,2007)。国外,尤其是美国学者在种族偏见、情感、认知偏差、内隐偏差等方面对案件事实构建的影响研究得比较多。

Robert(1983)探讨了在私人和公共层面司法判决的种族偏见。研究结果显示,微妙的种族歧视主要作用于潜意识层面,在合理裁决一项复杂任务方面达成一致时,它便会被洗刷干净。总的来说,操纵变量对裁决损害赔偿金的影响在没有审查集体裁决的模拟陪审员研究中可能是被高估的。

O'Brien和Wayland(2015)首先分析了委托人的仁慈在诉讼过程中消失的案例,关注的是诊断标签和精神病学测试。然后讨论了人类的决策过程与先验认知原型间的关系,认知原型使决策过程和信息解读存在偏差,从而影响行为。

该文强调了叙事对于决策者理解和回应诉讼证据的重要性。结论是,抵制不完整和误导性刻板印象最有效的工具是进行有说服力的、人性化的叙述。

Fatma(2011)强调了移民法院中内隐偏见的重要性。作者首先追溯了移民法中的偏见如何从外显的"过时"偏见发展为更微妙的"现代"及"令人嫌恶"的偏见,然后探讨了移民法官对案件的裁决在何种形势下更容易受到内隐偏见的影响。最后作者对如何减少移民法院中的偏见提出了一些改革建议。

Wilkins(2012)关注的问题是如何利用叙事来抵消死刑案件中陪审员隐含的种族偏见。具体而言,通过分析两起死刑判决的开场和结案陈词部分,作者考察了当建构诉讼叙述时,死刑被告人的辩护律师如何运用认知科学家有关隐含种族歧视的研究成果,哪些叙述策略能有效地抵消"看不见"的证人的证言。

2.3.13.4 庭审叙事中的概念化和隐喻

Hamilton(2002)论述了在庭审叙事的过程中性别歇斯底里症构建中的概念化和隐喻。他描述了癔症的类型和歇斯底里症患者的类型,总结了在他收集的那些案例中用来分析歇斯底里症概念化的认知隐喻理论。通过对歇斯底里症的几个隐喻概念的分析,总结出构建理性与非理性的歇斯底里症的故事的方式。各种歇斯底里症的故事其实体现了关于人类状况的叙述模板的各种版本。该文的结论是,法律和加拿大社会中其他方面一样,保持现状的表达习惯占据着主要地位。修辞不是现实,但修辞塑造现实并由现实塑造。修辞是我们将事物概念化的方式。植根于无意识的、刻板的假设的修辞可能导致个案研究中毫无根据的以及不合理的结论。例如,在对歇斯底里症的概念化中,可以发现大量非常常见的隐喻,我们无意识地利用这些隐喻来感受经验,用这些隐喻来"推理"。但是当我们使用这些隐喻时,已经基本作出推理了。

2.3.13.5 庭审叙事中的认知连贯

Simon(2011)提出了一种新的认知心理学研究:基于连贯性的推理。这种认知方式挑战了理性主义者和关键决策模型之间的冲突。实验结果表明,许多法律决策与上述两种模式都不相符。基于连贯主义的认知结构,连贯性的推理表明,决策过程是双向的:前提和事实都决定结论,并受到它们的影响。这种认知过程的自然结果是,前提和事实的扭曲为所作的决定提供了过度支持。作者认为当前这些领域的学说是基于对人类认知的错误认识,导致了系统的法律错误。通过识别导致这些缺陷的认知现象,作者设计出干预措施,并引入减少试验错误风险的程序。

2.4 国内外庭审叙事研究的特点

通过以上梳理,我们可以很明显地看出国内外对庭审叙事研究的情况,归结起来有以下几点。

2.4.1 研究的时间段及数量

从以上国内外庭审叙事研究的综述可以看出,国外对庭审叙事的研究要早得多。从 HeinOnline 数据库输入关键词"cognitive courtroom narrative"收集到的文献来看,国外最早的一篇文章是 Hubert(1942),载于《耶鲁法学评论》,作者认为证明方法并不局限于事实证据的展示,它们还包括先入为主的方式,以及通过心理、逻辑、法律、事实和科学材料的方式。文中讨论了证据与庭审事实构建的问题。之后,1950—1960 年有相关论文 1 篇,1960—1970 年间有 3 篇,1970—1980 年间有 19 篇,1990—2000 年间有 57 篇,2000—2010 年间有 97 篇,2010 年至今有 43 篇。还有,用关键词"storytelling courtroom trial"在 HeinOnLine 上搜索,也搜到了 100 多篇相关论文。另外,在 EBSCO、SAGE HSS 人文社科期刊数据库、SSCI、剑桥人文社科类期刊、Springer 人文社科期刊等人文类社科期刊的数据库中搜索到了 100 多篇相关论文。

而收集到的国内最早关于庭审叙事的论文为侯兴宇(1995),到目前在知网上搜到的相关论文数量为 60 篇左右。1995—2007 年总共有 13 篇论文,平均每年一篇,2008 年增加到 4 篇,一直到 2016 年基本都保持在每年 6—8 篇的发表量(2014 年较低,为 2 篇;2009 年和 2012 年分别为 4 篇),这说明国内学界对庭审叙事的关注度在逐渐提高,但还远比不上国外的发展势头。

2.4.2 研究的内容

国内研究涉及的方面有:司法文书写作中的庭审叙事、影视及文学作品中的庭审叙事、法律叙事与文学叙事、庭审叙事的叙事学研究(叙事结构及叙事构建、简述与详述、虚假叙事、叙事视角、人物形象塑造、转述、叙事修辞、修辞叙事、叙事修辞的可接受性、叙事策略如人物形象建构、叙事交流、叙事特征等)、庭审叙事的语言学角度研究(叙事语篇分析、叙事话语特征分析、叙事话语的衔接与关联、叙事连贯、文化视角)、庭审叙事的法学角度研究(事实构建、裁判、证据/论证、诉讼心理学)、庭审叙事的认知研究等。从法学角度开展的研究相对较少。

国外的研究主要涉及以下几个方面:法律与叙事(法律写作课程教学、律师职业教学)、法律事实与故事、庭审叙事与文学叙事、庭审叙事与说服、庭审叙事与修辞、庭审叙事结构和故事模型、庭审叙事连贯、律师的叙事、庭审叙事与证据、庭审叙事与证据可信度、庭审叙事与文化、庭审叙事与语境、庭审叙事与知识、庭审叙事与认知等。这些研究都着重于解决司法实践中实际问题的解决。

2.4.3 认知研究的广度

从上面分析可以看出,国外从认知角度对庭审叙事的研究要广泛得多,有很多是从认知心理学角度的研究。就认知语言学角度而言,有原型理论、认知框架、认知语境、概念化和隐喻以及认知连贯等。而国内只有1篇论文是认知语言学角度的研究。

2.4.4 发表论文的期刊

国内共有7篇论文发表在《中国刑事法杂志》《法制科学》《法制与社会》《法制与社会发展》《法学论坛》《法制与经济》《海峡法学》等期刊,占比11.67%。英美国家发表于法学期刊的论文有320多篇,发表在人文社科类期刊的论文为100多篇,发表在法学类期刊的论文占总数的76.19%。

究其原因,立足语言学、叙事学等领域的本体研究难有理论创新,难出成果。这也与我国的审判实践有关,司法中实行的大抵是职权主义的纠问制形式,法官和公诉人在审判之前对案件基本事实了如指掌,审判过程中也是法官和公诉人提问的多,被告人则被要求供述自己的犯罪经过,除了一些程式性的法言法语需要规范之外,庭审语言或叙事方面需要技巧性的地方不多。但随着我国司法制度改革的进一步推进,这一领域的研究也会越来越被重视,所以近几年开始出现论著增长的势头。

英美国家实行的是普通法系制度,该制度下的庭审实行的是当事人主义的控辩制,在庭审中,由非法律职业人员组成的陪审团进行事实审,如果陪审团裁决被告人有罪,才由法官进行法律审并作出量刑。因此控辩双方通过叙事对涉案事件进行构建,首先要说服陪审团,同时还要说服法官,因此司法人员的语言技能和叙事技巧一直很受重视,语言学课程是法学专业学生的必修课。这样的话,在研究领域和实践领域的法律职业人员用语言学理论对实践中出现的问题进行分析和研究就得心应手了。

3 研究的理论基础

本书的研究涉及认知语言学、叙事学和法学的相关知识,当然也有普通语言学、话语分析、语用学等理论的应用,但这些都是次要的。

3.1 认知语言学理论基础

本书的研究中运用到的认知语言学理论主要有认知语境、认知原型、认知视角、认知突显等内容。

3.1.1 认知语境

在介绍认知语境之前,有必要对一般语境有一定程度的了解。语境的构成分为以下六个方面:何故、何事、何人、何地、何时、何如,但学界对这六大因素并未有具体的论述。一般而言,语境由客观因素和主观因素组成,客观因素包括时间、地点等;主观因素包括身份、职业等。庭审语境的构成亦可借鉴上述因素,但是主、客观的内涵及其因素的归类却需要进一步探讨。

认知语境是语境研究的新方法,与传统语境相比,认知语境是从认知的角度对语境进行重新审视和研究。斯珀泊(Dan Sperber)和威尔逊(Deirdre Wilson)提出了一种新的交际观——明示推理交际;语言交际是在关联原则的支配下按一定推理思维规律进行的认知活动。"明示"是指说者明确地向听者表示意图的行为;而"推理"是对听者而言的,听者凭说者提供的显性方式进行解码,并将解码所得到的证据作为前提的一部分,再结合听者本身的认知语境(旧信息)对话语信息(新信息)按一定的方向进行推理,最终达到对话语信息的正确理解。理解关联理论中"明示—推理"交际观是我们认识和把握认知语境的一把钥匙,因为交际是人们在多维度互动的认知语境中进行的(袁雄,2009)。在认知语境观的框架下,语境并不限于现实环境中的情景或话语本身的语境——言语交际中的语境不是双方事先知道的,也不是固定不变的,而是动态的,且这一切都内化于大脑,成为心理构造,不仅包括交际时话语的上文、即时的物质环境等具体的语境因素,也包括一个人的知识因素,如已知的全部事实、假设、信念以及一个人的认知能力,是在交际的互动过程中为了理解话语而存在于人们大脑中的一系列假设。

认知语境宏观上包含社会团体所共有的集体意识,即背景知识或认知结构;微观上包括交际对象的角色、动机、情绪、态度、性格、气质、经历,以及交际双方或多方的角色关系和言语交际的微观场合等。

3.1.2 认知原型

认知语言学中的"原型"概念是指人们通过指派同一个名称或标签来创造或表示一个范畴。原型和范畴化是认知语言学的研究基础。我们在对周围事物的认知过程中,会把它们按照我们理解的范畴归类;在归类时会把常见的特定事物原始模式作为归类的依据。我们认知的事物包括具体的和抽象的事物以及在特定环境中所观察到的事件和状况。在对事物进行理解和归类的过程中,一种常见的行为是把某些事物比喻为常见的原型事物(余素青,2013)。比如,公诉人在宣读公诉词中以第三人全知视角对案件基本事实进行构建,作出建议罪名时,脑海中已经存在一个"XX罪"的基本原型。

此外,叙事视角的选择与叙事主体所认知的罪名原型和故事原型密切相关。尤其是法律专业人士,会根据相关法律法规和自己的法律经验,结合已经掌握的确凿证据,对照原型图示,对自己的实施版本进行叙述。

3.1.3 认知图式

20世纪40年代和50年代是认知心理学的蓬勃发展时期,众多学者在他们的研究中都引用了图式概念和图式思想,图式理论和图式思想逐渐成为一个具有元理论意义的概念并在众多的学科中得到广泛使用。

图式是一个理论性的心理结构,用来表征贮存在记忆中的一般概念,它是一种框架、方案或脚本。图式论认为人类的所有知识都是组合成单元的,这些单元组合而成的结构就是图式。图式中的成分,除了知识本身以外,还有如何使用知识的信息。因此,图式是一个数据结构,用来表征贮存在记忆中的一般概念。

图式是通过人对外界的人、事物和事件的认知体验产生的。当人重复接触一件事物时,比如一个饭馆,人就开始对饭馆产生一种概括,把有关饭馆的经验发展为一组抽象的、一般性的、关于我们在饭馆里会遇到什么样的情况的期望。这一点是很重要的,因为如果别人给你讲了一个到饭馆吃饭的故事,他不一定非得告诉你所有的细节,如入座、点菜、吃饭、结账等,因为你关于饭馆的经验图式会填补这些省略掉的细节。

图式的功能是:第一,图式提供统一的内容主题。因为缺乏主题的信息是难以理解的,或者是错误的,读者可以给错误的主题加信息。通过"标准"的安排来选择文本,使得文本符合读者的期望。第二,图式影响人们对过往事件的印象。有学者进行了一系列的研究来分析受试者回忆以往事件的准确性,他们的研究富有说服力地显示,在对过往事件进行回忆时,受试者所回答的内容有一半是错误的,这一发现引发了大量的争论和重复研究,其中的一项研究得出了更有说服力的结论,他们认为受试者对以往事件进行回忆时,回忆的非准确性不是随机的,而是有系统性的和可以预测的,也就是说,人们回忆的非准确性来自人们根据以往经验和自己的社会网络建立起来的图式。这一结论说明,在对信息进行加工时,图式会对信息进行主动的重组。第三,图式影响人的学习能力。第四,有些图式,尤其是基本的图式具有派生能力。如"容器"这一概念是一个抽象的知觉性对象,它包含有内层面、夹层面和外层面,主要部分就是容器本身。容器图式在英语表达中有很多是暗指性的,如"he walked out of the room","he fell into a trap"等。

认知语言学认为阅读是读者和文本之间的双向交流,对文本的表征是通过自下而上的信息加工(包括词汇识别、语音/词形对应等)和自上而下的信息加工(包括预测、推理等)同时相互作用而获得的。图式理论之于语篇,就像深层结构之于句子,它在理解语篇内容和表达语篇内容两个方面都有用。基本原因是图式是语篇的框架,而语法和词汇是使得语言在语言产生中得以完整的建筑构件。

背景知识在阅读中的重要性也是图式理论的中心,这一理论认为阅读一个文本是读者的背景知识和文本本身的相互作用过程。组织和贮存在读者心中的知识称为图式。根据这一理论,优秀的读者把他们的图式和展现在文本中的新信息联系和关联起来(卢植,2006)。

3.1.4 认知突显

叙述主体会因为情感因素、认知视角等对叙述对象的有些部分进行强调,或者对有些部分进行省略。认知语言学将此种现象称为突显与省略。如果信息组织者(叙述者)按照事物本身的突显性进行描述,在信息组织上即言语上就是客观突显;如果忽视原本突显的而去关注原本非突显的,在言语层面就是主观突显(邵军航、余素青,2006)。庭审叙事活动中,对于同一案件,每个言语角色常会构建不同的案件基本事实,在这些不同的叙事版本中,他们强调和放大的重点各不相同。在认知语言学中,所谓突显,就是指对语言所传达信息的取舍和安排。英语常用"prominence"或"salience"来表达这一概念,有学者认为,这种语言现象超越了逻辑推理和客观性,是人类主观认知的结果。其实,在认知语言学的研究中,表达"突显"这一概念的不仅仅是以上这两个英语术语,类似的术语还有"foregrounding"(前景化)、"profiling"(侧面化)和"highlighting"(强光化)等。"foreground",即"前景化",原是一个心理学术语,与"background"(后景化)相对,指构成一个图景的两个重要元素,前者指人们注意的目标,后者则指用以突出前景的衬托部分。根据认知语言学的观点,语言表达是一种具有动机性的行为,表达者的心理视点及动机在一定程度上控制着语言结构的最终布局(王文斌、熊学亮,2008)。

3.2 叙事学理论基础

本书研究的叙事学理论主要涉及叙事结构、叙事视角、叙事修辞等。

3.2.1 叙事结构

开庭时原告陈述、被告答辩陈述,辩论结束后被告人最后陈述,不同类型的叙事含有不同的叙事结构(余素青,2013)。当代语言学者拉波夫提出了著名的"拉波夫叙事语篇分析模式",并认为,完整的叙事语篇包括六个要素:点题、指向、进展、评议、结局、回应。"点题"是叙事者在讲故事之前对故事所作的简要概括(Labov,1972)。"指向"是叙事者对事件发生的时间、地点、背景及人物涉及的描述。"进展"指故事的发生、发展。"评议"是叙述者对叙述中出现的各种情况的看法和评论。"结局"正式示意叙述终了。"回应"用来接应主题,使读者对叙述者有一个完整的了解,并把叙述者和听众从故事中带出来。而葛忠明(2007)认为,对叙事结构的主要研究还有另外两种:一是博克(Burke,1945)的结构,它包括五个要素,即"做了什么"、"什么时间和什么地点做的"、"谁做的"、"如何做的",以及"为什么";二是基(Gee,1986)的叙事结构,他把叙事结构拉回到社会语言学中,注重文本的口语特征——经验是怎样被说出来的。

就法庭叙事而言,它要求叙述者讲述真实的事实,因此它属于非虚构性叙事,必须做到"真实、客观、公正、全面"。李法宝(2007)认为,非虚构性叙事必须完全真实可信,构成要素的时间、地点、人名、事件等都要真实。它往往以事件发生、发展的顺序为线索,所有叙述都围绕事件展开。因为法庭审判的最主要功能之一是认定事实、查明事实真相,所以博克的结构理论更适合庭审叙事的研究,即在法庭上认定事件的五个要素。我们将在此基础上,确定"时间、地点、人物、事件原因、事件经过"和"结果"为法庭叙事的六个要素。

3.2.2 叙事视角

叙事视角是指叙述时观察故事的角度。视角是传递主题意义的一个十分重要的工具,同一个故事,如果叙述时观察角度不同,会产生大相径庭的效果。叙事学家们对叙事视角进行了各种分类,总的来说有以下九种:全知视角,选择性全知视角,戏剧式或摄像式视角,第一人称主人公叙述中的回顾性视角,第一人称叙述中见证人的旁观视角,固定式人物有限视角,变换式人物有限视角,多重式人物有限视角和第一人称叙述中的体验视角。

在庭审中,最主要的叙事视角是"第一人称主人公叙述中的回顾性视角",叙述者从自己目前(在庭审中)的角度来观察往事。

3.2.3 叙事修辞

叙事修辞,即亚里士多德所说的"寻求任何特定场合下可能获得的劝说手段的功能"。修辞方法可以帮助人们在使用语言时更明白、更生动地表现思想(王德春,2006)。同时,亚里士多德在修辞学的语体划分中,将演说分为政治演说、诉讼演说和典礼演说,通过语体可以分辨常用的不同修辞。本书探讨的显然是诉讼演说中所用到的修辞,即庭审叙事中的修辞。

叙事修辞注重交际效果,以劝说为目的,以叙事为手段,以言语规律为方向,探索各种具体的遣词造句的修辞方法。修辞可分为广义修辞和狭义修辞,也可以说是新修辞学与传统修辞学。在法庭叙事中,更多使用的为广义修辞学,指的是一种说法说理的思维方式(下面会进行详细描述)。而狭义修辞学更多关注遣词造句,如具体的文风、句法、语法等,强调学科边界,一般拘于文学领域。

陈金钊(2012a)给法律修辞下了如下定义:法律修辞是一种运用修辞手段和修辞方法进行说服或劝服的行为,是法律人有意识、有目的的思维构建,是影响受众并达到法治目标的思维活动;法律修辞就是把法律作为修辞构建法律判断,而不仅仅是修辞学规则在司法中的简单运用。因此,可以看出,他所致力研究的也是广义修辞学在法律话语中的应用。

3.3 本研究的法学理论基础

法庭事实构建的叙事理论研究当然离不开法学理论基础,主要包括法理学、诉讼法学和证据法学等内容。

3.3.1 法理学

法理学是研究法的本质和一般规律的法学学科,既是法学的基础理论,也是其研究方法。法庭审判属于法的适用的内容,即由特定的国家机关及其公职人员,按照法定职权实施法律的专门活动,具有国家权威性。在我国,人民法院和人民检察院是代表国家行使司法权的专门机关。法的适用是司法机关以国家强制力为后盾实施法律的活动,具有国家强制性。由于法的适用总是与法律争端、违法行为的出现相联系,总是伴随着国家的干预、争端的解决和对违法者的法律制裁,没有国家强制性,就无法进行上述活动。司法机关依法所作的决定,所有当事人都必须执行,不得违抗。

法治是社会的共同追求,也是司法工作的追求,我们发现,我国当下法理学的言说方式(包括对法治)基本采取素描的方式,没有太多的修饰。

我们注意到,中国法理学科在法治话语体系建设方面缺乏专业性的突出贡献(陈金钊,2017)。主要表现为,政治话语与法治话语之间的逻辑一致性还没有打通。多数学者还在使用传统的法理学来解释政治话语,甚至还没有建构以执法、司法规律为研究对象的法学学术话语。法理意义上的法治话语体系,不仅要回答法律是什么的问题,还要回答为什么的问题,特别是要回答如何用法治思维和法治方式化解社会矛盾的问题。对中国问题的关注不够,主要就体现在没有协调好政治话语与法治话语的关系,原因有多个方面。人们刚接受"法治就是把权力圈在制度的笼子里面"的观念。我们对法治之理的正当性还没有进行系统论证。权力话语和权力思维还支配着众多法理学的基本概念和命题,导致"中国法理学话语体系不健全,常常用其他话语代替法律话语,不善于用中国法律话语讲中国的法治故事"(何建民,2017)。"有理说不清、说了传不开"是对中国法理学内容的一种批评。

而要发挥法理学的教化功能,就需要诊断自身存在的问题。本来"法理学的一个基本任务,是对法学自身的现状和特点作出诊断"。法治现代化是法理学建构法治话语体系的"基石"性概念。法理学的核心范畴"法治",就是一个既具普遍性又具特殊性的概念。所谓普遍性不是制度的普适性,不是一种制度或规则对所有国家都普遍适用,而是问题的普遍性,即法治所针对的问题,比如如何控制滥用权力、如何保障公平正义等是各国普遍存在的问题。现代化法治的核心在于限权,就是要把权力圈在法律的笼子里。

3.3.2 诉讼法学

法庭审判必须根据我国的《民事诉讼法》和《刑事诉讼法》的相关程序规则进行。下面是民事案件的审理和刑事案件审判的程序。

3.3.2.1 民事案件审理的程序结构

(1) 宣布开庭

首先,由书记员查明原告、被告、诉讼代理人、证人等是否到庭,并将结果报告合议庭。同时向全体诉讼参与人和旁听群众宣布法庭纪律。

其次,由审判长宣布审判人员、书记员名单,宣布案由、核对当事人。核对完毕即再次告知他们的诉讼权利和义务,询问当事人是否申请回避。若有人申请回避按法定程序办理。

最后,审查诉讼代理人资格和代理权限。律师担任诉讼代理人时,仅审查其代理权限。

(2) 庭审调查

在宣布开庭的程序结束之后,法官宣布法庭开始调查,具体的程序如下:
① 当事人陈述:包括原告、被告陈述;
② 证人作证;出示书证、物证和视听资料;宣读鉴定结论;宣读勘验笔录。

(3) 法庭辩论：法庭辩论的内容有诉讼程序的辩论和适用实体法律的辩论。其顺序为：

① 原告及其诉讼代理人发言；

② 被告及其诉讼代理人答辩；

③ 相互辩论。

(4) 最后意见/最后陈述

法庭辩论终结时，由审判长按原告、被告的顺序依次征询他们的最后意见。

(5) 宣告判决

法庭判决通常由两部分组成，一是经合议庭评议确认的案件事实和相关法律适用情况，二是判决本身（常怡，2021）。

3.3.2.2 刑事案件审理的程序结构

刑事案件审理的程序结构主要由以下五个部分组成：

(1) 开庭

宣布开庭是法庭审判的开始。根据《刑事诉讼法》和其他有关规定，这一阶段的具体活动内容有：

① 由审判长宣布开庭，并传唤当事人到庭，问明当事人的姓名、年龄、职业、籍贯、住址等；

② 审判长宣布案由，使诉讼参与人和旁听者知道法庭审理的是什么案件，被告人被指控犯有什么罪行；

③ 审判长宣布合议庭的组成人员、书记员、公诉人、辩护人、诉讼代理人、鉴定人和翻译人员的名单；

④ 告知当事人、法定代理人有权对合议庭的组成人员、书记员、公诉人、鉴定人和翻译人员申请回避；

⑤ 告知被告人享有辩护等诉讼权利；

⑥ 对于不公开审理的案件，应当庭宣布不公开审理的理由。

(2) 法庭调查

刑事诉讼程序中的法庭调查是法庭在开庭阶段结束后，通过公诉人举证，辩护人质证，以及辩护人提出证据，公诉人进行质询等方式、方法，当庭全面审查证据和查明案件事实情节的活动。法庭调查的内容一般包括：

① 宣读起诉书；

② 询问被告人；

③ 询问证人；

④ 询问鉴定人；
⑤ 出示物证；
⑥ 宣读作为证据的文书。

(3) 法庭辩论

经过法庭调查，经过询问证人、出示物证等活动，案件事实和证据已经查清，控、辩双方对证据和案件事实方面的意见也已充分发表后，审判长应当宣布法庭辩论开始。

法庭辩论应当先由公诉人、被害人及其诉讼代理人发言，然后再由被告人、辩护人发言、辩护，并且可以互相进行辩论。

① 公诉人发言，又称发表公诉词；
② 被害人发言；
③ 被告人发言和辩护，就其内容来说，可以作有罪、罪重的承认，也可以作无罪、轻罪的辩解；
④ 辩护人辩护发言，又称发表辩护词，它是实现辩护职能的重要手段。辩护人的辩护词，应根据以事实为根据、以法律为准绳的原则，从维护被告人的合法权益出发，提出辩护意见。

(4) 被告人的最后陈述

审判长宣布法庭辩论终结后，被告人有最后陈述的权利。让被告人作最后的陈述，这是在合议庭评议、判决前再给被告人一次行使辩护权的机会。被告人可以利用这个机会陈述他对全案的意见和看法，包括自己是否有罪、罪行轻重，自己犯罪的原因，对犯罪的认识，以及对量刑方面有什么要求等。

(5) 宣判

宣判，即宣告判决，是人民法院将判决的内容公开宣布告知当事人及其他诉讼参与人等的诉讼活动(王国枢，2013)。

可见，虽然民事案件和刑事案件的审判程序和参与人员有所不同，但它们的过程都分为五个阶段，而且这五个阶段的内容相对独立，其中在"法庭调查"阶段、"最后意见/最后陈述"或者"被告人的最后陈述"阶段以及"宣告判决"三个阶段都要求有相对完整的叙事。

除了审判程序之外，诉讼法有其基本原则，如"不告不理"等，对诉讼参与人、管辖、回避、辩护与代理、证据等都是有规则和限定的。

法庭审理的过程，是合议庭听取各方面意见，核实证据，查明案情，从而作出正确判决的诉讼过程。在这个过程中，调查和辩论是不能截然分开的。如在法庭调查阶段，当公诉人宣读完起诉书后，被告人、被害人就可以就起诉书中指控的犯罪进行陈述,同时,公诉人、被害人、附带民事诉讼的原告人和辩护人、诉讼代理人可以向被告人发问;证人提供证言,鉴定人提供鉴定结论后,公诉人、当事人和辩护人、诉讼代理人就可以对证人、鉴定人提出问题,对证言笔录、鉴定结论、勘验笔录和其他作为证据的文书,公诉人、当事人、辩护人、诉讼代理人都可发表意见;对在法庭上出示的物证,当事人要进行辨认,并发表辨认意见等,在这些过程当中,都有可能展开辩论。

从一定意义上讲,辩论是调查的一种方式,不能把它们截然分开,否则,很容易使法庭辩论流于形式。因此,法庭辩论是在法庭审理过程中,公诉人、被害人或其诉讼代理人、被告人、辩护人围绕犯罪事实能否认定、被告人是否实施了犯罪行为、是否应负刑事责任、应负什么样的刑事责任等问题,对证据和案件情况发表各自的意见,相互进行辩论,在法庭调查和各方充分发表自己对整个犯罪事实、情节、每个证据的证明力等的意见的基础上,对双方争论的焦点问题,作进一步的辩论。公诉人、当事人和辩护人、诉讼代理人要求发表辩论意见时,应提出申请,征得审判长同意后,方可发言。在庭审中,双方展开辩论的机会是均等的。在法庭辩论结束前,审判长应征求各方是否还有新意见,在各方表示没有新的意见后,审判长应宣布辩论终结。审判长宣布辩论终结后,被告人有最后陈述的权利。如果在辩论中发现证据有疑问,合议庭可宣布休庭,决定延期审理,进行调查核实证据。总之,法庭调查、法庭辩论都是法庭审理的重要内容。

3.3.3 证据法学

通过诉讼来解决的法律事务,其证据有特殊的本质和特征。"诉讼证据,是审判人员、检察人员、侦查人员等依据法定的程序收集并审查核实,能够证明案件真实情况的根据。"从证据所反映的内容方面看,证据是客观存在的事实;从证明关系看,证据是证明案件事实的凭据,是用来认定案情的手段;从表现形式看,证据必须符合法律规定的表现形式,诉讼证据是客观事实内容与表现形式的统一(樊崇义,2004)。

司法证明活动必须以证据为本源和基石。换言之,司法裁判必须建立在证据的基础之上。司法证明的基本任务之一是认定案件事实,而案件事实只能由证据构成,证据既是材料,又是方法。认定事实是一种凭借诉讼中可以运用的证据材料推论过去发生的事实的回溯性证明活动,那么,如何才能规范裁判者对证据的运用,保证其正确运用证据、正确认定事实,这就需要有一系列的证据规则来保证。取证、举证、质证、认证是司法证明的四个不可或缺的环节,因此,证据规则即为这四个证明环节的法律规范和准则。

刑事诉讼证据是指以法律规定的形式表现出来的能够证明案件真实情况的一切事实。证据的分类有以下四种:第一种,原始证据与传来证据,其分类标准为证据的来源,其含义为:原始证据是直接来源于案件事实,未经复制、转述的证据;传来证据是指间接来源于案件事实,经过复制、转述的证据。原始证据的可靠性和证明力大于传来证据。第二种,有罪证据与无罪证据,凡是能够证明犯罪事实存在和犯罪行为系犯罪嫌疑人、被告人行为的证据,是有罪证据;凡是能够否定犯罪事实存在,或者能够证明犯罪嫌疑人、被告人未实施犯罪行为的证据,是无罪证据(间接证据与原始证据不符的证据,就是无罪的证据)。第三种,言词证据与实物证据。根据证据的表现形式不同,将证据分为言词证据与实物证据。凡是表现为人的陈述,以言词为表现形式的证据,是言词证据;表现为物品和痕迹以及以其内容具有证据价值的书面文件,即以实物作为表现形式的证据,是实物证据。第四种,直接证据与间接证据。根据证据与案件主要事实的证明关系的不同,可以将证据分为直接证据和间接证据。直接证据是能够单独地直接指明案件主要事实的证据;间接证据是不能单独地直接指明案件主要事实,需要与其他证据相结合才能证明的证据。根据2018年修订的《刑事诉讼法》第50条之规定,证据的种类包括:(一)物证;(二)书证;(三)证人证言;(四)被害人陈述;(五)犯罪嫌疑人、被告人供述和辩解;(六)鉴定意见;(七)勘验、检查、辨认、侦查实验等笔录;(八)视听资料、电子数据。

此外,人格证据在量刑中也有不可估量的作用。量刑又被称为刑罚裁量,是指人民法院,在定罪的基础上,依法确定对犯罪分子是否判处刑罚,判处何种刑罚以及判处多种刑罚,并决定所判刑罚是否予以立即执行的刑事审判活动(高铭暄、马克昌,2000)。准确的量刑是确保《中华人民共和国刑法》(以下简称《刑法》)实现惩罚犯罪、保障人权任务的重要手段,同时也是刑法实现一般预防和特殊预防目的的前提。因此,量刑环节在刑法中的意义重大。人格是适用刑罚的内在根据,因此,在量刑过程中同样也应以犯罪人的人格为据。

影响量刑的因素很多,其中自首、立功作为法定的量刑情节对刑罚的裁量意义重大,但在适用过程中又存有一定的争议;行为人的成长经历则是容易被忽视却必须要加以考虑的部分。将人格导入量刑,不但具有法律根据,在理论上也获得了我国多数学者的赞同。只是学者们在人格影响定罪的表述上存在差异:有学者明确提出"我国量刑根据由行为人刑事责任与性格刑事责任构成,前者是量刑的基本根据,后者则是量刑的补充根据"(王良顺,2009)。

考察学者们对人格影响量刑的观点,不难发现,人格已经成为量刑评价中不可缺少的部分。但我国学界的多数观点仍认为人格在量刑中处于一个次要的、辅助的地位。我们认为上述观点是不够准确的,关键就在于这种观点没有弄清楚人格与客观危害行为之间的关系,认为人格与危害行为之间是相互独立的,或仅认为人格是对危害行为的一种补充。实际上,客观的危害行为不是与内在人格(危险性格或主观恶性)相对立的,而是人格的重要表现之一。人格是引发犯罪的内在根源,也是适用刑罚的最终根据。由于刑罚的根据就在于行为人的内在人格,因此量刑自然也应当以犯罪人的人格为根据。人格表现于外部行为,此外部行为除了犯罪行为之外,还包括罪前、罪后的行为。因此,在量刑过程中,就是要综合考量罪中、罪前以及罪后的行为所体现出来的人格态度。当行为的整体能够表现出行为人较弱的人格态度时,就应从宽处罚,反之则应从重处罚。

此外,我国《刑法》对人格在量刑阶段的适用亦有规定。我国《刑法》第61条是司法机关进行量刑的根据。该条规定:"对于犯罪分子决定刑罚的时候,应当根据犯罪的事实、犯罪的性质、情节和对于社会的危害程度,依照本法的有关规定判处。"我国刑法典并没有规定在量刑阶段要对犯罪人进行人格调查。尽管缺乏明文规定,但我国《刑法》第37条"非刑罚处罚措施"的规定,已经隐含了人格考量的精神,即行为人虽然实施了客观的危害行为,但人格态度较轻的可以不认定为犯罪或予以定罪免刑。最早将人格调查制度予以成文规定的,当属最高人民法院于2001年颁布的《最高人民法院关于审理未成年人刑事案件的若干规定》(已失效),其中第21条规定:"开庭审理前,控辩双方可以分别就未成年被告人性格特点、家庭情况、社会交往、成长经历以及实施被指控的犯罪前后的表现等情况进行调查,并制作书面材料提交合议庭。必要时,人民法院也可以委托有关社会团体组织就上述情况进行调查或者自行进行调查。"此外,最高人民法院于2006年颁布的《最高人民法院关于审理未成年人刑事案件具体应用法律若干问题的解释》第11条也有对未成年人"个人成长经历和一贯表现等因素"加以考虑的规定。

人格与刑罚关系在于,刑罚的适用根据是依照行为人的人格态度决定的。而行为人的人格除体现为涉案行为外,其载体还包括案前、案后的表现,而自首就是能够体现行为人人格态度对立程度的案后(或事后)表现之一。行为人之所以在犯罪后去自首,在通常情况下,是因为犯罪人在事后产生了悔过心理,即表现出对当初罪行的悔恨和愿意接受刑罚制裁的态度。这也从一个侧面体现了犯罪人在实施犯罪行为时的犯罪意图还不够坚定,也进而说明了其对刑法保护价值的对立态度尚不是特别强烈。因此,对自首的犯罪人给予从宽处罚,就是因为在一般情况下,自首表明犯罪人的人格对立态度实际较缓和。换言之,如果行为人的对立态度极其强硬的话,则其事后是不会轻易投案并如实供述自己罪行的,其很可能竭力逃避抓捕并顽抗到底。因此,刑法典将自首作为法定的从宽情节,并没有违背刑罚适用的内在根据(梅锦,2017)。

4 庭审叙事状况调查

就目前而言,公诉人、律师、被告人和证人等庭审言语角色的叙事构建对言语效果的影响程度如何?法官在裁判事实构建的过程中受当事人叙事的影响程度如何?庭审的最终结果——判决书中的叙事构建可接受性状况怎样?为了使我们的研究更有目的性和可靠性,我们设计了3份调查问卷并进行了数据分析。

4.1 调查问卷及数据统计情况

调查问卷的设计是一个非常漫长的过程,首先要对研究的内容和对象有全面的认识,才能将所有想要研究的问题设计进去;其次问卷调查的问题涉及专业知识,不能说外行话,所以设计出来之后还要反复向相关司法人员咨询意见并作修改。本来我们设计了四份调查问卷,它们分别是针对刑事法官、民事法官、检察官和律师的调研,但由于一些原因,最后放弃了对民事法官的调研(调查问卷请见附录五)。

刑事法官、检察官和律师的问卷调查及数据统计情况可参见附录一、附录二和附录三。

4.2 庭审各言语角色的叙事构建对言语效果的影响程度调查

刑事审判的庭审言语角色主要有法官、公诉人(代表检察机关行使公诉权的检察官)、辩护律师、被告人和证人等。从庭审的功能来看,公诉人、辩护人、被告人和证人构建叙事的目的都会影响或修正法官对案件事实的构建。

4.2.1 法官作为主要受叙者所受的影响

法官是庭审叙事的最主要受叙者,考量庭审中的叙述者言语效果的最主要方面是他们对涉案事件的叙述在多大程度上能影响到法官,并使其作出对自己有利的判决结果。

4.2.1.1 叙事结构对法官的影响

从刑事法官问卷的第15题"您认为庭审中有效叙事比较重要的方面有哪些?"的答案可以看出,控辩双方在叙事结构的四个方面对法官产生影响,它们是"对事件叙述八个要素的完整性""事件叙事的法律法规导向""按照事件发生的顺序进行叙述"和"根据事件发生的因果关系进行叙述",这四项的比例都超过了一半,其中前两项占比在四分之三左右。

选项	小计	比例
A. 对事件叙述八个要素的完整性	23	76.67%
B. 事件叙事的法律法规导向	22	73.33%
C. 按照事件发生的顺序进行叙述	17	56.67%
D. 根据事件发生的因果关系进行叙述	16	53.33%
E. 用描述性的修辞手段进行叙述	2	6.67%
F. 其他:	0	0%
本题有效填写人次	30	

4.2.1.2 叙事内容对法官的影响

法官在庭审之前,基本都有一个对案件基本事实的主观构建,如刑事法官问卷第16题:"庭审中控辩双方都以叙事的形式陈述案情,在庭审前,您的脑海中有没有一个该事件的故事版本?",选择在庭审之前脑海中有一个该事件的故事版本的占比96.4%。

选项	小计	比例
A. 有,且大多数情况下故事情节清晰	14	48.28%
B. 有,少数情况下会有少部分故事情节不是很清晰	11	37.93%
C. 有,但大部分故事情节模糊	3	10.34%
D. 没有	1	3.45%
本题有效填写人次	29	

那么就叙事内容而言,公诉人、辩护律师或被告人对事件的叙述在哪些方面会影响或修正法官对案件事实的构建呢?请见刑事法官问卷第 17 题:

选项	小计	比例
A. 罪名的认定(如抢劫与非持械抢劫、抢劫与抢夺等)	17	56.67%
B. 事件起因	20	66.67%
C. 事件经过	21	70%
D. 事件结果	20	66.67%
E. 利用您的认知偏差影响您对被告人人品的判断(如受教育程度高或社会地位高的人犯罪可能性低,相反可能犯罪可能性高)	5	16.67%
F. 唤起您的情感(如对被告人的同情,或对被害人激怒被告人的行为及手段的气愤)	3	10%
G. 其他	0	0%
本题有效填写人次	30	

它们依次是事件经过、事件起因、事件结果、罪名的认定(如抢劫与非持械抢劫、抢劫与抢夺等)、利用法官的认知偏差影响其对被告人人品的判断(如受教育程度高或社会地位高的人犯罪可能性低,相反可能犯罪可能性高)和唤起法官的情感(如对被告人的同情,或对被害人激怒被告人的行为及手段的气愤)。

4.2.1.3 叙事的审判程序规则对法官的影响

法庭言语受很多规则的制约,如果不熟悉这些规则或者故意违反规则,都会影响到庭审程序,言语效果也会降低,具体影响见刑事法官问卷第 18 题"您认为影响庭审进程的主要因素有哪些?"

选项	小计	比例
A. 公诉机关"打包质证""捆绑质证"及只宣读证据名称不宣读具体内容等问题,以规避法庭审理	19	63.33%
B. 当事人作为非法律专业人员不熟悉庭审程序规则,答非所问	17	56.67%
C. 当事人作为非法律专业人员不熟悉涉案相关的法律法规,所叙之事与案情无关	18	60%
D. 辩护律师的胡搅蛮缠	12	40%
E. 证人作为非法律专业人员不熟悉庭审程序规则	12	40%
F. 旁听人员不遵守法庭纪律,例如喧哗、吵闹等	8	26.67%
G. 其他	0	0%
本题有效填写人次	30	

其中占比最高的是"公诉机关'打包质证''捆绑质证'及只宣读证据名称不宣读具体内容等问题,以规避法庭审理",其次是"当事人作为非法律专业人员不熟悉涉案相关的法律法规,所叙之事与案情无关"和"当事人作为非法律专业人员不熟悉庭审程序规则,答非所问",它们均占比超过了50%。

4.2.2 检察官(公诉人)的叙事策略及影响

人民检察院是国家的法律监督机关,是国家的公诉人和法律的维护者,出庭支持公诉是作为在刑事诉讼庭审中执行控诉职能的检察人员的重要职责之一。其任务是通过讯问、发问、举证和发表公诉意见等方式控诉和揭露犯罪,并对所举证据进行分析、评价以论证起诉书所指控的犯罪成立。作为以国家公诉人身份出席法庭支持公诉的检察官,在法庭上应当发挥以下四个作用。

第一,处于主控地位,发挥全面指控犯罪、揭露证实犯罪的作用。

《刑事诉讼法》第186条规定:"人民法院对提起公诉的案件进行审查后,对于起诉书中有明确的指控犯罪事实的,应当决定开庭审判。"至于案件的事实是否清楚、证据是否充分,就需要在法庭上进行质证查明。而在法庭上查明犯罪事实、举证犯罪的活动主要由公诉人依法进行,按照法律要求的证明程度和标准证明待证事实或争议事实(陈光中,1996)。首先,公诉人宣读起诉书,代表国家指控犯罪;其次,讯问被告人、询问证人、鉴定人,出示物证,宣读书证、未到庭证人的证言笔录、鉴定人的鉴定结论、勘验、检查笔录和其他作为证据的文书,向法庭提供作为证据的视听资料等;再次,对证据和案件情况发表意见,针对被告人、辩护人的辩护意见进行答辩,通过法庭辩论全面阐述诉讼主张,反驳辩护意见,同时维护诉讼参与人的合法权利,对法庭的审判活动是否合法实行监督。

第二,处于抗辩地位,发挥公诉人的综合素质作用。

公诉人出庭公诉,必须主动地依据事实和法律指控犯罪,独立地运用证据证明犯罪,与辩方就案件事实是否清楚、证据是否确实充分、适用法律是否恰当等展开平等的辩论,具有很强的对抗性。因此,公诉人要切实履行公诉职能,全面担负起指控犯罪,揭露犯罪、证实犯罪的责任,就必须充分发挥公诉人综合素质的作用。

所谓公诉人的综合素质是指公诉人具有高度的政治责任感,坚实的法律业务基础,严谨的逻辑思维,雄辩的表达水平,机敏的应变能力,良好的仪表修养等。只有具备了这些素质,公诉人在法庭上才能圆满地完成公诉任务。

庭审中,公诉人郑重地据实依法指控犯罪,必须首先作好庭前准备。对案件的全部事实和情节了如指掌,熟悉掌握与本案有关的法律、法规;认真做好讯问被告人、询问证人工作;合理安排出示证据的顺序;针对控辩双方争辩的焦点做好证据辩论工作;认真做好发表总结性意见,清楚细致再现犯罪事实和情节,运用客观、全面、准确的证据链条证明犯罪事实及情节,揭露被告人犯罪的原因及社会危害性,阐述被告人的罪名成立及所适用的法律。同时对庭审中的意外情况要机智应变,因为通过阅卷,复制和摘抄有关材料,律师对公诉人认定的案件事实与证据是很清楚的,而律师是否会向法庭提供新的证据、通知新的证人到庭、会提出哪些问题等,公诉人则是未知的,再加上逐渐更多的证人出庭作证,意外情况可能增加,公诉人必须有处理意外情况的相应能力。因此,公诉人既应当具有很高的政治、法律业务素质,又应当具有较强的逻辑思维能力和能言善辩的口才。可以说,新庭审方式,是公诉人处在主控、举证、质证地位,充分发挥其综合素质作用指控、揭露查证犯罪的控辩式庭审。

第三,处于监督地位,发挥确保法律正确统一实施及法律正确适用的作用。

《人民检察院刑事诉讼规则》第572条规定:"人民检察院对违反程序的庭审活动提出纠正意见,应当由人民检察院在庭审后提出。"对于这一规定,有人认为,检察机关的法律监督权是法律赋予的普遍性权力,出庭公诉人员仍然具有公诉人和法律监督者的双重身份。检察机关对审判机关的监督在各国都是存在的,我国检察机关以国家法律监督者身份对诉讼活动是否合法进行监督是必要的,不可或缺的。我们认为做好审判监督首先要提高认识,正确理解法律以摆正自己的位置,做到在监督中既要坚持有关的法律原则,注意立法精神,同时又要根据具体情况将原则性与灵活性相结合,就是既要尊重审判人员的指挥权,又要有效发挥法律监督机关的职责,以切实维护法律的正确实施,提出纠正要视情况以不同的方法提出,主要有两种:一是对审判活动中的一般违反程序,或者不利于公诉人支持公诉的违法现象,公诉人应视情况,在避免发生控审双方的直接冲突下,以适当的语言表达方式表明自己的意见,建议及理由。如"建议合议庭采纳……,因为会造成……的后果"。也可以以暗示提醒的方式,如将自己的意见写在纸上递交审判人员的方法。这样既可以避免形成控审对抗局面,造成控审被动,有利于提高公诉效果,加大诉讼力度,同时增强了纠正违法的及时性。二是对于审判人员严重违反法律规定的诉讼程序,甚至于影响到案件的公正审理的情况,公诉人员应当建议休庭,并在休庭后及时向本院检察长报告,由检察长决定提出纠正意见。

公诉人出庭履行控诉职能和法律监督职能,促进法庭严格执法,切实保障诉讼参与人的诉讼权利,有利于准确地惩罚犯罪,维护当事人的合法权益,促进审判机关严格执法,保证刑事法律统一正确地实施,发挥积极的作用。

第四,处于宣传法制的地位,充分发挥教育公民自觉遵守法律的作用。

《刑事诉讼法》第 198 条规定:"经审判长许可,公诉人……可以对案件情况发表意见……"《人民检察院刑事诉讼规则》第 417 条规定"在法庭审理中,经审判长许可,公诉人可以逐一对正在调查的证据和案件发表意见,……证据调查结束时,公诉人应当发表总结性意见"。另外,根据《刑事诉讼法》的有关规定,公诉人除了揭露犯罪之外,仍担负着宣传法制,教育公民自觉遵守法律的作用,因此"以证论事,以事论法,依法论罪"应该是总结性发言的最基本的内容,向法庭充分阐明公诉观点和主张,做到有证举在庭上,有理说在庭上,目的在于取得法庭对公诉意见的肯定和采纳,取得指控的成功,同时以事论法、以案释法,教育公民自觉维护法律。

由于代表检察机关行使公诉权的检察官(公诉人)处于主控地位、抗辩地位、监督地位和宣传法制的地位,其在庭审中宣读起诉书时,有对案件基本事实的叙事,有通过对被告人或证人的提问构建的叙事,也有在辩论过程中保证自己的故事的确定性和完整性以及质疑辩护人及被告人构建的故事版本。因此,其叙事很讲究策略性。

4.2.2.1 起诉书叙事的策略

刑事诉讼是从公诉人宣读起诉书开始的。就起诉书而言,针对检察官的问卷调查第 19 题"在起诉书中,就案件基本事实的构建而言,您的叙述策略一般是"如下:

选项	小计	比例
A. 先确定与罪名匹配的法律法规,根据相关法律法规构建案件基本事实	16	44.44%
B. 根据事件发生的顺序构建案件基本事实	16	44.44%
C. 围绕证据展开事件事实	13	36.11%
D. 先叙述事件经过,再提出适用法律的情况	18	50%
E. 其他:_____	10	27.78%
本题有效填写人次	36	

其中一半受调查者选择"先叙述事件经过,再提出适用法律的情况",其次是"先确定与罪名匹配的法律法规,根据相关法律法规构建案件基本事实"和"根据事件发生的顺序构建案件基本事实",再是"围绕证据展开事件事实"以及其他的叙事策略。

4.2.2.2 检察官(公诉人)作为主控者的叙事策略

总体而言,公诉人认为庭审中的有效叙事比较重要的方面依次为:事件叙事时以法律法规为导向(这一点与法官和律师不一样,他们选择"对事件八个要素叙述的完整性"的比例最高)、对事件八个要素叙述的完整性、按照事件发生的顺序进行叙述、根据事件发生的因果关系进行叙述和用描述性的修辞手段进行叙述。请见第28题"您认为庭审中有效叙事比较重要的方面有哪些?"

选项	小计	比例
A. 对事件八个要素叙述的完整性	18	50%
B. 事件叙事时以法律法规为导向	23	63.89%
C. 按照事件发生的顺序进行叙述	18	50%
D. 根据事件发生的因果关系进行叙述	12	33.33%
E. 用描述性的修辞手段进行叙述	2	5.56%
F. 其他：_____	0	0%
本题有效填写人次	36	

公诉人作为庭审中的主控方,对被告人的发问也很讲究策略性。第13题"在庭审期间,您对被告人的讯问重点是"的数据显示:

选项	小计	比例
A. 让被告人当庭完整供述自己以及同案被告人的犯罪事实	25	69.44%
B. 揭露被告人在法庭上企图逃避罪责而虚假供述的本质	19	52.78%
C. 让法庭清楚了解被告人的辩解内容	15	41.67%
D. 质疑被告人个人品格	0	0%
E. 其他	0	0%
本题有效填写人次	36	

其中,"让被告人当庭完整供述自己以及同案被告人的犯罪事实"占比最高,近70%,其次是"让法庭清楚了解被告人的辩解内容"和"揭露被告人在法庭上企图逃避罪责而虚假供述的本质"。

4.2.2.3 针对辩护人的叙事策略

在法庭辩论阶段,公诉人针对辩护人的辩护也讲究一定的策略,如第20题"在法庭辩论阶段,就事件构建而言,你的辩论策略是":

选项	小计	比例
A. 确保事件构建的八个要素的完整性	18	50%
B. 确保罪名的确定	18	50%
B. 结合相关法规紧扣罪名的相关要件	25	69.44%
C. 打乱对方对事实构建的完整性	1	2.78%
E. 其他：_____	0	0%
本题有效填写人次	36	

其中"结合相关法规紧扣罪名的相关要件"占比最高，"确保事件构建的八个要素的完整性""确保罪名的确定"各占一半，也有个别选择"打乱对方对事实构建的完整性"。这组数据再次证明，一个侵害事件的发生过程中涉及很多人，有各种原因，会导致很多后果，但是在庭审过程中的案件事实构建是有选择的，最好的策略是以法律法规为导向的事实构建。

4.2.2.4 检察官(公诉人)自身的主客观因素

从第29题"在庭审过程中，您认为检察官个人的哪些主客观因素会起作用？"的问卷结果来看，除了法学理论水平之外，知识面、性格、公诉经验、受教育程度、个人修养、心情、思想、涉案事件相似经历、性别、人际关系、所处社会环境等都有一定的影响。如公诉人曾有被虐待的经历，他/她会对此类侵害事件的整个过程更了解，因此类伤害造成的身心创伤的感受也会更深刻。

选项	小计	比例
A. 思想	10	27.78%
B. 心情	11	30.56%
C. 性格	15	41.67%
D. 个人修养	13	36.11%
E. 性别	7	19.44%
F. 涉案事件相似经历	9	25%
G. 家庭成员	3	8.33%
H. 受教育程度	14	38.89%
I. 法学理论水平	30	88.89%
J. 知识面	22	61.11%
K. 公诉经验	15	41.67%
L. 人际关系	2	5.56%
M. 所处社会环境	2	5.56%
N. 其他_____	0	0%
本题有效填写人次	36	

4.2.2.5 受辩护人和被告人影响

庭审是控辩双方在法庭上的正面交锋,双方对事件的构建、证据的展示、对系争事实和论点的辩论都是为了让法官查明事实,辩护人和被告人的庭审活动对公诉人还是会起到一定的影响。如第 17 题"辩护人或被告人对案件基本事实的叙述在哪些方面会影响或修正您对案件基本事实的认知与构建?"的答卷情况所示:

选项	小计	比例
A. 罪名的认定(如抢劫与非持械抢劫、抢劫与抢夺等)	10	27.78%
B. 事件起因	3	8.33%
C. 事件经过	12	33.33%
D. 事件结果	5	13.89%
E. 利用您的认知偏差影响您对被告人人品的判断(如受教育程度高或社会地位高的人犯罪可能性低)	0	0%
F. 唤起共情(如对被告人的同情,或对被害人激怒被告人的行为及手段的气愤)	5	13.89%
G. 其他	0	0%
本题有效填写人次	36	

数据表明,辩护人或被告人对案件基本事实的叙述会在案件经过、罪名的认定(如抢劫与非持械抢劫、抢劫与抢夺等)、事件结果、唤起共情(如对被告人的同情,或对被害人激怒被告人的行为及手段的气愤)、事件起因等方面影响或修正公诉人对案件基本事实的认知与构建。

在公诉人看来,影响庭审进程的主要因素如第 18 题"您认为影响庭审进程的主要因素有哪些?"的答卷情况所示:

选项	小计	比例
A. 当事人作为非法律专业人员不熟悉庭审程序规则,答非所问	20	55.56%
B. 当事人作为非法律专业人员不熟悉涉案相关的法律法规,所叙之事与案情无关	21	58.33%
C. 证人作为非法律专业人员不熟悉庭审程序规则	14	38.89%
D. 辩护人的胡搅蛮缠	29	80.56%
E. 旁听人员不遵守法庭纪律	12	33.33%
F. 其他	0	0%
本题有效填写人次	36	

公诉人认为,最主要的是辩护人的胡搅蛮缠,占比80%以上,其次是当事人作为非法律专业人员不熟悉涉案相关的法律法规而导致所叙之事与案情无关、当事人作为非法律专业人员不熟悉庭审程序规则而答非所问、旁听人员不遵守法庭纪律等。

此外,被告人个人的一些主客观因素也会影响到检察官,如第30题"在庭审过程中,您认为被告人个人的哪些主客观因素会影响到检察官?"的数据显示:

选项	小计	比例
A. 思想	1	2.78%
B. 性格	4	11.11%
C. 性别	20	55.56%
D. 个人修养	5	13.89%
E. 品格	0	0%
F. 态度	0	0%
G. 受教育程度	0	0%
H. 身份,如外来务工人员、少数民族、外籍人士等	0	0%
I. 不幸遭遇	0	0%
J. 社会地位	0	0%
K. 犯罪次数	0	0%
L. 所处社会环境	4	11.11%
M. 人际关系	2	5.56%
N. 其他_____	0	0%
本题有效填写人次	36	

被告人的性别因素占比最高,占72.22%,而其他因素如个人修养、所处社会环境、性格、思想、人际关系等的影响并不明显。为此我们专门向检察官了解情况,得到的答复是"被告人是男性还是女性对检察官的影响很大,主要是因为人总是有同情弱小者的心理。一般来说,女性是弱小的"。这也表明,法外还是有情感因素存在的。

4.2.3 律师的叙事策略及影响

在刑事案件中,律师为辩护人,为被告人辩护;在民事案件中,律师为代理人,原被告双方都可以请代理律师。我们只设计了一份律师的调查问卷,没有分刑诉律师和民诉律师。从部分答卷人的反馈来看,觉得该问卷偏向于刑诉律师。

《律师法》第2条规定:"本法所称律师,是指依法取得律师执业证书,接受委托或者指定,为当事人提供法律服务的执业人员。律师应当维护当事人合法权益,维护法律正确实施,维护社会公平和正义。"这就是法律赋予律师的职责。不管是刑诉案件还是民诉案件,律师的目的都是想赢得官司,因此其在庭审过程中的言语和叙事也具有很高的策略性。

4.2.3.1 叙事策略

首先,律师对庭审的有效叙事方法的认识见第21题"您认为有效的叙事方法有哪些?"

选项	小计	比例
A. 对事件八个要素叙述的完整性	14	46.67%
B. 事件叙事时以法律法规为导向	9	30%
C. 按照事件发生的顺序进行叙述	13	43.33%
D. 根据事件发生的因果关系进行叙述	13	43.33%
E. 用描述性的修辞手段进行叙述	1	3.33%
F. 其他：_____	0	0%
本题有效填写人次	30	

数据显示它们依次是:对事件八个要素叙述的完整性、按照事件发生的顺序进行叙述、根据事件发生的因果关系进行叙述、事件叙事时以法律法规为导向和用描述性的修辞手段进行叙述。

其次是庭审调查期间陈述案件的策略,请见第18题"在庭审调查期间,您的陈述重点是"的答卷结果:

选项	小计	比例
A. 以说明涉诉事件为主	10	33.33%
B. 说明涉诉事件和相关法律法规相结合	27	90%
C. 涉诉事件一笔带过,主要以说明相关法律法规为主	5	16.67%
D. 根据相关法律法规说明涉诉事件	13	43.33%
E. 其他_____	0	0%
本题有效填写人次	30	

数据显示,说明涉诉事件和相关法律法规相结合这一点占绝大多数,达 90%。

最后是发问策略。第 19 题"在庭审期间,您的发问重点是"的统计数据显示,案件争议的焦点是发问的重点,其次是控辩双方/原被告双方的证据、以了解涉诉事件情节为主、明知故问以向法庭确认其所掌握的信息以及质疑被告人的可信度和个人品格。

选项	小计	比例
A. 以了解涉诉事件情节为主	10	33.33%
B. 案件争议的焦点	27	90%
C. 明确诉讼请求	5	16.67%
D. 控辩双方/原被告双方的证据	13	43.33%
E. 明知故问,向法庭确认您所掌握的信息	7	23.33%
F. 质疑被告人的可信度和个人品格	3	10%
G. 其他_____	0	0%
本题有效填写人次	30	

4.2.3.2 辩护/辩论策略

法庭辩论是指在诉讼活动中,控辩双方就起诉书中陈述的相关事实、法律条例等进行辩论的活动。法庭辩论是法庭审理的重要内容。律师在这个阶段的言语和叙事最具策略性,具体如第 20 题"在法庭辩论阶段,作为被告方的代理人或辩护人,从案件事实的构建来说,您的辩护策略是"的答卷结果:

选项	小计	比例
A. 就罪名而言,做轻罪(如抢劫与非持械抢劫、抢夺与盗窃、主犯与从犯等)或无罪辩护	21	70%
B. 打乱对方对事实构建八个要素的完整性	9	30%
C. 确保自己对案件事实构建的八个要素的完整性	13	43.33%
D. 结合相关法规紧扣罪名的相关要件进行辩护	21	70%
E. 其他_____	0	0%
本题有效填写人次	30	

以及,如第 24 题"您认为就影响故事构建的因素而言,有哪些诉讼策略与方案?"的答卷结果:

选项	小计	比例
A. 仅攻击对方构建的故事本身,使对方的故事显得不可信	12	40%
B. 构建一个故事,间接地攻击对方构建的故事	10	33.33%
C. 攻击证据及证据所支持的次级故事,例如攻击证据的真实性、关联性	24	80%
D. 按照事件发生的顺序来呈现证据,并且尽可能让这一故事接近他们想说服裁判者相信的实情	17	56.67%
E. 以最有影响力的顺序来安排证人出场作证,即使不符合事件发生的顺序	5	16.67%
F. 其他:攻其一点、不及其余	1	3.33%
本题有效填写人次	30	

其中,攻击证据及证据所支持的次级故事(例如攻击证据的真实性和关联性)、就罪名做轻罪(如抢劫与非持械抢劫、抢夺与盗窃、主犯与从犯等)或无罪辩护、结合相关法规紧扣罪名的相关要件进行辩护以及按照事件发生的顺序来呈现证据,并尽可能让这一故事接近他们想说服裁判者相信的实情这四点占半数以上,其他的如确保自己对案件事实构建的八个要素的完整性、仅攻击对方构建的故事本身使对方的故事显得不可信、构建一个故事以间接地攻击对方构建的故事等也占一定的比例。

4.2.4 被告人和证人对庭审叙事的影响

律师也认为,被告人和证人作为非法律专业人员,因为不熟悉庭审程序规则答非所问、不熟悉涉案相关的法律法规,因此所叙之事与案情无关是影响庭审进程的主要因素,如第25题"您认为影响庭审进程的主要因素有哪些"的答卷结果:

选项	小计	比例
A. 当事人作为非法律专业人员不熟悉庭审程序规则,答非所问	18	60%
B. 当事人作为非法律专业人员不熟悉涉案相关的法律法规,所叙之事与案情无关	20	66.67%
C. 辩护人/对方代理人的胡搅蛮缠	18	60%
D. 证人作为非法律专业人员不熟悉庭审程序规则	12	40%
E. 旁听人员不遵守法庭纪律	7	23.33%
F. 其他:法官的主导能力,审判人员的专业性;审判人员的控制力	2	6.67%
本题有效填写人次	30	

但就是否请证人到庭作证而言的情况,请见第15题"您主张证人出庭作证吗?为什么?"的答卷结果:

选项	小计	比例
A. 主张,能证明案件事实,证明力强	12	40%
B. 主张,只请专家证人	3	10%
C. 不主张,他/她不熟悉庭审规则,答非所问	2	6.67%
D. 不主张,他/她万一说"是律师叫我这样说的",会起反作用	3	10%
E. 视情况而定	10	33.33%
F. 其他_____	0	0%
本题有效填写人次	30	

数据显示有一半以上的律师因为证人证言的证明力强而主张请证人到庭。还有近一半的律师会视情况而定。

4.3 法官裁判事实构建过程中受当事人叙事的影响程度调查

法官也是社会的一分子,也有七情六欲,只是他们接受了法学的专业教育,从事法官这一职业而已。因此,在审判过程中,他们会受各种因素影响。除了上面分析的抗辩双方的庭审策略、叙事策略之外,法官自身和当事人的一些主客观因素也会对其裁判事实的构建起作用。

4.3.1 法官自身的主客观因素

从我们的调查可以看出,法官和被告人的一些主客观因素也会在法官庭审和裁判的过程中起作用。就法官裁判而言,他们的知识和经验在法官构建案件事实时起很大的作用,如刑事法官调查问卷第31题"在判断时,您所用的知识有哪些?"的调查数据显示,法律知识、涉案专业知识、审判经验、其他生活经验、除专业知识外的其他百科知识都占比很高。

选项	小计	比例
A. 法律知识	27	90%
B. 涉案专业知识	23	76.67%
C. 除专业知识外的其他百科知识	13	43.33%

（续表）

选项	小计	比例
D. 审判经验	23	76.67%
E. 其他生活经验	20	66.67%
F. 其他	1	3.33%
本题有效填写人次	30	

另外，法官的一些主客观因素在庭审和裁判中也起作用，如刑事法官调查问卷第32题"在庭审及裁断过程中，您认为法官个人的哪些主客观因素会起作用？"的数据显示，法官的法学理论水平、思想、审判经验、个人修养、受教育程度的影响度都在50%以上，所处社会环境、性格、性别、心情、家庭成员、人际关系也对法官有一定的影响。

选项	小计	比例
A. 思想	21	70%
B. 心情	4	13.33%
C. 性格	7	23.33%
D. 个人修养	16	53.33%
E. 性别	7	23.33%
F. 涉案事件相似经历	13	43.33%
G. 家庭成员	4	13.33%
H. 受教育程度	15	50%
I. 法学理论水平	22	73.33%
J. 知识面	14	46.67%
K. 审判经验	20	66.67%
L. 人际关系	3	10%
M. 所处社会环境	9	30%
N. 其他	0	0%
本题有效填写人次	30	

4.3.2 被告人的主客观因素

就被告人而言，刑事法官调查问卷的第33题"在庭审及裁断过程中，您认为被告人个人的哪些主客观因素会影响到法官？"显示，被告人对法官会造成影响的主客观因素按比例高低分别是被告人的犯罪次数、思想、态度、个人修养、品格、性格、不幸遭遇、所处社会环境、受教育程度、性别、身份（如外来务工人员、少数民族、外籍人士等）、社会地位和人际关系。

选项	小计	比例
A. 思想	17	56.67%
B. 性格	9	30%
C. 性别	6	20%
D. 个人修养	14	46.67%
E. 品格	11	36.67%
F. 态度	15	50%
G. 受教育程度	7	23.33%
H. 身份，如外来务工人员、少数民族、外籍人士等	6	20%
I. 不幸遭遇	9	30%
J. 社会地位	4	13.33%
K. 犯罪次数	22	73.33%
L. 所处社会环境	8	26.67%
M. 人际关系	4	13.33%
N. 其他	0	0%
本题有效填写人次	30	

另外，从法官酌情从重或从轻处罚的影响因素也可见一斑。如刑事法官调查问卷的第20题和第21题：

20. 您在作出裁判时，哪些因素会让您酌情从重处罚？

选项	小计	比例
A. 被告人对所犯侵犯事件的认识态度	23	76.67%
B. 被告人在庭审过程中的不合作态度	15	50%
C. 被告人的冷酷	11	36.67%
D. 被告人的野蛮或嚣张	13	43.33%
E. 被告人在庭审对话中不按庭审程序随意说话/插话	3	10%
F. 被告人身份（性别因素、社会地位低、受教育程度低、身份卑微）	3	10%

(续表)

选项	小计	比例
G. 被告人不讲理	3	10%
H. 公诉人用评价性语言对被告人身份的构建（如街头恶棍、地痞流氓、惯犯惯偷、纨绔子弟等）	4	13.33%
I. 辩护人的辩护态度（明明有罪却做无罪辩护）	2	6.67%
J. 您自身或亲属的相似受侵害经历	1	3.33%
K. 舆论压力	5	16.67%
L. 做伪证	18	60%
M. 社会影响	11	36.67%
N. 其他：	0	0%
本题有效填写人次	30	

21. 您在作出裁判时，哪些因素会让您酌情从轻处罚？

选项	小计	比例
A. 对当事人在案发前遭遇的同情	18	60%
B. 被告人身份（社会地位高、受教育程度高、公众人物）	2	6.67%
C. 辩护人用评价性语言对被告人身份的构建（如优秀表现、苦难经历）	7	23.33%
D. 辩护人的提问策略	3	10%
E. 辩护人对事件的语言修辞	5	16.67%
F. 辩护人的叙述策略（如叙述时注意事件情节的安排、因果逻辑、按事件发生的自然顺序进行叙述等）	14	46.67%
G. 其他	2	6.67%
本题有效填写人次	30	

其中，被告人对所犯侵犯事件的认识态度、是否做伪证（尽管从刑法理论上讲，被告人做伪证是缺乏期待可能性的不可罚行为）、能否唤起法官对当事人在案发前遭遇的同情这三点超过了50%，其他如被告人的野蛮或嚣张、案件的社会影响、辩护人的叙述策略（如叙述时注意事件情节的安排、因果逻辑、按事件发生的自然顺序进行叙述等）的影响也不可小觑。

4.3.3 公诉人/辩护人或被告人叙事的影响

上文已经提到,法官是庭审叙事最主要的也是最终的受叙者,原被告/控辩双方的交锋还是会在一定程度上影响法官对事实的构建,如刑事法官调查问卷的第17题"公诉人、辩护律师或被告人对事件的叙述在哪些方面会影响或修正您对案件事实的构建?"的结果显示:

选项	小计	比例
A. 罪名的认定(如抢劫与非持械抢劫、抢劫与抢夺等)	17	56.67%
B. 事件起因	20	66.67%
C. 事件经过	21	70%
D. 事件结果	20	66.67%
E. 利用您的认知偏差影响您对被告人人品的判断(如受教育程度高或社会地位高的人犯罪可能性低,相反犯罪可能性高)	5	16.67%
F. 唤起您的情感(如对被告人的同情,或对被害人激怒被告人的行为及手段的气愤)	3	10%
G. 其他:	0	0%
本题有效填写人次	30	

其中,事件经过、事件起因、事件结果,以及罪名的认定(如抢劫与非持械抢劫、抢劫与抢夺等)这四个方面的影响比较明显。

4.3.4 庭审叙事对法官判决的影响

人民法院对第一审刑事、民事和经济纠纷案件,除一部分简易案件实行独任制审判外,其余的案件都由审判员或由审判员与人民陪审员组成合议庭进行审判,成员人数必须是单数。第二审案件、再审案件和死刑复核案件全部由合议庭审判。独任制审判是指简单的案件由一名法官独自审判。合议庭是由三名以上审判员或者审判员和人民陪审员集体审判案件的组织形式。合议庭是人民法院审判案件的基本审判组织,其成员不是固定不变的,而是临时组成的,由院长或者庭长指定审判员一人担任审判长。院长或庭长参加审判案件的时候则自己担任审判长。合议庭评议案件时,如果意见分歧,应当少数服从多数,但是少数人的意见应当记入评议笔录,由合议庭的组成人员签名。

对于一部分简易案件进行的独任制审判而言,案件由独任制法官自己审自

已判,对案件事实的构建的挑战性不算高。因此,我们对合议庭审判的情况进行了调研,具体问题如下:

34. 在合议庭审理案件的情况下,案件最终根据您的意见做出判决的比例是?

选项	小计	比例
A. 100%	3	10%
B. 90%及以上	8	26.67%
C. 80%及以上	11	36.67%
D. 70%及以上	3	10%
E. 60%及以下	1	3.33%
F. 其他:	4	13.33%
本题有效填写人次	30	

35. 案件如果由合议庭作出判决,最后判决中对案件事实的描述部分跟您的故事版本的一致性如何?

选项	小计	比例
A. 完全一致	1	3.33%
B. 基本一致	25	83.33%
C. 一半一半	2	6.67%
D. 部分一致	2	6.67%
E. 基本不一致	0	0%
本题有效填写人次	30	

在合议庭审理案件的情况下,案件最终根据法官的意见作出判决的比例在80%以上的占到36.67%;案件如果由合议庭做出判决的,最后判决中对案件事实的描述部分跟法官的故事版本的一致性的情况是:基本一致或完全一致的占83.33%。这说明在庭审过程中,控辩双方/原被告对案件基本事实的构建以及辩论,对法官的故事版本确实会有影响。从比率来看,影响度尚可。

4.4 庭审判决书中的叙事构建可接受性状况调查

审判的过程是一个控辩双方/原被告就案件事实构建故事、竞争故事版本并争取覆盖法官脑海中故事版本的过程。因此,庭审判决书中的叙事就是法官或合议庭最后确定的关于案件事实的故事版本。判决书是审判活动的最终体现。

诉讼法中对判决书叙事内容的具体要求见于《关于加强人民法院审判公开工作的若干意见》(2007年6月4日由最高人民法院印发)第25条规定:"人民法院裁判文书是人民法院公开审判活动、裁判理由、裁判依据和裁判结果的重要载体。裁判文书的制作应当符合最高人民法院颁布的裁判文书样式要求,包含裁判文书的必备要素,并按照繁简得当、易于理解的要求,清楚地反映裁判过程、事实、理由和裁判依据。"《民事诉讼法》第155条规定:"判决书应当写明判决结果和作出该判决的理由:(一)案由、诉讼请求、争议的事实和理由;(二)判决认定的事实和理由、适用的法律和理由;(三)判决结果和诉讼费用的负担;(四)上诉期间和上诉的法院。判决书由审判人员、书记员署名,加盖人民法院印章。"它是制作第一审民事判决书的法律依据。

根据最高人民法院审判委员会通过的《法院刑事诉讼文书样式》(样本)的规定,刑事判决书的制作要求和内容有以下几方面:

1. 首部。首部包括人民法院名称、判决书类别、案号;公诉机关和公诉人、当事人、辩护人、诉讼代理人基本情况;案由和案件来源;开庭审理,审判组织的情况等。

2. 事实部分。事实是判决的基础,是判决理由和判决结果的根据。这部分包括如下几个方面的内容:人民检察院指控被告人犯罪的事实和证据;被告人的供述、辩护和辩护人的辩护意见;经法庭审理查明的事实和据以定案的证据。其中,对认定事实的证据必须做到:

(1) 依法公开审理的案件,除无须举证的事实外,证明案件事实的证据必须是指经过法庭公开举证、质证的,未经法庭公开举证、质证的不能认证;

(2) 要通过对证据的具体分析、认证来证明判决所确认的犯罪事实,防止并杜绝用"以上事实、证据充分,被告人也供认不讳,足以认定"等抽象、笼统的说法或简单地罗列证据的方法来代替对证据的具体分析、认证，法官认证和采证的过程应当在判决书中充分体现出来；

(3) 证据的叙写要尽可能明确、具体。此外，叙述证据时，还应当注意保守国家秘密，保护报案人、控告人、举报人、被害人、证人的安全和名誉。

3. 理由部分。理由是判决的灵魂，是将事实和判决结果有机联系在一起的纽带，是判决书说服力的基础。其核心内容是针对具体案件的特点，运用法律规定、犯罪构成和刑事诉讼理论，阐明控方的指控是否成立，被告人的行为是否构成犯罪，犯什么罪，情节轻重与否，依法应当如何处理，书写判决理由时应注意：

(1) 理由的论述要结合具体案情有针对性和个性，说理力求透彻，使理由具有较强的思想性和说服力。切忌说空话、套话。

(2) 罪名确定准确。一人犯数罪的，一般先定重罪，后定轻罪，共同犯罪案件应在分清各被告人在共同犯罪中的地位、作用和刑事责任的前提下，依次确定首要分子、主犯、从犯或者胁从犯、教唆犯的罪名。

(3) 被告人具有从轻、减轻、免除处罚或从重处罚情节的，应当分别或者综合予以认定。

(4) 对控辩双方适用法律方面的意见应当有分析地表明是否予以采纳，并阐明理由。

(5) 法律条文(包括司法解释)的引用要完整、准确、具体。

4. 结果部分。判决结果是依照有关法律的具体规定，对被告人作出的定性处理的结论。

5. 尾部。这部分写明被告人享有上诉权利、上诉期限、上诉法院、上诉方式和途径等。

首先，在上述《法院刑事诉讼文书样式》(样本)的规定中，除了对判决书的内容和要求进行了具体限定之外，还对一些特殊情况也提出了要求，如"叙述证据时，还应当注意保守国家秘密，保护报案人、控告人、举报人、被害人、证人的安全和名誉"。

其次，根据对事实部分的要求，"事实是判决的基础，是判决理由和判决结果的根据。这部分包括四个方面的内容：人民检察院指控被告人犯罪的事实和证据；被告人的供述、辩护和辩护人的辩护意见；经法庭审理查明的事实和据以定案的证据"。我们认为判决书中对事实的叙事有这两个特征：

一是叙事的概括性。在刑事案件的审判过程中，公诉人的举证、辩护人的质证、被告人的供述以及最后陈述等环节非常耗时，因此在判决书中不可能面面俱到地叙述每个细节和内容，只能是对事实的一个概述。

二是叙事的裁剪性。判决书中的事实并非自然生产的，而是在审判程序中，经由法官、律师、证人以及原告/公诉人、被告/被告人之间的相互作用和情境界定来确定的，是法律事实。这是因为案件事实所描述的只是事实命题，如果不对它进行法律的价值判断，就无法同法律推理的大前提发生联系，也无法将之归类于某一具体的法律规范之下。对案件事实进行叙事裁剪的过程就是将案件事实进行价值判断，将案件事实问题转化为法律问题。法庭上任何事实的提出都是以目的为导向的行为，所提出的事实也就因而不可能是纯粹的事实，而只是被当事人"截取"用来作为其论证手段的"有关事实"。目的导向不仅仅是当事人的行为。法官的任务在于通过裁判来公正地解决纠纷，当法官决定是否采信某一事实时，所考虑的问题就必然是"该事实能否作为自己判决正当化的依据"。正如拉伦茨（Karl Larenz）适切地指出的那样，事实问题及法律问题以不可分解的方式纠结缠绕在一起：法官最后如何判断个别事件，在很大的程度上取决于判断时他考虑了哪些情境，乃至于他曾经尝试澄清哪些情况；选择应予考量的情事，则又取决于判断时其赋予该情事的重要性（张纯辉，2010）。

法官作为裁判的中间人，他/她在判决书中对事实部分的两方面的叙述也是有选择地裁剪的，如：

> 因为被告人池某故意非法剥夺他人生命，致人死亡，其行为已经构成故意杀人罪。<u>公诉机关的指控成立。本院予以支持。对被告人的意见本院不予采纳。</u>辩护人认为被告人实施的犯罪行为较轻的辩护意见，<u>本院认为被告人受封建思想的影响，为再生男婴故意使刚出生的女婴窒息死亡，认为情节较轻，对此意见本院予以采纳。</u>

根据相关规定：法院生效的判决书从 2014 年 1 月 1 日起在互联网全面公布，除涉及国家机密、个人隐私、未成年人犯罪以及不宜公开的 4 类判决书外，公众均可随时查阅。有些省市已经开始试点用电脑程序自动生成判决书。那么，判决书到底存在哪些问题？我们分别对刑事法官、检察官和律师展开了调研，具体见下面数据和分析。

4.4.1 判决书可接受性的法官意见

判决书由法官制作，那么，法官对自己制作的判决书的满意度如何呢？请

见刑事法官调查问卷第36题"您对自己所写的判决书的满意度是"的结果:

选项	小计	比例
A. 100%	2	6.67%
B. 90%及以上	11	36.67%
C. 80%及以上	8	26.67%
D. 70%及以上	9	30%
E. 60%及以上	0	0%
F. 50%及以上	0	0%
G. 50%以下	0	0%
本题有效填写人次	30	

从数据看,满意度集中在70%—100%之间,但满意度为90%以上的比例连一半都不到。

事实叙述部分和说理部分是判决书中的主要部分,那么法官们对自己制作的判决书中的案件事实的叙述部分的满意度又如何?见第37题"您对自己制作的判决书中的案件事实的叙述部分的满意度是"的结果:

选项	小计	比例
A. 100%	4	13.33%
B. 90%及以上	12	40%
C. 80%及以上	11	36.67%
D. 70%及以上	3	10%
E. 60%及以上	0	0%
F. 50%及以上	0	0%
G. 50%以下	0	0%
本题有效填写人次	30	

从数据比较,法官们对事件的叙述部分满意度相对较高,满意度为90%以上的超过一半。

那么,法官们在写判决书的过程中主要问题在哪里呢?第38题"您在写判决理由时碰到的最麻烦的问题是什么?"的数据显示,最难的是"对敏感或没有把握的部分进行语言或叙述处理",占70%。其次是"判决理由部分,对事件的描述怎样与裁判进行逻辑连贯";就事实叙述而言,"事实叙述部分,怎样对事件情节进行剪裁"也是难点之一。最后是"怎样使当事人及公众信服"和"如何体现对世人的警示教育作用"。

选项	小计	比例
A. 事实叙述部分,怎样对事件情节进行剪裁	13	43.33%
B. 控辩双方的意见不采纳时的说理部分	14	46.67%
C. 判决理由部分,对事件的描述怎样与裁判进行逻辑连贯	18	60%
D. 对敏感或没有把握的部分进行语言或叙述处理	21	70%
E. 怎样使当事人及公众信服	9	30%
F. 如何体现对世人的警示教育作用	6	20%
G. 其他:	0	0%
本题有效填写人次	30	

他们认为,在整个判决书中,最重要及最麻烦的是事实叙述部分,因为正确认定案件事实是正确适用法律的前提。当前判决书的弊端主要是对案件事实的叙述和说理都不够完整、对案件事实部分的叙述不充分、案件事实的叙述与说理部分相脱节以及对案件事实的关键部分使用模糊语言。请见第39题"您认为当前判决书有哪些弊端?"的答卷结果:

选项	小计	比例
A. 对案件事实部分的叙述不充分	16	53.33%
B. 案件事实的叙述与说理部分相脱节	16	53.33%
C. 对案件事实的关键部分使用模糊语言	10	33.33%
D. 对案件事实的叙述和说理都不够完整	18	60%
E. 其他:	0	0%
本题有效填写人次	30	

目前,我国在全面深化改革,司法领域也在深化司法体制综合配套改革,包括多元纠纷化解和案件繁简分流机制改革。关于案件繁简分流问题,有些学者提出特别简单的案件拟推行由电脑程序自动生成的填充式判决书,认为这可以防止司法腐败。针对这一问题,法官们的意见如第40题"您认为通过电脑程序用格式化自动生成的判决书有哪些弊端?"的结果:

选项	小计	比例
A. 太机械不灵活	20	66.67%
B. 不能考虑情感因素	12	40%
C. 使公众产生审美疲劳，感觉不到法官的用心	11	36.67%
D. 描述和分析不够完整	15	50%
E. 其他：	0	0%
本题有效填写人次	30	

以上是法官对判决书的几个方面问题的一些意见。

4.4.2 判决书可接受性的检察官意见

判决书是庭审裁判的最终结果，直接关系到控辩/原被告双方的利益得失，那么，在检察官看来，当前的判决书存在哪些问题呢？请见检察官调查问卷第33题"您认为判决书中存在的问题是什么？"的结果：

选项	小计	比例
A. 对事件情节的剪裁不当，对事件的描述太过简单，未能包含事件的关键点	17	47.22%
B. 对事件的描述与最后的裁判之间缺乏逻辑连贯	7	19.44%
C. 对敏感部分的语言做模糊处理	20	55.56%
D. 不能使当事人及公众信服	11	30.56%
E. 不能体现对世人的警示教育作用	14	38.89%
F. 其他：说理性不强	1	2.78%
本题有效填写人次	36	

从数据看，检察官们认为最大的问题是"对敏感部分的语言做模糊处理"，其次是"对事件情节的剪裁不当，对事件的描述太过简单，未能包含事件的关键点"。

检察官们还认为由电脑程序自动生成的格式化的判决书有以下弊端，如第35题"您认为由电脑程序自动生成的格式化的判决书有哪些弊端？"的结果：

选项	小计	比例
A. 太机械不灵活	28	77.78%
B. 不能考虑情感因素	14	38.89%
C. 根据格式化生成的判决书判决偏重	7	19.44%
D. 根据格式化生成的判决书判决偏轻	4	11.11%
E. 描述和分析不够完整	23	63.89%
F. 释法说理不够	24	66.67%
G. 其他_____	0	0%
本题有效填写人次	36	

其中太机械不灵活、释法说理不够、描述和分析不够完整这三项占比较高。

4.4.3 判决书可接受性的律师意见

作为辩护人或者代理人的律师对判决书的满意度明显偏低，满意度为90%以上的不到三分之一，甚至满意度低于50%的占了10%。请见律师调查问卷第42题"您对判决书的满意度是"的结果：

选项	小计	比例
A. 100%	0	0%
B. 90%及以上	8	26.67%
C. 80%及以上	9	30%
D. 70%及以上	6	20%
E. 60%及以上	3	10%
F. 50%及以上	1	3.33%
G. 50%以下	3	10%
本题有效填写人次	30	

他们认为判决书对事件叙述部分的最大的问题是"对事件情节的剪裁太过简单，未能包含事件的关键点"，其次是"对敏感部分的模糊语言处理"，就事实的叙述而言，其他还有"近一半的内容与事实不符"和"大多数内容与事实不符"，如第43题"您认为判决书中对事件的叙述部分最大的问题是"所示：

选项	小计	比例
A. 对事件情节的剪裁太过简单，未能包含事件的关键点	22	73.33%
B. 大多数内容与事实不符	2	6.67%
C. 近一半的内容与事实不符	3	10%
D. 对事件的描述与裁判没有逻辑连贯	15	50%
E. 对敏感部分的模糊语言处理	19	63.33%
F. 不能使当事人及公众信服	11	36.67%
G. 不能体现对世人的警示教育作用	9	30%
H. 其他：说理性不够，特别是运用自由心证进行自由裁量时说理不够	1	3.33%
本题有效填写人次	30	

针对格式化自动生成判决书的情况，他们的观点主要是"描述和分析不够完整""太机械不灵活"和"不能考虑情感因素"。如第44题"您认为格式化的判决书有哪些弊端？"的结果：

选项	小计	比例
A. 太机械不灵活	14	46.67%
B. 不能考虑情感因素	11	36.67%
C. 根据格式化生成的判决书判决偏重	3	10%
D. 根据格式化生成的判决书判决偏轻	2	6.67%
E. 描述和分析不够完整	23	76.67%
F. 其他_____		
本题有效填写人次	30	

5 叙述者在庭审中的语境认知

语境是影响具体话语活动的一切相关的外在环境,它是一个环境因素的集合,或者说是一个"场"。要了解叙述者在庭审中的语境认知,则必须首先对一般语境有一个较为清楚的认识,才能对庭审中的语境认知有全面而清晰的理解。

5.1 庭审叙事中的语境

本节并不对庭审叙事的一般语境展开深入分析,只对庭审一般语境的各类因素进行简要介绍,为后文认知语境的介绍与分析作铺垫。就语境的性质而言,目前尚无深入的论述,仅停留于传统语境与修辞本质的认知的相互关联。刘焕辉(1988)曾提出相关性、统一性与过程性,这些都是合理的论述。除此之外,我们认为语境还有认知参与性、主观选取与创造性、动态发展性等特点(李军,2008),但这对于庭审语境而言仍然过于宏观。

5.1.1 庭审叙事的传统语境因素

在了解庭审语境认知之前,我们必须对语用学上的语境的构成有初步的了解,离开了使用语言的时间、地点、场合、使用语言的人,以及使用语言的目的等语境因素,便不能确定语言的具体意义,对语义的研究就算不上全面(何兆熊,2000)。语境研究涉及两大核心问题:一是语境的构成要素,二是语境的性质(廖美珍,2010)。前者有客体和主体之分,后者有静态和动态之别。因此,具体到庭审语境而言,本节主要研究庭审语境的构成。

有关语境的构成,前人做了较多的研究。具体而言,语境构成分为以下六个方面:何故、何事、何人、何地、何时、何如。一般而言,语境分为客观因素和主观因素,客观因素包括时间、地点、场合、对象等;主观因素指说写者自身的身份、职业、思想、修养与处境、心情。庭审语境的构成亦可借鉴上述观点,但是主、客观的内涵及其因素的归类却需要进一步探讨。例如法官、公诉人、被告人等交际对象是客观的,但他们的心情、态度等却是主观变化的,同样影响着庭审话语表达活动;再如将被告人自身因素都归为主观因素也值得考虑,比如被告人的身份与职业,他与公诉人、法官等其他方构成相对固定的权势关系与社会距离等级,也不是主观所能任意改变的。

5.1.1.1 法庭环境

法庭正上方高悬庄严的国徽;一些法庭中还有两台直播电视位于国徽两侧稍低处;法庭的正前方是暗红色的审判台,台后正中央为审判长的法椅,稍高于两旁的审判员的法椅;在诸如高级人民法院的法庭中,法官席会增至5—9人;紧贴审判台的正前面是书记员席,略低于审判台,现在一般配备计算机、打印机等设备;审判台的前两侧,比审判台低30厘米到60厘米,相向分别而设原告及其代理人席(一般三个席位)或者刑事审判中的公诉人席(左侧)和被告及其代理人席或者刑事审判中的辩护人席(右侧)(一般三个席位);刑事审判中,被告席位于原被告席、书记员的正前下方;原告席或被告席一侧的后方是法警的坐席;证人席一般在被告席的一侧,其有专门座位或者作证台;审判台对面刑事被告人后面是旁听席,与法庭审判区之间有栅栏隔开。

5.1.1.2 法庭审判场合

除了法庭物理场景这一主要的语境构成之外,还有严格的庭审程序和法庭纪律。其中,法庭纪律体现了庭审的严肃性,主要为了庭审的顺利进行。在法庭审判场合中,庭审公开原则使得法庭言语角色能够广泛地参与并使得审判场合具有社会性特征。

5.1.1.3 言语角色

言语角色是法庭语境中最主要的构成要素。言语角色指交际事件的参与者,即使用语言的人,包括说者和听者。法庭审判中的言语角色基本有:民事审判中的法官和原告、被告,刑事审判中的法官、公诉方、辩护方、被告人、被害人和证人。

5.1.1.4 庭审话题

法庭审判要解决的问题即是解决法律争端。在审判人员宣布开庭之后,就会介绍本次庭审具体针对的法律纠纷。庭审程序阶段宣布开庭时,在审判人员宣布开庭并介绍庭审事项后,即确定了主话题,也就确定了法庭审判的核心范围。在法官确定了主话题之后,那么该次庭审中的所有言语角色话题都要与具体的主话题相关。在法庭调查阶段,当事人并不对争议事实进行辩论,当事人只能对争议证据的真实性、关联性、合法性发表意见,表明其对该出示的证据的态度即可。

5.1.1.5 庭审时间

在诉讼法中,有一个术语是期日,是指司法机关会同诉讼参与人于一定场所共同进行诉讼活动的日期,如开庭审理之日,侦查机关传唤未被羁押的犯罪嫌疑人到指定地点进行讯问的日期等。期日是司法机关和诉讼参与人共同为诉讼行为之时,应当共同遵守。期日是由司法机关指定的,司法机关为了履行自己的职责,指定日期,应当根据诉讼的进程和需要慎重地决定,不得轻易变更(王国枢,2013)。

5.1.2 庭审叙事的制度性语境因素分析

庭审叙事具有典型的制度性特征,即任务指向性、严格限制性和推论特殊性(余素青,2008)。在引入"权势"因素进行分析之后,可以发现,这些特征包括庭审叙事过程的权势充斥性,庭审叙事者之间话语权的不对称性,庭审叙事的策略性以及庭审叙事者身份及制度性角色与关系的语境决定性。庭审叙事制度性语境的性质及其特征的研究,对庭审叙事的规范以及审判质量的提高具有重要意义。

5.1.2.1 制度性语境的概念

制度性话语的英文为 institutional discourse,很多领域都对制度性话语有所研究,如文学、政治学、社会学、语言学等。就语言学的角度而言,诸如医患话语、法庭话语、政论话语中都带有制度性话语的意味。有人将 institutional discourse 等同于"职业话语",有人将其翻译为"机构性话语",也有人提出了"领域语言"一词等等。

我们认为,institutional discourse 译为"制度性话语"更为贴切。诚然,在文学研究中文学语篇是具有制度性特征的,即"作为整体的文化活动的文学……是与一定时空的历史、文化、社会境况血肉相连的制度性存在"。可以认为,文学语篇从制度性角度进行研究就综合了更多的社会制度因素。在传播政治经济学中亦需要从制度性角度进行分析。我们认为可以综合社会制度因素来研究庭审叙事,即就庭审叙事的背景下看待制度性语境而言,institutional discourse 应当被译为"制度性言语"。此外,目前西方学界对言语的研究并非仅仅是对言语的结果形式——话语的静态研究。因此,当讨论庭审叙事制度性话语的特征时,其实际上已经将很多庭审言语因素考虑在内。

5.1.2.2 制度性语境的特征

一般认为,制度性语境是"策略性话语"的典型,策略性话语是充满权势的并且具有目标指向性。可以认为,一般话语是社会生活中最主要的互动形式,而制度性话语则是针对一般性话语的变体和限制。有学者从制度性话语和一般话语的分析着手,认为制度性话语的另一个很重要的方面是在"权势"作用下言语角色之间话语权的极不对称性(Thornborrow, 2002)。制度性语境的特征主要有以下几点。

(1) 任务指向性

庭审中的各方在他们所扮演的角色内,根据自身的职业行业或知识的能力范围和他们对庭审的任务或功能的一般特征的理解来组织他们的话语。换言之,在庭审过程中,法律专业人员和非法律专业人员的言语行为,指向的都是制度性任务或功能,即其总目标为就被告的定罪量刑作出裁决。即使公诉人与被告人及其辩护人的具体目的并不完全相同甚至相反,但他们的总体任务或总体目标都是为了解决被告人定罪量刑的问题(余素青,2013)。

(2) 严格限制性

庭审中的言语限制主要表现在各言语角色之间的互动和话题上。在法庭叙事活动中,庭审规则与约定俗成的习惯会对庭审叙事带来一定程度的限制,大体为程序性规则、交叉询问以及公诉人或律师的交际互动等。这些规则或习惯是需要庭审中各方严格遵守的,并须以之调整自己的叙事方式。

(3) 推论特殊性

在庭审叙事的制度性语境中,制度性互动中产生的一些推理、推论及含义也具有特殊之处。例如法官对非法律专业人员的推论、主张等不能当即表示赞同或者否认等表情;被告人的沉默会被看作是承认一定的后果,或者对某证据没有异议而被法官采信等。

(4) 权势充斥性

如前所述,在制度性话语研究中,权势与亲和是极为重要的两个概念。制度性话语的研究通常都着重于揭示不对等或非等同关系以及语言中权势的使用。庭审中各方的权势具有天然的不对等或非等同性,因此这种不对等引起了各方在庭审中权势的层级性,权势的层级性反过来影响着各方在庭审中的话语权强弱。

(5) 话语权的不对称性

话语权的不对等造成了庭审各方间的层级性。提问、控制话题和打断是控制话语权的三种方式(Kedar,1987)。证人、被告人与公诉人、辩护人以及审判人员的关系一般在法庭问答环节中是不可逆的(廖美珍,2003)。

(6) 庭审言语的策略性

为了争夺话语权,庭审各方通常会使用语言策略和言语策略对对方进行一定程度的控制。庭审中,尤其是在刑事审判中,各方之间关系较为复杂,各方的目的不一;同时,有众多庭审规则制约庭审活动,各方都会自觉地使用各种语言策略或言语策略,目的在于使得自己说的每一句话都达到最佳效果。

庭审言语是典型的制度性言语,其具有任务指向性、严格限制性和推论特殊性等。再引入"权势"因素进行分析后,庭审言语亦具权势充斥性、庭审各方之间话语权的不对称性、庭审言语的策略性等特征。这些特征的形成受庭审言语的制度性语境因素制约。

5.1.3 庭审叙事中的认知语境

通过前述章节可知,庭审语境本身是一种制度性语境,而对制度性语境的认知则需要通过对其语境因素进行分析。我们将首先简单介绍认知语境的概念,以便深入分析与认知语境相关的其他内容。可以认为,认知语境宏观上包含社会团体所共有的集体意识,即背景知识或认知结构;微观上包括交际对象的角色、动机、情绪、态度、性格、气质、经历,以及交际双方或多方的角色关系和言语交际的微观场合等等。本节将从背景知识、个性心理特点和交际双方的社会角色等认知语境因素,对庭审叙事进行尝试性分析。

5.1.3.1 宏观认知语境因素

宏观认知语境因素主要是框架或图式,也被称为背景知识语境因素。图式是一个理论性的心理结构,用来表征贮存在记忆中的一般概念,它是一种框架、方案或脚本。图式论认为人类的所有知识都是组合成单元的,这些单元组合而成的结构就是图式。图式中的成分,除了知识本身以外,还有如何使用知识的信息。因此,图式是一个数据结构,用来表征贮存在记忆中的一般概念(陈敏、王厚庆,2014)。

一般而言,图式是通过人对外界的人、事物和事件的认知体验产生的

(Moore,1989)。例如当律师重复接触庭审时,他就开始对庭审产生一种概括性体验,把有关庭审的经验发展为一组抽象的、一般性的、关于在庭审中会遇到何种情况的期望。这一点极为重要,因为如果别人给你讲了一个关于庭审的故事,他不一定非得告诉你所有的细节,如开庭、辩论、休庭、宣判等,你关于庭审的经验图式会填补这些省略掉的细节。庭审各方的背景知识对其参与庭审的表现以及庭审效率具有重要意义。

首先,背景知识语境因素有助于我们赋予传入信息以意义。例如,在一家便利店,你发现一个在头上套着尼龙袜子的男人走进来,把枪指向店员,要求并在收款机中取款,然后冲出门外。我们之所以知道这是抢劫,是因为抢劫图式为我们提供了解释的参照系(Moore,1989)。通过匹配传入的刺激与我们的预先存在的模式,我们得以确定"这是什么"。再如,在庭审中,当被告人看到庭审的物理布局时会产生敬畏的心理,这也是因为被告人对庭审认知的背景知识语境因素引起的。被告人对庭审的认识程度往往较低,其对庭审的认知通常停留在"摊上事儿"的层面。根据调查数据可知,法官在回答"您一般通过哪些方面判定当事人/证人做伪证?"一题时,有超过20%的法官选择了"发现其神情紧张"这一选项。我们认为,证人之所以会出现神情紧张的现象,一方面是因为作证经验较少;更为重要的是大多数初次作证的证人面对法庭布局都会出现紧张的心态,故而影响其在法官心中的形象。

其次,背景知识语境因素(图式)也使得我们选择想要关注的信息。我们通常会过滤掉某些无关紧要的信息,而只关注那些重要的方面。回到便利店抢劫的案例中,我们可能会产生负有作证义务的认知,因为我们对抢劫的图式认知为我们提供了一个假设,即警方可能会稍后要求我们识别犯罪嫌疑人。另外,我们也可能选择立即逃出便利店,因为我们对抢劫的图式认识包含着旁观者也会被抢劫的可能性。这种假设驱动的选择过程使我们很快地过滤掉无关紧要的信息,而关注我们需要的信息。在庭审中,控辩双方通常只关注与案件有关的事实和证据,例如在故意伤害案件中,公诉人往往关注伤害的程度和主观恶性,而不过多关注其实施伤害的动机和目的。因为,故意伤害罪并不是目的型犯罪,因此公诉人对故意伤害罪的认知决定了他对犯罪构成要件的关注方面。值得注意的是,根据数据统计可知,法官在庭审时通常关注与其故事版本密切相关的因素,因而会自觉或不自觉地过滤掉那些无关因素。因而,根据调查数据,有86%以上的法官在"在庭审前在脑海中有一个相关事件的故事版本,且故事情节基本清晰"。

最后,图式可作为长期记忆的储存箱。图式可为外界刺激而激活,即当外界刺激很好地匹配图式时,则可以增加整体回忆,尤其是图式相关回忆材料(Taylor and Crocker,1981)。因此,我们对一个事物的认知很大程度上取决于我们自身的图式认知。例如,在庭审中,法律职业人员对于法官、公诉人使用的诸如"管辖""回避"等专业术语有着较为清晰的认识;相反,非法律职业人员对这些专业术语的认知程度较低。总之,图式有助于我们理解现在,记住和重建过去,并预测未来。根据数据统计,以下几个由公诉人、辩护律师呈现在法官面前的因素"会影响或修正其对案件事实的构建",包括罪名的认定(如抢劫与非持械抢劫、抢劫与抢夺等)、事件起因、事件经过、事件结果。这些法官最为关注的因素恰恰是能够激活法官脑海中相关图式的重要因素,因此他们也尤为关注。

下面将分析法庭审判中的宏观语境因素,即通过图式进行审判的情形。

在审判中,法官通常会面对关于当事人的意图和案件本质的具体故事(法律事实)。认知启发反映了一种特定的思维模式,其用来解释这些故事以及是否使用速记策略来处理具体问题,似乎法官对"真正发生的事情"的判定往往在很大程度上取决于控辩双方讲述的具体情况是否与法官脑海中的案件或原型模式匹配。但由于庭审中的法律事实经常是丰富而复杂的,即存在大量的原型或特定的实例,因此法官通常会借助各种图式来判断他们之间的相似性。当法官在评估控辩双方的故事与其脑海中图式的相似性时,法官理论上是在进行一种计算,换言之,法官在调用他们记忆中与在审判中描述事件的类似事件——原型——的所有认知模式。然而,法官并不会将所有法律事实与其脑海中的事实一一对应,而会将一些事实即那些无关或不重要的事实剔除。因为,法官脑海中的固有图式是相对有限的,其只能通过其掌握的图式来评估事实的相关性。

请看以下例子:

审:第三人对原告出庭人员有异议吗?(2's)对他们出庭有异议吗?

代:我不认识他们。我要求不公开审理,原因是保护我们第三人的名誉权和隐私权,不是因为惧怕媒体,我把话说前边,是因为他们多次利用媒体颠倒黑白,对法院施压,影响法院的秉公判决。

审:刚才您讲的不公开申请的这种情形不符合咱们《中华人民共和国民事诉讼法》规定的不公开案件审理的条件:人民法院审理民事案件,除涉及国家机密、个人隐私或者法律另有规定的以外应当公开审理。下面开始法庭调查。原告明确下你的诉讼请求并陈述事实经过。

上述是开庭阶段,法官向第三人询问是否提出回避。代理人的回答却是:"我不认识他们……,是因为他们多次利用媒体颠倒黑白,对法院施压,影响法院的秉公判决。"这与法官对回避制度的认知显然不同,因为法官认为第三人代理人的原因并不符合《民事诉讼法》规定的不公开审理的条件。从这里可以看出第三人代理人与法官对回避的认知图式是截然不同的:第三人代理人认为,"不认识他们……影响秉公判决"即是回避这一制度的"图式";而法官认为,只有符合《民事诉讼法》关于回避规定的几种情形时才能提出回避。因此,法官很快地对第三人代理人所述的事实与自身对回避的认知图式进行比较进而得出结论,不同意第三人代理人的回避请求。此外,从第三人代理人的措辞也可以看出,其对回避的认知是严重不足的,这也导致其与法官的认知图式明显不同。

此处介绍"判断因素"这一概念。"判断因素"主要是指法官在处理相同或者思考类似的法律关系或法律事实(证据)时所用到的认知图式(Tversky,1977)。"判断因素"可以帮助法官将与其认知图式符合或不符合的事实进行分类。我们认为,所谓"判断因素"即是对认知图式的相似性进行判断。例如,在一起发生在十字路口中间的车祸案件中,双方均声称他们正在以正常的速度行驶,并进入显示绿灯的交叉路口。双方的陈述("故事")无疑会激发法官的认知图式,即在类似情境中的可能情形。如果司机承认发生了车祸,但他称要去探望他因受伤在医院急诊室的儿子,这具有判断价值(即它与案件相关),因为它使得法官不得不对比以正常速度驾驶和在紧急情况中驾驶(到急诊室)的情形,这两种情形在法官的图式认知中是完全不同的,法官因此需要对这两种情形进行分类与区分。因此,这个判断因素为法官提供了一个参考框架用来评估相似度。

审:原告晏某某1有什么补充要讲的?有什么要讲?

原1:我的意思就是还我工钱。在这我要钱就是还我工钱,(其他)一样我都不说。

审:你的意见是,你养儿子跟女儿是做工了嘛。现在要求他们还这个工钱,对不对?

原1:哎,对,他的遗产我也有份吧。

审:你的意见是,你可以继承他的遗产?

原1:是嘛,要还工钱。

审:就是还工钱是吧?

原1:是嘛是嘛。

审：原告陈某某有无补充要讲的？

原2：我要求法庭了，(2's)也就是说我从小给他们抚(养)大了成人成家，那么，还我这点工钱就算了。我也不要那样，你就法庭上(公平)来说，算着了多少就赔我多少就行了。[法庭上老两口异口同声地表示要向孩子们要"工钱"。]

审：下面被告晏某某2，你对诉状上所写的以及刚刚你的父母所讲的发表你的意见。

被1：赡养嘛就说(他们把)我们从小养大，当他们动不了了，我们还是平平均均地轮着养，一家一个月。（说话不清）

审：▼你的意思是应该赡养他们，对不对？

被1：就是大家轮着来。

审：轮着来养就是赡养的意思。

被1：是了嘛，应该赡养。就是说姊妹几个轮流地养着来，一家一个月。[法庭上，晏某某2等七个孩子都表示，他们不仅对老人尽到了赡养义务，而且还会继续履行自己的义务。然而晏某某2、晏某某3、李某三个儿子则表示赡养老人是应该的，但父母的一些做法让他们无法接受。]

前半部分，法官与原告1的对话中可以看出，法官显然在引导原告1对事实的表述，原告1先是说"遗产我也有份"，后面说"在这我要钱就是还我工钱，(其他)一样我都不说"，最后说"我的意思就是还我工钱"。可见原告1的本意是想要被告还钱，但是其表示与法官的认知截然不同，法官先后说："你的意见是，你养儿子跟女儿是做工了嘛。""你的意见是，你可以继承他的遗产？""就是还工钱是吧？"法官之所以对原告1的提问发生变化，一方面是因为原告1的回答发生变化，另一方面是法官对"还工钱"这一欠款关系和"继承"这一继承关系的认识图式问题。欠款关系是合同关系，继承关系兼具人身关系与财产关系，因此需要分而治之，不能混同。从原告1的表述来看，其诉求本质上是还欠款而非继承遗产，因此，法官对这两种关系的认知图式决定了其对原告1的发问。因此，认知图式在庭审中具有引导庭审进行、提高庭审效率和坚定法官内心确信的重要作用。根据统计数据可知，在回答"在庭审期间，您的发问重点是"一题时，有超过76%的法官选择询问"案件争议的焦点"。之所以有如此多的法官选择询问案件争议焦点是因为，案件争议焦点是法官通过阅读案卷之后在脑海中构建的故事中最重要的部分，因此需要通过询问被告人来确认该争议焦点的相关内容。这即是因为，法官需要通过询问案件争议焦点来确认或推翻自己的案件图式,从而构建一个真实可信的故事。

5.1.3.2 微观认知语境因素

与宏观认知语境因素不同,微观认知语境因素主要关注个体的个性心理特点,即交际对象的角色、动机、情绪、态度、性格、气质、经历,以及交际双方或多方的角色关系和言语交际的微观场合等(郭春燕,2007)。语言的理解是一个复杂的认知心理过程,这种复杂性表现在言语交际受制于交际场合的社会文化因素,也表现在说话人的话语组织依赖于听话人在特定环境中的语境假设能力及推理。交际者在交际过程中,接受外来刺激,并把其转化为心理信息,然后对所接受的信息进行整合、分析、加工,进而对外界刺激作出判断,以及个人反馈行为判断。此观点在如今语言学界受到许多研究者认同,可以认为,微观认知语境包含社会团体所共有的集体意识,即社会文化团体"办事、思维或信仰的方法",这种集体意识以"社会表征"的方式,储存在个人的知识结构里,使个人的言语行为适合社会、文化和政治环境(熊学亮,1999)。

(1) 个人经验

法学理论水平是影响对制度性语境认知的主要因素,因为主体对制度性语境的判断主要通过其与庭审的接触来了解,而与庭审的接触又体现在其职业与法律是否密切相关。例如,律师等法律职业人员参与法庭审判活动的机会非常多;而非法律职业人员较少直接参与法庭审判活动。因此,个人经验会极大地影响到主体对制度性语境的认知基础。法律从业者熟悉法律规范,掌握司法程序尤其是审判程序的运作,对法庭审判的语境因素运用自如。此外,他们也擅长运用语言策略以及论辩策略达成目的,这使得他们的法庭言语效果远好于非法律职业人员。根据调查问卷可知,法律职业人员的经验体现在他们的学历层次上,70%的法官获得硕士研究生学历,近60%的律师获得硕士研究生学历,检察官的学历均在硕士研究生及以上。因此,他们对于法律的理解和认知远超其他非法律职业人员,加之他们一直参与法律事务,因而他们的经验比非法律职业人员丰富是显而易见的。

请看以下两例:

① 律师的法庭言语

审:(昆明市)某县人民法院法庭现在开庭。根据《中华人民共和国民事诉讼法》第120条之规定,今天在此依法公开审理原告晏某某1等诉被告晏某某2等赡养纠纷一案。[法庭上作为被告的晏某某1的八个儿子和三个女儿都来到了庭审现场。]先由原告方宣读你方的诉状。

5 叙述者在庭审中的语境认知

原代:第一项:判令被告人每人每月承担赡养费200元。第二项:原告的医疗费用按实际发生额由被告共同承担。第三项:如原告生活不能自理,由被告共同护理。事实与理由:两原告于38年前再婚。[原告方向法庭陈述,38年前两位老人因各自的爱人生病去世,在村里人的撮合下,晏某某1带着五个孩子,陈某某也带着五个孩子重新组合成了一个大家庭,两人再婚后又共同生育了一个儿子叫晏某。]两原告现已经年老多病,已丧失劳动能力,需几被告来尽赡养义务。晏某某4、晏某关心和照顾两原告尽到了一个儿子的责任和义务。已出嫁的女儿晏某某5、李某某等及上门在外的儿子李某对两原告也尽了应尽的心意。而晏某某2、李某等作为两原告的儿子没有对两原告尽到一个作为儿子应尽的义务。现为了维护原告的合法权益,彻底解决两原告的生活医疗等问题,维持原告基本的生活,请人民法院依法支持两原告所诉的请求。

从上例中律师的法庭言语效果来看,原告律师对诉讼请求的表述条理清晰,用词专业,诉求简洁明确。可见,原告律师根据其职业特性,十分了解并掌握了庭审规则和言语策略,并达到了很好的效果。

② 非法律职业人员(原被告)的法庭言语

审:原告,此案由我们两位承办,双方当事人有无异议?
原1:什么异议?
审:就是说,是否提出申请回避?原告提出吗?
原1:什么回避?
审:就是案件由我们两位承办有没有意见?
原1:没意见。
……
审:原告晏某某有什么补充要讲的?有,有什么要讲?
原1:我的意思就是还我工钱。在这我要钱就是还我工钱,(其他)一样我都不说。
审:你的意见是,你养儿子跟女儿是做工了嘛。现在要求他们还这个工钱,对不对?
原1:哎,对。
审:原告陈某某有无补充要讲的?
原2:我要求法庭了,(2's)也就是说我从小给他们抚(养)大了成人成家,那么,还我这点工钱就算了。我也不要那样,你就法庭上(公平)来说,算着了多少就赔我多少就行了。[法庭上老两口异口同声地表示要向孩子们要"工钱"。]

审：下面被告晏某某2，你对诉状上所写的以及刚刚你的父母所讲的发表你的意见。

被1：<u>赡养嘛就说（他们把）我们从小养大，当他们动不了了，我们还是平平均均地轮着养，一家一个月。</u>（说话不清）

审：▼你的意思是应该赡养他们，对不对？

被1：是了嘛，应该赡养。就是说姊妹几个轮流地养着来，一家一个月。[法庭上，七个孩子都表示，他们不仅对老人尽到了赡养义务，而且还会继续履行自己的义务。然而三个儿子则表示赡养老人是应该的，但父母的一些做法让他们无法接受。]

审：好。呃～第二被告，晏某某3，你发表答辩意见。

被2：<u>我们养老是应该应有责任。老的要求我们养老，老的也没喊过我们说是商量一下子，也不要我，这个是他不要我了。不要我反而把我告到法庭上了嘛。</u>

审：你的意思就是讲，赡养父母是每个子女应尽的责任和义务。

被2：对，对。

审：为什么不养呢？是因为你父母不认你是他们的儿子。是不是这个意思？

被2：是的。

审：呃～晏某某3，发表你的意见。

被3：就是，就说牵扯到贷款凑钱那种情况。我们借钱来凑给老的，老人拿钱给别的兄弟。我们养呢，老的我们随时我都说我养呢。

审：你的意思就是说你一直尽着赡养义务，就是老人在处理一些事当中，有一定的不公平，是不是这个意思？

被3：（父母）吃的我们也给着，穿的我们也买着。

从上述法庭调查阶段的询问中，可以看出很多言语效果较差的现象，有时甚至影响审判的进行，如：

第一，原被告对庭审术语不熟悉：当审判人员询问原告"此案由我们两位承办，双方当事人有无异议？"时，原告并不明白审判人员的问题是关于什么的，审判人员只好进行更通俗的解释："就是说，是否提出申请回避？原告提出吗？"此时，原告依然不明白，审判员只好继续更直白地解释："就是案件由我们两位承办有没有意见?"这时原告才彻底明白审判人员的意思,并说"没意见"。

第二,被告表述不明确:被告1对法官要求的补充陈述并无准备,以致法官打断其陈述。并且,其所述的内容条理不清,逻辑混乱,诉讼请求也不明确。请看具体内容:"赡养嘛就说(他们把)我们从小养大,当他们动不了了,我们还是平平均均地轮着养,一家一个月。"

第三,原告用词不精确。用词的精确性是法律语言的一个重要特征和基本要求。然而,原告的用词极具口语化,并且对事实的叙述容易造成歧义。请看具体内容:"我要求法庭了,也就是说我从小给他们抚(养)大了成人成家,那么,还我这点工钱就算了。我也不要那样,你就法庭上(公平)来说,算着了多少就赔我多少就行了。"[法庭上老两口异口同声地表示要向孩子们要"工钱"。]

第四,原告对庭审纪律不了解。下例中原告1随意在审判员说话的时候打断并同时说话,这在审判中是不允许的。

　　审:就是被告垒完了墙之后,对你们出行,特别是刚才原告张某说的这个▲
　　原1:　　　　　　　　　　　　　　　　　　　　‖对
　　审:农用车出入造成通行不便?。
　　原1:　　　　　　　　　‖对.对。

可见,个人经验在庭审语境认知中有着极为重要的意义,法律职业人员对庭审拥有良好的背景知识的语境认知;而非法律职业人员则对庭审的认知不足,因此他们在庭审中使用的言语有着本质的差别。根据统计数据可知,60%以上的法官选择了"当事人作为非法律专业人员不熟悉庭审程序规则,答非所问"作为影响庭审的一大因素,因此非法律专业人员对庭审程序规则的掌握程度极大地影响到法官对他们的看法以及庭审的进行。

例如:
　　审:下面开始法庭调查。先由原告陈述诉讼请求,事实和理由。
　　原代:事实就是,我,父亲,留下来的,就是说房子拆迁这笔款嘛,我的理由,现在我的母亲本身我在抚养,是吧。钱,就是说随便多少,我肯定,是吧,我自己管理吧。我现在,是吧,又不是小孩。
　　审:把这个事情的经过讲一下。
　　原代:就是(20)01年的时候嘛,房子拆迁嘛,房子拆迁,就是说这个拆迁款,现在不在我这里。[陈某某说自己是家里的独生儿子。父亲去世后,他和母亲相依为命。两年前村庄整体拆迁,村里邻居都拿到了拆迁补助,而自己父母的房屋拆迁应该得到的钱款42万多元,除去被叔叔借走的十万元以外,剩余的32万元钱被表哥张某某控制,一直拒不归还。]我是没拿到过,到现在为止,两年多了。反正家里母亲我自己在照顾,是吧?两年里面的所有的费用也是我在支出,所以要求我自己的钱我自己来管理嘛。

审:原告代理人啊,基于你的身份也比较特殊啊,你既是她的代理人,又是方某某的儿子。法庭有个问题问你。你认为这笔钱是谁的?323881元是谁的?应当属于谁所有啊?

原代:这个钱,本身属于我母亲。我父亲去世了,应该是我母亲的,是吧?

审:你认为这笔款项是你母亲的,是吧?

原代:是啊。但是如果根据法律上的程序的话,因为父亲留下的资产我也是有份的,因为我是唯一的儿子,唯一的法定继承人,是吧?根据国家的法律,75%我父亲的财产是我母亲的,25%是属于我的。

审:被告有什么答辩意见?

被代:代理人代为答辩。首先,原告的诉讼的内容部分不实。原被告之间系舅母关系,就是～原告是被告的舅母。[被告方承认舅妈家的钱确实在自己手里,只是代为保管而已。]在原告的丈夫死亡前,就是托付被告要照顾原告的这个心愿。那么之后2010年,斗门村房子拆迁,这个时候有一笔款项,当时就是原告委托被告代为办理拆迁事宜,领取相应的款项。[被告指出,他的舅舅去世以后,原告长期在外打工,对于舅妈并未尽到赡养义务。房屋拆迁之后,把母亲从浙江接走,是为了得到拆迁补偿款。]那么在这种情况下,原告代理人出现并接走了原告,是这么一个情况。他的主要目的,就是希望得到相应的赔偿款。那么这种情况下,有可能会侵害原告的权利。

审:针对被告的答辩,原告有什么补充?

原代:补充就是,两年里面,我母亲从来没有拿到过一分钱。她的两年里面的费用全都是我在出。

审:被告张某某是否有代为保管的权利,原被告有什么意见吗?

原代:那肯定是我自己保管,我现在又不是小孩,是吧?

审:你呢?被告,被告本人什么意见?

被:不可能的事情,他肯定保管不了。

审:你这里要明确一下啊。你今天是你代表你的母亲来进行诉讼的啊。

原代：是啊。
审：所以说，这笔钱呢，法院的判决也是归方某某所有，不是说由你来保管。
原代：现在我本身就是，我母亲，是吧，委托我，就是说她想要回来这笔钱嘛。她就自己来保管嘛。
审：原告就自己的主张向法庭举证，原告有什么证据向法庭提供啊？
原代：我现在暂时没有。

在第一轮法庭调查问答中，审判人员询问原告代理人323881元是谁的，并且应当属于谁所有。而原告代理人回答："这个钱，本身属于我母亲的现在。我父亲去世了，应该是我母亲的，是吧？"从这轮对话可以发现，根据原告代理人的回答，被告代理人看似回答了法官的两个问题，但是法官却只关注其中一个问题，即"你认为这笔款项是你母亲的，是吧？"这是因为，在法官的认知中，是谁的和应当属于谁的看似是两个问题，但实际上在本案中是一个问题，因为原告父亲已经去世丧失所有权人资格了。原告代理人又回答，"是啊。但是如果根据法律上的程序的话，因为父亲留下的资产我也是有份的，因为我是唯一的儿子，唯一的法定继承人，是吧？根据国家的法律，75%我父亲的财产是我母亲的，25%是属于我的"，而法官并不关注其对继承法律关系的分析，因为在此阶段并不分析继承法律关系的问题，因而法官继续向被告进行发问。

在第二轮法庭调查问答中，法官问："被告张某某是否有代为保管的权利，原被告有什么意见吗？"但原告代理人回答："那肯定是我自己保管，我现在又不是小孩，是吧？"法官的意思是原告代理人对张某某保管有无异议，而非让他提出具体的保管人，但是原告代理人的回答"那肯定是我自己保管"表明他既不同意张某某代为保管，也提出了自己担任保管人的意见。因为，在原告代理人的认知中，法官提问的隐含意义还在于对具体保管人提出意见，但是从后面法官的回答可以看出（"所以说，这笔钱呢，法院的判决也是归方某某所有，不是说由你来保管"），法官在此并没有让他对保管人发表意见。出现这种现象的原因在于法官与原告代理人对问题的认知是不同的，法官的目的在于对原被告保管人是否有异议；而原告代理人的目的在于确定自己为保管人。此外，原告代理人的"我现在又不是小孩，是吧？"也显示了原告代理人的语境认知，在原告代理人的认知中，"小孩"是没有保管能力的，而他不是"小孩"，所以他有保管能力。这也能看出他对于保管能力理解的片面性，但是在当时的庭审语境中，他的回答却有其合理之处。

可见,庭审中对法庭言语的运用和理解,都与个人经验多少有着直接的关系,在某种意义上,法庭推理是听者理解话语过程中的智力活动。法庭话语的理解不仅限于语言内部结构及句法结构,而且也来源于人与庭审互动的认知、来源于使用者对庭审的理解;同时法庭话语也更注重认知语境和语用推理。在特定的庭审条件下,听者需要形成一定的假设和推理才能理解说者——如法官——的意图,形成假设的过程是人们推理的过程,推理本身就是一个认知过程,也就是一个依赖语境因素的认知过程。此外,交际双方的社会角色也与微观认知语境因素有关。法庭语言的使用涉及说者和听者,而且他们的角色在庭审中是不断变化的,因此法庭语言的使用不仅取决于言语本身的生成,以实现说者的意图,而且还取决于对那些言语的理解,这样才能实现该意图。根据数据统计可知,有80%的律师在回答"在庭审过程中,您认为律师个人的哪些主客观因素会起作用?"一题时,认为"代理/辩护经验"会起到关键作用,因此个人经验的多少直接关系着其庭审的表现,也影响着庭审的进程。

庭审语境作为一种典型的制度性语境,其认识基础还应通过对认知语境的构成要素来分析。就目前的研究而言,一些观点认为认知语境由三种信息组成,即逻辑信息、百科信息和词语信息。我们认为制度性语境的认知基础是交际话语的物理环境、交际者的经验知识以及个人的认知能力。其中物理环境和经验知识是认知语境建构的基石,没有他们就没有对制度性语境的认知。其中,物理环境在前文已有介绍,其主要包括法庭物理场景等内容,具有一定的客观性;经验知识是庭审参与者所掌握的与庭审有关的任何知识,其更具主观性,它是以图式的方式存在于大脑中的认知结构和知识单位,它们一旦被当前的庭审物理环境所刺激,就形成了理解当前制度性语境的假设,但其能否被激活则取决于个人的认知能力和个人对当前模式的识别。此外,模式识别是人的一种基本的认知能力(王甦、汪安圣,2001),即当个人能够确认他所识别的制度性语境时就会从其经验知识中寻找与其相匹配的图式,并建构一系列制度性语境假设作为推理的前提。就这一点而言,庭审中的逻辑推理也是各方必需的认知能力。因此,认知能力主要表现为模式识别和逻辑推理,它们是从客观物理环境通向主观经验知识的一座桥梁。

(2) 个人背景

Eades(1995)提到了在交叉询问过程中原住民使用的"不必要的合作"等行为,而正因这些行为使得原住民在交叉质证中处于不利地位。"不必要的合作"是指用"yes"回应所有问题的倾向,无论原住民是否同意对方所说或是否理解对方的提问。正是因为这一点,原住民在交叉质证中被律师利用而处于劣势。

我国幅员辽阔、民族众多,社会文化具有天然的多样性。庭审中各方的文化背景极为多样,尤其是在少数民族聚居区。另外,诸如北京、上海等国际大都市,外来人员(国外和国内)众多,文化交融与差异并存。如果法官和控辩双方都能了解一些对方的文化背景、生活习惯和民俗风情,就可能避免一些不必要的误解。庭审中,如果法官熟悉有关民俗风情并尊重当地民俗习惯,就能够取得良好的社会效果。

(3) 受教育程度

在上文提到的例子中,非法律职业人员的原被告皆为受教育程度不高的农民,他们言语组织能力较差,不能精准地使用法言法语,条理不清,逻辑联系不紧密,言语目的不明确。这些表现都与他们的受教育程度较低密切相关。

另外,上文中也提及了非法律职业人员的言语效果相对较差的原因还在于他们对制度性语境——庭审语境因素的认识不足,受教育程度较低的当事人在法庭上通常会处于劣势。

请看以下例子:

审:蔡某某,法庭提示你,在法庭上你要如实供述你的相关的问题,现在不要有什么思想顾虑。

被:是意外。

原代:是意外造成的?

被:对。

原代:跟你有关系吗?

被:(2's)有。

原代:那你能说一下怎么个意外法?

审:蔡某某,这个你回答不了吗?你明确跟法庭说。

被:现在我不论说什么,他都要认定这些问题都是我都是我,我无论说什么,都要说我,说是是是。

审:你可以说你不是啊,如果不是你做的,你可以直接说,现在就是给你这个机会,让你做辩解,你为什么不说呀?

被:碰洒了东西了。

审:谁碰洒的呀?被害人本人碰洒了东西是吗?

被:(点头)

审:什么东西?

被:是汤。

审:汤,是吗?
被:(点头)
审:烫在什么部位了?
被:身上。
审:身上?
原代:可是被害人从头△头部到这个胳膊,到这个身上一直到脚,都被烫伤了。那么多大一碗汤才能烫到被害人的全身呀?
被:是意外。
原代:平时对被害人是怎么样实施伤害行为的,用什么工具,采用什么方式?
被:用手。
原代:除了手之外还有没有借助其他的什么工具对被害人伤害?
被:用过一次擀面杖。
原代:擀面杖用过几次?
被:一次。
原代:一次,用擀面杖这一次伤害的是被害人的什么部位?
被:身上。
公:蔡某某,我问你几个问题,你跟这被害人什么关系呀?
被:养女。
公:继子女。
被:对。

上述问答是关于被告人虐待其继女的案件,可以发现,被告人并不十分配合法官的提问,使用诸如"现在我不论说什么,他都要认定这些问题都是我都是我,我无论说什么,都要说我,说是是是"等话语来回应法官的问题。这容易给法官产生不好的印象。另外,被告人常常使用"点头"来回应法官、公诉人的问题,这使得庭审无法高效地进行。以上被告人的种种表现都与其个人经验不多有关,如果被告人能够对庭审规则、程序有一定的了解,被告人就会积极主动地应诉,而非消极地对待法官、公诉人的提问。根据统计可知,法官、公诉人和律师的受教育程度很高,因而总被被告人这类无专业法律知识人员的非专业表现而困扰,因此有80%以上的法官认为"引导法庭调查和法庭辩论程序的进行"是影响庭审程序进展的最大问题。

(4) 个人气质、性格

庭审言语角色的气质、性格因素主要是指庭审各方因自身气质或性格对一些事实的个人见解或看法,这种见解或看法会极大地影响其在庭审中的表现。国外调查显示,当未成年人(尤其是儿童)出庭作证时,保证其准确回忆和披露案件事实是十分复杂的任务。未成年人证言在许多案件中起着至关重要的作用,例如他们可能见证了谋杀、家庭暴力、绑架、抢劫等等情况(Goodman et al.,2014)。虽然未成年人的认知并不成熟,但当大多数未成年人的年龄至少到十三四岁时,都有着趋向成熟的认知,并能够准确回忆一些细节(Ceci,1994)。但值得注意的是,未成年证人出庭作证时容易受到他们对自身性格的影响。例如,当检察官询问受到过虐待的未成年证人时,这些证人通常对"虐待""暴力"等案件反应较为激烈,并且倾向作出对被告人不利的陈述。此外,检察官也通常会使用一些诸如"恶劣""严重"等词语描述被告人,即暗示被告人的主观恶性和引诱未成年证人作出不利证言。未成年人的自主判断能力不高,并且其对"被告人"看法大都受到其性格因素的影响,因此常常会自觉或不自觉地作出对被告人不利的证言。气质、性格会影响未成年人证言和记忆偏差、暗示性和记忆错误。有些未成年人(和成年人)尤为可能在某些情况下受到诱导性问题的影响(Leander,2010)。有学者指出,影响未成年证人的重要社会情感因素是他们从负面事件得到的认知。

请看以下例子:

审:现在进行法庭辩论,先由公诉人发言。

公:审判长、审判员,根据我国刑诉法相关规定,我受某市人民检察院指派[公诉机关认为被告人卢某某等将被害人带至江西省某县后将其杀害,其行为已经构成故意杀人罪;被告人日某某明知其他被告人杀害被害人刘某某骗取赔偿金仍为其办理冒充吉某某的身份证、委托书、死亡证明等手续,其行为构成故意杀人罪;被告人莫某某冒充被害人家属骗取赔偿金 52 万元,数额特别巨大,其行为构成诈骗罪。]

……

公:公诉人申请证人罗某某出庭作证,鉴于罗某某未满十八周岁,罗某某法定代理人张某某陪同罗某某出庭作证。

……

审:同意公诉人申请,请证人罗某某出庭,并请其法定代理人张某某签署《保证书》。

公：罗某某,你认识卢某某吗?
证：不认识,大家都说他不是好人。
公：为什么这么说?
证：他跟着拿着刀的人的背后。
公：说一说当时你看到卢某某在做什么。
证：卢某某在跟着日某某身后……日某某在追着刘某某。
……
公：审判长、审判员,询问完毕。
辩：那么综合本案,追究某一个犯罪嫌疑人的刑事责任,应该看他在犯罪过程中所起的作用,那么本辩护人认为,我的当事人卢某某在本案犯罪过程中,他只参与了帮助的一个环节,那么在这个过程他是积极参与了,那么前面有些参与部分应该讲是证据不足。[被告人卢某某的辩护律师称卢某某在故意杀人过程中只起次要作用,系从犯,理由是:首先犯罪提起者不是卢某某;其次身份证不是他办的,具体实施故意杀人过程他并未参与,而且矿主不是他联系的;再次,从众人约定的好处分配比例看,被告人并不是最多的。而公诉人认为,无论是犯意提起还是实施,被告人卢某某都是这起案件的主犯。]

公：首先,被告人卢某某与被告人莫某某经过商议确定找一个傻子冒充别人身份带去矿山做事。然后找机会将这个~被害人杀害,然后伪造成矿难,趁机骗取赔偿金。那么关于这点事实有被告人卢某某自己的供述,被告人莫某某在公安机关的供述也谈到了这一点。同时,有同案被告人卢某某供述予以证实。证人罗某某的证言也证实这一个说法。也就说被告人卢某某和被告人莫某某经过商议,谈到了要用一个傻子冒充身份,趁机杀害傻子,骗取赔偿金,这个事实有上述同案被告人和证人的证言予以证实。[除被告人莫某某和被告人日某某称自己是在不知情的情况下参与进来的以外,其余被告人均对公诉机关指控的犯罪事实予以认可。]

审：今天经过开庭审理,经过法庭调查,我们听取了公诉机关的指控,附带民事诉讼原告人及其代理人的代理意见,被告人的供述和辩护人的辩护意见,法庭审理到此告一段落,本案的证据将在判决中综合予以确认。本案定期宣判,时间地点另行通知。现在休庭。

需要说明的是,该案中的证人因受到过"虐待"而对暴力案件较为敏感。上述法庭辩论阶段公诉人询问证人的策略可以看出,证人罗某某已经受到外界和自身性格的影响,进而对被告人卢某某的评价不高,并且已经形成了偏见。暂且不论这样的证人证言的可采信度如何,就其后面的回答来看,证人罗某某显然受到了他自身的性格和社会评价因素的影响,即"他跟着拿着刀的人的背后"。在他的知识结构中,拿着刀意味着危险和不法(做坏事),而跟在拿着刀的人的身后,则更具有危险性和不法性,因此证人罗某某的回答或多或少地受到其知识结构的影响,从而在很大程度上不能够客观地还原事实,因而带有感情色彩。遗憾的是,辩护人并未抓住这一细节,当庭向审判人员提出异议,攻击证人证言的可采信度,或者在辩护词中加以说明。总之,个人性格对于庭审各方而言有着非同寻常的意义,即不仅会影响到庭审言语,还有可能被对方抓住错漏而处于不利的位置。

(5) 身份

语境是使用语言时的实际环境,是交际双方共同的认知前提。在言语交际中,交际方(法官、当事人、检察官等)共同生成和理解话语时拥有的社会文化知识、认知能力等情景语境则体现为主观语境。关联理论的提出者斯珀泊和威尔逊(Sperber and Wilson,1995)认为:语境在理解过程中产生的是一个心理构体,是听者对整个世界认识的一组假设,正是这些假设而非客观世界本身制约着听话者对话语的理解(石小娟,2002)。因此,语境不仅限于客观语境因素带来的影响,还包括对未来的期待、科学猜想、宗教信仰、记忆和文化知识等,这些都会影响听者对话语的理解。

因此,在庭审中,各方对庭审语境的认知不仅停留在客观层面,还会对庭审活动进行预测,形成主观语境。主观语境因素对庭审的理解起制约作用,因为庭审各方所感知的内容有待于心理表征在具体的语境中触发,激活相关的心理表征,大脑借助于思维,产生关于对庭审的心理期待,并借助于特定的庭审知识对心理期待加以选择、解释和修正。

主观因素一般是话语活动所涉及的交际主体及其相互间的关系,包括交际双方及旁听者的身体、社会、心理等特征及其构成的主体之间的各种相对关系,如权势、亲疏、性别等人际关系,彼此间的处境、心情等心理状态关系,性格、素养等社会差异,以及相对的身体位置等空间关系。主体环境主要以主体的特征和相互之间构成的各种关系来对修辞活动产生作用。交际参与者及涉及人的自身特点由其性格特征、心理状况、文化素养、工作情况、经济条件、爱好与习惯、身体条件以及家庭环境等方面的情况所组成(Nagy,2012)。主体之间的相互关系包括以下几种:

庭审中的社会关系包括法官、检察官、被告人之间的社会权力、社会距离的差异对主体的言语影响显著,交际者对上级、平级、下级使用的话语方式会有不同,对亲疏等不同社会距离的对象也会采用不同的话语形式,这表现在称呼的选择、礼貌手段的运用、直接或间接等语用模式的采用等方面。具体到庭审叙事中,法官在庭审中拥有的权势最大,其地位高于控辩双方。因此,法官通常不会对控辩双方使用下级对上级甚至平级主体之间的话语,而是带有引导甚至命令式的话语。

请看下面的例子:

审:现在开庭。传被告人陈某某到庭。现在开始法庭调查。首先由公诉人宣读起诉书。

公:下面向法庭宣读起诉书:浙江省某市某区人民检察院起诉书,台椒检刑诉XXX号……。本院认为被告人陈某某无视交通运输管理法规,醉酒驾驶机动车,且在行驶中未与前车保持安全距离,而发生交通事故致1人死亡,负本次事故主要责任,且在交通肇事后逃逸,其行为已触犯《中华人民共和国刑法》第133条,犯罪事实清楚证据确实充分,应当以交通肇事罪追究其刑事责任。根据《中华人民共和国刑事诉讼法》第141条之规定特提起公诉,请依法判处,此致某市某区人民法院。

上述为开庭阶段法官让公诉人宣读起诉书的用语,可以发现,法官并未向公诉人使用任何诸如"请"之类的敬辞,而是直接"由"公诉人宣读起诉书。相反,公诉人在宣读至起诉书结尾时,通常会使用"请依法判处""此致"等敬辞用语。因而,我们可以发现,庭审中各方社会关系的不同会导致用语的不同。

庭审中的身体位置关系包括空间距离的远近、高低,彼此身体条件的差异等等。

在中级人民法院以上的刑事审判庭中,法官席距离被告人席位置较公诉人席以及辩护人席更远。因而,我们可以发现,被告人在回答法官的提问以及提出异议时,使用的言语皆带有修饰成分,而非如被告人直接与辩护人沟通那样使用更为直白、简洁的用语。当然,被告人席距离辩护人席依然有着较远距离,因此被告人在法庭中往往容易产生孤立无援的心态。这也是庭审布局所造成的,容易给人一种错觉,即三方共同"审判"处于底端的被告人。相反,我们可以发现,在西方法庭中,被告人往往与辩护人同坐一席,因此,被告人不会产生上述心理,反而会因为坐在辩护人身旁而更有安全感。但根据统计得知,被告人身份并不会影响法官对他们的看法,但这种身份位置关系对被告人产生的影响较大。

(6) 内心状况关系

庭审中的内心状况关系包括各自的情感状态、心情差异、爱憎倾向、性格特征差别等。

请看下面的例子：

公：有抑郁症就可以喝了酒去驾驶车？

被：我也不知道，可能是那段时间压力太大了。我也不知道我那段时间，那几天我真的压力好大。因为我们工作嘛，压力给的特别大。

公：你有没有看到这辆出租车？

被：我当时真的不知道。

公：你当时驾车既然不知道前面车辆的情况，是不是你因为之前酒喝多了，不能集中注意力了？被告人陈某某。

被：我当时真的想▼

审：　　　　▲被告人陈某某要控制一下自己的情绪。

公：被告人陈某某是不是不愿意回答这个问题？

被：没有。我感觉这跟我的抑郁症大概有关吧。

公：抑郁症跟你的视觉能力有关系吗？

被：我正在减肥，我连续三四天[不知是因为当时确实喝醉了记不清，还是不愿意回忆当时的情景，对于为何会撞向出租车，被告人陈某某一直不愿意正面回答公诉人提问。那么陈某某为何会逃离现场呢？按说案发当时就已经有很多人围向了现场，很多人也看到了陈某某从车里出来后向路人下跪。是什么原因让陈某某做出如此不理智的行为呢？]

这一段是公诉人与被告人在法庭辩论阶段的对话。可以发现，被告人的内心状况十分不稳定，在公诉人还未问完话之前，被告人就急于打断并表示自己的观点。值得注意的是，被告人可能患有抑郁症，因此对待公诉人的询问表示出一种较为消极的态度。因此，被告人的内心状态与其在庭审中的表现有着密切的关系。此外，法官亦曾打断被告人的回答，但这是符合庭审规则的，因为公诉人并未完成提问，这也与法官的权势有关。

庭审中的修养、文化程度、个人经历等方面的差异包括适应与利用交际主体在文化程度、个人修养、经验经历方面的差异等。这些均为言语的重要内容。如各方对庭审认知的不同会直接影响到听者对话语的理解和说者表达策略的制定，法律文书中的个人知识的呈现更是与主体的庭审知识储备直接相关。此外，主体之间工作与经济情况的差异、爱好与习惯的差异、家庭环境的差异、认知能力的差异等,都对庭审叙事产生极大的影响。

请看以下例子:

（预审。

见到在定边县审讯自己的是公安部专家,嫌疑犯的态度极为恶劣。除了名字什么也不承认。）

公安:你叫什么名字?

嫌疑人:权某。

公安:你爹娘是谁? 讲清楚。

嫌疑人:爹娘是谁不知道。<u>你们既然说是有证据,证明我犯罪了,还把我带到这里来,根本就没有这个必要问我。有这个必要吗?</u>

公安:以前来过这儿没有?

嫌疑人:忘了。

公安:啊?

嫌疑人:<u>忘了。</u>

公安:忘了? 忘了是什么意思呢?

嫌疑人:想不起来。

以公安人员预审犯罪嫌疑人为例子的原因是,大多数案件在还未进入审判之前由公安人员先行预审,因而审判中的"故事"很大程度上是由公安人员构建的。可以发现,犯罪嫌疑人极其不配合公安人员的讯问。公安人员在讯问嫌疑人父母亲的姓名时,使用的是"爹娘"二字而非父亲与母亲,这是因为嫌疑人生活在定边县,而自身文化程度不高。因此,公安人员策略性地选择了"爹娘"来讯问嫌疑人。此外,我们可以发现,嫌疑人不配合公安人员的基础性讯问并不是出于策略性处理,而是自身对讯问程序了解不足,即没有充分认识到制度性语境的任务导向性和策略性,导致可能失去从宽处理的机会。

(7) 认知偏差

法官或者公诉人因对被告人的认知偏差(或偏见)而可能对庭审造成影响。对被告人预先存在的偏见亦会歪曲司法裁决结果。例如,当一个人被认为具有危险、不可控、自私、冲动或者患有精神疾病等可能时,被告的形象毫无疑问会加深法官或公诉人对其的认知偏差,因此十分不利于被告人(Haney,2004)。这同样适用于公诉人。在公诉人的叙述中,凶杀案中的受害者是悲剧的主角,被告人破坏了普遍的道德标准,因此法官会受到陪审团的影响进而通过判决来恢复普遍道德平衡。实际上,这种叙事策略往往十分有效,即将被告描绘成一种大逆不道的人在很大程度上能够影响法官对被告人作出的裁决。

在外国司法程序中这样的做法很常见。通常而言,法官很可能因为被告人具有诸如自私等不利的人格因素而加重被告人的刑罚,因为这些人格因素在法官的潜在观念中是更加不利于社会稳定的(Smith et al.,2014)。

(8) 情境因素

值得注意的是,庭审中各方所处的环境对于他们在庭审中的表现也有着至关重要的作用。正如前文所述,庭审各方的表现在很大程度上是受到内在和外在因素共同影响的,并且有时这些因素不为人知。此处简要讨论他们所处的环境如何影响庭审各方的表现。有学者指出,在批判现实主义世界里,我们所有的内在情景特质都使得我们很容易受到情境的操纵和进入幻觉。从这个意义上来说,人类是"情境角色"(Wittenbrink et al.,1998)。具体到庭审中而言,庭审各方的表现反映了很多他们并未认知甚至并不承认的情境;这些情境经常被启动并在法官的言语之下激活,并且这种情境的激活对他们在庭审中的表现具有重大影响。他们会通过法官或者其他庭审角色的言语,回忆起相关知识(Chen and Hanson,2004)。正因如此,情境是一种看不见的力量,并与其他看不见的力量相互作用,使得庭审各方在庭审中表现各异。

我们认为,知识结构反映人们创造和依靠知识结构的倾向——特别是在信息类别和图式中,即影响他们处理信息、得出结论并理解其周围的环境。这个倾向在很大程度上表现在庭审各方面对法律时的表现,并且还极有可能影响立法者对法律的态度。此外,值得一提的是,除了在前述章节已然讨论过的因素以外,Elstein 等(1978)认为,立法者、司法者和法学家是创造有关法律(学)类别和图式最主要的主体。当我们不具备甄别信息真假的能力时,上述主体应当告诉我们这些类别和图式出自何处,如何运用。我们应时刻保持警惕地怀疑我们的知识结构,因为它们可能并不正确。例如,最初似乎可行的诊疗方式可能会被广泛接受,但最终也可能成为致命的医疗失误,这是因为没有反复审视看似可信的"知识结构"。又如,在某些情况下,法官基于自己的社会知识对被告人有罪或无罪的推定,可能会导致其在审判中作出不同的判断,这都是因为他们的认知而产生的。目前认知心理学的研究表明,情绪思维对任何类型的决策都是必不可少的。例如,认知心理学家达马西奥(Antonio Damasio)记录了他对一个名叫埃利奥特的病人的研究。埃利奥特向达马西奥博士介绍了他从前额皮质中切除了一个良性脑肿瘤,给右叶留下了严重的残余损伤。虽然埃利奥特的身体恢复良好,从认知上看,他在感知、言语、记忆、道德判断和其他功能方面似乎都是完整的,但他在手术后人格发生了巨变,使他做出了许多糟糕的(改变人生的)决定。埃利奥特在工作中很容易分心,导致了他被解雇,无法找到合适的工作,他开始到处寻找商业机会,有时与声名狼藉的人合伙,每次都以失败告终。埃利奥特离婚,再婚,又离婚,失去了他一生的积蓄,但他在申请社会保障残疾津贴时也被拒绝,因为对外界的观察者来说,他既健康又聪明。总之,他的生活彻底崩溃了。达马西奥博士认为,肿瘤和随后的手术已经无可挽回地损坏了埃利奥特的大脑中控制情绪的部分。埃利奥特再也感受不到任何情绪。结果是埃利奥特无法做出有效的决定,甚至是没有情感内容的世俗选择。因此,基于这个案例和他所描述的其他案例,达马西奥得出结论:情绪推理并不比逻辑推理逊色;它与人类达成的每一个决策过程密不可分。因此,法官不能为办案而办案,不能简单理解办案为只查明事实、适用法律。法官必须要有维护社会和谐的大局观,有舒缓社会冲突、解决社会矛盾、维护社会和谐的工作态度。当然,法官不能进行"和稀泥"式的调和,必须在查明案件事实、正确适用法律的基础上进行调解,既要做到合法合理,也要做到既修复了犯罪,又保护了人权。另外,在"修复犯罪"的过程中,常常需要进行调解,法官是否具备调和说服的技巧显得相当重要。在司法实践中,法官并没有在这方面接受专门训练,法官的办案理念和调解能力主要靠个人理解和办案经验的积累,鲜有系统理论的指导,导致法官的修复性审判能力千差万别。故此,应当建立法官进行修复性审判的培训机制,对法官进行心理学、谈判学等方面的系统培训,使法官不单是法律专家,还是关系"修复"专家,只有这样才能以更为系统、更为专业的方式实现修复性司法的目的。

5.2 庭审叙事中多角色交叉互动的庭审规则制约

庭审活动中的互动主要由控辩双方构成,法官在控辩双方互动时也会不时参与并单独向控辩双方发问。更为重要的是,上述互动都必须在庭审规则下进行。因此,本节将结合民事案件和刑事案件的审判程序,分析庭审叙事中各方在庭审规则制约下的互动。

5.2.1 多角色交叉互动中的规则

一般而言,叙事多为独白式。但在庭审中,独白式叙述与互动式叙述兼有,前者如法官宣布开庭后,公诉人陈述诉讼理由,辩护人陈述答辩意见;后者如法庭辩论阶段,控辩双方交叉询问。法庭审判中有公诉人、辩护人及被告人、证人等多个叙事角色,最典型的互动即是直接询问和交叉询问过程中控辩双方的论辩,以及双方律师对对方证人的询问等。根据统计数据可知,在回答"庭审中控辩双方都以叙事的形式陈述案情,您认为在庭审前您的脑海中有没有一个该事件的故事版本?"一题时,90%的律师选择了"有,且故事情节清晰"。

在回答"庭审中控辩双方都以叙述的形式陈述案件基本事实,您在庭审前脑海中对该事件的认知情况是?"一题时,近90%的检察官选择了"有,案件基本事实情节不是很清晰"。

因此,律师和检察官脑海中构建的故事的差异必然会反映在庭审的各个环节当中,因而在庭审互动中,他们会尽可能地使法官相信自己的故事,并证伪对方的故事。

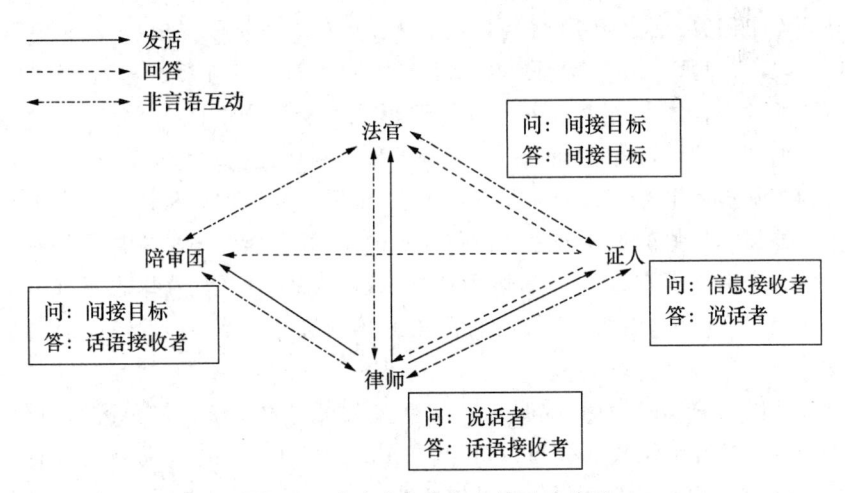

图 5.1　庭审中各个角色的互动关系

注:"问"表示提问中的言语角色;"答"表示答话中的言语角色。

如图 5.1 所示,庭审中各个角色都可能有互动关系,以下主要讨论证人交叉质证过程中的互动(Chris, 2005)。

庭审中互动的特殊性主要体现在它的多角色交叉互动上。在一般的诉讼中,庭审叙事角色至少有三个——原告、被告和法官。此外,庭审言语互动与一般言语互动的区别在于各方互动的真正话语接受者是法官。我国《刑事诉讼法》第 192 条规定,公诉人、当事人或者辩护人、诉讼代理人对证人证言有异议,且该证人证言对案件定罪量刑有重大影响,人民法院认为证人有必要出庭作证的,证人应当出庭作证。第 193 条规定,经人民法院通知,证人没有正当理由不出庭作证的,人民法院可以强制其到庭。我们可以发现,证人具有一定的出庭作证的义务,但法律条文中并未对交叉质证的具体过程作出明确安排。《最高人民法院关于适用〈中华人民共和国刑事诉讼法〉的解释》(以下简称《刑事诉讼法解释》)规定:证人出庭后,一般先向法庭陈述证言;其后,经审判长许可,由申请通知证人出庭的一方发问,发问完毕后,对方也可以发问。可以看出,向证人发问需要遵循"谁提请谁先问"的原则,这有利于另一方对提请方的提问和证人的回答作出充分的回应。

以律师对证人的提问为例:律师对证人提问的目的有两点:一是让证人回答所提问的内容,二是通过证人回答,向法官确认相关事实。可以发现,证人回应的对象不仅是向其提问的律师,还有法官。可见,律师对证人的提问一般涉及三个言语角色,尽管这些角色的话语权和参与的程度不同:质证律师提问,证人必须作出回答;法官倾听,并可随时打断;反方律师有权提出异议,但在某种程度上,反方律师一般会等到辩护阶段时才发表意见。在整个过程中,图 5.1 中显示的四个言语角色会有各种非言语形式的交际,如注视、手势、脸部表情等。根据调查统计可知,在回答"您主张证人出庭作证吗?为什么?"一题时,有 50% 的律师选择了"主张,能证明案件事实,证明力强",因此可以发现证人被当作律师补强其权势的重要因素。值得注意的是,并非所有案件中律师都倾向于证人出庭作证。也有近 47% 的律师选择"视情况而定",因为并非所有事实都需要证人出庭作证,更为重要的是,证人的选择亦十分重要,否则可能会适得其反。

下面以交叉询问为例,说明三个角色交叉互动的情形。在交叉询问中,质证律师可以进行引诱式的提问,而且其是交叉询问中的一个非常重要和有利的手段。因为交叉询问的目的主要是破坏对方证人所作证言的可采度和可信度。但有时证人证言可采度和可信性极高,难以破坏,交叉询问一方非要吹毛求疵反而会引起法官的反感。在这种情况下,交叉询问方往往试图通过被交叉询问方证人证言获得对本方有利的证词,这样的证词往往比本方证人的证词有力得多。下面就是一例辩方交叉询问时的问话:

  辩:您刚才说你和受害人是多年的朋友,是不是?
  证:是的,我们是 20 多年的朋友了。
  辩:在受害人被杀之前你一直同他保持经常性的联系,是不是?
  证:是的,我们经常互访,也经常打电话。

辩：你们之间是无话不谈，是不是？

证：是的。

辩：他曾经对您说过他对生活已经讨厌透了，有一天他会自己结束自己的生命，是不是？

公：反对，辩护律师在进行诱导性发问。

辩：这是了解受害人死前经历的必要询问。

审：反对无效。

证：他确实这样说过好几次。

从上例可见，辩方律师对控方证人进行反询问时，运用的是引诱式询问，从而给法官留下被害人可能是自杀而非谋杀的印象，甚至能够产生一定的疑问就达到了他的目的，因为美国刑事案件中的证明标准是超过合理怀疑，只要控方达不到这个标准，即本案被害人自杀的合理怀疑，控方就可能败诉，被告人得到无罪释放。此外，法官虽然只是说了"反对无效"四个字，但是这说明法官在一定程度上认可辩护律师的发问，否则法官不会支持辩护人继续发问。

5.2.2 程序性规则对庭审言语的影响

庭审规则主要由程序性规则、实体规则以及证据规则组成，庭审中各方都必须掌握以上程序，才能高效地解决法律争议。以上三个程序也制约着庭审角色的庭审言语的选择和使用。下面将主要介绍刑事诉讼中的庭审规则及其对庭审语言选择和使用的影响。

本节围绕以下几个例子展开论述，请看以下例子：

审：现在进行法庭辩论。先就本案的定罪部分进行辩论，先由公诉人发表意见。

公：审判长、审判员、人民陪审员[公诉人认为被告人陈某某酒后驾车致一人死亡的事实清楚证据充分，构成交通肇事罪。]依据《中华人民共和国刑法》第133条和《最高人民法院关于审理交通肇事刑事案件具体应用法律若干问题的解释》的规定，违反交通运输管理法规因而发生重大事故致一人死亡，负事故全部或主要责任的构成交通肇事罪。因此，本案被告人的行为构成了交通肇事罪，应当以交通肇事罪对被告人定罪处罚。

审：下面由被告人陈某某自行辩护。

被：由于我醉酒驾车致李某某死亡，我已经犯罪了，当然去面对法律的惩罚。刚才把谅解书拿出来的那一刹那,我真的对不起,真的对不起,我知道他儿子还小,只有8岁。我觉得我真对不起。但现在唯一我能做到就是我把我的房产跟我的车子卖掉,叫我亲戚朋友再筹些钱来。我知道这些弥补对他来说真的没有什么,但是这是我唯一能做到的,我希望给我一次重生的机会吧。其实我就是一个普通的女孩,我希望能让自己早日回归社会。我继续劳动吧,继续工作,继续去弥补我犯下的错,请法官从轻处理。最后大家应该以我为戒吧。谢谢。

审:下面由被告人的辩护人就本案的定罪部分发表辩护意见。

辩:本案的事实已经查明。被告人陈某某在离开现场之前,既曾跪地反复道歉,而且也曾向围观路人请求帮助,而且其在离开现场之前也已经得知围观群众已经报了警,那么陈某某也将自己的身份明确告诉了其所乘坐的出租车的驾驶员,所以从其行为特征上看,其离开现场是为了逃避法律的追究这个行为特征是不明显的。虽然其行为从客观后果上,确实属于离开现场,但是鉴于她没有明确逃避法律追究的这种明显的故意,对此辩护人认为对其定罪量刑应当依据其当时行为的客观情形来进行判断。

公:本案被告人在事故发生后,在交警人员未到达之前,逃离了事故现场,并且躲避到新港的酒店KTV内,因此该行为完全符合了在事故发生后,为逃避法律追究而逃跑的法律规定,被告人的行为构成交通肇事罪,且属于《刑法》第133条规定的交通肇事后逃逸的行为,依法应处三年以上七年以下的有期徒刑。

辩:我们认为陈某某在本案中,她的认罪态度是好的,她对自己的事实主要部分,应该是主要部分作了实事求是的交代。以后在检察院的起诉阶段,包括今天的法庭调查过程中,对自己的犯罪事实都是供认不讳,而且也流下了悔恨的眼泪,悔恨之情溢于言表,所以我们认为她在犯罪以后的认罪态度,应该说也是比较好的。[另外陈某某的辩护律师还认为被害人家属的谅解书,也可以成为对陈某某从轻判决的依据。]那么不管是司法实践还是最高人民法院以及基层法院都有相关规定,在交通肇事以后能够对被害人家属这一方进行积极赔偿的,量刑时应该有所体现。[被告人的辩护律师提出了陈某某应该从轻判决的辩护观点,那么对于这些观点公诉人会认可吗?]

公:结合到本案,虽然交通肇事是过失犯罪,但本案仍属于主观恶性极深,人身威胁性极大。被告人陈某某是酒后而且是大量饮酒后驾驶机动车,可见其内心是藐视法律,漠视社会及公众的生命财产安全,这是其一。

其二，在事故发生后，被告人先想到的不是被害人的人身安危而是她自己的前程。第三，事故发生之后，被告人很快逃离了现场，不仅逃避对被害人的救助义务，更试图去逃避法律对其的制裁。<u>综合上述事实，公诉机关认为，结合被告人的主观恶性，以及其人身危险性，在量刑时不应当对其进行从轻处罚</u>，希望法庭在法定的量刑幅度内，做出一个合理的量刑。

审：法庭辩论结束，下面休庭，合议庭进行评议。将被告人陈某某暂押回羁押室。

以上为法庭辩论阶段公诉人、辩护律师和法官之间的交叉互动。可以看出，相较法庭调查阶段，公诉人和辩护律师主要针对法律适用问题而非证据问题展开辩论。公诉人和辩护律师针锋相对，辩护律师认为陈某某认罪态度是好的，她对自己的事实主要部分作了实事求是的陈述。最高人民法院以及基层法院都有相关的规定，在交通肇事以后能够对被害人家属这一方进行积极赔偿的，量刑时应该有所体现。而公诉人认为陈某某仍属于主观恶性极深，人身危险性极大。"结合被告人的主观恶性，以及其人身危险性，在量刑时不应当对其进行从轻处罚，希望法庭在法定的量刑幅度内，做出一个合理的量刑"。可以看出，公诉人和辩护律师的争议焦点在于量刑轻重的问题：律师认为被告人认罪态度好，应当从轻处罚；公诉人认为被告人主观恶性大，不应当从轻处罚。法官并未当庭对双方意见发表看法，而是待休庭后综合考量双方意见。

除此之外，庭审的有些程序是无法通过庭审实录反映的，因此需要单独介绍。

第一，开庭阶段。宣布开庭是法庭审判的开始，其主要内容在《刑事诉讼法》第190条和有关司法解释和文件中有所规定。在大多数刑事审判中，此阶段流程较为固定，并且各方此时并不能发言，故在此似无讨论的必要。

第二，法庭调查阶段。1996年修正后的《刑事诉讼法》将法庭调查修改为以控、辩双方为主进行，并且可以依法对彼此的证人进行反复询问。刑事诉讼程序中的法庭调查是法庭在开庭阶段结束后，通过公诉人举证，辩护人质证，以及辩护人提出证据，公诉人进行质询等方式、方法，当庭全面审查证据和查明案件事实情节的活动。法庭调查的内容一般包括：

① 宣读起诉书；
② 讯问被告人；
③ 询问证人；
④ 询问鉴定人；

⑤ 出示物证；
⑥ 宣读作为证据的文书。

此案为交通肇事案件，在公诉人及附带民事诉讼的原告宣读起诉书、附带民事诉状及赔偿单后，法官开始询问被告人是否听清以及让其陈述所指控的犯罪事实。可以看出，公诉人一般不在起诉书中发表过多的意见分析，而只是说明所指控犯罪及其构成要件；附带民事诉讼原告人也仅说明事情经过和赔偿的诉讼请求，并不过多分析诉因。法官亦只是让被告人简述所指控犯罪事实，因此被告人在此阶段并不能过多地进行自我辩护。以上言语选择皆出于法庭调查阶段的性质及规则，因为在法庭调查阶段法庭只关注事实问题而不关注法律适用问题，如果各方过多地进行法律分析，那么法官将会打断或制止。可以发现，法庭调查阶段的程序性规则极大地影响了庭审角色的言语选择。法官对法庭调查的进行方式有着较大的自由裁量权，根据数据可知，有超过80%的法官选择"当被告人、证人不熟悉庭审程序、规则或法言法语时"将会"引导法庭调查和法庭辩论程序的进行"。因而，可以看出，法官的权势在法庭调查中显得十分强大。

第三，法庭辩论。经过法庭调查，经过询问证人、出示物证等活动，案件事实和证据已经查清，控、辩双方对证据和案件事实方面的意见也已充分发表后，审判长应当宣布，法庭辩论开始。

法庭辩论应当先由公诉人、被害人及其诉讼代理人发言，然后再由被告人、辩护人发言、辩护，并且可以互相进行辩论，具体如下：

① 公诉人发言，又称发表公诉词。
② 被害人发言。
③ 被告人发言和辩护，就其内容来说，可以作有罪、罪重的承认，也可以作无罪、轻罪的辩解。
④ 辩护人辩护发言，又称发表辩护词，它是实现辩护职能的重要手段。辩护人的辩护词，应根据以事实为根据、以法律为准绳的原则，从维护被告人的合法权益出发，提出辩护意见。

根据刑事法官调查问卷的数据可知，在回答"当被告人或证人不熟悉庭审程序、规则或法言法语时，您会如何应对？"一题时，有80%以上的法官选择了"引导法庭调查和法庭辩论程序的进行"；有60%的法官选择"让辩护人在被告人或证人陈述完毕之后进行总结和补充"；有60%以上的法官选择"当被告人或证人不了解法言法语时，使用平白的语言"；有50%以上的法官选择"当被告人或证人陈述过多与案情无关的事实时，及时打断"等，可以发现，庭审程序和规则虽然是较为固定的,但是针对被告人对庭审的熟悉程度,法官仍会或多或少地调整庭审程序。当被告人完全不了解庭审程序时,法官会主动引导程序进行;当被告不了解庭审用语时,法官会尽量使用平白语言,而使得被告人能够了解庭审内容。

第四,被告人最后陈述。审判长宣布法庭辩论终结后,被告人有最后陈述的权利。让被告人作最后的陈述,这是在合议庭评议、判决前再给被告人一次行使辩护权的机会。被告人可以利用这个机会陈述他对全案的意见和看法,包括自己是否有罪、罪行轻重、自己犯罪的原因、对犯罪的认识,以及对量刑方面有什么要求等。

第五,宣告判决。在上述程序结束后即是宣判,即宣告判决,是人民法院将判决的内容公开宣布告知当事人及其他诉讼参与人等的诉讼活动(王国枢,2013)。

可见,刑事诉讼程序一般分为五个阶段,而且这五个阶段的内容相对独立,其中在"法庭调查"阶段、"最后意见/最后陈述"或者"被告人的最后陈述"阶段,以及"宣告判决"三个阶段都要求有相对完整的叙事。

5.2.3 证据规则对庭审言语的影响

在刑事诉讼庭审中,解决被告人的定罪量刑问题的关键在于证据,其有特殊的本质和特征。诉讼证据,是审判人员、检察人员、侦查人员等依据法定的程序收集并审查核实,能够证明案件真实情况的根据。从证据所反映的内容方面看,证据是客观存在的事实;从证明关系看,证据是证明案件事实的凭据,是用来认定案情的手段;从表现形式看,证据必须符合法律规定的表现形式,诉讼证据是客观事实内容与表现形式的统一(樊崇义,2004)。根据调查数据可知,律师一般通过"询问提出证据的原告或被告""提供证言的证人是否出庭作证""根据提出证据主体的言语表现""证据是否以原件、原本形式存在""相关证据是否形成于案件发生后""证据是否经过转述""证据内容是否能够直接证明案件相关情况"等方面判断证据的真实性与合法性。

包括刑事司法活动在内的司法证明活动必须以证据为本源和基石。换言之,司法裁判必须建立在证据的基础之上。司法证明的基本任务之一是认定案件事实,而证据是构成案件事实的关键因素。刑事审判中,证据既是审判的基础材料,又是庭审的重要方法。运用证据材料推论过去发生的事实的回溯性证明活动是认定事实的重要活动,因此,规范裁判者对证据的运用,保证其正确运用证据、正确认定事实,就需要有一系列的证据规则来保证。取证、举证、质证、认证是司法证明的四个不可或缺的环节,因此,证据规则即为这四个证明环节的法律规范和准则。而在庭审中,主要关注的是举证、质证、认证等过程,因此以下将围绕与这三个过程有关的证据规则进行分析、介绍。

请看以下关于举证、质证的例子:

审:法警把第一被告人带上来。下面由公诉人向法庭举证。

公:公诉人将分五组证据向法庭出示,并提请法庭质证。[公诉人首先宣读了两人在公安机关的供述]上述两被告人的供述证实了他们两个人在网上认识"黑旗血狼",并且通过"黑旗血狼"的介绍而相互认识,["黑旗血狼"自称是一名杀手,还告诉他们作案后应该消除痕迹。公安机关通过调查所谓的"杀手"是附近某县的一名十五岁的高一学生林某某。]后来两人通过手机联系以后,达成在南京抢劫财物的一个犯罪合意。郑某某为此来到南京,并且住在夏某的日租房里。两人通过电脑熟悉阅城国际周边情况,并且预谋进行抢劫。两被告人通过林某某,也就是这个"黑旗血狼"的介绍而认识,并且在网上跟郑某某说过一些作案时候的注意事项。上述两个证言呢,与两被告人的供述是一致的。

审:夏某,对公诉人刚才出示的这组证据有没有意见?

被1:有意见,在南京没有要抢劫的意思。

审:你们两个是这样,是通过网上联系上的吧?通过"血狼"联系上的是不是?

被1:点头。

审:郑某某有没有意见?

被2:没有。

审:辩护人对这组证据有没有意见?

辩:对证据的真实性有异议。被告人在南京并没有达成抢劫钱财的合意。

从上述举证、质证的过程可以发现,公诉方对两名被告人的作案起意阶段进行了举证,并依次说明两名被告人的犯罪主观意图。被告人1不承认在南京达成了抢劫钱财的合意,但法官却询问被告人1是否在网上联系认识,这表明法官对公诉方该组证据的第一部分进行确认,而不论被告人1是否有抢劫意图。这是因为,对证据的异议要留待法庭辩论阶段进行。值得注意的是,辩护方在提出异议时,使用较为专业的语言,明确指出对证据的真实性有异议。这就排除了对"网上联系认识"部分的异议,节约了庭审时间。可以看出,在举证、质证环节,对证据规则的认识会极大地影响庭审程序的进行与庭审效率的高低。

通过上述例子我们可以发现,举证规则和质证规则深刻地影响了庭审叙事与认知。

5.2.3.1 举证规则

我国现行《刑事诉讼法》第52条规定:"审判人员、检察人员、侦查人员必须依照法定程序,收集能够证实犯罪嫌疑人、被告人有罪或者无罪、犯罪情节轻重的各种证据。严禁刑讯逼供和以威胁、引诱、欺骗以及其他非法的方法收集证据。"第54条规定:"人民法院、人民检察院和公安机关有权向有关单位和个人收集、调取证据。"这表明举证责任既是一种权利,也是一种义务,是司法机关工作人员的职责所在。公诉方向法院提供证明被告人有罪的证据,如不能提供或者所提证据不足以说服审判者信服,就要承担败诉的不利后果。因此,公诉方在举证环节中必然会倾向于将证据的合法性、真实性、关联性一一说明,以使法官信服。这就要求公诉人在举证环节中使用精确的言语,如证据确实、充分等专业术语。举证环节在司法实践中极为重要。

5.2.3.2 质证规则

关于刑事庭审质证,我国《刑事诉讼法》第61条规定:"证人证言必须在法庭上经过公诉人、被害人和被告人、辩护人双方询问、质证,听取各方证人的证言并经过查实以后,才能作为定案的根据。"除此之外,《刑事诉讼法解释》第71条进一步规定:"证据未经当庭出示、辨认、质证等法庭调查程序查证属实,不得作为定案的根据。"质证主要指在庭审过程中由诉讼当事人就法庭上所出示的证据进行的对质、核实等活动。质证的本质特征在于"质",即对证据的质疑和质问,而且这种"疑"和"问"都带有当面对抗的性质。我国《刑事诉讼法》明确规定,证据必须在法庭上公开出示并经公开质证才能予以采纳,这表明我国已在刑事诉讼立法上确定了质证是刑事庭审的必经程序。但从当前我国的刑事诉讼实践来看,公诉人提出的证据一般较少受到激烈的盘问和质疑,质证程序并未发挥其应有的作用。根据调查数据可知,在回答"您有没有碰到过案件审理过程中证据链不衔接或故事情节不连贯的情况?"一题时,有近23%的法官选择"有,偶尔"这一选项。这意味着,在将近四分之一的庭审中,法官面对的是不完整或不清晰的法律事实,因而举证、质证环节就显得尤为重要。在举证、质证环节中,控辩双方提交的证据将系统地呈现给法官,法官根据控辩双方对证据的提出和质疑进行判断,从而确定哪些证据可以采用,哪些证据可采度不高,哪些证据与案件无关。因此,举证、质证环节是法庭调查的核心,也是整个庭审的关键,因为这两个环节关系着法官能否理清法律事实并作出相应裁决。

5.2.3.3 证人作证规则

证人证言是证人就其所感知的事实向司法机关所作的陈述,是刑事诉讼中最常见的证据种类之一,证人证言是否客观真实对于司法机关查明事实、了解案情有很大的影响。事实上,在司法实践中,同一案件里同时存在内容部分矛盾甚至完全矛盾的证言也是屡见不鲜的,给司法机关查明案情、判断事实带来不少困惑。我国《刑事诉讼法》中明确规定了证人的作证义务;《刑事诉讼法解释》第88条规定:"证人的猜测性、评论性、推断性的证言,不得作为证据使用,但根据一般生活经验判断符合事实的除外。"第91条规定:"证人当庭作出的证言,经控辩双方质证、法庭查证属实的,应当作为定案的根据。证人当庭作出的证言与其庭前证言矛盾,证人能够作出合理解释,并有其他证据印证的,应当采信其庭审证言;不能作出合理解释,而其庭前证言有其他证据印证的,可以采信其庭前证言。"

证:我过去看见红色轿车驾驶室里面坐着一个女的,接着女驾驶员摇摇晃晃下车,跪在地上,抱着我的腿说"死定了,我刚签完什么合同,我该怎么办,求求你们救救我"。[证人刘某某的证言证明被告人陈某某只是要路人救她,而没有提到陈某某要求路人救被害者。这些证言与被告人陈某某在法庭上的陈述不一样。对此,被告人陈某某以及她的辩护律师如何质证呢?]

审:被告人陈某某对证人证言有什么意见?

被:就是他说我下跪的,因为下跪当场有很多很多人。我是说过这样的话,就是我说怎么样,但是我也说了请求他们帮忙,就这一段我觉得有异议,别的没有。

审:辩护律师对这组证据有什么意见?

辩:嗯~有异议,对于英某某的证言辩护人认为是真实的,但是这个真实是缺少了很多细节的真实,所以就像被告人陈某某所说的,她是在有人问你有没有报警,陈某某说我没有找到手机,而这个问题有没有报警这个问题是谁问的呢?恰恰是与英某某同时乘车最早到达现场的另一位姓苏的先生问的,所以虽然证人英某某的证言没有反映相应情况,但是该证言内容与被告人的当庭供述是不矛盾的,不能证明被告人在今天当庭作了虚假陈述,或作了非客观的辩解。

公:物证检验报告在卷一的14页,证明陈某某血样中检出酒精成分是每毫升1.7毫克。

审:被告人陈某某有无书面的证据向法庭提供?

被:没有。

审:辩护人有无证据向法庭提供?

辩:审判长,辩护人接下来向法庭出示的一份证据是被害人家属,也就是本案被害人李某某妻子袁某某向法庭提出的一个谅解。谅解书:某区人民法院,我丈夫李某某因陈某某交通肇事死亡,这给我们全家带来了巨大的悲伤和生活上的困难。获悉某市公检法部门对本案十分重视,我们感激不尽。案发后陈某某通过其家属就民事赔偿部分反复与我们协商,态度非常诚恳。人死不能复生,鉴于陈某某及其家属积极赔偿的事实,我及我的家人对陈某某交通肇事行为表示谅解,请求贵院按法律规定的最低刑罚对陈某某进行处罚。此致,李某某家属袁某某。

可以发现,证人所作证言只是对客观情况或者证人知道的情况进行描述,而不能有猜测性、评论性、推断性的言语。这是因为,证人不能对案件进行评论,否则将不能作为证据使用。证人出庭作证的情形一般是因为案情较为复杂,控辩双方认为证人有必要出庭作证。

如检察官调查问卷第28题:"您一般通过哪些方面判定当事人/证人做伪证?"

选项	小计	比例
A. 在庭审中发现其所说内容前后矛盾	14	46.67%
B. 通过对细节的提问,发现他/她所叙述内容不一致	17	56.67%
C. 发现其神情紧张	7	23.33%
D. 发现其对所提问题很有准备	8	26.67%
E. 与自己脑海中形成的事件有较大偏差,产生怀疑	13	43.33%
F. 眼神总是看向辩护人,或者看被告人的眼色做出回答	14	46.67%
G. 所说与常理常情不符	18	60%
H. 其他:	1	3.33%
本题有效填写人次	30	

可以发现,证人陈述的事实首先需要符合常情、常理,但这并不意味着这些常情常理不可推翻,因为根据诉讼证据的有关规定,这些常情、常理是可以通过证明推翻的。因而,在面对极有争议的事实时,控辩双方通常会申请证人出庭作证,这也符合法官想要弄清证人所述是否连贯,与其脑海中构建的故事是否相一致的想法。

5.2.3.4　认证规则

对某一证据能否作为认定案件事实的依据进行审查判断,即为认证。我国《刑事诉讼法》规定:证据必须经过查证属实,才能作为定案的根据。《刑事诉讼法解释》第71条进一步明确:"证据未经当庭出示、辨认、质证等法庭调查程序查证属实,不得作为定案的根据。"这就从立法上明确了庭前认证是一种非法认证,未经法庭程序查证属实的证据,即使本身是客观真实的,也不能作为定案的依据使用。认证是在举证与质证结束之后的最后一个环节,根据数据可知,法官一般通过以下因素判断案件认证结果的有效性,"原告或被告一方不能反驳另一方提出的证据","原告或被告都不能提出足够的证据,且只有一方完成举证",以及"负有举证责任的一方不能提出足够的证据,且双方都没有完成举证"和"案件可能存在欺诈、胁迫或恶意串通等情形"。

5.3　庭审话语的制度性语境认知

本节主要探讨庭审中各方的语言提示和其唤起的规约性认知草案或认知框架的作用,但在某些情况下,对庭审话题的正确阐释起决定作用的不是文本提示对规约性认知框架和认知期待的激发,而是庭审中的制度性语境因素。因而在有些情况下,我们需要特别关注具体庭审语境中所呼唤的特定认知框架,这种认知框架与文本提示本身所激发的规约性认知框架形成对照,并起颠覆作用。

庭审叙事中,应特别关注庭审中的各种话语提示和这种提示所唤起的规约性认知草案或认知框架的作用,近来有的研究者也较为关注语境对认知的影响。认知叙事学家戴维·赫尔曼(David Herman)在《故事逻辑:叙事问题及可能性》(*Story Logic: Problems and Possibilities of Narrative*)中,就以"语境化定位"为题,探讨了第二人称叙述中"你"在不同"语境"中的不同作用(申丹,2009a)。庭审叙事中的理解过程是以话语提示和这些提示引起的推断为基础的(重新)建构故事世界的过程。这里的"话语提示"指的是具体语言特征,这里的"庭审语境"也是制度性语境或规约性语境,这种语境有别于具体文本的特定语境。本节将聚焦于这种制度性语境或规约性语境,以及庭审语境中的(一般)认知框架与制度性认知框架的对照和冲突,揭示其深层意义,即如何呼唤前者对后者的颠覆。

请看以下例子:

审:公诉人对被告人张某某有无发问的?

公:有。张某某,是谁提议将孩子卖掉的?

被1:<u>不知道</u>。

公:<u>被告人注意你的态度,否则可能得不到从宽处理</u>。

被1:不是我一个人提议的,当时郭某某说她年龄太小,她没办法要(孩子),没办法要,当时做人流没办法,到医院去没办法做人流了。后来她说生下来以后找个好一点的家庭给别人。后来我说可以,我们俩商量就给他找了个人家。

公:你们商议要将孩子卖多少钱呢?

被1:<u>没多少钱</u>。

公:具体数额是多少?

被1:四万多。

公:是谁提出这个价格的?

被1:我们门口都有这个价格。后来我跟郭某某我们俩说的。后来我说别人都是四万块钱。

公:是你说的还是郭某某说的?

被1:我说的。

公:是谁找的买家?

被1:<u>反正不是我找的</u>。

公:不是你找的是谁找的?

被1:是~王某某和周某某。

公:是谁找到王某某的?

被1:我。

公:你们和这个买主见面了没有?

被1:没有。

公:没有是怎样~跟他要钱的?

被1：‖ 就是王某某和周某某，他们跟他们（买主）联系的。
公：你给了～这个中间人，王某某、周某某多少好处？
被1：给王某某1500块钱。
公：给周某某呢？
被1：没有给他。
公：这四万块钱～你们拿到手以后是怎样分配的？
被1：张某和郭某某就给了我两万块钱。
公：你干什么用了？
被1：<u>就自己用了。</u>
公：自己用到哪方面？
被1：还账用了。
公：发问完毕。

从以上公诉人和被告人的问答可以看出，被告人在整个问答过程中出现了几次不配合的做法，即"不知道""没多少钱""反正不是我找的"等等；而公诉人在被告人第一次说"不知道"时，即表明了态度"被告人注意你的态度，否则可能得不到从宽处理"。被告人因此具体地回答了公诉人的第一个问题。被告人的态度之所以有如此大的转变，其重要原因是在于被告人一开始对庭审这一制度性语境的认知严重不足，被告人以为消极地对待公诉人的问题即可不必承担相应责任，即被告人关于庭审的认知图式是极为不全面的。但当公诉人表明"不配合可能得不到从宽处理时"，被告人的认知图式第一次被颠覆，即"消极不配合得不到从宽处理"被"积极配合得到从宽处理"这一新的认知所颠覆。最为关键的是，这一颠覆过程并不是被告人自发的，而是由庭审这一制度性语境决定的。"坦白从宽"这一制度性话语能够颠覆被告人原先消极不配合的态度，即新的认知图式颠覆了其原先对于庭审的认知。

从以上分析我们可以看出，庭审语境所呼唤的认知框架比一般制度性认知框架往往更为具体，因此庭审语境所呼唤的认知框架往往会占上风，导致对一般制度性认知框架的压制，并且可能导致对庭审角色表达原意的误解。因此，我们也可以称之为"语境决定庭审"。在此制度性语境中，其呼唤庭审角色颠覆其原有的制度性认知框架，用符合具体庭审语境的认知框架来加以取代。换言之，若要把握这种深层意义，首先需要摆脱其原有认知的束缚，避免带着偏见先入为主地参加庭审。在此前提下，我们不仅需要全面仔细地考察庭审本身，而且还需要考察庭审与相关因素的关联，以及庭审角色的特定经历或生活环境。

5　叙述者在庭审中的语境认知　147

只有这样,才能在庭审角色有意偏离制度性语境时,不会落入一般制度性认知框架所构成的认知陷阱,从而发现庭审中各方角色所要表达的真实意义。

再看以下例子:

审:被告人张某某,法庭问你个问题,你要实事求是回答。

被1:是,我一定实事求是。

审:出卖孙子是你和郭某某谁最先提出来的?

被1:我媳妇才17岁,年龄确实太小。她给她妈打电话说,她妈说你现在还是个小孩,就没有办法要小孩。我和郭某某都去检查,说去引产,小孩太大了没有办法做。最后郭某某说,这个小孩确实是不能要。她说能不能找一个好一点的(人)家给他。

审:不要陈述无关的事实。你和郭某某谁最先提出来的?

被1:我说可以,我们俩商量就找了王某某。给王某某打了电话,就把他(孩子)给别人了。

审:就是说郭某某提出来的,你同意了,对吧?

被1:　　　　　　　哎,哎。

审:同意了没有?

被1:答应了。

审:那你作为孩子的奶奶,为什么不承担这个抚养孩子的义务呢?

被1:我现在也养不起,就没有义务抚养啊。

审:你怎么会养不起呢?

被1:你想我现在在家,我一年四季都是吃药吧。吃得我老头吧▲

审:　　　　　　　　　　　　　　　　　　　　▼你吃什么药?什么病?

被1:　　　　　‖心脏病。心脏病。

审:心脏病?还有什么原因?

被1:确实因为养不起,最后他们说,小孩是他们的,我给他▲

审:　　　　　　　　　　　　　　　　　　　▼你的爱人是干什么的?

被1:我,我爱人是个农民,是盖房子的,给农村打小工的。他老板跑路了,他拿不到工钱,而且把腿摔断以后,就成天在家里……

审:　　　　　　　　　　　　　　　　　‖不要描述不相关的事实。

审：出卖孩子是犯罪行为，你知道吗？
被1：刚开始不知道，现在知道了。
审：刚开始不知道？
被1：嗯。
审：什么时候知道的？
被1：被抓了以后才知道的。
审：被抓以后才知道的？
被1：嗯。
审：你对这个出卖自己孙子的这个行为，你是怎么考虑的？
被1：我可后悔。
审：你后悔啥啊？
被1：（哭）刚开始不知道法，把自己的孙子卖了。我现在可后悔。

  从以上审判人员和被告人的问答可以看出，被告人对一般制度性语境有一定的认知，所以积极配合审判人员的讯问，以争取从宽处理。但是在此具体的制度性语境中，"实事求是"的范围限于审判人员想要了解的案情内容，那些无关的或次要的事实并非审判人员关注的中心。因为，在制度性语境中，庭审效率尤为重要，如果被告人不分主次地陈述事实，审判人员无法集中考量与案件相关的事实，也会导致庭审效率的降低。因此，仅对一般制度性语境有一个宏观或整体的认知是远远不够的，被告人对法庭调查的认识框架仅仅流于表面，而并未对法庭调查的功能、程序和目的有一个具体的了解，换言之，被告人对法庭调查这一具体的庭审语境没有深入认知。而正是在此具体的制度性语境下，审判人员的提示或命令重新构建了被告人原先的制度性语境认知框架。

  此外，当审判人员讯问："出卖孩子是犯罪行为，你知道吗？"被告人回答"刚开始不知道，现在知道了。"这也体现出被告人原先的"罪刑"认知框架的不足，而通过审判人员的话语她才形成了新的认知框架。但是，值得注意的是，若被告人在庭审中形成新的认知框架或者颠覆或重建原有框架，那么略显"为时已晚"。因为，在庭审中对制度性语境形成新的认知框架，往往意味着被告人对制度性语境的认知不足，因而通常会承担不利的后果。如前述章节所述，诸如律师等专业法律职业人员对庭审的认知程度较高，即通常对制度性语境的理解程度较高。根据数据统计，律师在面对不同的案件时会选择不同的诉讼策略，很大程度上出于对制度性语境的认知和理解。

  例如，律师问卷"在法庭辩论阶段，作为被告方的代理人或辩护人，从案件

事实的构建来说,您的辩护策略是:"一题的调查结果:

选项	小计	比例
A. 就罪名而言,做轻罪(如抢劫与非持械抢劫、抢夺与盗窃、主犯与从犯等)或无罪辩护	21	70%
B. 打乱对方对事实构建八个要素的完整性	9	30%
C. 确保自己对案件事实构建的八个要素的完整性	13	43.33%
D. 结合相关法规紧扣罪名的相关要件进行辩护	21	70%
E. 其他_____	0	0%
本题有效填写人次	30	

就罪名而言,有70%的律师选择做"轻罪(如抢劫与非持械抢劫、抢夺与盗窃、主犯与从犯等)或无罪辩护";有30%的律师选择"打乱对方对事实构建八个要素的完整性";有超过40%的律师选择"确保自己对案件事实构建的八个要素的完整性";有70%的律师选择"结合相关法规紧扣罪名的相关要件进行辩护"。

庭审各方会对庭审制度性语境提出各种各样的策略以达到预期目的,但是法庭言语中的各角色间关系复杂,有着各自的目的,法庭审判关系到个人或群体的利益得失、名誉荣辱乃至生杀予夺。庭审言语活动受到诸多程序、法规等因素限制,法庭各言语角色必然努力认知并利用这种制度性语境,通过运用策略性话语达到控制对方的目的。心理世界是语言顺应论的重要因素,策略性话语尤其需要顺应认知心理。如前所述,认知是个体对感觉信号接收、检测、转换、简约、合成、编码、储存、提取、重建、概念形成、判断和问题解决的信息加工处理过程。只有在认知心理规律的基础上,顺应庭审制度性语境并制定法庭策略话语,才能发挥预期的作用(陈剑敏,2011)。

如前所述,制度性语境有一定的稳定性,尤其是在程序性规则部分,因而许多律师都会利用这一规则进行策略安排,例如在一些案件中,在审判人员询问是否提请审判人员回避时,许多律师会提出申请。首先,律师会采用预设话语策略。预设又称为前提、先设和前设,指的是说者在说出某个话语或句子时所做的假设,即说者为保证句子或语段的合适性而必须满足的前提。20世纪60年代,"预设"进入语言学领域,并成为语言逻辑学的一个重要概念(张晓芝,2010)。庭审中,审判人员和公诉人的话语预设为基础,结合制度性语境进行推导,将预设看成是交际双方预先设定的先知信息,即语用预设。语用预设在律师话语策略中也发挥着重要作用。具体到庭审而言,律师在庭审的交叉询问、交叉辩论中利用自己预设的信息来说服、诱导对方,或者设置语用预设陷阱实现自己的言后行为。为达到保护委托人利益的目的,辩护律师通常采用无罪预设,而在公诉人的起诉、指控、对被告人的询问和演说中多用有罪预设。并且,他们在交叉询问环节都利用发问的优势来攻击对方证据的真实性、合法性与关联性。

例如,在检察官问卷"在起诉书中,就案件基本事实的构建而言,您的叙述策略一般是:"一题的调查结果:

选项	小计	比例
A. 先确定与罪名匹配的法律法规,根据相关法律法规构建案件基本事实	16	44.44%
B. 根据事件发生的顺序构建案件基本事实	16	44.44%
C. 围绕证据展开事件事实	13	36.11%
D. 先叙述事件经过,再提出适用法律的情况	18	50%
E. 其他:_____	10	27.78%
本题有效填写人次	36	

根据数据调查可知,在起诉书中检察官一般按照以下几个策略对案件的基本事实进行构建,从而进行叙述:"先叙述事件经过,再提出适用法律的情况"的占一半比例;其次是"先确定与罪名匹配的法律法规,根据相关法律法规构建案件基本事实"和"根据事件发生的顺序构建案件基本事实";最后是"围绕证据展开事件事实"。

请看以下例子:

公:你当晚行窃时商店已关门达3小时了,对吧?
被:呃,我……我记不清了,当时很晚了。
公:好,这说明当晚你的盗窃行为确实存在。
辩:反对。公诉人使用诱导性语言。
审:公诉人注意发问方式,公诉人继续发问。
……

以上公诉人和辩护人均采用了预设话语策略,提问中加入隐藏的预设,通过提问使对方的回答出现前后矛盾。询问过程中话语锋芒隐藏于预设之中,层层逼近。被告由于自身情绪紧张及法庭威严震慑,自身应变能力自然下降,按照自然心理认知回答提问,自然陷入困境,心理防线不攻自破。但是,此处辩护人十分机警,意识到公诉人正在利用制度性语境,使用诱导性语言,及时提出异议,因而公诉人的该轮问答未达到预期效果。

其次,被告人会采取模糊话语策略。在庭审制度性语境过程中,被告"权势"最低,属于话语交际弱势的一方,因而常常拐弯抹角地陈述其问题要旨,避免直接回答提问,使用模糊话语策略来营造隐晦型的话语结构形态。从认知心理语言学角度而言,则是增大解码难度,使受话人无法正确理解被告人模糊话语形态结构的意向含义,使得律师和法官无法获取其所期待的全部信息,以改变自己的不利处境(Hanson and David, 2006)。

请看以下例子:

  辩:你刚才说的是哪家印刷厂?
  被:就是那个印刷厂。
  律:哪个印刷厂呀?
  被:王某的……不,李某的。
  律:到底是哪个印刷厂?

以上例子发生在法庭辩论环节中,根据程序性规则可知,辩护人在发问时公诉人是不可以打断的,需待辩护人发问完毕和审判长询问与许可后,公诉人才能发问。因此,被告人采取模糊话语策略,看似与案件相关实则含糊不清,没有提供任何有效信息,而此时公诉人也不能代替发问,等到公诉人进行询问时,法官很可能因辩护人已经发问而不关注公诉人此轮发问。"那个"及"王某的……不,李某的"等不确定的语言和遁词的使用,降低了信息的可信度。认知心理学认为,模糊型策略的运用可以增大对说话人话语含义理解的难度,但同时也可加深庭审人员对被告证言的质疑性(张丹、邱天河,2005)。被告人使用这种模糊话语策略主要是在尽可能地推卸法律责任,为自己留有余地。

再次,法官也会运用权势话语策略。庭审活动中,法官具有最高话语权。在法律规则的架构下,法官会利用这一制度性规则,采用权势话语策略操纵话语的权力,维持法庭秩序及控辩双方的言语行为,从而辨识案情真相。

请看外国法院审判一例:

  辩:请法官注意证据 A 卷 56 页。
  审:我知道,不需要你提醒。
  公:我反对!
  审:反对无效,辩方继续!
  公:……

审：如无其他反对,该证据将作为被告第五号证据采纳。

在第一个话轮中,法官运用权势话语"我知道,不需要你提醒";在第二个话轮中,法官运用权势话语"反对无效,控方继续"以及"如无其他反对,该证据将作为被告第五号证据采纳"。在上例法庭话语交际的话轮中,法官利用权势话语反击了来自公诉人的挑战性言语行为,成功地维护了法官的尊严和权力,更重要的是维持了庭审的继续,使庭审不被公诉人无理的异议而中断。实际上,在国外的庭审过程中法官经常运用"Order! Order!"(肃静)和"不要在法庭上交头接耳!"等权势话语,使受话人心里产生震慑感,保证其他言语行为为回归到司法言语行为的根本上来,达到庭审"定分止争"的目的。

最后,证人会运用转换话语策略。证人在庭审过程中往往是被询问者,为达到保护自身利益的目的,往往转换惯常表达方式或转换话题,尽可能延长交际时间,使自己利用时间、空间来获取有利信息以便应对律师、法官等的询问,我们称其为证人的转换话语策略。

请看以下例子：

审：你认识张某吗？
证：认识。仓更呀。
审：仓更？
证：一个老太太。
审：她是做什么的？
证：炝金。
审：炝金？请证人使用普通语言。
证：算卦。
审：她参与你们行当15年了,对吧？
证：海翅子,很熟练啦。
审：海翅子？
证：很厉害的啦。

上例中,证人转换了话语表达方式,采用行业暗语,使语言不能被正确理解,交流难度加大,但审判人员并未对证人使用的此种言语策略失去耐心,而是不断追问,并在一定程度上提醒证人使用普通语言,直到得到清晰的回答,这也是审判人员利用制度性语境的体现。可以看出,当审判人员让其"使用普通语言时",该证人在下一轮问答中仍使用了行话,但加上了对行话的解释,从中可以看出制度性语境的作用。张丹、邱天河(2008)认为一个特定阶层、社团、圈子里的人创造出来的特异表达,其解读可有理据,也可没有理据。从受话人认知心理来说,证人的转换话语策略增强了解码难度,给对话方极大的心理压力。

请再看一例：

  辩：什么是语感？
  证：我每天的工作都离不开语言。
  辩：我不是问你的工作,而是问语感是什么,你知道吗？
  证：只有作家可以。

当律师问"什么是语感"时,证人的回答却是"我每天的工作都离不开语言"。证人采用了转换话题的话语转换策略,采取回避态度,不明确回答提问,出其不意,为自己争取主动。当然,此例不大可能发生在我国的庭审当中,因为法官会适时提醒或命令证人如实回答询问。

5.4　庭审叙事中动态语境的有效构建和认知

  前述小节对庭审叙事中的认知语境的描述主要集中在静态层面,即对认知语境的性质、制度性特征和宏观、微观因素等进行了静态描述。因此,本节侧重于结合庭审叙事中的语境认知因素,论述庭审叙事的动态语境的构建和认知。下面,将借助模式识别图式的激活过程对动态语境的构建和认知进行描述(黄新华、胡霞,2004)。

  在庭审中,庭审图式识别激活了整个庭审各方对庭审的认知框架(图式)之后,他们有可能不会马上进行知识选择,而是由这些图式又激活更多图式再进行知识选择。因此,从认知语境的建构过程来看,法庭调查和法庭辩论中的每一次简单问答似乎都需要涉及许多认知运作程序,而事实上,庭审各方对这些复杂的过程却没有直接的知觉。因此,也有学者认为认知语境实际上是一种"缺省语境"(黄新华、胡霞,2004),这种缺省是通常情况下的默认与规约。当庭审各方遇到之前并不熟知的情形时,他们通常会自动地将其与自己熟悉的语境中的句子进行比较。例如,当法官让我们回答对庭审组成人员的意见时,若其对"庭审组成人员的意见"并不了解时,他会自觉或自发地在脑海中检索相似的认知框架,这通常是一种自觉的无意识行为。一般而言,在庭审问答的瞬间时刻,各方不可能这么快地通过意识知觉来接受并处理这样复杂的程序。因此,这种处理程序是隐藏在认知意识之下的,我们的思维依赖于这种无意识的认识

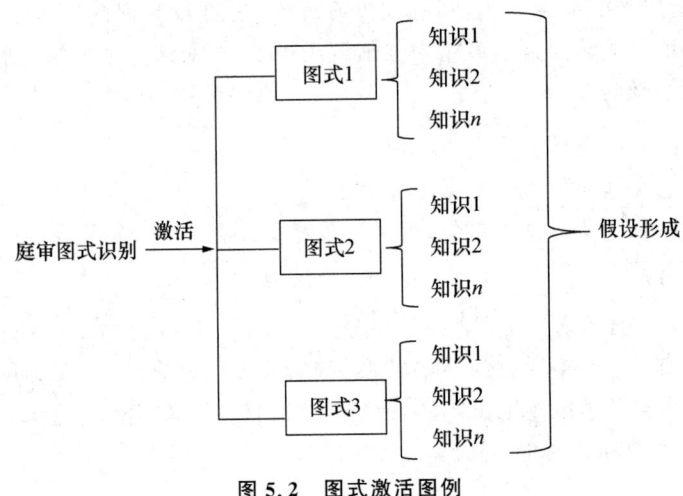

图 5.2　图式激活图例

模型。然而这种无意识并非从天而降,它是人们在多次甚至是无数次重复某一意识过程之后形成的心理行为模式。具体到庭审过程而言,如有经验的律师在回答法官或公诉人的问题时,通常会直接回应他们的问题,并且不过于描述无关的事实,当然有时律师也会修饰或加工某些于己方不利的事实,这亦体现了律师对庭审模式的识别与选择。可以发现,无意识之前有一个有意识的过程,正是存在这样一个有意识的过程,庭审叙事的认知语境才得以构建。

以下是结合实例对认知语境的建构过程的分析。庭审认知语境的建构过程是指庭审参与者各方通过自己的认知能力,根据对当前庭审图式识别,运用已有图式结构中的知识形成语境假设的过程,可分为图式激活和知识选择这两个主要阶段。请看以下例子:

审:下面由公诉人讯问被告人。

公:被告人朱某某,依照我国相关法律的规定,现在公诉人依法对你进行讯问,希望你在今天的庭审现场中,端正自己的态度,如实回答公诉人的问题。▲

被:▼好。我不会有所隐瞒,避重就轻。

公:这次为了去报复朱某,你之前有没有准备什么东西、工具?

被:刀子、斧头、棍子这些工具。

公:起诉书指控在 3 月 11 日凌晨 2 点 30 分左右,你使用梯子翻入朱某院子内,当时的情况是不是这样?

被：是的,是的。
公：当时朱某的门有没有上锁?
被：那个没～～注意出来。
公：卧室的门?
被：没锁,那房子卧室的门锁不上的,房门结构也不好。
公：没锁?。
被：<u>那房子是我盖的,那个门不上锁,我知道。那个门也是我搞的</u>。
[由于对儿子朱某的情况十分熟悉,朱某某很顺利进入了被害人朱某一家人睡觉的卧室,开始了对儿子(朱某)一家四口生命的残害。]

　　上例中被告人具有一定的法律知识并且从事房屋修建工作,因此当公诉人发问时说"端正自己的态度,如实回答公诉人的问题",被告人回答说："好。我不会有所隐瞒,避重就轻。"被告人一般会回答说"好或知道了",但此案中的被告人的回答却显得十分明智,即争取从宽处理的机会。从语境认知框架识别的角度而言,被告人被激活认知的有以下几个图式(内容);其一,庭审表现图式。积极配合法庭调查的态度会给审判人员留下一个积极悔罪认罪的印象,从而可以得到从宽处理的机会;其二,房屋修建工作图式。当审判人员问到"房门有没有上锁"时,被告人明确地说"房门没有上锁",并且说明了"房屋就是我建的",可以更加有效地帮助审判人员了解案件的具体事实。

　　我们可以发现,一个图式可能包含很多知识,但每次参与建构认知语境的知识并形成语境假设的并非一个人知识或经验的全部,而是通常一部分知识或经验参与其中。上述案件中公诉人激发了被告人的认知图式中的个人经验和社会知识因素,被告人在被激发的认知图式基础上结合具体语境与公诉人进行问答。此外,这些个人经验和社会知识因素在庭审语境失去了形成语境的主客观因素以及言语交际的联系时,便丧失了充当语境的条件。

　　庭审各方之间的关系也制约着庭审认知语境的建构,从而影响庭审效果。为了建构一个新型的有利于庭审的认知语境,说者有必要设计好自己的发话,积极主动地为听者创造一个建构认知语境的条件,以形成一个良好的角色互动。例如著名教育工作者曲啸先生曾应邀为某市的少管所犯人演说,面对与犯人这样一种尴尬的关系,他确定了一个别开生面的称呼,"触犯了国家法律的年轻朋友们",这样一来改变了主体之间的尴尬关系,激活了听者的"朋友图式",从而使得听者得以建构新型的认知语境。倘若其使用的是"罪犯"等不同于"朋友"的词语,听者则会形成一种带有等级内容的图式,从而对其演说兴趣寥寥。

回到庭审中来看,公诉人或审判人员基本上称庭审对象为被告人,但是在一些情形中,公诉人往往在具体发问时使用被告人与发问内容相关的身份,从而激发被告人对该内容的认识图式,达到良好的询问效果。

请看以下例子:

公:在你离开某县到某市去打工的期间,有没有回到过某村?
被:回来过。
公:回来过几次?
被:回来过三次。
公:三次?这三次是不是每一次都遇到你儿子朱某?
被:(2's)第一次没有遇到他。
公:后两次遇到了,分别时间是什么时候?
被:(2's)朱某某死的时候,我那个堂兄弟死的时候,我大哥死的时候。他见了我面,先穿的裤头子,后来回家换了长袖短袍的,腰里别着大刀,都喊着,喊着,赶快,叫朱某某赶快跑,他儿子去砍他去了,这是～第一次。第二次,我跟你讲▲
公:▼你讲第一次,别人对你说你儿子朱某要来砍你。
被: ‖对对对。
公:你有没有看到朱某要来砍你?
被:看到了,撵到我了。
公:他拿着什么东西砍你?
被:拿着大刀。
公:他撵到你,旁边有没有其他的人看到?
被:不止一个人,有三十人都得多。[被告人朱某某说,他与二儿子朱某的矛盾无法调和,致使他们老夫妻有家不能回,而他对于儿子朱某的恨也与日俱增。]
公:那你作为父亲何时产生要与朱某之间做个了断这种念头?
被:也就是人家过年都敢回家过个年,欢天喜地过个年,他只要让我回家过个年,看看孩子,我就是讲卖血,我情愿贴他几个,我心里都心甘情愿。

从上述问答可以看出,公诉人并未直接称被害人为朱某,而是在不同的话轮中使用了"你儿子"这一带有亲情色彩的词语。显然,公诉人的目的在于唤起朱某的"父子关系图式",因为只有朱某某在其父子关系基础上向审判人员陈述杀人动机,审判人员才能形成内心确信,即朱某某有充足的杀人理由。在最后的话轮中,公诉人直接称"作为父亲……"更加深刻地激发了被告人的"父子关系图式",从被告人的回答也可以看出其完整的杀人动机。

庭审叙事中的认知语境由各种因素决定,其主要由庭审各方的个人认知因素构成。其与传统语境概念最大的差异就在于它具有很强的建构性。庭审的物理环境、庭审各方的经验知识和个人认知能力是庭审语境的建构基础,而记忆中的经验信息与当前的外部输入信息是认知语境的外在源泉。这两种信息的存在保证各方对庭审的主观建构具有一定的客观性,其建构过程经历了图式激活、知识选择和假设形成这三个主要阶段。

值得注意的是,在庭审过程中,也存在说者与听者不断交换角色的现象,进而呈现多层次、多维度的互动。换言之,在庭审过程中,说者和听者相互依赖并且相互制约,只是在大多数情况下,庭审对象——被告人很难制约法官及公诉人。庭审各方既成为说者和听者,在交际过程中扮演双重身份。如前所述,语境不是一成不变的、既定的,而是动态的。在庭审语境这一制度性语境中,制度性是一定的,但庭审中有着不同的制度规范,例如程序性规范与实体性规范,因此制度性语境也会随着庭审的推进而变化。正因如此,说者选择语言的过程正是顺应自己的听者心理世界的一个动态过程(Verschueren,1998)。因此,庭审各方在交际过程中,不仅要充当听者与说者的双重身份,而且还要随着制度性语境的不断变化而顺应新的制度性语境,进而不断改变自己的语用策略,这些都构成了动态多维度的庭审互动。在庭审交际过程中,庭审各方具有"人本性",双方身份都在不断地变化。庭审认知语境的"人本性"不仅强调了庭审主体与客体之间的关系,还特别关注庭审认知主体与主体之间的关系,即主体间性。所谓主体间性,其实质也就是"主体之间的关系";在语言交流过程中具体表现为传受双方的关系,每一个传播者都隐含着一个或多个接受者(胡霞,2004)。

请看以下例子:

审:接下来由附带民事诉讼原告人宣读民事诉状。

原代:刑事附带民事起诉状:附带民事诉讼原告,陈某某,女,[代理人在诉状中说,她的心理和生理都受到了严重的伤害,而且由于惊吓过度,伤愈出院后,她不得不和家人一起远走他乡。为此她提出了要求赔偿23万元的诉讼请求。]请求贵院依法支持原告的诉讼请求,判决被告赔偿原告各项损失。此致,彭泽县人民法院。民事起诉状宣读完毕。

审:被告人沈某某,你对原告代理人所述有无异议?针对这个指控。

被：什么异议？没有。
审：被告人你认罪吗，针对这个指控？
被：嗯。
审：你就这个民事附带诉讼（应该）赔，还是认为，你有不同的意见？
被：我也感到惭愧。对于对方受的伤害，将心比心，应该赔偿她的一切损失，这个我没有，没有话说。
审：你觉得理应赔偿？
被：嗯。应该的，这是应该的。

审判人员首先讯问被告人"对原告代理人所述有无异议"，其实是想确认被告人是否对定罪部分是否持有异议，然而被告人当时并不明白持有异议的含义，故而回答"没有"。显然，制度性认知语境——"异议"——并未在被告人的脑海中发挥作用；或者被告人根本就不知道庭审问答的重要性，从而在很大程度上使得自己处于不利的地位。此时审判人员也意识到自己话语的缺陷，为了能达到目的，审判人员提高了自己话语的清晰度，直接询问被告人"是否认罪"，并伴随着语气的加强传递出一种肯定的询问，此时被告人也意识到审判人员是在问自己是否认罪，便回答了"嗯"。这个例子充分说明了说者在交际中主动性的重要作用，也体现了说者与听者在交际语境中都处于中心地位，同时受到交际双方的神态、性格、情感、信念、意图等心理因素的影响。若审判人员没有注意到自己话语的缺陷，没有通过进一步表述和语气的加强，也许接下来的对话也会答非所问，影响庭审的进行，进而不能达到庭审目的。其实，庭审各方的身体姿势、手势、外表形象、生理特征等这些因素都会不同程度地影响语言使用者在使用和理解语言时作出的语言选择。可见，在交际过程中语言使用者相互依赖，相互扮演说话者与听话者的角色，同时又受到语言使用者的心理世界、社交世界和物理世界因素的影响，它是一个多维度互动的动态过程。

在庭审中，动态语境的构建在很大程度上会受到庭审各方脑海中的图式的影响，例如法官潜在的信仰，他们可能难以改变对案件的初步印象和意见。法官在审判结束时知道案件审判结果，他们将在判决书中确定"真的发生了什么"。由于个别法官不会记得审判时提供的所有证词，他可能只会关注并记住似乎最有效的证据，即看起来最突出的情况。因此，法官的最初印象对庭审的构建有着极为重要的影响：法官确定了审判框架并作出了暂时的代表性判断，他也从一定的个人态度和信念来构建认知以支持或验证这些初步的判断。所以，作为案件裁决者的法官，应当尽量减少或避免认知失调，即倾向于寻找、注意和记住与他最初的印象相一致的证据,并解释模棱两可的证据支持这种印象。换言之,法官的最初相似性的评估得到其最初认知的支持时,可以防止审判员考虑其他方面的代表性评估。

庭审动态语境的建构,需要从认知角度考虑到语言使用者的主客观因素、交际主体之间的互明、信息之间的转换、语境的动态生成,在交际过程中构成一幅多维度互动的网络。认知语境观是一个开放的范畴,它重视交际者双方在交际和语言使用过程中的认知能力、情感因素、信息量差、语境冲突、社会文化等因素。这些因素结成一个相互交错、相互渗透、相互作用、相互制约、相互融合的网络,在交际过程中随着语境的变化、说话者意图的实现而汇编成动态的多维度互动的认知语境网络。

6 叙事者的庭审叙事视角选择

不论什么样的故事,叙述者都要从一个特定的语言角度来叙述。视角指"叙述者或者人物与叙事文中的事件相对应的位置或者状态,或者说,是叙述者或者人物观察故事的角度"(胡亚敏,2004)。叙事视角反映叙述者和故事之间的关系,是叙述者主体性的重要表现。对于研究叙事的结构和意义来说,视角概念具有决定性作用,因为构成文本世界的任何事实和事件都不是自行表现出来的,而是通过叙述者的阐释和选择特定视角来表现的(王晓阳,2010)。赵秀凤(2006)提出,在认知语言学中,视角作为人的基本认知机制之一,是概念形成的基本认知操作模式,指概念化过程中概念构建者对概念化实体所采取的认知角度,根据所提出的视觉路径图,视线从视角主体出发沿着某个路径到达视觉客体形成视觉。叙事视角主体则被称为叙述者,视角客体为受叙者。本节所研究的庭审视角为叙事视角,不同视角主体和客体对视角的选择是认知的。

对法律事实的认知需要人们凭借自身的感观去感知,这就使得法律事实的呈现与法律事实叙述者的个体因素密切相关。由于叙事目的不同,不同的叙述者叙事的视角、选择事实材料的标准各有不同,而且他们陈述事实的能力也是千差万别。因此,即使在同一庭审案件中,叙述者观察和认知法律事实的角度即视角不同,构建的案件事实也不尽相同(邓晓静,2009)。

不同的叙事主体和客体选择的视角不同。一个案件事实有很多面的属性,观察者即本书所称的叙述者和受叙者会有意或无意地根据需要,选择其关注的一面。选择的可能性有两种:一种为"直接叙述",即全知视角;另一种为"间接叙述",即个性化的视角(余素青,2013)。例如,在刑事案件审判中,被告人因为曾经经历案件的整个过程,大多会选择个性化、第一人称的视角,叙述对自己有利的事实,以此影响法官对案件事实的构建,作出对自己有利的判决。而控方则会在充分了解案情与掌握确凿证据后,选择第三人称,以全知的视角进行叙事,以此说服法官确认控方对被告人的指控,依法宣判被告人有罪并处以相应的刑罚。

针对发生的事件,控辩/原被告双方是怎样选择视角,构建完全相反的事件版本的?本章旨在分析不同的法庭言语角色作为叙事者时所选择的不同视角。

6.1 叙述者视角

在一般刑事案件中,法庭言语角色至少有法官、控方即公诉人和辩方即被告人以及辩护人。在一般民事案件中,法庭言语角色至少有三个:法官、原告和被告。而在审判活动过程中,这些言语角色并非固定的叙述者或受叙者,其身份不是不可变换的。此时的叙述者可能是彼时的受叙者,此时的受叙者可能是彼时的叙述者。例如,法官在被告人最后陈述中是受叙者,在判决书中案件事实构建的叙事中又是叙述者。本节主要对刑事案件中控方、辩方、法官、被告人以及证人作为叙述者观察往事时选择的视角进行研究。

6.1.1 控方视角

在刑事案件审判中,出席庭审的检察人员,以国家公诉人的身份,代表国家行使提起诉讼的权力,实施法律监督。在刑事自诉案件中,自诉人作为独立提起诉讼的控方当事人,承担控诉职能。无论是公诉人还是自诉人,作为控方,都承担证明被告人有罪的责任。

6.1.1.1 第三人的叙事视角

在公诉词中,公诉人选择以第三人的视角,叙述被告人案发前的主观恶性、案发时的行为、案发后的主观恶性以及案件造成恶劣的社会影响。表明自己是站在国家的立场上客观地评价整个案件,以此影响法官的认知,使得法官在最终判决中作出有罪判决,合理量刑。

> 辩:我们认为陈某某在本案中,她的认罪态度是好的,她对自己的事实主要部分,应该主要部分作了实事求是的交代。以后在检察院的起诉阶段,包括今天的法庭调查过程中,对自己的犯罪事实都供认不讳,而且也流下了悔恨的眼泪,悔恨之情溢于言表,所以我们认为她的犯罪以后的认罪态度,应该说也是比较好的。那么不管是司法实践,还是最高人民法院以及基层法院都有相关规定,在交通肇事以后能够对被害人家属这一方进行

积极赔偿的,量刑时应该有所体现。

公:结合到本案虽然是交通肇事,是过失犯罪,但本案仍属于主观恶性极深,人身威胁性极大。被告人陈某某是酒后而且是大量饮酒后驾驶机动车,可见其内心藐视法律,漠视社会及公众的生命财产安全,这是其一。其二,在事故发生后,被告人先想到的不是被害人的人身安危而是她自己的前程。第三,事故发生之后,被告人很快逃离了现场,不仅逃避对被害人的救助义务,更试图去逃避法律对其的制裁。综合上述事实,公诉机关认为,结合被告人的主观恶性,以及其人身危险性,在量刑时不应当对其进行从轻处罚,希望法庭在法定的量刑幅度内,作出一个合理的量刑。

在上例中,法庭辩论结束后,公诉人发表公诉词。与此同时,公诉人选择使用第三人的叙事视角,通过掌握的确凿证据,对被告人的行为性质和主观心态进行评价,将其定性为交通肇事罪,主观恶性极深,人身危险性极大。通过控方的公诉词和辩方的辩护词,我们可以发现两方意见的核心都是指向量刑轻重的问题,但两方的意见截然相反,控方认为对被告人不应该从轻处罚,辩方认为对被告人的量刑应该从轻。得出这两种不同意见的根本原因是控辩双方选择的视角完全不同,控方从被告人大量饮酒后驾车、事故发生后逃逸的事实得出其主观恶性极深,藐视法律,藐视生命。而辩方认为被告人的认罪态度良好、对被害人家属积极赔偿等行为可以使得量刑从轻。

审:下面进行法庭辩论,首先,由公诉人发表公诉意见。

公:审判长,审判员,人民陪审员,[公诉人认为被告人朱某某,因为与儿子的家庭矛盾而产生积怨,最终残忍地将自己的亲生儿子一家四口杀害,犯罪事实清楚,证据充分。而朱某某为了实施犯罪积极蓄谋,手段残忍,社会后果极大,应该以故意杀人罪追究其刑事责任。]当今社会处于快速发展的转型期,随着物质的极大丰富,人们对金钱的欲望和追求愈加强烈,但是金钱不是生活最高的目标,更不能成为生活的全部。生命才是一个人至高无上的权利,亲情才是值得人们一生守护的珍宝,这些都不是金钱可以买到的。但是本案中,因为金钱,让父子反目,最后导致这场惨剧的发生,希望被告人朱某某对自己的罪行能够真诚地悔悟;希望人们能从这起案件中吸取经验教训。

辩:审判长,审判员,人民陪审员,根据我国《刑事诉讼法》的有关规定,本所接受朱某某近亲属的委托,指派我担任他的辩护人。[作为被告人的辩护人认为被告人朱某某具有从轻处罚的情节。]本案的发生完全是由被害人一方的过错造成的,被害人已经死亡不可能再追究其责任,只能相应地减轻被告人的刑事责任。辩护人认为,本案是民间矛盾激化引发的凶杀案件,本身就是一种酌定从轻的量刑情节,同时被害人存在明显的过错,对矛盾的激化负有直接的责任。被告人还有辩护人所说的一系列酌定从轻处罚的量刑情节,人民法院应考虑被告人不判处死刑,这样的判决符合法律的精神,也会得到社会的认可。

在上例的法庭辩论中,公诉人不仅叙述了案件事实并揭露、控诉犯罪,意见的最后还罕见地对物质与生命、亲情的关系进行了一番论述,除了教育、警示被告人之外还对群众起到了教育宣传的作用。在有关量刑情节的两方辩论中,公诉人和辩护人显然各执一词,公诉人认为应以故意杀人罪追究被告人的责任,不存在从轻处罚的情节,而辩护人认为本案存在酌情从轻量刑的情节。这两种不同意见的产生与控辩双方选择的叙事视角有紧密的关系。公诉人认为被告人的罪行是由于对金钱的过分追求,对亲情和生命的漠视,完全违背了人伦道德,对社会造成了极为恶劣的影响。辩护人则把目光聚焦在本案的发生原因上,将"因何"这一单元放大,他认为本案中被害人存在明显的过错,对案件的发生负有责任,不应由被告人一人承担所有的责任。

6.1.1.2 全知的叙事视角

在第三人称全知型叙述中,视角的选择就是作者的价值观;而在故事内人物的叙事视角中,叙述者的价值观以及作者对这种价值观的判断就在这个选择中表现出来(王菊丽,2004)。

公:被告人权某的行为构成故意杀人罪和盗窃罪。被告人权某仅因借钱无果,认为乔某对其反感,如此不值一提的理由,瞬间转化为无视国法和他人生命的恶魔,将罪恶的双手伸向无辜的被害人。[公诉人建议法庭判处权某极刑。]案发后,被害人乔某生不见人,死不见尸,而被告人权某频繁变换身份,长期逍遥法外,致定边县城的邻居众说纷纭,互相猜忌,人心惶惶。本院认为,被告人权某故意杀人,手段特别残忍,情节特别恶劣,应当以故意杀人罪和盗窃罪及2007年的盗窃罪数罪并罚,判处被告人极刑。

审:下面由附带民事诉讼原告人发言。原告人可以就本案发表自己的意见。有没有?

原:没有。

审:被告人权某你为自己辩解,有没有?

被:(摇头)没有。

审:请权某的辩护人发表辩护意见。

辩:因其过早失去父母的管教,同班同学都对其另眼相待。就读小学的权某在这种备受歧视的环境下,产生极度自卑和敏感的心理。小学毕业后,十三岁的权某就开始在绥化货厂、火车站等地方搞搬运或在附近劳务市场揽活挣钱,维持生活,导致其对这个社会产生仇恨心理。只要有人言语间显露出对他的鄙视和嫌弃,他内心深处的痛苦便涌上心头。[辩护人认为应该给权某一个重新做人的机会。]而本案正是由于权某幼时成长时期形成的仇恨社会和敏感自卑的畸形心理,最终导致了本案悲剧的产生。所以本案被告人权某从另一角度上来讲也是受害者。辩护人请求合议庭,对被告人能够宽缓量刑,建议判处死刑缓期两年执行,给他一次重新做人的机会。

公:如果我们每一个人都以少年不幸(仇)报社会,那么将要杀多少人?损害多少无辜?杀害多少无辜?这只能说明了其主观恶性更大,报复社会心理是更强的。并不能证明他有灰色童年,就是~对他从轻处罚这一理由。我们认为这是不能成立的。被告人辩护律师刚才谈到即使我们法律规定现在对犯罪分子要少杀、慎杀,但是没有说不杀。被告人权某将被害人杀死后又分尸,这足以说明其手段是非常残忍的,后果也是非常严重的。我们认为应该对被告人权某判处死刑,立即执行。答辩意见完了。

上例中,公诉人的两段公诉词都强调被告人少年不幸的理由根本不能作为宽缓量刑的条件,少年的不幸或许值得同情,但是不能成为犯罪的借口。公诉人在公诉词中选择第三人称,"直接叙述"了被告人的犯罪行为、主观恶性、造成的社会影响,建议对被告人以故意杀人罪和盗窃罪及2007年的盗窃罪数罪并罚,判处死刑立即执行。公诉人主要是从被告人的犯罪客观要件即危害行为和危害结果、主观要件即主观罪过和认识能力这两个方面对案件进行叙事。除此之外,公诉人还认为"被告人权某频繁变换身份,长期逍遥法外,致定边县城的邻居众说纷纭,互相猜忌,人心惶惶",造成的社会影响恶劣,如果对被告人宽缓量刑,无法安定人心,不利于建设和谐稳定的社会。

从上述几个案例中,可以发现控方一般选择以第三人称全知视角向受叙者进行叙事。基于客观限制,控方不可能在案件发生时亲历或直接观察整个案发过程,选择以全知的叙事视角进行叙述,控方可以凌驾于整个故事之上,根据已经掌握的确凿证据和犯罪事实,对案件中的人物行为进行客观的评价,提出建议罪名以及刑期,将被告人绳之以法。控方在叙述时一般会用客观的语言对人物行为进行评价,使得其言语更具权威性,避免被情感因素和道德因素影响,这一点与辩护人试图用人物的道德和情感去影响法官的认知,使得被告人能被从轻或减轻处罚截然相反。同时,控方的叙述视角选择与其在庭审中的言语目的有着紧密的联系。控辩双方在审判之前,根据他们收集的证据,对同一个事件已经各自构建了一个"事件版本",他们的任务是在法庭上叙述各自的"事件版本",由法官决定哪个"事件版本"更好,因此,在法庭陈述或辩论时,他们都希望整个言语活动向着对自己有利的方向发展。具体而言,原告方或控方总是把对方造成的损害或侵害扩大化,而被告方总是否认或把自己造成的损害或侵害最小化(余素青,2013)。

6.1.2 辩方视角

庭审叙事中的认知主体和叙述主体往往是同一个人在庭审过程中的不同阶段担任不同角色:庭审中的认知主体对案件过程、事实证据进行认知后,对其认知的内容进行叙述,此时认知主体即为叙述主体。本节所称的辩方指刑事案件中的辩护人,突显的主要是关于叙事结构的八个要素,即何时、何地、何人、因何、以何方式、做什么、对何人、致何果。例如,在一起凶杀案中,张三将李四残忍杀害,犯罪事实清楚,证据确凿,认知主体即叙述主体对张三的客观犯罪行为如实叙述,这种突显则可被称为客观突显。倘若认知主体即叙述主体并不关注客观行为及事实,而是注意张三的主观心理、杀人动机或者被害人李四的主观过错等,即认知主体在构建叙事进行主观选择,即主观突显。本节主要研究辩方在庭审叙事中作为认知主体即叙述主体时突显的部分与其选择的认知视角以及叙事视角之间的密切联系。

6.1.2.1 对人物品格的突显

在刑事法官的问卷调查第33题"在庭审及裁断过程中,您认为被告人个人的哪些主客观因素会影响到法官"的调查结果中,有36.67%的法官认为被告人的"品格"对其有影响,品格证据也是法官量刑的一个主要方面,因此辩护人在案件事实基本确定的情况下,会从塑造被告人的良好品格着手,以期获得轻判的结果。

审:你们是否还有证据向法庭提供?
辩:有,<u>主要证明崔某某是一个没有违法违纪前科的公民</u>。

审：这些证据是关于崔某某的表现，这些证据与本案的事实无关，辩护人可以在庭后提交法庭，在当庭就没必要出示了。

辩：可以。崔某某同事的证言，证明崔某某的良好品质。我们认为本案涉及到我的当事人是否具有杀人的故意，我要求在庭上宣读。

审：请问辩护人，人的性格能决定犯罪吗？

辩：我们只是一个请求。

审：对于辩护人的请求，审判长不予以支持，辩护人可以庭后提交法庭。

辩：下面提供证据，证明崔某某曾是优秀士兵。

审：公诉人有意见吗？

公：这只能说明崔某某的过去，并不能说明现在，我承认他曾经是一名优秀的士兵，但是今天他走到审判台上。他以前的情况并不能决定现在的情况。

审：被告人是否申请通知新的证人到庭，调取新的物证，申请重新鉴定或者勘验？

……

辩：三、崔某某在小学、中学、部队表现良好，他自从来到城市，吃苦耐劳，乐于助人，并非一个十恶不赦的暴徒。

……

辩：我认为崔某某平时表现良好，在保卫国家期间被评为优秀士兵，被告人的犯罪动机不是十分恶劣，其因偶然的原因犯下了特别严重的罪行，提请公诉人和合议庭注意，侦查机关工作人员提供的证据可以证明，崔某某到案后始终予以配合，没有阻碍、拒绝、逃跑行为。

辩：我的辩护意见说完了。

上例中，辩方在庭审中重点突显了崔某某的个人身份以及品质，对人物的形象进行建构。辩方的叙事中不断地强调崔某某曾是一名军人，服役时更被评为优秀士兵，从小到大表现良好，品质优良，不是一个残忍的暴徒。不难发现，辩方旨在将崔某某塑造为一个好人，一个善良、坚强、吃苦耐劳、靠着自己白手起家的小摊贩。崔某某与其他众多凶杀案的被告人不同，他只是一个想通过自己的努力改变困顿窘境的打工者，与其他处于底层的劳动人民一样，却因为赖以生存的方式被无情剥夺而丧失理智，最终走向绝境。辩方作为一名叙述者，他刻意忽视原本在案件中突显的内容如被告人的客观凶行为、行凶动机等，而主动关注人物品行以及人物经历这些并未突显的部分,并对这些部分进行叙述。虽然从审判长和公诉人的对话中,辩方选择的认知视角以及叙事视角似乎并未影响到审判长、公诉人的认知图式,但毫无疑问地博得了民众的同情,这一点从媒体报道和网上评论中可以看到。但从长远来看,辩方的叙述左右了公众对于被告人崔某某的评价,引发受众对案件的激烈讨论,激起民众以及专家对城管制度的批评与思考,各方对该案的高度关注从一定程度上对判决的最终作出产生了或多或少的影响。

6.1.2.2 对"因何"因素的突显

在以下案例中,辩方在构建基本案件事实时,常会突显案发的原因,从叙述原因的视角进行辩护,以此强调被告人的行为事出有因,而削弱被告人的主观恶性的程度。

审:好。下面由辩护人发表辩护意见。

辩:审判长,审判员,人民陪审员,根据我国《刑事诉讼法》的有关规定,本所接受朱某某近亲属的委托,指派我担任他的辩护人。[作为被告人的辩护人认为被告人朱某某具有从轻处罚的情节。]<u>本案的发生完全是由被害人一方的过错造成的</u>,被害人已经死亡不可能再追究其责任,只能相应地减轻被告人的刑事责任。辩护人认为,本案是民间矛盾激化引发的凶杀案件,本身就是一种酌定从轻的量刑情节,同时<u>被害人存在明显的过错,对矛盾的激化负有直接的责任</u>。被告人还有辩护人所说的一系列酌定从轻处罚的量刑情节,人民法院应考虑被告人不判处死刑,这样的判决符合法律的精神,也会得到社会的认可。

……

上例中,辩方在辩护意见中认为被害人对案件的发生应负有直接责任,由于被害人存在明显的过错,激怒了被告人朱某某,导致朱某某杀害被害人一家。辩方将案件的起因归咎于被害人,由民间矛盾激化,希望以此影响法官,作出从轻量刑的判决。辩方在叙述中突显出故事的"因何"因素,选择叙事的视角只从案件的起因开始构建,使得案件的叙事背景更为完整,使得法官更为全面地结合案件事实、证据作出公正的判决。

6.1.2.3 对被告人认罪态度的突显

在以下案例中,辩方选择突显被告人在犯罪以后的认罪态度以及积极赔偿的行为,希望以此将被告人构建成一个认罪悔过、态度端正、积极赔偿损失的形象,影响法官的认知图式对被告人从轻处罚。

> 辩:被告人陈某某,你涉嫌交通肇事,而且造成一人死亡。对于被害人你愿不愿意积极赔偿?
>
> 被:愿意。
>
> 辩:那么你有什么个人资产或者其他资产,可以用于进行赔偿吗?你有没有什么其他个人资产?
>
> ……
>
> 辩:就是除了这个你按揭购买的单身公寓和借款购买的车辆之外,你还有什么其他财产?
>
> 被:我没有了。因为这是我这么多年工作积蓄。
>
> 辩:那么你愿不愿意通过一些变卖的手段,把这些财产变现来赔偿被害人家属?
>
> 被:当然,我还会叫我妈妈,就是向亲戚朋友就是能借就借,借着去补偿他们。如果有一天我能早日出来,就回归社会的话,我想尽我的工作能力,更去照顾他们。
>
> ……
>
> 辩:审判长,辩护人接下来向法庭出示的一份证据是被害人家属,也就是本案被害人李某某妻子袁某某向法庭提出的一个谅解……
>
> 辩:我们认为陈某某在本案中,她的认罪态度是好的,她对自己的事实主要部分,应该主要部分作了实事求是的交代。以后在检察院的起诉阶段,包括今天的法庭调查过程中,对自己的犯罪事实都是供认不讳,而且也流下了悔恨的眼泪,悔恨之情溢于言表,所以我们认为她的犯罪以后的认罪态度,应该说也是比较好的。那么不管是司法实践,还是最高人民法院以及基层法院都有相关规定,在交通肇事以后能够对被害人家属这一方进行积极赔偿的,量刑时应该有所体现。

在该交通肇事案庭审的法庭调查和法庭辩论中,辩方在与被告人的对话以及辩护意见中不断地向被告人确认是否愿意积极向被害人赔偿以及愿意赔偿的金额。辩方旨在强调陈某某在案发后认罪态度良好,十分后悔自己的行为,想要积极对被害人的家属进行赔偿,愿意用自己的多年积蓄,甚至愿意变卖自己的财产、向亲戚朋友借钱来赔偿被害人的家属。在其构建的叙事中,对被告人的犯罪行为、主观动机并未详细叙述,而是选择突显被告人在犯罪以后的认罪态度以及积极赔偿的行为。在案件事实确认无误、证据确凿、对定罪不存在争议时,辩方选择这样的叙事视角,能够对法官作出量刑时的考量产生积极作用。

上述案例中,辩方作为叙述者在组织言语构建自己的"故事版本"时,有时会刻意略去一些事物的细节,如时间,地点等,或者略去法庭已经认定不具有争议的事实,而对人物的形象、事件的起因、事件的后续发展等进行详细叙述。辩方对于这些部分的主观突显,同时影响着其选择的认知视角以及叙事视角。不难发现,辩方在叙事时总是选择个性化的叙事视角,叙述对被告人有利的基本案件事实,或引起受叙者即法官和受众对被告人的同情,或试图改变法官对被告人已形成的不好印象,或者使得法官了解被害人对案件的起因负有责任等。

根据刑事法官调查问卷第 17 题的调查结果,有 10% 的法官在作出裁判时,会出于对当事人在案发前遭遇的同情,考虑酌情从轻处罚,16.67% 的法官由于辩护人用评价性语言对被告人身份的构建,如优秀表现、苦难经历,考虑酌情从轻处罚。所以,辩方选择不同的认知视角对部分要素进行突显的根本目的是以此影响或修正法官对事实的构建,对被告人作出从轻的处罚。

6.1.3 法官视角

我们依赖于故事来理解世界,通过讲故事来构建意义。我们听到的每个词,都是构建自己故事版本的一部分。这一点同样适用于法官,他们从全知的视角,以权威的口吻叙事。正如亚当·利普泰克(Adam Liptak)在《纽约时报》中所言,大法官安东尼·斯卡利亚(Antonin Scalia)在美利坚合众国诉温莎案(*United States v. Windsor*)中持反对意见,听到"仇恨"一词而想到"一个过激的,内心充满恨意的暴徒"。有效的法律叙事必须运用多重的、时常转换的视角,将读者或听众拉入他们叙事的世界里(Meyer, 2010)。

在一般案件中,法官所面对的控方和辩方或原告与被告叙述的故事版本,在多数情况下往往是截然相反的叙事版本。法官作为叙述视角主体时,通过庭审中的发问或者作出的判断构建自己的故事版本,查明"事实真相",法官构建的叙事可能是最接近真正的事实,也可能有所偏差。能否讲好个案中的"故事",往往取决于法官运用证据还原事实的能力。如果将自身混同一般民众而追求所谓的绝对真实,或是忽略证据之间的印证关联而想当然地主观构建,都难以在法律上实现司法还原事实的功能,并直接影响到裁判结论的可信度。

法官的叙述视角多为全知的叙事视角,根据控辩双方提出的案件故事、提交的证据、证人提供的证词,对被告人的行为、动机,案件的起因、结果作出评价,结合相关法律规定,作出判决。作为法官,在解决纠纷、履行审判职责时的根本任务是查清事实、正确适用法律、作出公平公正的判决,但无法否认,法官作为认知主体时选择的认知视角会受到很多因素的影响。法官选择不同的认知视角,会直接影响其叙述时选择的视角。

2011年1月7日16时18分许,被告人王某超载驾驶机件不符合技术标准的皖c×××××重型半挂牵引车、牵引皖c×××××挂重型普通半挂车,沿独黎线由西向东行驶至本市钟埭街道独黎线与兴平二路交叉路口时,违反交通信号通行,与沿兴平二路由北向南驾驶的浙f×××××二轮摩托车的被害人范某发生碰撞,造成车辆损坏、范某死亡的交通事故。经平湖市公安局交警大队认定:被告人王某负事故的全部责任。

另查明:事故发生后,被告人王某保护好现场,并主动向公安机关报案。

案发后,被告人王某积极要求家属设法筹款,给被害人家属给付20000元作为额外补偿,因此得到了被害人家属的谅解。

上述事实,被告人王某在开庭审理过程中亦无异议,且有交通事故案件登记表、证人证言、道路交通事故现场勘查笔录、交通事故照片、驾驶证复印件、机动车行驶证复印件、车辆技术检验报告、二轮机动车安全性能检测报告、理化检验报告、尸体处理通知书、平湖市公安局交通事故认定书、法医学尸体检验鉴定书、过磅单、收条、谅解书和侦破经过等证据予以证实,足以认定。

本院认为:被告人王某违反交通运输管理法规,发生重大交通事故,致一人死亡,其行为已构成交通肇事罪。公诉机关指控的罪名成立,应予支持。被告人王某在发生事故后,保护好现场并主动报警,如实向公安机关供述了自己的犯罪事实属自首,依法可以从轻处罚;同时,案发后,被告人积极要求家属设法筹款,给被害人家属额外进行补偿,有一定的悔罪表现,因此得到了被害人家属的谅解,亦可对被告人王某酌情从轻处罚。综上,对被告人王某从轻处罚并可适用缓刑。辩护人对此提出的辩护意见有理,本院予以采纳。据此,为惩治犯罪,依照《中华人民共和国刑法》第133条、第67条第一款、第72条第一款之规定,判决如下:

被告人王某犯交通肇事罪,判处有期徒刑一年二个月、缓刑一年六个月(缓刑考验期限从判决确定之日起计算)。

法官在该判决书中构建的叙事涵盖6个认定事件的基本要素:"何时""何地""何人(施事)""做何事""对何人(受事)""致何果"。从时间上来看,故事发生于2011年1月7日16时18分许;地点是平湖市钟埭街道独黎线与兴平二路交叉路口;故事的人物是被告人王某;行为是违反交通运输管理法规,发生重大交通事故;"对谁"的要素是被害人范某;导致的结果是导致车辆损坏,被害人死亡。法官构建的叙事全面,情节连贯,故事完整。此外,法官的叙事中还提及被告人王某在案件发生之后的态度,积极保护好现场并主动报警,有自首情节;同时,案发后,被告人积极要求家属设法筹款,对被害人家属额外进行补偿,有一定的悔罪表现,因此得到了被害人家属的谅解。法官采用第三人称,客观地叙述案件的发生过程以及被告人的客观行为和主观心理,根据刑法中的相关规定,对被告人进行定罪;充分考虑所有可以酌情从轻量刑的情节,对被告人作出有期徒刑一年二个月、缓刑一年六个月的处罚。

与控方和辩方突显故事的某些部分不同,法官力求自己客观公正,不偏不倚,通过控辩双方的不同叙事版本不断修正自己对案件事实的构建。而法官如何认知控辩双方的故事易受到各种因素的影响,例如,法官依靠其对"世界是怎样的"经验来选择认知案件的视角。

下面摘录的案件中,妻子提出丈夫试图在几个小时之内强奸她。法官根据自己对"强奸"的概念进行解释,并得出"妻子夸张了对事件叙述"的结论。例如:"在指控的强奸案中,我认为原告在某种程度上夸大了她的证词。在某个阶段,她说他整整一个下午在强奸她,而我似乎显然完全不能接受那样的指控。我毫不怀疑可能在某个时候,几个小时的时间内被被告人骚扰,而且我认为很可能在这段时间内,他努力劝说与其发生性关系……我觉得准确地了解她所说的强奸未遂是什么意思有一定困难。"法官将妻子的证据与他自己的认知进行比较,围绕强奸罪的构成,发现一个男人试图在整个下午强奸一个女人是很难令人相信的。尽管法官说:"我认为很可能在这段时间内,被告人努力劝说原告与他发生性关系。"法官对事件的叙述似乎与强奸未遂一致,但其认为,指控被告人犯强奸罪是夸张的,他不能接受"字面意义上"的"发生了整个下午"。因此,法官先入为主地将自己理解的强奸行为的概念作为只能在短时间内发生的单一行为,并将妻子的证据解释为夸张的叙述(Schiavi,2011)。在排除了妻子对事件的叙事之后,法官开始构建自己对案件事实的叙事。

法官一般在判决书中构建自己对案件的完整叙事,其叙事主要围绕证据、证人证言、法律事实以及法律关系展开。

对于被告人崔某某所提他不知对方是城管工作人员的辩解，经查：视听资料及证人狄某某的证言均证实，现场有穿制服的城管人员在执法；案发时与崔某某一起无照经营烤肠的证人赵某某亦证实："城管人员要没收他们的三轮车"，且同案人张某、牛某某在侦查期间的供述均证实，崔某某曾对其讲："将城管扎了"，故崔某某的当庭辩解与在案证据不符。崔某某所提其没有杀死李某某的主观故意，不构成故意杀人罪的辩解，及崔某某的辩护人提出的崔某某不具有杀人的主观故意，不应以故意杀人罪追究其刑事责任的辩护意见，经查：崔某某明知持刀刺扎他人要害部位会导致他人死亡的后果，仍不计后果持刀猛刺被害人颈部，并逃离现场，故崔某某对其持刀刺扎他人颈部可能造成被害人死亡的后果采取放任的态度，其行为符合故意杀人罪的犯罪构成，崔某某的辩解及辩护人提出的辩护意见均不能成立，本院不予采纳。

上例中，法官根据视听资料、证人狄某某以及赵某某的证言排除了被告人崔某某及其辩护人对杀人行为不具有主观故意的叙述。法官对案件的叙事为"崔某某明知持刀刺扎他人要害部位会导致他人死亡的后果，仍不计后果持刀猛刺被害人颈部，并逃离现场，故崔某某对其持刀刺扎他人颈部可能造成被害人死亡的后果采取放任的态度"。而构成故意杀人罪的构成要件包括客体要件，侵害了他人的生命权；主观要件，有非法剥夺他人生命的行为，行为人的行为与被害人死亡的结果之间具有因果关系；主体要件，已满18周岁；主观要件，具有非法剥夺他人生命的故意。不难发现，在判决书中，法官的叙事视角与如何认定故意杀人罪的构成要件基本一致。以此可见，法官在构建其叙事时，如何结合证据选择法律事实对其选择的视角有所影响。

6.1.4 被告人视角

因为言语角色权势的不对等导致了各角色话语权的不对等。话语权的不对等又引起了法庭言语角色之间的层级性。根据言语中体现话语权的三种方式即提问、控制话题和打断，法庭言语角色的话语权大致有四个层级：法官、公诉人、辩护律师以及被告人、证人（余素青，2013）。刑事案件中，被告人在庭审中通常是非法律职业人士，处在法庭言语角色话语权的第四个层级，其主要的叙述对象包括法官、公诉人和辩护人。

被告人是案件的完整亲历者，所叙述的故事至关重要。与控方和辩方不同，被告人一般选择第一人称的视角构建自己的故事版本。

审1:你和被害人素不相识,为什么要杀了她?

被:这,当时,现在想起来可能说是当时太激动了还是怎么的。

审1:太激动了? 那我再问你一个问题。你为什么敢在被害人的家中把尸体肢解了?

被:因为我记得那天好像是礼拜五吧,2's 因为我知道礼拜五,刘某一般好像不在家。

审1:你觉得家里边没人?

被:是。

审2:你为何从宁夏银川来到定边县?

被:这主要就是,想着找刘某弄点钱。

审2:想弄点钱?

被:对。

……

审2:来到刘某这儿准备弄点钱。你这个弄钱是什么意思?

被:以暴力手段。

审2:以暴力手段?

被:是。

审2:就是准备抢钱是吧?

被:是。

以上是法庭调查环节中,公诉人宣读完起诉书之后,法官对被告人进行询问,在上述话轮中,被告人通过回答法官的发问进行叙述。作为案件的当事人,被告人通过回忆对自己的作案动机进行叙述,以"我"的视角叙事,对不利于自己的事实回答模糊或者不做回答。被告人将自己抢劫的预谋叙述为"想着弄点钱",一是由于被告人不具备法律职业者的专业知识和素养,二是被告人试图通过"弄钱"一词将其预谋抢劫行为的暴力性降低。因此,被告人的叙述中往往突显有利于影响法官对自己作出从轻处罚的事实,略显不利于自己的事实。这一点与上文所阐述的辩方视角中的认知突显观颇为相似,但也不尽相同。

公:你把事实经过向法庭陈述。

被:我家比较穷,来北京打工,我没有文化干了保安,干保安的同时不开工资,我没有多少钱减轻家庭负担,我又兼了一份外卖,同时我感觉还是改变不了我的生活,所以我就当上了小贩。

被:就在2006年8月11日,我和我父亲带的小女孩一起来到科贸西北角的胡同口,在那里摆摊的时候,来了城管的人。我跟他们说,把三轮车给我留下,这是我新买的,我只听见一句话:不行,车必须带走。我拿了划肠的<u>小刀</u>吓唬他们,我看人越来越多,<u>我感觉不可能打过他们</u>,这时候我准备离开,决定不要了。

被:我直接走出了人群,走出去以后我发现小女孩没有跟过来,我又返回来去看,找那个女孩,结果没找到女孩,(却)看见他们一大帮人把我的车往他们的车上装,我非常心痛,跑过去想把车要回来,当我跑到车跟前的时候,车已经起动了。

被:我就一转身迎上一大帮人,我急于脱身,当时非常紧张,就直接向左侧跑去,是栏杆,直接挨着的人就是李某某,<u>我感觉他在抓我</u>,我就用手上的刀<u>扎</u>了被害人,扎完了我就跑了。

上例是被告人对整个行凶过程的前因后果的完整叙述,其中大部分叙述针对案件发生的背景和原因。被告人将自己叙述为一名在北京打工的底层打工者,生活贫穷,希望通过摆摊挣钱补贴家用,以这样一个艰苦却坚强的困难群体形象试图引起法官和大众的同情。在之后的叙述中,被告人将自己构建成一个势单力薄的"受害者"形象,孤身面对人多势众的城管。从被告人的视角来看,其认为自己是一个值得同情的底层民众,被逼无奈,为了自保才下手,本身并不是一个残忍嗜血的暴徒。在被告人的叙述中,常出现主观判断的叙述,例如"我感觉不可能打过他们","我感觉他在抓我",叙事视角完全以自我为主。对比控方的叙事:"被告人崔某某于2006年8月11日17时许,在本市海淀区中关村科贸大厦西北角路边,因无照经营被海淀区城管大队查处时,即持刀威胁,阻碍城管人员的正常执法活动,并持刀猛刺海淀城管队副分队长李某某颈部,伤及李某某右侧头臂静脉及右肺上叶,致李某某急性失血性休克死亡。"可以发现,在对被告人的行为进行叙述时,控方使用"猛刺"一次,表明其下手程度重,态度恶劣;而被告人的叙述是"扎",可见程度不重,并没有杀人的故意。被告人与控方对同一个行为的认知不同,直接导致他们叙述的不同,因为他们站在完全不同的立场上,观察的角度即视角可能彼此发生冲突。

在一些情况下,被告人选择个性化的视角构建自己的事件版本,选择对自己有利的事实部分组织言语,将对自己不利的部分进行模糊或者省略。

公:1月4日晚上就是你案发的当天晚上,你究竟喝了多少酒?
被:起先我就喝了几杯,我到后面<u>我也不是太清楚</u>。
公:就是你自己喝了多少酒你已经没有意识了?

被:不是,我酒量本来就不好。因为在此之前我工作压力很大嘛。

公:你直接回答公诉人的问题,你总共喝了多少酒?那天晚上。

被:我喝了几杯,我记不清了。

公:但是从凌晨4点06分从你抽取的血样来看,你的酒精含量还达到1.7毫克每毫升。如果按你今天所说的你只喝了几杯酒,你的血液中为什么有这么高的酒精含量?

被:我不知道,我记不清。

公:而且陈某某我要告诉你,血液中的酒精含量跟酒量好坏是没有关系的,是跟你所摄入的酒精总量有关系。今天希望你也不用回避这个问题。

被:我没有回避,因为我真的记不清了。

公:那么为什么你在自己喝酒之后,还要驾驶车辆?

被:我一直以来有抑郁症,好多年了▼

公:有抑郁症就可以喝了酒去驾驶车?

被:我也不知道,可能是那段时间压力太大了。我也不知道我那段时间,那几天我真的压力好大。因为我们工作嘛,压力给的特别大。

公:你有没有看到这辆出租车?

被:我当时真的不知道。

……

公:就是说你当时只想到去找亲朋好友去帮助,而没有想到去找警察这个事情,是不是?

被:我当时脑子里好乱好乱,我真的不知道。

公:那么从你到达新港酒店到最后你离开新港酒店期间,你有没有报警或者其他方式通知公安机关?

被:这段时间我都不知道。我等到黄某来的时候▼

公:　　　　　　　　　　　　　　　　▲你就回答有没有就好了。

被:没有。

公:那么为什么期间你都不报警或者不去寻找警察?

被:那段时间因为我头部受伤嘛。所以我也不知道,我一直在擦这个(摸左侧额头),然后我换了衣服,然后我就很害怕。

上述例子中,在法庭调查阶段,被告人在回答公诉人的发问中,多次回答

"我不知道"或者"我不清楚"。被告人的模糊回答或者避而不答的叙述,不愿意对案发当时进行回忆,因为被告人认为如果明确地肯定回答了公诉人的问题,可能会对自己造成不利的影响,但是作出否认答案与事实证据又有所不符,以此看来,以"不知道""不清楚"此类不带明确判断的回答来叙述无疑是第三种选择。

通过上述内容,不难发现,被告人与辩方都选择以个性化的视角对案件基本事实进行叙述,这种视角的选择与利益相关,两者旨在维护被告人一方的利益,积极追求法官对被告人作出从轻的处罚甚至不作处罚的判决。

6.1.5 证人视角

证人包括专家证人和一般证人。专家证人即有专门知识的人。专家证人和一般证人都不是案件的当事人,判决的结果对他们不构成直接的影响,两者都是为了帮助法庭查明事实。专家证人一般凭借自己的专业知识来判断和解释事实,而普通证人是根据自己所见所闻进行叙述,不发表自己的意见。本节主要探讨一般证人在庭审中的叙事视角。一般证人处于权势的底层,话语权很少,因此他们的话轮都是法官或律师给的。他们常常被律师用作一种证明事实的手段,一般只能回答问题,不能提出问题,答话的内容常受律师的影响和限制,不能凭自己的意愿偏离或转换话题。他们的话语主要起认定案件事实的作用,所以他们的话语内容主要是他们看到的或经历过的事实(余素青,2010)。

"吉尔先生是抢劫银行的那个人吗?萨登夫人过马路交叉路口时交通信号灯是红灯还是绿灯?邹斯先生知道邮寄的包裹中还有甲基苯丙胺吗?"法官试图通过证人对这些问题的回答查找事实。事实上,民事和刑事案件审判都是试图重新构建已经发生的事实来帮助法官认定当时发生的事实真相。但是在认知事实和客观事实之间存在巨大差距。证人诚实地提供证言,但可能由于许多原因证人弄错了事实。例如:证人也许确信,吉尔先生抢劫银行,而事实上,当时吉尔先生正在 1.5 公里之外;证人称看见萨登夫人是在绿灯的时候过马路的,而事实上监控显示她闯了红灯;证人们认为邹斯先生承认他参与共谋,而这实际上是另一个人的说法。因此,证人的叙述主要是依靠回忆,故而其主要是以第三人视角进行叙述。

但一个常人对于事件发生时具体的细节不可能记得清清楚楚,在许多情况下证人会根据自己的生活经验或个人经历进行推断,而许多证人在叙述时常会受到其认知视角的影响,也即其根据其嗅觉、听觉、视觉、感觉等对其观察的外界事物进行描述。一项心理研究表明,认识是真实的外部世界与认知主体性格交互的一个过程。有学者曾做了一项实验,他让三个学生进入便利店,去买一些不寻常的东西,整个过程为3—4分钟。24小时后,该店的收营员被要求从一摞照片中辨认出那三个学生,只有少于8%的人可以成功辨认。因此他们重新修改了时间,将24个小时缩减为2个小时。在73人参与的2小时实验中,只有34.2%的人可以成功辨认出顾客。因此,可以推断,在无压力的环境下,即使是在短时间内,人们也未必能准确地辨认之前看见过的某人。因此,一个无辜的人很可能被证人认为是嫌疑人,而真正的罪犯却相安无事(Ortega,2003)。且看以下四名证人对同一案件的证人证言:

1. 证人崔某某(北京市海淀区城市管理监察大队队员)的证言证明:2006年8月11日下午,他们在中关村地区清理无照商贩,当行至中关村科贸大厦西北角时,见李某某追赶一名男子,这名男子在追逐一辆城管执法车,他也跟着追这人,后该男子停下转身快步向他俩走来,当走到他俩身后时,李某某对别的同事说了句话,刚转过身,<u>追车的男子扑过来,右手反握匕首,由上向下扎了李某某脖子一刀,就跑了</u>。

2. 证人狄某某(北京市海淀区城市管理监察大队工作人员)的证言证明:2006年8月11日下午,城管大队在中关村地区清理无照经营商贩,当车行至科贸电子城西北角,见有一男一女在路边经营烤肠,副队长李某某带领城管执法员将摊贩的三轮车按住,<u>那名男商贩右手始终握着一把匕首,抗拒执法,与队员推搡</u>,不让队员没收摊位,后几名队员将商贩的三轮车抬上她所驾车的车斗内,那名女商贩又哭又闹抓住三轮车的前轮不松手,几名执法队员把女商贩拽离执法车,李某某站在她所驾车的右侧让她快开走,李某某刚转回身,<u>那名男商贩跳过护栏手持匕首迎面刺扎李某某左侧颈部一刀</u>,还把手一横,刀刃折断,男商贩将匕首把扔在地上转身跑进胡同。

3. 证人芦某某(北京市海淀区城市管理监察大队协管员)的证言证明:2006年8月11日下午,他们治理中关村地区的无照游商,大约17时许,李队长带领他们5个协管员巡逻至科贸电子商城北侧的胡同时,见<u>一名男子手持水果刀护着三轮车</u>,李队长让这名男子将刀放下,这男子不让扣车,李队长拽住三轮车,那男子没抢下车,就往一个大院里跑了,李队长让他们将三轮车装上汽车,没一会儿,那名持刀男子又回来了,见三轮车已被拉走,就向李队长走去,<u>持刀刺扎李某某的脖子后逃跑</u>。

4. 证人张某某的证言证明:2006 年 8 月 11 日 16 时许,他们与城管队执法时,当车行至中关村大街科贸电子商城北侧,发现有两个卖哈密瓜的无照商贩,胡同口还有一个卖烤肠的男商贩,他们将一个人的车没收后没走多远,听后面特乱,<u>回头见李某某队长站在路边,全身是血,脖子前面还在不停地喷血</u>。

上述例子中,四位证人对案件的描述不尽相同,证人崔某某、狄某某与芦某某的叙述中对案发的原因、案发的地点、案发的时间、案发当事人以及案件的结果的描述基本相同,但对于被告人的行为程度描述有所不同。崔某某与芦某某用"刺扎"一词来描述被告人的行为,而狄某某的叙述为"刺扎李志强左侧颈部一刀,还把手一横,刀刃折断"。显然,狄某某的叙述中,被告人的行为更加残忍,主观恶性大,可能存在积极追求李某某死亡的故意。而证人张某某的叙述中只有原因和结果,但不包括案发过程中何人对谁做何行为,其叙述容易造成误解,使人误以为是被没收车的人行凶导致李某某的死亡。因此,证人的叙事视角除了易受到主观认知的影响之外,客观上无法观察到事件的发生全过程也会使得其视角受限。

6.2 受叙者视角

从某种意义上来说,叙事作品就是由叙述者和受叙者作为话语参与者共同构建的一个言语事件,该言语事件的目的在于交流,需要双方的共同认知努力来完成。叙事作品的语言是叙述者采用不同的角度运用多种认知操作对见证的情景进行认知识解的结果,语言表达的意义即为各类情景在叙述者(受叙者)或故事内聚焦人物头脑中的概念表征(赵秀凤,2006)。如果说在任何叙事中都至少有一个叙述者,那么也至少有一个受叙者,这一受叙者可以明确地以"你"称之,也可以不以"你"称之。受叙者可以表现为叙述者说话所面对的一个群体,也可表现为单独的个体。一位讲述者面对的群体,常常是完全同类的群体,其成员难以区分。但它也可能是由不同类组成的。当有两个或更多受叙者时,全部事件的讲述最终面向的那一个是主要受叙者。只面对讲述的部分事件的是第二受叙者,以此类推。在庭审过程中,主要受叙者为法官,而判决书的主要受叙者身份包括被告人、控辩双方、旁听人员等等。判决书一经公开后,受叙者还包括公众,本节称之为隐形受叙者。

6.2.1 法官视角

一般认为,法官在庭审中担任主要受叙者的角色,控辩双方、被告人、证人以及被害人等对基本案件事实构建的讲述主要面向法官。根据调研,法官作为受叙者时,公诉人、辩护律师或被告人对事件的叙述在以下方面会影响或修正法官对案件事实的构建,对其认知图式产生影响。

如刑事法官调查问卷第17题"公诉人、辩护律师或被告人对事件的叙述在哪些方面会影响或修正您对案件事实的构建?"

选项	小计	比例
A. 罪名的认定(如抢劫与非持械抢劫、抢劫与抢夺等)	17	56.67%
B. 事件起因	20	66.67%
C. 事件经过	21	70%
D. 事件结果	20	66.67%
E. 利用您的认知偏差影响您对被告人人品的判断(如受教育程度高或社会地位高的人犯罪可能性低,相反犯罪可能性高)	5	16.67%
F. 唤起您的情感(如对被告人的同情,或对被害人激怒被告人的行为及手段的气愤)	3	10%
G. 其他	0	0%
本题有效填写人次	30	

通过上述数据可以发现,案件的经过过程是法官构建案件事实的关键,而叙述者试图引起法官同情的叙述对法官的影响最小。

审:你们是否还有证据向法庭提供?

辩:有,主要证明崔某某是一个没有违法违纪前科的公民。

审:这些证据是关于崔某某的表现,这些证据与本案的事实无关,辩护人可以在庭后提交法庭,在当庭就没必要出示了。

辩:可以。崔某某同事的证言,证明崔某某的良好品质。我们认为本案涉及我的当事人是否具有杀人的故意,我要求在庭上宣读。

审:请问辩护人,人的性格能决定犯罪吗?

辩:我们只是一个请求。

审:对于辩护人的请求,审判长不予以支持,辩护人可以庭后提交法庭。

辩:下面提供证据,证明崔某某曾是优秀士兵。

审:公诉人有意见吗?

公:这只能说明崔某某的过去,并不能说明现在,我承认他曾经是一名优秀的士兵,但是今天他走到审判台上,他以前的情况并不能决定现在的情况。

上例中,辩护人作为叙述者,其直接叙述对象是法官。辩护人多次对被告人的性格和过往表现进行叙述,强调被告人品质良好,并非品行恶劣的残暴之徒,向法官申请提交证据证明被告人之前是一名优秀士兵,表现优异,但审判长不予以支持。由此可见法官并不认同辩护人,在其对基本案件事实进行构建时,将被告人的性格、品行以及以往表现等等因素排除在外。

除了控辩双方或被告人等其他叙述主体与法官进行直接言语交流之外,叙述主体之间的言语互动中,法官也可能作为间接受叙者。

审:好,下面由公诉人讯问被告人。

公:被告人朱某某,依照我国相关法律的规定,现在公诉人依法对你进行讯问,希望你在今天的庭审现场中,端正自己的态度,如实回答公诉人的问题,▲

被:▼好。(点头)

公:不要有所隐瞒,不要避重就轻,听清楚了吧?

被: ‖好好好,行。(点头)

……

被:她起来掐我的脖子,我把她摔倒了,我找棍子,找刀捅的。

公:捅刺的什么部位?

被:那个记不清了。

公:捅刺了多少下?

被:具体几下△两三下吧。

公:当时孩子是在床上还是在地上?

被:在床△地上。

公:孩子有没有醒?

审:被告人朱某某▲

被: ▼你讲。

审:刚才公诉人问你两个孩子是在床上还是地上,你回答得不清楚,你现在明确地回答一下,两个小孩在什么位置?

被:一个在床上,一个在地上。
审:哪个在床上,哪个在地上?
被:大的在地下,小的在床上。
审:好,公诉人继续讯问。

上述例子中是控方对被告人的讯问,被告人给出的回答较为模糊,避重就轻。在控诉人讯问小孩的具体位置时,被告人的回答不明确。此时法官插入被告人与控方的话轮中,打断公诉人的问题,要求被告人对于孩子在案发时所处的方位作出明确的回答,在被告人作出答复"一个在床上,一个在地上"后,继续进行追问"哪个在床上,哪个在地上",直到被告人明确回复"大的在地下,小的在床上",法官让公诉人继续发问。在整个过程中,控方和被告人先是直接叙述者与受叙者,法官是间接受叙者,直至法官打断并提出问题,此时,法官便从间接受叙者的身份转变为叙述者和直接受叙者的身份。因此,法官在理解控辩双方或被告人对案件基本事实的构建时,也在与自己构建的版本进行比对并作出修改。

6.2.2 隐形受叙者视角

根据相关规定,除法律有特殊规定的之外,原则上所有生效裁判文书在中国裁判文书网予以公布,任何公民均可以通过该网站查阅发生法律效力的判决书和裁定书等。判决书的受叙者范围扩大至不特定的"隐形读者",即普通公众。判决书的受叙者除了原被告或被告人之外,还有公诉人、辩护人、法警、旁听人员以及公众等,因此判决书的可接受性尤为重要。法院作为国家机构,作出的判决书有其庄重性和权威性,这是由叙事策略来实现的(余素青,2013)。普通听众具有不特定性,但却是裁判文书的关注者。社会分工细化背景下,法官职业化是必然的趋势,以其专业思维为代表,但同时普通听众却以大众思维为特征,专业思维下的裁判理由和结论可能与大众思维相互冲突,引发网络舆情的大多数案件均体现出两者之间的紧张关系,特别是在裁判上网的场域中,裁判文书读者以"虚拟"在场形式参加到"语言游戏"之中(徐亚文、伍德志,2011)。因此,法官在作出判决的同时,还需要从隐形受叙者的视角考虑,所作判决书是否能为公众所接受。一份不能被民众接受的判决书,往往易引起网络舆论的激烈反响。例如曾经引起轩然大波的"彭某案"判决书:

本院认定原告系与被告相撞后受伤,理由如下:1.根据日常生活经验分析，原告倒地的原因除了被他人的外力因素撞倒之外，还有绊倒或滑倒等自身原因情形，但双方在庭审中均未陈述存在原告绊倒或滑倒等事实，被告也未对此提供反证证明，故根据本案现有证据，应着重分析原告被撞倒之外力情形。人被外力撞倒后，一般首先会确定外力来源、辨认相撞之人，如果相撞之人逃逸，作为被撞倒之人的第一反应是呼救并请人帮忙阻止。本案事发地点在人员较多的公交车站，是公共场所，事发时间在视线较好的上午，事故发生的过程非常短促，故撞倒原告的人不可能轻易逃逸。根据被告自认，其是第一个下车之人，从常理分析，其与原告相撞的可能性较大。如果被告是见义勇为做好事，更符合实际的做法应是抓住撞倒原告的人，而不仅仅是好心相扶；如果被告是做好事，根据社会情理，在原告的家人到达后，其完全可以在言明事实经过并让原告的家人将原告送往医院，然后自行离开，但被告未作此等选择，其行为显然与情理相悖。

以上是公众不能接受该判决书的第一个理由，公众认为该法官推断的理由与日常生活经验相悖，许多网民不能接受法官关于被告行为有违情理的推断，在法官所言常理下，被告如果是见义勇为做好事，应该抓住撞到原告的人，而不仅是好心相扶，因为该推断违背证据原理的事实推定，法官个人的观点不能说服公众。

　　3. 从现有证据看，被告在本院庭审前及第一次庭审中均未提及其是见义勇为的情节，而是在二次庭审时方才陈述。如果真是见义勇为，在争议期间不可能不首先作为抗辩理由，陈述的时机不能令人信服。因此，对其自称是见义勇为的主张不予采信。

　　4. 被告在事发当天给付原告二百多元钱款且一直未要求原告返还。原、被告一致认可上述给付钱款的事实，但关于给付原因陈述不一：原告认为是先行垫付的赔偿款，被告认为是借款。根据日常生活经验，原、被告素不认识，一般不会贸然借款，即便如被告所称为借款，在有承担事故责任之虞时，也应请公交站台上无利害关系的其他人证明，或者向原告亲属说明情况后索取借条（或说明）等书面材料。但是被告在本案中并未存在上述情况，而且在原告家属陪同前往医院的情况下，由其借款给原告的可能性不大；而如果撞伤他人，则最符合情理的做法是先行垫付款项。被告证人证明原、被告双方到派出所处理本次事故，从该事实也可以推定出原告当时即认为是被被告撞倒而非被他人撞倒，在此情况下被告予以借款更不可能。综合以上事实及分析，可以认定该款并非借款，而应为赔偿款。

其二,法官在构建案件事实的过程中,认为一般不认识的两人不会贸然借款,即使借款也会请他人为其证明,无疑全然否认了可能出现好心借钱救人的情况,认为以一般社会经验判断,金钱优于生命,与民众"人性本善"的经验判断相抵触,与一直宣扬的社会主义核心价值观相左。所以法官这种以个人经验判断作为普遍经验判断认定的事实无法被公众接受,导致公众的抨击。

判决的作出不仅要能说服隐形受叙者,还应对其起到教育或警示作用。

<u>本院认为,被告人崔某某以暴力方法阻碍城市管理监察人员依法执行职务,并持刀故意非法剥夺他人生命,致人死亡,其行为已构成故意杀人罪,犯罪性质恶劣,后果特别严重,应依法惩处。</u>考虑崔某某犯罪的具体情节及对于社会的危害程度,对崔某某判处死刑,可不立即执行。被告人张某、牛某某、张某某、段某某明知崔某某是犯罪的人,还分别为其提供隐藏处所、钱财,帮助崔某某逃匿,其行为均已构成窝藏罪,依法均应惩处。鉴于张某、段某某有投案的情节,并能如实供述犯罪事实,系自首;且张某到案后,能揭发同案犯的共同犯罪事实,故依法对张某免除处罚,对段某某予以从轻处罚;鉴于张某某所犯罪行情节轻微,依法予以免除处罚。北京市人民检察院第一分院指控被告人崔某某犯故意杀人罪、被告人张某、牛某某、张某某、段某某犯窝藏罪的事实清楚,证据确凿,指控罪名成立。根据被告人崔某某、张某、牛某某、段某某、张某某犯罪的事实、犯罪的性质、情节和对于社会的危害程度,依照《中华人民共和国刑法》第232条、第310条第一款、第48条第一款、第51条、第57条第一款、第25条第一款、第67条第一款、第72条第一款、第73条第二款、第三款、第37条、第61条、第64条及最高人民法院《关于处理自首和立功具体应用法律若干问题的解释》第一条、第三条、第六条的规定,判决如下:

一、被告人崔某某犯故意杀人罪,判处死刑,缓期二年执行,剥夺政治权利终身。

(死刑缓期执行的期间,从高级人民法院核准之日起计算。)

二、被告人牛某某犯窝藏罪,判处有期徒刑一年,缓刑二年。

(缓刑考验期限,从判决确定之日起计算。)

三、被告人段某某犯窝藏罪,判处有期徒刑一年,缓刑一年。

上例是某案件一审判决书,判决书中将故意非法剥夺他人生命、致人死亡的行为定为故意杀人罪,犯罪性质恶劣,应处以严厉的刑罚;将为犯罪分子提供隐藏处所、钱财,帮助逃匿的行为定为窝藏罪,依法均应惩处。判决书对五位被告人的定罪以及量刑对查阅判决书的隐形受叙者有所警示,强调生命的宝贵,随意剥夺他人的生命将会受到最为严厉的惩罚;绝不姑息纵容犯罪分子,不包庇不窝藏,配合协助公安机关将犯罪分子绳之以法。

再者,判决书可以代表国家再次回应(立法机关立法时已经回应了一次)社会公众的某种吁求,从而一方面重新确认法律本身的合法性基础,另一更重要的方面在于,向社会输入或再次确认了某种(可能)蕴含在法律中的价值追求(黄金兰、周赟,2008)。判决书的另一个重要作用就是向隐形受叙者传输或确认某种法律价值观。下面通过一个案例进行说明:

> 本院认为,马某某等22名被告人以网络为平台,组织或者多次参加聚众淫乱活动,其行为均已构成聚众淫乱罪,系共同犯罪。
> 关于被告人马某某提出的起诉书指控的第十二、十三、二十一起犯罪不是其组织的辩解意见,经查,被告人马某某在该3起聚众淫乱中,积极邀集人员参与,并有2起提供住处作为淫乱场所,符合聚众犯罪中组织者的特征,应认定其在该3起共同犯罪中起组织作用,故其此项辩解没有事实和法律依据,不予采纳。
> 关于被告人马某某的辩护人提出的被告人马某某主观上没有扰乱社会公共秩序的故意,客观上其自愿参加并在秘密场所进行的"换偶"、性聚会,不涉及公共生活和公共秩序,不构成聚众淫乱罪的辩护意见,<u>本院认为,刑法所保护的公共秩序不仅仅指公共场所秩序,公共生活也不仅仅指公共场所生活,《中华人民共和国刑法》将聚众淫乱罪归类在扰乱公共秩序罪这一大类中,说明聚众淫乱即侵害了公共秩序,此种行为的故意已经包含在行为之中</u>;无论聚众淫乱行为发生在私密空间还是在公共场所,不影响对此类行为性质的认定,当达到刑法所规定的程度时,即构成犯罪;聚众淫乱罪所涉及的行为本是行为人自愿的行为,如果其中有强迫或者胁迫的情形,就可能触犯刑法规定的其他罪名,所以自愿参加不是构成该罪的否定性条件或者因素;本案22名被告人中男性14名、女性8名,其中仅有三对夫妻,各被告人在聚众淫乱时从未要求参加者必须系夫妻或情侣,多数是单身参加,故本案各被告人的行为不是"换偶"行为,且即便是"换偶",只要符合聚众淫乱罪的构成要件也应定罪。

以上案例是曾掀起轩然大波的"南京换妻案",该判决书得到了舆论的支持,这样的行为本身就是违背善良风俗的,将其定为聚众淫乱罪,呼应了公众对于这种行为的强烈谴责,对这种有悖法律价值、侵害公共秩序的行为进行矫正。

法律上虽然没有直接对该行为的性质进行规定,但是当这种行为符合聚众淫乱罪的构成要件时,不再是一种私密空间的个人行为,其侵犯公共生活的程度已经打破刑事规定的边界。对于这种行为除了进行道德上的批评,同时进行刑事处罚,更能被民众所接受。所以法律正是通过法官作出的判决书被社会公众了解和接受。

7 庭审多层级叙事结构中叙事连贯的认知框架构建

庭审叙事话语是法庭上控辩各方用来陈述诉讼事实,包括按证据转换的法律事实的话语。建构这种话语要按照时间顺序和事件顺序,更要按照逻辑顺序,建构严密而通顺的话语。

庭审叙事有其独特的形式及其结构特征。从形式上看,有自述、独白,还有多角色互动交际(以问答形式)等;从层级结构上看,有判决中的叙事、原被告总体叙事、相对完整叙事,以及论辩过程中原告/被告对证人询问时证人的"次叙述"和直接询问及交叉询问中问答式的"最小叙述"等;从叙事结构上看,证人/被告的叙事结构又区别于拉波夫的一般叙事结构。

由于庭审叙事结构层次的复杂性,从叙事的角度来看庭审的连贯性也是一个集复杂性和多层次性于一体的问题。许多学者从时间连贯性、逻辑连贯性和主题连贯性对其进行了研究。我们则将从信息的连贯性、认知图式下的连贯、故事模型框架下的内部和外部连贯以及宏观、中观和微观层次上的连贯等方面对其进行研究。

7.1 庭审叙事的形式

7.1.1 自述

自述就是自己陈述或者关于自己经历的叙述,是常见的一种文体形式,通常以第一人称的方式,讲述某个人或者某件事物的特点。庭审事实的调查过程中,法官、公诉人或辩护人及代理人在确认事件事实的过程中,经常会询问当事人或者证人当时的情况,这时当事人或者证人都会以自述的形式回答,如:

审:她是由你一直照顾吗?

被:也不是,后来我怀孕了,就把她托给我妈先照顾着,因为我没法照顾自己生活,更没法照顾她。

7.1.2 独白

独白是一种特殊的戏剧言语表现手段和动作方式,是人物无声的心理活动和思维过程。由于它通过有声言语直接表白出来,因此在戏剧中,"独白"是指人物独自说出的表现心理、思维活动的台词,如"生存还是毁灭"和"这世界又有了我这个人"等等。它的呈现形式是人物独自思考时心理过程的言语外化,即人物独处时内心活动的自我(言语)表述,是一种假设的"出声"的思考。它是人物以自我主观世界为交流对象的一种心理活动现象,是人物复杂的内心冲突的外露,是人物心理深层的揭示(李智伟,2011)。

尽管庭审是个多角色交叉互动的语境,但其中也有很多独白式叙述,如:

审:那么因为她们对你作出了否定评价,所以你这个迁怒于孩子吗?

被:我也不知道,反正当时,当时我▼(捂脸)

审: ▲那你现在对自己的这个行为有什么认识吗?

被:我知道我犯罪了应该受到相应的惩罚。

审:嗯。

被:而且我知道我无论~~无论判多长时间,最难过的就是道德上心理上这一关。其实我当时,我也不知道怎么了,挺绝望的。~~被捕的前一天我还给我妈打电话,我说,我说我都不想活了,我感觉我这个世界上一个亲人都没有。(哭泣)太压抑了。每次提讯回来我都要噩梦,梦见他妈妈,她妹妹。~~~后来冷静下来,慢慢地平复心态,我就想本来挺好的一个家庭,现在弄得两个孩子都没有父母,挺后悔的,也亏欠太多了。

7.1.3 转述

跟自述一样,庭审事实的调查过程中,针对法官、公诉人或辩护人及代理人在确认事件事实的过程时就事件发生时的情况提问时,当事人或者证人就部分内容会以转述的形式回答,如:

审:你跟陈某婚前和婚后的感情怎么样?

被:挺好的。刚开始的时候,说他离异过,有一孩子,孩子特别小,说那孩子就是跟她母亲不怎么来往,因为她母亲不怎么管她,然后从来都不怎么接触,然后说他父母家庭成员特别简单,说爸爸是教师,妈妈是农村主妇,挺普通的。然后后来就是接触一段时间,我觉得他人挺好的,就觉得挺信赖他的。

7.1.4 多角色互动构建的叙述

多角色交叉互动是庭审叙事的一个最基本形式,也是最明显的特征。请见下面的例子:在一个后妈对其继女的虐待事实的构建中,有法官的程序指引,公诉人证据的展示和证人证言及被害人的转述,有被告人的确认、说明和态度,以及原告代理人根据构建的案件事实提出的诉讼请求等内容。

审:现在咱们进行举证质证,下面由公诉人向法庭出示证据。

公:下面证人证言,陈某,他的言辞证据摘自证据卷一的44到52页:我是蔡某某的丈夫,我俩是2008年5月结婚,陈某某是我和前妻的孩子,因家庭矛盾和琐事,蔡某某趁我不在家打孩子出气。有时我在家,蔡某某用手打孩子屁股,我便马上制止。今天第一次发现孩子身上有这么多伤。下面宣读下被害人的陈述:我在家中特别害怕我妈妈蔡某某,她总是打我。我在家从来没有吃过炒菜,吃白面条。自从妈妈生小弟弟后,我妈妈第一次打我,有时候一天打我好几次,我不敢哭,因为我越哭,妈妈就越打我。爸爸都知道,他晚上回来也不看我,因为他怕妈妈。

审:对被害人的陈述,蔡某某有什么异议,可以提。

被:有。~~~她说我让她吃白面条,怎么可能!她跟我们都一样,我们吃什么她吃什么。

审:公诉人继续出示证据。

[最后公诉人出示了一组鉴定结论,据查证陈某某所受的主要损害为胰腺断裂,肢体多发软组织损坏、骨折、烫伤。]

公:鉴定意见:一、被鉴定人陈某某的损伤程度为重伤、偏轻;二、综合评定被鉴定人陈某某的伤残程度属九级,伤残率为20%。

原代:诉讼请求:一、我们要求依法追究被告人故意伤害的刑事责任;二、判决被告人赔偿原告人医疗费96427元,住院伙食补助费4800元,营养费 4800 元，护理费 3100 元，交通费 500 元，鉴定费 5401.24 元，残疾赔偿金 145876 元，后续治疗、整容、康复等费用 50 万元，精神损失费 100 万元，复印费 20 元，合计 1760924.24 元。

审：蔡某某你是否同意赔偿，或者说你有没有赔偿的能力？

被：就是有法律依据的我愿意赔偿。

7.2 庭审叙事的层级结构和特征

庭审叙事可以分为四个层次，它们的形式和功能各有不同。具体而言，它们分别是原被告及法官的总体叙述、相对完整叙述、论辩过程中原/被告对证人询问时证人的"次叙述"以及直接询问及交叉询问中问答式的"最小叙述"。

7.2.1 原被告及法官的总体叙述

原被告及法官的总体叙述是由下面三个层次的叙事构成的一个错综复杂的整体。

(1) 判决书中法官的叙述

从法庭审判的功能来看，开庭审理即人民法院在当事人和所有诉讼参与人的参加下，全面审查认定案件事实，并依法作出裁判或调解的活动。因此，从总体来看，审判是一个以言行事的"大言语行为"，其目的是"全面审查认定案件事实""适用法律""作出判决"，其中"作出判决"是最主要的目的之一。因此可以说，审判的功能决定了判决这一必然的结果，也决定了法官的叙述（判决书部分）是最高层次的叙述。见下例：

法院经审理认为，被告人朱某某造成朱某一家四人死亡的严重后果，其行为已构成故意杀人罪，应依法惩处，对辩护人关于本案是因家庭矛盾激化而引发的故意杀人案件的辩护意见予以采纳。被告人朱某某报复杀死儿子、儿媳后，竟凶狠地杀害幼年无辜的两个孙子，犯罪手段极其残忍，后果极其严重，社会影响极其恶劣，实属法不容留，对辩护人建议对朱某某从轻处罚的辩护意见不予采纳。法院最终判决：被告人朱某某犯故意杀人罪，判处死刑，剥夺政治权利终身；被告人朱某某赔偿附带民事诉讼原告人栾某某、陈某某经济损失 3 万元；赔偿附带民事诉讼原告人陈某某经济损失2万元。

法官在庭审中是"中间人",在审判过程中是个主持人,因为他们在审判的过程中主要是"全面审查认定案件事实",因此,他们的主要话语方式是提问,只有在宣布判决时,才有完整的叙事,而且,法官的叙事是对控辩双方两个叙事版本的最终认定——两个版本的归一。

(2) 原被告的总体叙述

下述7.2.2节至7.2.4节三个层次的叙事构成了一个整体,从认知的角度看,随着审判的进行,双方证据的出示,法庭对事件的认定等,双方的叙述要素会发生变化,因此它们是动态的。

7.2.2 相对完整叙述

相对完整叙述是指开庭时原告陈述、被告答辩陈述、被告人最后陈述。

不同类型的叙事,含有不同的叙事结构。对叙事结构的研究,主要有三种(葛忠明,2007):一是拉波夫(Labov,1972)的结构取向,他的结构包括摘要(叙事的主要内容)、状况(包括时间、地点、情境和参与者)、繁杂的行动(事件的顺序)、评价(包括行动的重要性和意义,叙事者的态度)、结果(最后发生了什么)和尾声(将事件拉回到现在);二是博克(Burke,1945)的结构,它包括五个要素,即"做了什么"、"什么时间和什么地点做的"、"谁做的"、"如何做的",以及"为什么";三是基(Gee,1986)的叙事结构,他把叙事结构拉回到社会语言学中,注重文本的口语特征——经验是怎样被说出来的。

就法庭叙事而言,它要求叙述者讲述真实的事实,因此它属于非虚构性叙事,必须做到"真实、客观、公正、全面"。李法宝(2007)认为,非虚构性叙事必须完全真实可信,构成要素的时间、地点、人名、事件等都要真实。它往往以事件发生、发展的顺序为线索,所有叙述都围绕事件展开。因为法庭审判的最主要功能之一是认定事实、查明事实真相,所以我们认为博克的结构理论更适合我们的研究,即在法庭上认定事件的五个要素。在此基础上,我们把"时间、地点、人物、事件原因、事件经过"和"结果"确认为法庭叙事的六个要素。

首先,我们来看开庭后的原告的陈述:

审:现在开庭!下面进行法庭事实调查,原告把事情经过讲一下。

原代:就是2001年2月份的时候嘛,某县农村房子拆迁嘛,房子拆迁,就是说这个拆迁款,现在不在我这里。[陈某某说自己是家里的独生儿子。

父亲去世后,他和母亲相依为命。两年前村庄整体拆迁,村里邻居都拿到了拆迁补助,而自己父母的房屋拆迁应该得到的钱款42万多元,除去被叔叔借走的10万元以外,剩余的32万元钱被表哥张某某控制,一直拒不归还。]我是没拿到过,到现在为止,两年多了。反正家里母亲我自己在照顾,是吧?两年里面的所有的费用也是我在支出,所以要求我自己的钱我自己来管理嘛。

将上述内容按照叙事的六个要素进行分析,具体如下:
时间:2001年2月份;地点:某县农村。
人物:原告,原告代理人陈某某,被告张某某(陈某某的表哥)。
事件原因:自己父母的房屋拆迁应该得到的钱款42万多元,剩余的32万元钱被表哥张某某控制,所以分不到钱款。
事件经过:陈某某说自己是家里的独生儿子。父亲去世后,他和母亲相依为命。两年前村庄整体拆迁,村里邻居都拿到了拆迁补助,而自己父母的房屋拆迁应该得到的钱款42万多元,除去被叔叔借走的10万元以外,剩余的32万元钱被表哥张某某控制,一直拒不归还。
结果:陈某某和张某某产生纠纷,起诉到法院。
以下则是该案中的被告人的答辩陈述:

审:被告,针对原告提出的诉讼请求及事实与理由,可以陈述答辩意见。

被代:代理人代为答辩。首先,原告诉讼的内容部分不实。原被告之间系舅母关系,就是~原告是被告的舅母。[被告方承认舅妈家的钱确实在自己手里,只是代为保管而已。]在原告的丈夫死亡前,就是托付被告要照顾原告的这个心愿。那么之后2010年5月,斗门村房子拆迁,这个时候有一笔款项,当时就是原告委托被告代为办理拆迁事宜,领取相应的款项。[被告指出,他的舅舅去世以后,原告代理人长期在外打工,对于舅妈并未尽到赡养义务。房屋拆迁之后,把母亲从浙江接走,是为了得到拆迁补偿款。]那么在这种情况下,原告代理人出现并接走了原告,是这么一个情况。他的主要目的,就是希望得到相应的赔偿款。那么这种情况下,有可能会侵害原告的权利。

将答辩陈述按照叙事的六个要素进行分析,具体如下:
时间:2010年5月;地点:某村;人物:陈某某和张某某。
事件原因:被告方承认舅妈家的钱确实在自己手里,只是代为保管而已。

舅舅去世以后,原告代理人长期在外打工,对于舅妈并未尽到赡养义务。房屋拆迁之后,把母亲从浙江接走是为了得到拆迁补偿款。

事件经过:原告是被告的舅母。原告的丈夫死亡前,托付被告要照顾原告。2010年5月,斗门村房子拆迁,原告委托被告代为办理拆迁事宜,领取相应的款项。

结果:诉至法院。

最后是刑事审判中的被告人在答辩后的最后陈述:

> 审:现在由被告人作最后陈述。被告人尹某你站起来!你最后有什么要向法庭陈述的?
>
> 被(尹):有。(念)尊敬的法官、检察官、律师们,你们好!当时本来是抱着对生活美好的想象,然后结合了,后来发生那么多矛盾导致最后发生这种悲剧,真是不知道该做什么才能弥补她,也可能我做什么都不能弥补她,我也愿意积极去弥补她。而且她带着烙印,我一定会带着一生的烙印去生活。

将最后陈述按照叙事的六个要素进行分析,具体如下:

(独白)时间:今天;地点:庄严的法庭上,站在被告席上;人物:我。

事件原因:被:当时本来是抱着对生活美好的想象,然后结合了,后来发生那么多矛盾导致最后发生这种悲剧,真是不知道该做什么才能弥补她,也可能我做什么都不能弥补她,我也愿意积极去弥补她。

结果:而且她带着烙印,我一定会带着一生的烙印去生活。

7.2.3 论辩过程中对证人询问时证人的"次叙述"

论辩过程中对证人询问时证人的"次叙述"由问答构成。例如,下面的医疗纠纷中被告律师对己方证人的询问。

> 被代:那么被告保管这笔钱,具体情况是怎么样的?
> 证1:3月份拿了这笔钱,拿了这笔钱啊。
> 被代:那这里再问最后一个问题啊。你认为,现在这钱交给陈某某去保管,合理不合理?合适不合适?
> 证1:不合适的。
> 被代:不合适的,是吧?
> 证1:哎。方某某拿他都没办法的。

被代:哦。

将以上内容按照叙事的六个要素进行分析,具体如下:
时间:3月;地点:某村;人物:我,陈某和方某。
事件原因:代为保管钱财。
事件经过:拿了这笔钱,交给陈某某保管。
结果:方某某拿他没办法。

7.2.4 直接询问及交叉询问中问答式的"最小叙述"

请看下面一个"故意伤害案"中公诉人对被告人的询问:

审:下面由公诉人对被告人进行询问。
公:3月15日晚上有没有进入陈某某家中要钱?
被:没有,我是说了这一句话。我说你那个公爹,那个女的不是你的。
公:那你的目的就是为了找他家要钱,是不是?
被:不是。
公:那不是,那你进去他家就说要钱呢?
被:不是要钱。

将以上内容按照叙事的六个要素进行分析,具体如下:
时间:3月15日;地点:陈某某家;人物:我,陈某某。
事件原因:不是进去陈某某家中要钱,而是说了这一句话。我说你那个公爹,那个女的不是你的。
事件经过:没有进去要钱,而是说了一句话。
结果:没有抢劫目的。

以上例子显示,公诉人对被告人犯罪的事件经过的叙述是通过对被告人的提问,由被告人的回答来构建的,整个叙事是由一系列的一问一答这种最小叙事构成的。

可以说,7.2.2节至7.2.4节这三种叙述的形式及三个层级相互交织,但对原被告/控辩双方来说,他们的总叙事是分别由这三个层级的叙述来支撑的;他们的总叙事又是法官判决中最终叙事构成的基础。

7.2.5 庭审叙事的叙事结构特征

根据拉波夫(Labov,1972)的结构取向,他的一般叙事结构包括以下六个方面:

摘要——叙事的主要内容。
状况——包括时间、地点、情境和参与者。
繁杂的行动——事件的顺序。
评价——包括行动的重要性和意义。叙事者的态度。
结果——最后发生了什么。
尾声——将事件拉回到现在。

其中,原来作为一个叙事结构成分的"评价"后来被提高到一个可能贯穿整个叙事的二级结构。拉波夫也确立了三个评价类型和四个评价要素的范畴。

针对个人口头叙事的研究(包括拉波夫)通常都是第一人称叙事,而且主要是独白。当然,听众可以对叙述者提问,或者对所说的故事进行评判。与一般对话中的叙事相比,很多证人/被告的叙事是碎片式的,而且关涉多个叙事者。这是因为在庭审中,信息通过问答形式被转换成了证据。结果,"知情者"并不总是"叙述者",通常公诉人或律师(叙事者)会以向事实的知情者(显然是证人/被告)提问的形式进行叙事,目的只有一个——确认事实。

庭审中的证人和被告的陈述很少体现拉波夫的叙事结构的全部,因此Harris(2001)对拉波夫的一般叙事结构作了修正,她认为证人/被告的叙事结构应为三个部分:

状况——叙事发生的环境。
核心叙事(拉波夫所说的繁杂的行为)——陈述本身,即发生了什么,通常包括做了什么以及说了什么、看到什么。
[详述]——[提供更多核心叙事的细节、澄清、解释等]。
观点(拉波夫的评价)——对更高层级的审判叙事的意义,即被告有罪还是无罪。明确是对陪审团说的。

这三个主要叙事成分一般按顺序发生,但有时候"观点"也会偶尔出现在"核心叙事"之前。任何一个成分都可以有详述。它们与语境(如法庭)、对象(主要是陪审团)和举证目的(被告有罪或无罪)等方面相关。其中,最重要也是最有趣的是"观点"部分,因为公诉人或律师的职责是确保把证人/被告的叙事中对己方有利的方面呈现给法官或陪审团看。"观点"可以用很多种方式传达，比如，可以直接让证人/被告回答问题，也可以由公诉人或律师用一些修辞术来暗示，见下例：

公：案发这一天是哪天？
被：<u>2012 年 8 月 17 日</u>。   ⎫
公：你出门的时候携带何种凶器？ ⎬ 状况
被：<u>出门尖刀</u>。   ⎪
公：带了几把尖刀？   ⎪
被：<u>三把</u>。   ⎭
公：你是步行还是(驾驶什么)交通工具？
被：<u>驾着嘉陵 70 摩托(车)</u>。
公：摩托车是吧？
被：嗯。
公：之后去了哪？
被：<u>之后我就直接上了薛某家了</u>。   ⎫
公：薛某在家吗？   ⎪
被：没有。   ⎪
公：薛某家里当时谁在？   ⎬ 核心叙事
被：(薛某女儿)还有她同学。   ⎪
公：你认识薛某女儿吗？   ⎪
被：认识。   ⎭
公：知道她是薛某的女儿是吧？
被：知道。
公：为什么要杀薛某女儿啊？
被：<u>我上他们家蹲坑去了。没有(刘某)跑，我不会走的。是不是，来一个宰一个</u>。
公：扎了大约几刀？
被：四五刀吧。

公:(薛某女儿)当时是在屋里头吗?还是在院子里?

被:在床上。

公:你扎完她以后她一直在床上吗?

被:等她回来她就走出来了,走到院子里倒地了。

公:那个薛某女儿的同学刘某,你当时认识吗?之前认识吗?

被:(点头)不认识。

公:那你对她有什么行为?

被:我就不想再跟她废话了。她开门去了,我一瞅她开门去了我就急了。我没加思索就给了她一刀。

公:案发前,你认识薛某吗?

被:认识。

【核心叙事】

公:你跟他有什么矛盾吗?

被:他姐嫁给我以后,他就是上我家去,整天去闹去捣乱,最后又打我。

公:你跟他姐结婚了吗?

被:结婚了。

公:你们同居了吗?

被:在一起生活几年。

公:那领了结婚证了吗?

被:那不是标准。

公:你们在一起同居的那几年关系怎么样?

被:起初很好。

公:后来呢?

被:后来就是,薛某整天搅和就不好了。

公:后来你们一直在一起吗?

被:2010年薛某把我打了,分的手。

公:他为什么打你?

被:他就是让分手。

公:你们分开了吗?

被:分开了。

公:是因为薛某的原因吗?你们分手。

被:他姐本来就说是,做的就很不对。他就是挑这理,跟着他姐一块搅和吧。 【观点】

公：你对他姐有什么行为吗？
被：没有什么行为，我只能说是对她特别好。
公：那你当时对(薛某姐姐)薛某和于某是怎么想的？
被：那就是心里只有恨。
公：对这几个人都恨吗？
被：<u>那是，恨之入骨。</u>
……
公：审判长，公诉人的讯问暂时到此。

以上例子是公诉人对被告人在法庭调查阶段的直接讯问，叙事的结构非常直接。"状况"确定了所叙之事的场景。"核心叙事"均由过去时态和按时间顺序的分句组成，它叙述了事件中的人之所说、所做，而且所说和所做的互相紧密联系。通过此轮讯问，公诉人直接将被告人的主观心态和客观行为一一展现于法官面前。值得注意的是，公诉人并没有通过提问来显示"观点"，而是在"核心叙事"部分对被告人的问答中以一些细节、评价和说明等"详述"来体现该被告人的犯罪动机和犯罪行为的具体细节。该部分的叙事中，公诉人用了一些修辞术来暗示被告人的主观恶性。

7.3 庭审叙事连贯的认知框架构建

庭审中的叙事形式及其层级结构的复杂性决定了其本身衔接的复杂性，那么控辩双方对同一事件的两个完全不同版本的叙事构建是如何通过认知手段达到的？法庭审判中还有原被告对己方证人的直接询问以及对对方证人的交叉询问，有时到庭作证的证人还不止一个。那么在这种情况下，原被告是如何在提问中构建他们的叙事版本的，他们的事件版本的各个要素又是怎样进行有效衔接和连贯以达到"说服"法官的效果的？

7.3.1 庭审叙事连贯的认知图式

由于庭审叙事结构层次的复杂性，从叙事的角度来看，庭审的连贯性也是一个集复杂性和多层次性于一体的问题。许多学者从时间连贯性、逻辑连贯性和主题连贯性进行了研究。本书作者认为还可以从信息的连贯性、认知图式下的连贯对其进行研究,后者是本节的重点(余素青,2013)。

7.3.1.1 庭审叙事的连贯研究

法庭审判中的叙事形式及其层级结构的复杂性决定了其本身连贯的复杂性。整个庭审是各参与者通过言语互动进行的,因此从话语分析的角度来看,与其两个层面——结构和意义——相对应的是衔接与连贯这两个概念。就庭审语篇而言,它是一个动态的过程,尽管有其静态部分,如起诉书和判决书,但在庭审中对起诉书和判决书的宣读也是动态的。由于庭审叙事结构层次的复杂性,从叙事的角度来看庭审的连贯性也是一个集复杂性和多层次性于一体的问题。

庭审叙事首先是时间性连贯的,叙述者都是根据事件发生及发展的时间顺序来叙述的,因为叙事是一种语言行为,而语言是线性的、时间性的,所以叙事与时间的关系紧密。

因为诉讼是由于一系列的事件对某人造成伤害或侵犯后,被害人寻求法律救济的一种手段,所以因果关系的连贯也很明显。

庭审叙事也是主题连贯的。在庭审的举证质证阶段,控辩双方提供的证据并对其的陈述都是围绕该事件或行为是否构成侵害或侵犯这一主题的,法庭言语活动中的话题是庭审要解决的法律争端。比如,当审判长在宣布开庭时说了"现在开庭!上海市第一中级人民法院民事审判第一庭今天对上诉人张某1(小妹)、被上诉人张某2(大姐)继承纠纷一案进行审理。接下来我们就进行法庭调查"之后,根据庭审程序阶段,法官确定的主话题是"继承纠纷",那么在该庭审中,所有言语角色的话题都要与具体的"争议财产"和《继承法》相关规定有关。在法庭调查阶段,法庭要调查的是当事人双方所出示的用来证明他们对某部分财产享有继承权的相关证据,因此针对他们出示的每一个证据进行的法庭调查都是一个相对独立的次话题。在法庭辩论阶段也一样,针对法庭调查确认后的事实,双方当事人针对每一个辩论焦点发表的辩论意见也构成一个个相对独立的次话题。

法庭审判还可以从信息连贯进行考察。叙事有它的目的,常常是对一个事件、一个行为,或与若干事件有关的心理状态的道德评价(Ochs,1997)。语篇被称为语篇,是因为除了衔接和连贯外,它还具有意图性和信息性,叙事语篇更是如此(任绍曾,2003)。语言学所说的信息指的是以语言为载体所传递出的消息,也称为话语信息。话语信息结构即把语言组织成为"信息单位"的结构。话语信息结构单位由已知信息和未知信息两大类构成。已知信息是指已由背景环境或上下文等提供了的信息,未知信息是指不能从背景环境或上下文预测的信息。其基本结构模式为"已知信息+未知信息"。语篇中的信息是以语言为载体的消息内容,语篇生成过程是信息传递的过程,每一语句都是一个信息单元。语篇的展开是由已知信息到新信息的过程不断循环交替推进的。已知信息和新信息的编排方式决定语篇质量。语篇不是一个简单的语法单位,而是一个语义单位,是用语言向读者传递信息的动态过程。语义间信息连贯是构成书面语篇清晰脉络的内在机制,因此,信息结构理论对语篇的连贯性、经济性及语篇的组织等具有一定的解释力(罗国莹,2006)。

7.3.1.2 认知图式与原型分析

语篇的信息连贯主要是从话题的可及性和预设的可及性来界定和研究的,而语篇的可及性涉及语篇信息的认知范畴。从认知的角度对语篇的连贯研究主要包括图式理论、框架理论等,而图式本身就是一个理论性的心理结构,用来表征贮存在记忆中的一般概念,它是一种框架、方案或脚本。因此,我们将从图式理论来考察庭审叙事话语的连贯。

不同学者对图式进行了不同的分类。Carrell(1988)把图式分为两类:内容图式(关于世界的背景知识)和形式图式(关于修辞结构的背景知识)。Cook(1994)则把图式分为三种:世界图式、文本图式和语言图式(language schemata)。Kramsch(1993)在她的著作中引用了Fillmore所提出的语篇理解中的三种图式,即语篇图式、风格图式和内容图式。

在语篇结构理解研究中,Gordon和Cirilo(1985)把与该领域相关的图式分成以下两种类型:(1)故事图式,即描写原型故事及其变异的图式。"它识别构成故事的单元、这些单元的顺序,以及特别容易出现在单元之间的各种连接。"(2)说明文图式,即用于理解各种不同的说明文的图式。人们假设这些图式有序地排列在论述原形模式的周围。

在对阐释和理解行为的知识构成和应用模式所进行的分析研究中,依照Carrell和Eisterhold(1983)对形式图式和内容图式的划分原则,Kern(2000)对这两类图式进行了进一步的阐述。在他看来,形式图式涉及与语言应用形式有关的知识;内容图式则与主题知识、对现实世界事件了解的程度以及文化概念有关。

Rubin(1995)对图式的特性作了如下总结,他指出:

- 如果一部分内容正好与图式匹配,那么回忆这一部分时,无论在顺序还是在内容上都要比不匹配时删节和变化得少。

- 回忆某个特定部分内容时,其过程中的变化可以使该部分无论在顺序上还是在内容上更近似于与之相关的图式。如果某个细节回忆不起来,从该图式衍生而来的替代品通常被使用。如果在某个部分的细节不能与该图式相匹配,一个更为常见的细节就会取而代之。
- 图式可以让听者推断出省略部分,因此给知识丰富的听众唱歌的时候,完全可能而且希望省略图式中听众知道的某些部分。这种省略并不表示歌唱者忘记了这部分图式,也不意味着没有对听众提示过图式省略的部分。
- 图式的中心或重点会比次要方面回忆得更好,反映得更及时(常宗林,2002)。

我们认为,庭审叙事是对过去发生过的事件的叙述,因此属于叙述式语篇,其图式要素是时间、地点、人物、事件、方式等,其结构是以事件的起因、发展和结果为脉络的。因此在庭审叙事的内容上我们采用故事图式(描写原型故事及其变异的图式。它识别构成故事的单元,这些单元的顺序,以及特别容易出现在单元之间的各种连接),在形式上我们采用形式图式(涉及与语言应用形式有关的知识)。比如,在对故意杀人案件的审理中,法官和公诉人的大脑中都有一个"故意杀人"事件的基本原型,每一次对不同案件的审理都是在寻求该原型基础上的变异图式的过程。

那么,原型和图式之间的关系如何呢?认知语言学中的"原型"概念是指人们通过指派同一个名称或标签来创造或表示一个范畴。原型和范畴化是认知语言学的研究基础。我们在对周围事物的认知过程中,会把它们按照我们理解的范畴归类;在归类时会把常见的特定事物原始模式作为归类的依据。我们认知的事物包括具体的和抽象的事物以及在特定环境中所观察到的事件和状况。在对事物进行理解和归类的过程中,一种常见的行为是把某些事物比喻为常见的原型事物。

原型是对一个类别或范畴的所有个体的概括表征,反映一类客体所具有的基本特征。原型的意义在于为人类认知外部世界提供简洁的认知框架,体现认知行为和语言使用的经济原则。通过原型,人可以用较少的认知成本来获取较大的认知效益,灵活地反映现实和适应环境,这是概念和范畴得以形成的认知基础。人在感知和理解客体时,会以原型为蓝本对所感知的对象进行比较和匹配,输出认知结果。认知心理学的实验研究证明认知原型是一个客观存在,原型代表着一个范畴的实例的集中趋势,是以抽象的表象来表征的。根据原型理论,语言学的范畴主要不是由语言的特异性决定的,而是由人类的认知决定的。语言使用概念的形式对范畴进行概括和抽象,概念具有不同的层次,有上位概念和下位概念的区别。

在人对某一范畴的表征中,往往组合了命题、表象和线性序列,这就是认知科学中的图式(吴庆麟,2000)。原型和图式有着密切的关系,图式是对原型的典型特征所做的编码。原型具有层次结构,在人类的演化过程中,随着感知经验的积累和对外部世界认识的深化,人脑根据类似客体所具有的一组共同特征,将它们归入一个范畴,这些客体中最具典型性的客体便成为原型。人们对范畴的一组特征的定型看法,就是认知科学家所谓的范畴图式。有学者认为图式不是任意性的,而有其客观基础,这就是范畴成员的典型性特征。原型是概念的基础,并通过语言以概念的形式表达出来。图式是人类在和环境互动的过程中形成和发展起来的认知结构,图式也体现着人类的认知经济原则(卢植,2006)。

例如,就"故意杀人"中的"杀"而言,它的最初的原型是"用兵器(刀)把人剁死",词典中给出的解释是:殺 shā,动词,形声,从"殳","杀"声。古字作"杀",甲骨文字形,在人(大)的下方做上一个被剁的记号,表示杀。殳(shū),兵器。从"殳"表示与杀有关。本义:杀戮。

  杀,戮也。——《说文》
  武王胜殷杀纣。——《墨子·三辩》
  杀气浸盛。——《吕氏春秋·仲秋》
  杀其君,虔于乾溪。——《榖梁传·昭公十三年》
  杀人以梃与刃,有以异乎?——《孟子·梁惠王上》

其中,在"杀人以梃与刃,有以异乎?"中,"梃"指的是"棍棒",因此"杀人以梃"是指"用棍棒将人打死",这就出现了"杀人以刃"这一最初原型的变异。发展到现在,"杀人"的手段有很多,如毒杀、枪杀、绞杀、溺杀、烧死、使人窒息而死等等,而且仅就"用刀"而言,就有剁、刺、砍、割等方式,因此《现代汉语词典》(第7版)对"杀"的释义是"使人或动物失去生命;弄死",并没有限定通过什么手段致人死亡,而只是说明结果。

再看 Alder 和 Doren 提供的乘车图式:

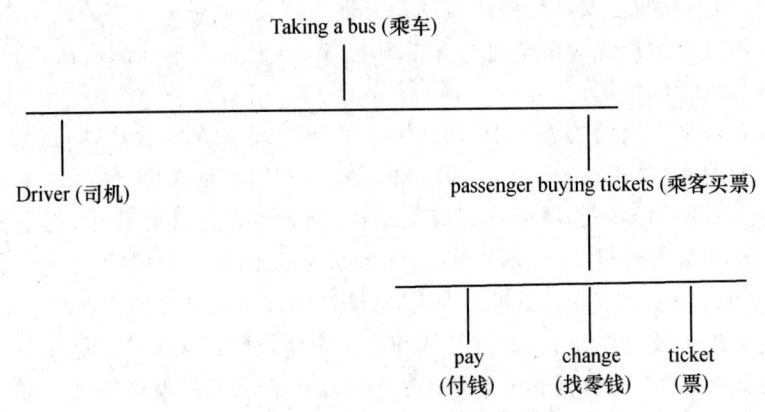

```
                    Taking a bus (乘车)
          ┌──────────────────┴──────────────────┐
      Driver (司机)              passenger buying tickets (乘客买票)
                              ┌──────────────┼──────────────┐
                            pay           change          ticket
                           (付钱)         (找零钱)          (票)
```

图 7.1　Alder 和 Doren 的乘车图式

根据 Alder 和 Doren 提供的乘车图式，我们用格语法的形式把"杀人"的原型描述为：

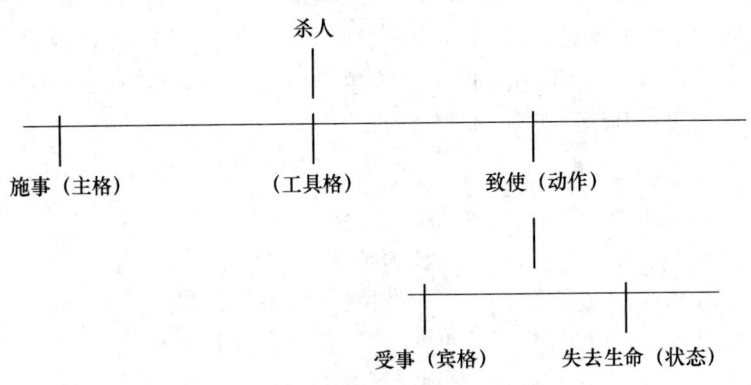

```
                         杀人
          ┌───────────────┼───────────────┐
       施事（主格）     （工具格）      致使（动作）
                                    ┌───────┴───────┐
                                 受事（宾格）   失去生命（状态）
```

图 7.2　格语法框架下的"杀人"原型图式

那么请看下例：

审 2：由公诉人宣读起诉书。

公（男）：福建省长汀县人民检察院起诉书：

被告人池某于 2001 年 2 月 17 日凌晨，在自己家中产下一女婴后，便用掐、打、摔等残忍手段欲将其致命。后见婴儿没有了声音，以为已经死亡，将其抛弃在小河边的厕所里。得知婴儿被妻子杀死的陈某，指使母亲谢某隐瞒事实，报告村干部婴儿生下来就是死的。有关工作人员赶到现场查看，意外发现婴儿尚未死亡。随即送到医院救治，后抢救无效死亡。

陈某与池某感到事情将要败露,惶恐之下先后外逃。两人在江西石城县汇合后,辗转江西、广东等地,四处逃匿,直至将近四年之后,在2004年11月13日被公安机关抓获归案。

　　本院认为被告人池某故意非法剥夺他人生命,致人死亡,触犯《中华人民共和国刑法》第222条的规定,犯罪事实清楚,证据确凿充分,应当以故意杀人罪追究其刑事责任。被告人陈某明知被告人池某的行为是犯罪,仍然为其提供住处及财物帮助其逃匿,触犯了《中华人民共和国刑法》第310条的规定,犯罪事实清楚、证据确凿充分,应当以窝藏罪追究其刑事责任。根据《中华人民共和国刑事诉讼法》第141条之规定,提起诉讼。请依法判定。

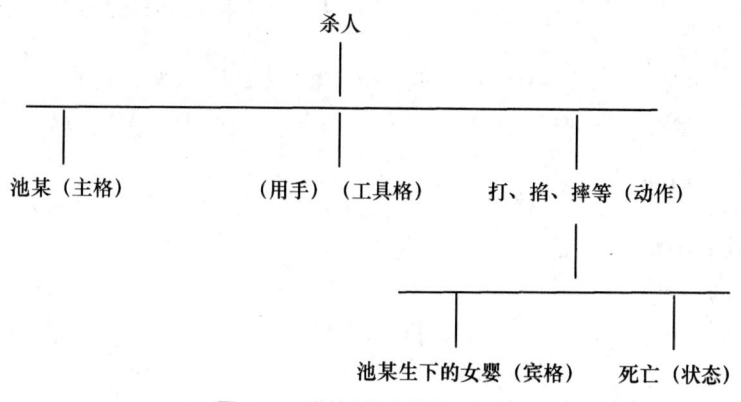

```
                        杀人
          ┌──────────────┼──────────────┐
       池某(主格)    (用手)(工具格)   打、掐、摔等(动作)
                                        ┌──────┴──────┐
                                  池某生下的女婴(宾格)  死亡(状态)
```

图7.3　池某"杀人"的图式构建

　　根据检方的陈述,池某的行为符合"杀人"的原型图式。那么是不是属于"故意杀人"呢?《现代汉语词典》(第7版)对"故意"的定义是有意识地(那样做)。在刑法中,故意指行为人明知自己行为会造成侵害他人或危害社会的后果,而仍然希望或放任结果发生的心理。在后面的庭审中,被告人说明打婴儿的原因是"平时就听别人说过,过夜女儿不好,生下来没死,到了两三岁还是会死掉。所以我就开始打我的女儿"。而事实上,她是已经生了一个女儿,是因为想要一个男孩才把生下来的第二个女儿"掐""打"或摔"死的。尤其是在她"用掐、打、摔等残忍手段欲将其致命"后,"见婴儿没有了声音,以为已经死亡,将其抛弃在小河边的厕所里"。当时她意识清楚,完全能预见到自己行为的严重后果,因此有主观故意性。刑法中"故意杀人",是指故意非法剥夺他人生命的行为。池某没有、也不可能被任何机关授权去"剥夺"她女儿的生命,因此属于非法行为。

7.3.1.3 故事图式与庭审叙事连贯

下面我们用故事图式来分析该案件的庭审叙事，可以将"故意杀人"的原型故事图式用线性序列表示如下：

何时	何地	何人（施事）	因何	用何方式	杀	何人（受事）	何果
when	where	who	why	how	kill	whom	consequence

图 7.4 "故意杀人"的原型故事图式

从庭审的总体功能来看，法官和控辩双方的话题都是围绕着对故事图式中的"何时、何地、何人（施事）、因何、用何方式、杀、何人（受事）、何果"这八个识别构成故事的单元、这些单元的顺序，以及特别容易出现在单元之间的各种连接进行的。

何时	何地	何人（施事）	因何	用何方式	杀	何人（受事）	何果
when	where	who	why	how	kill	whom	consequence
2001年2月17日凌晨	池某家中	池某	（想再生男孩）	掐、打、摔等		池某产下的女婴	女婴死亡

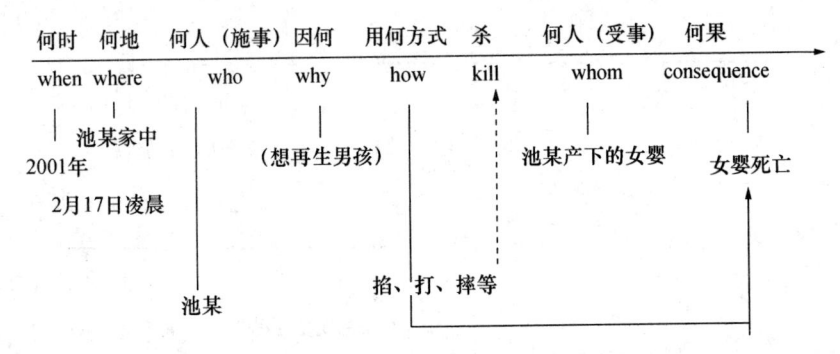

图 7.5 池某"故意杀人"的故事图式

该例中控方的言语目的是通过叙述来建构池某"杀人"事件的八个单元以及各单元之间的顺序和连接的。可以说整个庭审过程中，法官以及控方的言语目的就是针对池某"杀人"事件的八个元素的确认，而辩方的言语目的是否认这些单元或者部分单元，或者打断这些单元之间的联系。见下面被告人对审判员提问时的回答：

审1：（你）什么时候因为什么事情被采取了强制措施？
被1：是因为生了一个妹子，刚生下来闭气。▲
审1：   ▼啊？
被1：是生了一个妹子▲
审1：   ▼这里（起诉书）写的是因为涉嫌故意杀人，

7 庭审多层级叙事结构中叙事连贯的认知框架构建

2004年11月13日被长汀县公安局刑事拘留▲

　　被1：　　　　　　　　　　　　▼没有,法官大人,真的没故意杀人▲

　　审1：　　　　　　　　　　　　▼我现在讲是因为这个事情被刑事拘留。

　　被1：哦。

　　审1：你2004年11月17日经这个长汀县人民检察院批准,由长汀县公安局执行逮捕,有没错？

　　被1：我记不住。你们里面写那么多,我又不识字,不知道。

　　……

下面是被告人对公诉人的提问所作的回答,也是否认一些关键单元的事实：

　　公：被告人池某某,现在公诉人对你讯问,你应当如实向法庭陈述。▲

　　被1：好。

　　公：　　　　　　　　　　　　　　　　　　　　　　　　▲
不得隐瞒

　　被1：好。

　　公：听清楚了没有？

　　被1：听清楚了。

　　公：好。女婴出生以后,你对女婴做了什么？

　　被1：她一生下来就闭气,她一直不会哭。出生的时候她身上很冷,我就把她抱到床上。抱到床上后,把自己衣服整理好。后来我又给她参汤吃,提神。她不会吃,结果流到了脖子上,我就用毛巾这样擦。这时她的脸已经发紫,参汤也不会吃了。想起以前老人说过过夜女不好,会害死人的,就在她的脸上摸了一下。想想很伤心,两人就掉在了衣服堆里。家里的地不是木板的那种,是土的。后来自己想想自己生得那么辛苦,就又把她抱起来,用塑料纸把她裹起来▲

　　公：▼后面的等下再说。按你的说法,女婴生下来以后,你灌了参汤给她,后来流在脖子上,后来你用毛巾捂了她的嘴上,然后擦了她的颈上,后来把她扔到衣服上。但是根据法医鉴定,她脖子上有机械性这个痕迹,还有胸腹部都有掐和抓的痕迹,这是怎么来的？

　　被1：没有,没有。

　　公：在案卷当中都有明确的证据记录的。

被1:<u>没有</u>,这个是▲

公: ▼公诉人提醒你！你要如实向法庭陈述！

被1:好,好。

公:好,再问你啊,你有没有掐女婴的什么地方?

被1:<u>没有</u>。

公:有没打她?

被1:<u>没有</u>,就是这样摸她。

公:这个摸和打、抓、卡、捏、掐是有明显区别的。

被1:<u>没有</u>。

公:这个案卷当中有明显的相关鉴定。▲

被1: ▼嗯。

公:以及相关的证据证实的

被1:嗯。

公:你有没有用鞋打过女婴?

被1:那个鞋子很薄的。我就听老人讲生下过夜女运气不好,我就在她面孔上这样拍了一下,就是这样子。

公:用的是什么鞋子?

被1:用的是那个布鞋,买来的那种,薄薄的那种。

公:打她的脸部啊?

被1:嗯。

公:打了几下?

被1:就是这么拍一下。我是说她运气不好,我就拍她一下看她有没有活过来这样子。

公:你以往有讲过是用皮鞋、有用草鞋,是布鞋△究竟是用的什么鞋?

被1:我没有用过什么草鞋,什么布鞋呀,真的没有。就是我那个布鞋,我自己买来的▲

公: ▼那你用的是布鞋?

被1:那种买来的拖鞋,薄薄的,很薄。我就是刚拖了地,进屋换了拖鞋。像布一样,在她脸上就这么擦了一下▲

公: ▼那么你生下来的女婴有没有哭?

被1:<u>没有</u>。

公:自始至终都没有哭,是不是?

被1:是。

公:你的意思是自始至终都没有哭过?

被1:没有,我真的没有听到她哭。

公:那你在2004年11月13日17时至20时40分向案子的侦查人员的供述是这样"你讲一讲女婴生下来以后有没有哭过?",你的回答是"是哭了一两声"▲

被1:▼没有。

公:"后来我看到是女婴,而家里人又不在跟前,所以我很生气。平时就听别人说过,过夜女儿不好,生下来没死,到了两三岁还是会死掉。所以我就开始打我的女儿。"

被1:不是那样子说的,当时我那个女婴已经没有气了。我抱起来就说这个人真是会害死人的,以前那个老年人说的,过夜女会害死人的。他们让我说,我是老实人就是这样子说出来的。

公:这是供述里面并且有你亲自按印,你今天为什么要改变供词?

被1:没有改的。

针对审判员和公诉人"婴儿有没有哭"的提问,被告人一直声称"生下来就是闭气(死)的""没有哭,自始至终都没有哭",如果这一事实成立,那么就不存在"故意杀人"的前提;针对"有没有掐或者打婴儿"这一提问,被告人连续用了"擦、摸、拍"等词。比较公诉人使用的词汇"掐""打"和被告人池某用的"摸""拍""擦"等,它们虽然都表示"某人用上肢(手)或某物与另一个人发生接触",但在程度上"摸""拍""擦"要轻得多,而"掐"和"打"会造成伤害的后果,属于公诉人说的"残忍手段";另外,它们的感情色彩也不一样,"掐"或"打"一个刚出生的女婴反映的是作为母亲的池某残忍的一面,而"摸""拍""擦"等则让人联想起温柔的母性的一面。被告人选用语义程度低的词汇以消除是她致使女婴死亡的这个结果,这同样是想达到否认自己故意杀人的目的。

如前所述,从整个庭审来看,法官和控辩双方的话题都是围绕着对故事图式中的"何时、何地、何人(施事)、因何、用何方式、对何人(受事)、做了什么、致何果"这八个识别构成故事的单元、这些单元的顺序,以及特别容易出现在单元之间的各种连接进行的。因此,可以说庭审的叙事连贯是在故事图式的基础上展开的,而这个故事图式是个序列的连续体,因而是连贯的。它是通过语言表达来实现的,所以体现在语言形式上,有词汇手段、语法手段、逻辑语义手段和语用手段等。

7.3.2 庭审叙事的故事模型与连贯

在对抗式法庭审判(尤其是刑事案件的审判)中,案件双方的竞争从本质上是围绕着故事建构而进行的。首先,同样的案情会因为不同的故事框架及叙事边界而产生不同的故事,导致不同的法律结果。其次,故事竞争的关键在于故事的可信度或者说服力,而故事可信度或说服力的叙事形式特征在于故事的连贯性,故事连贯性越强,则故事越具有说服力。叙事连贯性包括内部连贯性以及外部连贯性。内部连贯性涉及叙事的内部一致性,以及叙事完整性。我们将庭审故事对证据的覆盖性也归入叙事完整性范畴。叙事外部连贯性则指庭审故事与故事外因素(如法官或陪审员的背景知识)之间的对应关系。我们将法官对陪审员的指引也列入外部连贯性分析之中。

从本质上看,法律是人类的一种交际行为。当事人与律师交流;证人与法庭交流;律师与对方律师、法官以及陪审团交流;法官与律师以及诉讼当事人交流。这些交流行为大部分采用我们通常所认为的故事叙述的方式。比如,律师的当事人对其所遇到的法律问题的陈述,或者证人的证词,都符合我们常识中故事的概念。可以这么说,每一个法律案件均始于故事,即律师或当事人所叙述的故事,终于法庭或陪审团所作出的司法判决,而司法判决从本质上说又无非是在法律框架下对前述当事人的故事进行再叙述。即使是司法意见书,也无非是从法庭上呈现的众多案件事实中选取"与案件相关的"事实而构建的用以支持法庭立场的故事。而在二者之间则是案件原被告双方在法庭审判过程中叙述以及建构的故事。庭审过程中,原被告双方以法律所允许的叙事和修辞形式讲述各自"真实"的故事,双方的故事或叙事往往处于对抗性或竞争性状态,其目的在于说服法官或陪审团并获得其认可,而陪审团则根据证据以及双方故事的内在连贯性等因素判断各方故事的可信度,并进行选择。同时,各种法律文本,如诉讼案情摘要、上诉判决书、法律评论等,以及口述性的开庭陈述、最后陈述、交叉诘问等均包含故事和叙事因素。因此,我们可以说,在法律话语中,故事与叙事无所不在,起着重要的作用。

在学术研究领域,早在三十多年前,密歇根大学法学教授詹姆斯·怀特(James B. White, 1985)就曾指出:故事叙述是律师行为的核心。1981 年,两位非法学的社会科学研究人员 Bennett 和 Feldman(1981)在其关于美国文化中的司法公正与司法判决的研究中,也得出类似的结论:刑事审判是围绕故事叙事而进行的。十年后,科罗拉多大学心理学家彭宁顿和黑斯蒂通过对司法判决形成过程的研究,尤其是对陪审团裁决的研究,形成了同样的结论:故事建构是陪审团作出司法裁决的核心认知过程(Pennington and Hasit,1991)。此后大量的研究(Lubet,1991)也得出相似的结论。这些结论对于从事法律实践的律师来说实际上是显而易见的。每一个律师都知道,其主要的工作就是通过有说服力的故事来获得法官和陪审团的认可,从而赢得诉讼。那么,为什么故事和叙事会在法律话语中占据如此根本性的地位呢?构成故事或叙事说服力的叙述特征是什么?

7.3.2.1 叙事作为人类最自然的交际形式

毫无疑问,故事或叙事是我们理解人类经验的基础。南加州大学著名的交际理论学家费雪在其叙事理论中提出:人类从本质上说都是故事叙述者(Fisher,1989)。故事叙述是人类最古老、最普遍的交际形式之一,因此,费雪认为,个体是通过叙事模式接触其所处的社会环境,并在此叙事框架下进行决策和行动。在叙事学中,所谓的故事,是指对按时间序列展开的事件或事件集合的真实或虚构叙述;按照亚里士多德的说法,故事必须具有开头、中间和结尾。为达到解释、传递信息或说服等功能,故事叙述者往往会刻意选择、强调、排列故事中的事件。叙述学家布鲁克斯(Peter Brooks,2008)在谈到这点时说,故事的建构必须能在读者或听者的脑海中构建起故事的开头、中间和结尾之间的关系;故事开头必然引向故事的结尾;故事的结尾必然是故事叙述过程的逻辑后果,同时故事结尾又反过来让读者或听者更好地理解故事的中间部分。叙事则是一个比故事更为广泛的范畴概念,包含故事的建构和接受。故事只是叙事的组成部分之一。按照著名叙事学家查特曼(Seymour Chatman,1978)的理解,故事是叙事的内容。除故事成分外,叙事还涵盖诸如人物、场景、视角等其他成分。

心理学家布鲁纳(Jerome Bruner,1991)认为:我们主要是以叙事的方式,如故事、借口、神话、各种做什么不做什么的理由等等,来组织我们的经验以及我们对人类所发生的事情的记忆。对于布鲁纳来说,叙事形式是人类用以组织其经历或经验的自然倾向,而这种叙事倾向是内在于我们的语言或心理之中的;因此,叙事之于我们对世界的理解就像我们用肉眼观察事物一样自然。伯恩斯(Robert Burns,1999)也表达同样观点,认为叙事结构是组织和解读人类经验的内在图式。

但也有学者认为叙事结构可能并非语言或心理结构的内在机制,而是一种社会性或文化性的建构,用于分享具有共同文化背景的人群的体验或经历

(Anthony and Bruner,2000)。从这个意义上说,叙事结构具有普遍性,其原因可能在于以下基本事实,即人类个体体验社会现实是按照时间顺序进行的。伯恩斯认为叙事结构与人类经验结构具有契合性:人类行为本身即含有可类比于叙事结构的成分,即开头、中间部分、结尾;因此,"行为和故事叙述从本质上说都是按时序的,并且都是具有逻辑的"(Burns,1999)。也就是说,如果我们按照事件顺序来理解事件或故事,则我们就可以理解其中的逻辑。从某种程度上说,叙事结构可以被视为人类试图赋予时序性以意义的努力。

无论叙事结构是内在还是外在于语言和心理结构,叙事理论家一致认为,叙事形式不仅具有高度识别性,而且叙事结构通过预先赋予一般事件和概念以特定的意义,并将其固化为特定的故事(Steven,2001),使得我们可以赋予新的事件或故事以意义。总而言之,叙事是人们理解人类经验或经历的自然方式。

7.3.2.2 故事与话语

作为理解人类经验或经历的自然模式,叙事同样为法庭审判所涉及对事件的叙述提供特定的结构。由于法官或陪审团必须以特定的方式对法庭叙事进行理解,以便作出相应的司法判断,律师在庭审中就必须为法官或陪审团理解所涉及事件提供特定的结构,以引导其作出有利于己方的审判结果。

在叙事学理论中,我们通常区分"故事"与"话语"这两个叙事层面。按照查特曼(2013)的定义:每一个叙事都有两个组成部分:一是故事,即内容或事件(行动,事故)的链条,外加所谓实存(人物,背景的各组件);二是话语,也就是表达,是内容被传达所经由的方式。通俗地说,故事,即被描述的叙事中的是什么(what),而话语是其中的如何(how)。更早前的苏联形式主义者如普洛普(Vladimir Propp)等人则使用"本事"和"情节"进行类似的区分:"本事"指按其实际发生的时间先后排列的事件或事件总和,是故事的素材或者叙事中讲述的事件的总和,而"情节"则指故事组织方式,是事件在叙事话语中得以表达的顺序和方式,是真正讲述出来的故事。这里的关键点是,同一个"故事"可以有不同的话语表达方式;叙事学关注的是,一个"故事"在话语层面上的不同表现方式往往意味着不同的视角、不同的目的性,以及对读者或听者不同的预期效果。简而言之,话语既是对故事或事件的处理方式,也是对读者或听者的影响方式,因而,绝不是客观中立的。"故事"与"话语"(或者"本事"与"情节")的区分也促使我们作为读者或听者认识到,我们对实际发生的"故事"或"本事"的理解并非"故事"或"本事"的本相,而是"故事"的不同话语表达版本,各有其不同的叙事结构和话语目的。

"故事"与"话语"的区分同样明显体现在法律叙事中。[①] 每一个出庭律师都明白,其主要工作就是将常常是零散混乱的"本事"转述为一个无懈可击、令人信服的"情节"。当然,这不是简单地将事件像串珠一样串在一起,而是需要处理其中的不一致之处,寻找不在现场的证据,填补事件之间的空白点,这些均涉及对叙事话语的选择。布鲁克斯曾提到,在这个过程中,"律师会构建假设性叙事以覆盖和解释事件,而这些叙事本身又反过来修正事件,改变其状态,制造其他的事件以填补空白点,并赋予行为以意图。律师同其当事人必须既还原又构建故事,而这二者之间的界限显然不是很清晰"(Brooks, 2008)。

(1) 庭审故事的架构

在法学研究中,基于同样的事实而构建不同的话语故事的叙事行为通常被称为"故事框架"(Scheppele, 1989)。对于同样的事件,不同的人会有不同的叙述方式,且每个叙述者均认为自己的故事真实描述了自己的所见所闻,但每个故事的话语组织方式却可能大相径庭,给听者或读者理解"真实发生的事情"形成完全不同的印象。在文学作品中,故事的不同叙述结构会带来不同的文学效果。但在法庭审判中,采用这个故事而非那个故事,则会带来不同的法律后果,有可能会导致一个人坐牢,甚至被判处死刑,也有可能让其无罪释放;因此,故事的框架问题在法庭审判中十分重要。

在法庭审判中,故事的组成部分采用不同的框架方式,尤其是对不同描述方式的选择上,往往会导致不同的法律后果。也就是说,两个不同的说法可以用于描述同一事件,但法律效应却大相径庭。我们可以以著名的马里兰州诉拉斯克案(State v. Rusk)[②]为例。在这起发生于1977年的强奸案中,一名女性佩特(Pate)让一名她在单身酒吧刚刚碰到的男性拉斯克(Eddie Rusk)搭车回家,并在后者的公寓中双方(自愿或非自愿)发生了性关系。在佩特的证词中,她提到:"当我哭泣时,拉斯克将双手放到我的喉咙上,然后让我轻微窒息。"在法庭辩论中,这个"卡住喉咙让人轻微窒息"的动作,被告的辩护人认为这也可以理解为是一个"用劲较大的抚摸"(heavy caress)(Scheppele, 1989)。这两个描述均指被告人将其双手放置到该女性的颈部的动作,但由于判定强奸罪是否成立的一个重要标准为是否存在强制行为,因此,前一个描述相比后一个描述

[①] 在关于故事叙述或故事模式的法学文献中,通常与"故事"与"话语"二分概念相对应的概念是"事件或事实"(events or facts)和"故事"(story);也就是说,法学文献中的"故事"更多地相当于叙述学中的"话语"(discourse or sjužet)。

[②] 289 Md. 230, 424 A.2d 720 (1981)。

更容易让人得出该名妇女被强奸的结论。这两个描述其实均无明显的错误。在马里兰州上诉法院的法律意见书中,法官们对此也意见不一。大法官墨菲认同"轻微窒息",科尔法官则认为所谓的"窒息"并非意图使该名妇女失去行动能力。

从这个案件的总体情况来看,初审时拉斯克被判有罪,但该判决在马里兰州上诉法院被推翻,然后更高一级的法院又重新确定拉斯克有罪。在两级上诉法院的司法意见书中,均存在多数意见与少数意见的严重对立;这意味着"同样"的故事,对于两次上诉过程中的法官来说,存在多个不同的版本,导致完全不同的结果:拉斯克要么被判入狱七年,要么无罪释放。为什么同样的"事实"会产生不同版本的故事从而带来不同的法律后果呢?在这个案子中,关键还是故事的叙事组织方式是将故事的整体结构引向"经双方同意的性行为"还是"强奸"。

(2)庭审故事的叙事边界

对事件进行不同的切割,设定不同的起点和结尾,也会导致不同的叙事。按照 Scheppele(1989)的说法:"在法律故事中,'从哪里开始'具有实质性效果,因其影响故事如何朝着某一法律后果的方向演进。"一般而言,在法律实践中,我们通常将所谓的"麻烦"开始之时作为故事的开始,然后沿着具有法律关联的事实展开。所谓的"麻烦"是指导致诉讼的系列事件。在拉斯克案中,故事的开头将会被设定为佩特与拉斯克首次相遇之时间与地点,而故事的结束则为当夜两人分开之时。介于中间的各种事件则构成此法律叙事的边界。这是标准的法律事实陈述模式或叙事策略。

但如果我们将事件置入更广义的语境中,则会发现叙事的边界又会发生变化。在拉斯克案中,在推翻拉斯克有罪判决的上诉法庭的多数意见书中,故事的开头也非常标准地设定为佩特遇见拉斯克的场景,但投票维持初审原判的威尔纳法官在少数法律意见书中则将这起强奸案件置入更为广阔的背景语境中,使得整个故事具有一个广角的肇始。威尔纳法官注意到,当时强奸案件呈上升趋势,且被害者面对强奸威胁时采用的大多数是言语抗拒,而非物理性抗拒,而全国的执法机构也警告女性在遭遇强奸攻击时不要回击攻击者。在这种背景下,佩特在事发当时没有挣扎反抗这个细节就会显得更为合理,而在传统标准的"窄视角"叙事中,这个细节则更有可能造成"双方同意的性行为"的印象。

那么为何在像拉斯克这样的案件中,在初审中获得陪审团认可的叙事到了上诉法院又会被逆转呢?案件本身的事实在初审中经陪审团"排除合理怀疑"后基本上是可以确定的,而上诉法院法官一般并不质疑陪审团作为事实认定者的有效性。上诉法院法官更多关注法律性错误,如是否存在被陪审团忽略的故事事件,或者是否存在某些与案件没有关联的事件被错误地引入故事链条。也就是说,上诉法院只是用不同的叙事组织方式将故事重新叙述一遍,从而导致不同的结果。而如果上诉法院法官之间存在多数意见和少数的不同意见,则意味着在上诉法院层面上,同一个故事存在两种相互竞争的叙述方式,只不过其中一种由于支持的人数多而侥幸胜出。

7.3.2.3 竞争性故事及其说服力

在像英美这样的对抗式审判制度下,原告与被告(或者公诉人与被告人及其辩护人)叙述不同的故事。原告方律师讲述的故事通常是其当事人的生活或利益由于被告的行为而受到负面影响,而被告则必须讲述一个针锋相对的故事,说明原告并未受到任何负面影响,或者原告所谓的损害无法可依,或者说明尽管原告确实遭受了法律确认的损害,但此种损害并非由被告过错导致。对于对抗式庭审而言,这些属于必备情节。也有学者认为,早在庭审之前,诉讼当事人为各自要在法庭上讲述的故事选择合适的证据时,双方之间的叙事竞争便已经开始了(Coombe,2001)。

除原被告之外,此过程还涉及另一个重要角色,即陪审员。从叙事的角度看,陪审员具有双重的角色。一方面,陪审员是诉讼当事双方的故事的主要听众以及判断者;另一方面,陪审员又必须根据呈堂证据对诉讼双方的故事进行重构。在此重构过程中,对于契合自己的故事框架的证据,陪审员会给予较多考虑,而对那些与自己的故事框架相矛盾的证据,则会予以淡化,甚至摒弃。陪审员作为一个团体,即陪审团,也会试图构建一个集体性故事,或者在各方的故事中选择一个比较可信的故事,以便对案件达成一个裁决。

在这种对抗式的庭审环境中,为获得有利于己方的审判结果,当事人各方必须尽可能使己方的故事具有更高的说服力和可信度。Allen(1986)就曾提出:庭审的本质就是各方试图说服陪审团,让其认为己方的故事比对手的故事更有可信度。Brooks(2008)中说:法律意义上的定罪源于如何说服那些评判故事的人。那么,我们如何从叙事形式的角度判断故事的说服力或者可信度呢?

关于叙事的说服力或可信度方面的研究,主要集中在叙事的形式或结构特征方面。比如Bennett和Feldman(1981)从一开始就将注意力集中于庭审中讲述的故事的内在结构关系,认为这些内在关系是理解特定故事说服力的关键,故事的叙事形式对于读者或听者对其可信度的感知具有相当的影响,而无论其故事本身是否真实。而关于故事说服力的具体叙事形式,大多数研究者均着眼于故事的连贯性,即一个故事的各个部分如何更好地组合为故事整体。费雪在讨论叙事的特征时几乎是将"连贯性"作为"叙事可信度"的同义词来使用的(Fisher,1987)。彭宁顿和黑斯蒂也是将故事的连贯性与其说服力捆绑在一起,其实证研究也发现,注意按照连贯性特征(比如完整性)建构的庭审故事能带来更可预测的判决结果(Pennington and Hastie, 1991)。伯恩斯的研究也发现,在庭审环境中,在相互竞争的故事中,那些看上去最有可信度的故事对于陪审员决定"事实真相"的影响最大,而连贯性最强的故事同时也就是那些看上去最有可信度的故事(Burns, 1999)。

在上述讨论中,我们注意到,Bennett 和 Feldman(1981)认为故事内容本身的真实性对于故事的可信度并不构成影响。波斯纳(Posner, 1997)也持有类似的观点:故事不必是真实的,但必须是连贯的,可理解的,且有意义的。彭宁顿和黑斯蒂在其一项研究中就同样的案件进行了两组模拟法庭实验(Pennington and Hastie, 1988):首先,在模拟法庭中以故事顺序提交检方证据,而以证人顺序提交被告方的证据,然后让大学生充当的模拟陪审员决定被告是否有罪;其次,以故事顺序提交被告方证据,而以证人顺序提交检方的证据,然后让另一组大学生充当的模拟陪审员决定被告是否有罪。所谓的故事顺序,是指案件信息或证据按照原始事件发生的真实时间和因果顺序提交,而证人顺序则是证人按顺序作证,每人向陪审团仅叙述其所知的有关案件信息,而无视这些信息在整个案情中的时间顺序和因果关系。简而言之,按故事顺序提供的证据具有连贯性,而按证人顺序提供的证据则由于时间顺序和因果关系的交错而缺乏连贯性,较不容易理解。实验结果显示,在第一种情况下,78%的模拟陪审员作出有罪裁决,而在第二种情况下,仅有31%的陪审员作出有罪裁决。

这个实验说明,同样的事实,同样的信息,其叙事形式是杂乱无章的还是连贯性强的,显然具有不同的说服力。故事的真实性对于多数听者判断故事的真伪并无显著影响;对故事的说服力具有影响的是故事结构,或者更具体地说,是故事的连贯性。无论实际真伪如何,一个故事越连贯,故事各部分间的连接越清晰,则该故事就越有可能被判断为真实可信。Lempert(1991)认为:一方在庭审中提交的故事越有连贯性,则陪审员越有可能接受该方故事而无论证据的信息内容。这意味着,故事的叙事结构或者说连贯性比证据本身更具有说服力。

7.3.2.4 故事的连贯性

那么,所谓的叙事连贯性到底指什么呢?为更好地理解这个概念,我们将其分为内部叙事连贯性与外部叙事连贯性。内部叙事连贯性主要包括两部分：内部一致性，即故事各部分之间如何合成为一个故事整体，以及完整性，即故事是否包含预期的组成部分。所谓的外部叙事连贯性则涉及故事与故事之外的事物的关系，通常指故事与法官或陪审员关于现实世界的知识之间的匹配程度(Pennington and Hastie, 1991)。

(1) 庭审故事的内部叙事连贯性

我们首先讨论内部连贯性。故事的内部连贯性主要指故事的各个部分相互一致(Bernard, 1988)。这就涉及我们在理解叙事故事时故事整体与部分的相互关系问题。欲理解叙事故事的整体意义，则我们必须理解故事各个组成部分的意义，而每一个组成部分的意义又取决于其与其他组成部分的关系，并最终取决于故事整体的意义。因此，故事各个部分之间不能存在相互矛盾之处，否则故事的连贯性则无从谈起。彭宁顿和黑斯蒂还将内部一致性概念扩展到故事框架之外，认为在庭审中，故事框架必须与庭审中证人提供的具有可信度的证据相一致(Pennington and Hastie, 1991)。

对于庭审故事来说，内部连贯性尤显重要。在对抗式庭审过程中，各方很少有机会完整地叙述其故事，因为庭审证据通常是以证人顺序（而非故事顺序）提交的，而证人出庭的顺序并不必然与故事展开顺序吻合。因此，法官和陪审团面对的证据相对于其要构建的故事整体来说是碎片化的，他们需要首先建立一个试探性的（或者说假设性的）且内部一致的故事结构，并以此试探性故事结构为基础进行适当的推理，试图为故事的各个部分，包括碎片化的证据，提供相互之间的逻辑关联，以使其融合成为一个完整的故事。

如果我们将眼光转到真实的庭审程序，我们可以发现，双方律师在庭审伊始所做的开庭陈述为陪审员提供了此类试探性故事结构，因为双方律师会尽量在开庭陈述中向陪审团传递一个连贯的故事。Lempert(1991)认为，这些开庭陈述会诱导陪审员的故事建构。如果没有开庭陈述，其后以证人顺序提交的证词可能会成为没有说服力的杂乱事实堆积，但开庭陈述提供了必要的语境和故事框架后，这些证词可能会显现出连贯性和说服力。因此，开庭陈述降低了陪审员从随后的证据中构建连贯的故事的难度。不仅如此，在彭宁顿和黑斯蒂的故事顺序与证人顺序模拟庭审实验中，部分大学生模拟陪审员报告中说，在听取开庭陈述后，他们就对整个案件形成了倾向性意见，且最后的裁决几乎同最初的倾向性意见一致(Pennington and Hastie, 1988)。由此可见，开庭陈述对陪审员建立初步的故事框架具有重大的影响。在这种初步故事框架建立之后，陪审员会更容易接受与其所倾向的故事结构一致的证据或证词，因为这些证据或证词更容易帮助其建立故事的内部一致性。总的来说,如果庭审中一个故事因缺乏一致性而导致故事的各个组成部分之间无法建立关联,则该故事会被视为可信度较低,没有说服力,从而在庭审故事竞争中失败。

其次是叙事完整性。所谓的叙事完整性是指故事的结构应具备其应该具有的要素或组成部分(Pennington and Hastie,1991)。简单地说,故事可以被描述为用因果关系连接起来的事件因果链。故事可以是由若干个情节构成的(Trabasso and Broek,1985),而情节又是由履行不同功能的事件通过不同的因果关系连接而成的。比如,如果我们将某一事件设定为故事或情节的开头,则该事件会被认定为初始事件,初始事件导致故事人物(在庭审故事中则为当事人)产生一定的心理反应,而这种心理反应反过来促使故事人物形成某种动机,并有相应的行为或行动,从而导致某种后果以及伴随状态。比如,在酒吧中,甲乙二人互不认识,甲试图搭讪乙的随行女性朋友,且存在言语冒犯(初始事件),乙非常愤怒(心理状态),掏出小刀(行动),试图威胁甲(目标),甲退出酒吧(后果)。我们可以说这是一个完整的故事,但如果放在一个更大的故事框架中,上面故事也可以成为这个更大的故事的一个情节,这是因为故事是一个由内嵌的情节构成的等级结构(Trabasso and Broek,1985)。比如:甲感到受到羞辱,随后纠集人员回到酒吧意图报复,并在争斗中造成乙的死亡。在这种情况下,我们的第一个例子只能算是这个更大的故事中的初始事件。

由于故事建构是我们理解人类行为的普遍性策略,因此,故事中情节的结构对应着我们关于现实世界中人类的行为序列的知识的结构。陪审员在理解和重构庭审故事时会参照其已有的关于故事结构的知识,判断庭审故事中各个情节的相互关系以及庭审证据所意指的因果关系,并进行适当的因果链推理以弥补故事里情节结构中的空白点。最主要的是,对于故事结构的预期会促使陪审员判断哪些信息是缺失的,哪些推理是必须完成的,从而判定证据的完整性,或者故事结构的完整性。如果一个故事在结构上是不完整的,那么即使这个故事具有内部一致性,也是缺乏说服力的。费雪注意到:一个故事可以具有内部一致性,但重要事实可能被遗漏,抗辩理由被摒弃,关联要点被忽略(Fisher,1987)。缺失的信息,或无法进行合理的推理,都会降低故事的解释力。

彭宁顿和黑斯蒂在其庭审故事模式研究中提到,决定故事可接受度的两个确定性原则是覆盖面和连贯性。两位作者讨论的连贯性概念基本等同于本文论点,而其覆盖面概念则并列于连贯性概念,意指庭审故事在多大程度上能够融合庭审过程中提交的证据。其观点是,故事对证据的覆盖面越大,则故事的可接受程度就越高;反之,如果庭审故事无法融合很多证据,则其可接受程度显然较低(Pennington and Hastie,1991)。但根据我们上面讨论的彭宁顿和黑斯蒂的内部一致性扩展概念来看,这意味着被排除的证据与庭审故事存在内部一致性问题。另外,对于庭审故事来说,对证据的最大解释力应该是制度性的要求。因此,我们认为故事对证据的覆盖面应该是庭审故事完整性的一个方面。

(2) 庭审故事的外部叙事连贯性

叙事的外部连贯性涉及故事本身与故事外部因素之间的对应关系,同样也是构成故事的可信度以及说服力的重要因素。有鉴于此,莱德奥特将其称为"叙事对应性",意指故事与法官或陪审团记忆中关于现实世界中事情通常如何发生的知识之间的对应关系(Rideout,2008)。伯恩斯则将其称为"外部事实性可能性",认为庭审故事应该能够给予法官或陪审员一种"事情这样发生是可能的"的感觉(Burns,1999)。由于法官和陪审员对现实世界事件的典型性知识存在个体差异,Bennett和Feldman(1981)进一步认为这种叙事故事与外部知识之间的对应关系还应该具有规范性,即叙事故事所对应的应该是具有社会规范性的关于现实世界事件的知识。我们在判断一种叙事化行为模式是好或坏时,所参照的不应该是社会个体天马行空式的主观臆断,而应该将其与社会普遍接受的叙事模式进行比较,并进行价值判断。因此,叙事外部连贯性并非对叙事故事进行指称性的真值判断。在叙事学中,我们知道,叙事的可接受性并不依赖于其与现实世界中的事实的吻合程度。叙事的"真值"取决于"相似度",而非"可验证性"(Bernard,1991)。在文学中,现实主义作为一种文学规约,并非对真实世界的指称,其关注的并非现实主义描写是否为真,而是这些描写在现实世界中或某一可能世界中是否是可能的。

同样,庭审故事对应的也并非实际发生的事件,而是人们关于现实世界中可能会发生的事件或通常会发生的事件的背景知识。在叙事学中,这些背景知识也可以称为"范本故事"或者"叙事脚本"。对于庭审故事,法官或陪审员验证其可信度并非通过实际事件进行经验性核查,而是将庭审故事与自己脑中存储的涉及同类事件的"范本故事"或者"叙事脚本"进行比对。Bernard(1988)中提及:外部叙事连贯性涉及证人所述故事与构成陪审团的社会知识库的其他故事的比较。如果一个故事与陪审团的社会知识库中某个叙事模式之间存在相似性,则该故事会显得具有可能性。

比如在前述拉斯克案中,我们可以发现其中的一个关键点是法官对女性在特定情况下应该具有什么样的行为的看法。按照布鲁克斯的看法,这种看法属于一种潜意识的文化信念,构成我们日常叙事解读的基础(Brooks,2002)。在拉斯克上诉案中,法庭的法律意见书将女性当事人佩特描写为"一个正常的,聪明的,强壮的二十一岁女性"(a normal, intelligent, twenty-one year old vigorous female),这些叙事描写暗示了持多数意见的法官们的共同信念:强壮年轻且具有一定智商的女性在面对男性攻击者时通常应该具有什么样的行为反应(即应该予以反击),而该当事人并没有此类典型行为,故法官认为其故事不具说服力。如果按照前述威尔纳法官的观点,则佩特的故事又是具有可信度的,但佩特的故事要想胜出,前提是威尔纳法官的观点成为多数法官的共同信念,或者更进一步说,成为社会主流信念。

(3) 法官对陪审团指引与外部连贯性

除此之外,在当事人主义主导下的对抗式审判程序中,在开庭陈述之后,经过控辩双方举证、交叉质问、陪审团提问、最后陈述[①]等阶段后,将进入法官指导陪审团阶段。该阶段涉及按法官对陪审团的指引文件,了解和学习适用法律以及各种指控罪行范畴(如一级谋杀、武装抢劫等)的定义(刑事案件)。法官对陪审团指引涉及的指控罪行范畴的各种构成要件,如当事人、心理状态、情节以及行为(identity, mental state, circumstances, and actions)与我们前面讨论的故事情节的结构要素(初始事件、心理状态、目标、行为等)实际上是非常吻合的,这并非巧合,而是因为无论故事还是犯罪罪名均为对人类行为序列的文化性描述。

法官对陪审团的指引在庭审的故事模式中是一个很重要的环节,因为陪审员要根据庭审证据使其所接受或建构的故事最终能够与法官所提供的指引文件中某个指控罪行相匹配(Pennington and Hasit, 1991)。在这个过程中,陪审员会将故事的情节结构与某个指控罪行的构成要素进行比对。比如,假设庭审故事中提到"被按到墙上"这么一个情节,那么陪审员就必须判断这个情节是否与正当防卫所要求的情节"无法逃脱"相匹配,从而判定被告行为属于正当防卫,而不属于杀人罪。如果最终比对成功,则陪审员会使用该罪行作为其故事的范畴标签,由此形成其最后裁决。这好比陪审团建构了一个故事,现在需要给这个故事取个标题,一旦标题取好了,则意味着一个符合法律要求的故事最终完成。

这个比对过程也是陪审员动态调整其故事的外部叙事连贯性的过程,只不过所参照的故事外因素变成法官提供的指引文件中的各种指控罪行范畴而已。

[①] 同开庭陈述一样,最后陈述阶段是律师将其提交的证据组织为一个连贯故事的最后机会;同时律师也会对对方的证据进行处理,要么将其吸收到自己的故事中,要么重新解读对方的证据设法让陪审团相信这些证据与案件无关。

陪审员在了解相关的指控罪行的构成要素之后,可能会发现原来难以纳入其故事框架的某些事实根本就是不相关的,原来觉得难以处理的某些推理上的空白点也好像不是很重要了。当然,也有可能陪审员认识到其故事无法与指引文件中的任何指控罪行相吻合,那么则需要对之前推理上的空白点或者之前被忽略的证据进行重新解读,以便重新构建一个能够比对成功的故事。更有甚者,某个陪审员在庭审过程中强烈感觉到其参与的案件就应该是某个罪行,然后在了解该罪行的构成要素之后对自己的故事进行相应的调整。从这个角度看,法官给陪审员的指引文件构成了庭审故事连贯性的最后标准。

故事本身并不一定就是事实;故事更多是一种了解和讨论事实的方式。在叙事活动中,我们按照约定俗成的方式将社会或生活经历组织成为人们能够理解的故事,从而使得叙事成为人际沟通的最自然方式。法律作为人际理解和交往的话语系统之一,同样涉及故事叙述。故事叙述的关键是故事的可信度和说服力,要把故事说得让人不得不信,以达到影响案件审判者的最终判断,实现有利于自己的目的。法律实践者如律师均明白故事叙述的重要性,而正统的法学理论研究似乎非常注重捍卫自身的自主性,对交叉学科如法律叙事学持戒备态度。但法律叙事学不仅适合于对庭审竞争性故事叙述的分析,也适用于分析其他法律文件的叙事因素,或者其他类型的话语如叙事文学中出现的法律成分。法律叙事学也广泛用于从文化的角度分析边缘群体的个人叙事与主导型法律话语之间的融合,以提高外部人在法律话语中的声音;同时,法律叙事与其他文化叙事之间的融合也正在获得学界的关注。①

7.3.3 庭审叙事的动态衔接与连贯

连贯是一个非常复杂的哲学、心理学和语言学现象,给它下一个确切的定义非常困难,以下列举了几个连贯的定义:

(1) 连贯就是语篇所表达的各种概念和关系的彼此关联,从而使人们能够合理推理语篇的深层意义(Crystal, 1987)。

(2) 衔接指语篇构建过程中借用各种结构方法把不同命题关联在一起的方式,连贯则指此类命题的言外功能和这些命题用于创造报告性、描写性和解释性等不同类型话语的方式。如果读者能把话语中以某种顺序呈现的命题与自己所能接受的言外功能进行关联,这段对话对他来说就是连贯的(Window-

---

① 7.3.2节内容由课题组主要成员上海外国语大学法学院副教授谢晓河撰写,于2017年11月在《上外法学评论》中发表。

son,1985)。

（3）衔接是出现在篇章表层的显性语言形式，连贯则不是篇章的固有性质，而是对篇章的解释结果，是读者围绕篇章创造语篇世界的能力，因此一个读者对某个语篇的推断或对连贯语义关系的创造与另一个读者的推断结果不一定是相同的(Virtanten, 1992)。

（4）与其说连贯是语篇的一个固有特征，还不如说是在语篇不包括适当的衔接标记时的一种心理表征。语篇连贯的心理表征包括语篇中一系列能恰当使用的连接思想(Sanford and Garrod, 1981)。

从上述各种定义来看，"连贯"的确是一个极为复杂的概念，既是一种语义现象，又是一种心理现象。定义（1）给出了一个基本的连贯定义，其中有两个关键词——"关联""推理"。定义（2）和定义（3）都提到了另一个概念——衔接，并指出连贯和衔接的区别，衔接是一种显性的命题关联方式，具有一定局限性，而连贯的一个突出特点是需要读者的理解和推断才能形成，正如定义（4）所指，连贯的心理表征是连接思想。

庭审叙事也是一种语篇/篇章，也具有连贯的特征，一方面是指叙事内容的前后关联，另一方面是指受叙者即庭审现场其他行为人对该案件叙事的推理和理解。显然，受叙者对叙事的理解是庭审叙事研究的一个重要内容，叙事者需要利用连贯特征来引导受叙者的理解，引向对己方有利的故事版本，才有可能使庭审判决结果利于己方。本小节将从语篇结构角度分宏观、中观和微观三个层次来介绍庭审叙事的连贯特征与运用。

7.3.3.1 宏观层次的连贯

文本连贯是理解的副产品。如果文本呈现时，我们的理解机制能顺利运转，那么我们认为这个文本就是连贯的。而我们理解机制的顺利运转是基于文本的合理形式和其内部的恰当关联。因此，连贯的核心是关联(Samet and Schank, 1984)。而关联性的条件是语篇表达的各个部分之间特定形式语义（或内容）联系的存在。

Kinneavy(1971)认为，语篇不仅包括口语和书面语中合乎逻辑而相互关联的内容，而且还指为了解各种目的或事件所涉及的言语活动，如一首诗、一次对话、一个悲剧、一个笑话、一次研讨会、一个历史故事、一次面试、一次布道、一个电视广告或一篇文章等等。庭审叙事是典型的口语语篇，属于定义所列举的"对话"之列，是叙事者为了重构案情以说服受叙者，尤其是法官及陪审团而进行的言语活动，最终目的是维护己方客户的利益。显然，庭审叙事中的内容对逻辑的要求非常高,这里就体现了连贯在庭审叙事中的重要性。

连贯是语篇的重要特征之一,也是语篇分析的焦点之一。而语篇连贯是指以语篇为主轴的小句及其以上层次之间相互关联,具有语言片段的概念、语义或逻辑关联属性。其连接方式有形式上的显性关联,亦有概念、语义、逻辑或修辞等的隐性关联。换言之,语篇连贯指语篇中各种概念和概念关系的彼此关联所带来的,或者是人们对语篇的深层次意义进行合理推理的结果(Crystal,1987)。此定义的实质就是通过推理使语篇中各种概念和概念关系彼此关联,从而形成概念整体。这个概念中语篇连贯是指小句及其以上层次的连贯,即包括句子、段落、语篇整体等,其中句子、段落的连贯仍然属于局部连贯,语篇整体的连贯属于整体连贯。而我们将在中观维度来讨论句子和段落的连贯,在这里宏观维度讨论的是语篇的整体连贯。

整体连贯与人类的认知有关,主要体现为宏观结构和心理模式两种。"宏观结构"由一系列较小的宏观命题和话语序列组成,要求从整体上对语篇进行推演或推理(Van Dijk, 1980)。心理模型是知识主题的心理表征,类似情境中的结构表征与话语理解中的背景知识和推理手段等密切相关(Johnson-Laird,1983)。相对于局部连贯,整体连贯与受叙者的理解和推理有着更高的相关性,请看下例:

公:被告人毛某某,氯美扎酮药片蔡某某到底是怎么服下的?

被:我的确不知道。因为我当时的时候,就是叫他吃安眠药,是因为我当时发现餐桌上有那个安眠药躺在那里。其实我老公鉴定书没有出来之前,其实我不知道他是怎么死的。

公:在案发之时,你是倒在你老公身边的对不对?

被:是的。

公:你怎么会倒在你老公身边?

……

公:对吧。你这刚才不是自相矛盾的吗?这说明你是知道你老公吃了这个氯美扎酮药片。

被:我意思就是说,当时不知道他有没有吃。我第二天就是说跑出去厨房的时候,发现这一瓶维生素E那个瓶子。我就觉得他是不是有吃了这个胶囊。

……

公:这个药胶囊是怎么来的?

被：胶囊我们第一天是两个人做起来的嘛。
公：你们两个人做起来，你是跟蔡某某两个人将药片做成了胶囊？
被：是的。
……
公：为什么会发生激烈的争吵？
被：因为为了钱。
公：为了什么的钱？
……
公：接下来公诉人再对你诈骗的这个事实对你进行讯问一下。3'n你跟蔡某某交往的时候，你其实是负债的？
被：是的。因为我从2007年开始，我去做煤矿开始，我就借了钱去做煤矿嘛。
……
公：▲审判长，公诉人对被告人毛某某讯问完毕。

上述对话发生在庭审的公诉人向被告人讯问的环节，以问答形式进行，但是我们可以看到许多问题之间并不具有直接相关性，即语篇的衔接。如问题"你是倒在你老公身边的对不对"和"这个药胶囊是怎么来的"，以及"接下来公诉人再对你诈骗的这个事实对你进行讯问一下"等问题都出现得较为突然，与前文并没有直接相关联，但是公诉人的这些问题并不是随机挑选或依灵感行事的。正是这些看似不相干的问题环环相扣，叙述出一件件事情，如毛某某让蔡某某服药、毛某某曾参与了药的制作、毛某某与蔡某某存在金钱矛盾等事件。受叙者在听完这段叙事后，将会不知不觉推理出一个似乎完整、真实、全面的案情故事——被告人毛某某因与其老公蔡某某有着金钱矛盾，故骗蔡某某服下氯美扎酮胶囊，致其死亡。

这完全符合了整体连贯的"宏观结构"上的认知相关，一系列较小的事件命题组成了一个讯问过程，即公诉人的叙事过程，要求受叙者从整体上对语篇进行推演或推理，才能得到公诉人真正的叙事结果和叙事目的。但是在庭审叙事时，公诉人自始至终都没有直接说出这个推理结果，让受叙人更加相信所谓的自己的推理，也就是公诉人想要得出的这个推理，公诉人利用这种不衔接但是连贯的问题达到了叙事目的。倘若受叙者仔细思考多种情况，可以发现这些因果关系并不一定是必然的，问答对话中得到的事件可能只是偶然和巧合，但无论信与否，这个叙事都至少给受叙者留下了"因果确实如此"的怀疑。

此外，庭审叙事宏观连贯还有另一个典型体现——当一个庭审过程中有多个不是很相关的争议点时，控辩双方各自的叙事在这些争议点的辩论中仍然是保持连贯的，都服务于同一个主题，从而维护己方的最大利益，是一种隐性的连贯。这些不甚相关的争议点会逐渐地在受述者脑海中自动串珠成线，形成连贯，这时叙事者就通过这种隐性连贯达到了叙事目的。

7.3.3.2 中观层次的连贯

第五章我们分析了宏观认知语境因素与微观语境认知因素对庭审叙事的影响。但与认知语境因素不同，在庭审叙事的动态衔接与连贯当中除了宏观与微观这两大语境之外，还存在着中观认知图式，其在庭审叙事连贯中的作用不可小觑。因为如果要实现更高层次上的庭审叙事连贯，则必须向前推进一步，用中观认知框架因素来解释语篇连贯（李天贤，2012）。庭审中各方使用的词语、句子等激活的概念和概念关系能否保证叙事的连贯取决于能否激活受叙者（如法官）的认识图式，从而实现庭审叙事的目的。换言之，如果庭审叙事的句际和段际之间存在逻辑语义或概念关联，那么它们之间就是连贯的。庭审叙事具有概念性、思想性和意图性等特征，叙事这种的句间和段间存在连贯关系就是中观认知框架作用于语篇的结果。

(1) 句际连贯关系

如前所述，庭审叙事是有一定的逻辑顺序的，而非话语简单任意的堆砌，一个合适的庭审叙事必须满足连贯标准。目前有许多诸如理论语言学、心理语言学和计算语言学等方面的学者对连贯进行过一些讨论，但并未对连贯具有全面认识和提出相应的完整理论框架。例如，韩礼德和哈桑（Halliday and Hasan，1976）等为代表的理论语言学派，把不同小句之间的连贯关系范畴化为增添、时间、结果、对比关系。这些研究都涉及句间和段间的连贯关系，并且富有参考价值，但其过于复杂或没有实际应用价值，因不能完全反映句子之间存在的逻辑语义关系而逐渐被新的研究视角所取代。我们认为，句间、段间不仅存在形式关系，而且存在重要的逻辑语义关系，如因果关系、平行关系和邻近关系等。回到庭审叙事中来看，庭审叙事连贯就是寻找叙事中各种观点之间的逻辑联系，把所寻找到的逻辑语义关系与因果关系、平行关系和邻近关系进行类比，如果符合逻辑关系的要求，则构成连贯，否则不能构成连贯。下面我们将结合Kehler（2006）的连贯范畴，从寻找庭审叙事连贯的认知特征出发，主要分析句际之间的因果逻辑语义关系，探讨庭审叙事连贯的认知动因与复合特征。

因果关系主要来源于人们的经验和习惯。一般认为，因果关系主要体现于以下两个方面(Stroud,1977):一是将原因视为先行于、邻近于另一个对象的一个对象,而且在这里凡与前一个对象类似的一切对象,都跟与后一个对象类似的那些对象处在类似的先行关系与邻近关系之中。二是将原因看成是先行于、邻近于另一个对象的一个对象,它和另一个对象结合起来,使得一个对象的观念决定心灵所形成的另一个对象的观念。因此,当我们在某些事例中发现事物之间的先行关系、邻近关系和恒常联系之时,心灵不可避免地要去形成一种由此及彼的推移,从而构成因果关系。

我们认为,因果关系是对观念或思想的习惯联想而产生的结果。而经验是我们在处理因果关系时一个重要的因素,经验的有效性在于它能对我们所期待将来会出现的一连串事件与过去出现的事件进行相似判断。但应当承认的是,经验绝不能证明原因与结果之间存在着必然联系,即使是多次重复的经验也不一定能提供更多的百分之百的确然性证明,但经验的重要作用之一即在于能以某种方式影响我们的行为模式。具体到庭审叙事中而言,如果证人多次经历出庭作证,并总是有着相同或相似的程序,那么在出庭作证和相关程序性规定之间的经验便产生了某种习惯性联想,因而该证人出庭作证时的表现也将更好。换言之,要确立庭审叙事中的因果关系,就必须找到叙事之间的隐含路径。

(2) 段际连贯关系

在介绍过句际连贯关系后,有必要对段际连贯关系进行分析,因为句际连贯关系和段际连贯关系共同构成中观认知框架因素。在考察段际之间的逻辑语义连贯关系之前,有必要指出"段落"的性质。一般认为段落有宽窄之分。段落可以是语篇的一个基本层次,在书面语和口语中都有体现(徐赳赳,2010)。

我们认为,划分段落是一个认知过程。段落可以分为"自然段落"和"语义段落",前者在书面语中表现为另起一行并缩进几格的形式,后者指所表达的话题的逻辑结构或主题的语言单位(徐赳赳,2010)。在庭审叙事中,划分段落还必须考虑话轮、情节等语篇因素。首先,在庭审叙事中划分段落必须考虑字数。如果在公诉书、起诉书或判决书中的一页或数页纸上出现过多的字数,而不划分段落,则容易引起视觉疲劳。更为重要的是,庭审是讲究效率的,如果控辩双方提交的书面陈述重点不突出,则很容易使得读者忽略提交者想要读者注意的地方。例如,如果辩护律师提交的辩护词冗长并且不分段,则法官很容易失去耐心,并且抓不到辩护律师想要表达的重点。通过统计分析亦可知,律师在面对起草代理词等书面工作时,都会选择进行一定的修辞策略尽量使得篇章具有逻辑连贯,使得法律文书重点突出,每个主要段落的字数趋于平均。

同样的,我们在此将分析段落之间的因果关系。段落之间的因果关系实则是一种隐含的推理,即不同段落话语内容在中观认知框架内的隐含推理。如前所述,因果关系是人类普遍而典型的认知关系。在庭审叙事中,因果关系是人类认知事物的逻辑关系。与句子之间的因果关系类似,庭审叙事中段落之间的因果关系仍需考虑结果,用类似句子之间的逻辑关系表达式来描写。

请看以下例子:

（法庭辩论阶段）

审:法庭调查结束,下面进行法庭辩论。

审1:首先开始刑事部分的辩论。先由公诉人发言。

公:审判长,审判员,根据《中华人民共和国刑事诉讼法》的相关规定,我们受江西省彭泽县人民检察院的指派,代表本院,以国家公诉人的身份,出席法庭支持公诉,[被告人沈某某为一己之私,将身怀六甲的被害人陈某某残忍伤害,并放火烧了冯某某家的房子,犯罪事实清楚,证据确实充分。]应当依法对被告人作出公正的判决,公诉意见暂时发表到这里。

……

审1:下面开始附带民事诉讼部分的辩论。首先由附带民事诉讼的诉讼代理人发言。

原代:尊敬的审判长、审判员,受彭泽县法律援助中心指派并经陈某某本人同意,指派我担任其一审代理人,为其提供法律援助,代理人发表如下意见:[被告人在伤害被害人之前有一个细节,就是向被害人索要冯某某欠他的4000元钱,后在要钱未果的情况下,才持刀杀人。]被告应构成抢劫罪,属入户抢劫,量刑应按十年以上有期徒刑。

被:你说我抢劫,我抢了一分钱吗?你这个完全是诬告我,诬蔑我的人格。哪怕我犯了罪,你诬蔑我的人格。你说我抢劫,我抢了一分钱吗?~~没有这个事。

原代1:没有向陈某某要钱?

被:没有,我是说了这一句话。我说你,你,你那个公爹,那个女的不是你的,额,婆婆,是我一起跟了三年,让这个女的,让她到你家里来算了,我走。这个话我讲了。

……

审1:如果没有新的观点,法庭辩论结束。现在由被告人做最后陈述。被告人按照法律规定,你还有一次说话的机会,就是做最后陈述。有什么要求要说的?或者对自己行为的性质现在有个什么样的认识?都可以说。

被:就是我已经犯了罪,伤害,伤害了他人。这我有罪。……这我可以,不管判多少年,我在里面好好改造,受到法律教育。

审:彭泽县人民检察院提起公诉的被告人沈某某故意伤害、故意毁坏财物以及附带民事诉讼原告人陈某某与沈某某人身损害赔偿一案,法庭审理结束。本案待合议庭评议后,定期宣判,日期另行确定。现在休庭。

在上述法庭辩论的例子中,可以发现公诉人、原告代理人都在不同程度上使用了句间和段间的因果逻辑关系来达到自己的目的。公诉人在公诉词中的叙述,首先说明被告人的行为事实,接着分析其构成要件,最后得出证据确实充分的结论,这充分利用了句际连贯作用,使得公诉词简单有力,并且对于法官而言也一目了然。原告代理人在代理词中的叙述亦利用了段际间的连贯作用,原告代理人认为:"被告人向被害人索要冯某某所欠 4000 元,后在要钱未果的情况下,才持刀杀人,被告应构成抢劫罪,属入户抢劫,量刑应按十年以上有期徒刑。"原告代理人通过这两段话之间的因果联系,旨在向法官说明对被告人的量刑起点问题,更为重要的是,原告代理人随后的发问,进一步证明了被告人入户抢劫的成立,因而构成段际间的连贯。值得注意的是,段际间的连贯在庭审叙事中不一定只存在于单一话轮中,在不同的话轮中可能出现段际连贯,即富有经验的辩护律师和公诉人通过巧设问题,将前后发问连接起来共同构成几段极具说服力的叙事语篇。

7.3.3.3 微观层次的连贯

微观认知框架是语篇连贯解读中语言物质外壳激活的概念认知结构,亦即语言单位所表征的概念和概念场。概念是人类认知体系中固定的、稳定的意义载体。王甦、汪安圣(2001)从认知心理学的角度指出,概念反映事物的本质,是对一类事物进行的概括表征;概念反映它所关联的对象所具有的特有或本质属性,一般通过词语表达出来。词语是概念的物质承担者,概念是词语的思想内容,两者是形式与内容的关系。概念有外延与内涵之分。概念的外延是一个概念在现实世界中的所指对象(李天贤,2012)。如刑事案件中"杀"的概念的外延包括毒杀、枪杀、用棍打死、用刀刺死、用火烧死等等。

公:安徽省淮南市人民检察院起诉书,淮检刑诉 2013-11 号,被告人朱某某,小名毛羔。[公诉人指控 2013 年 3 月 11 日凌晨 2 时 30 分,被告人朱某某携带事先准备好的尖刀、斧头、钢管、锁,使用梯子翻入朱某家院内。进入卧室见朱某一家人正在睡觉,朱某某使用钢管和尖刀先后将儿子朱某

7 庭审多层级叙事结构中叙事连贯的认知框架构建   227

和儿媳陈某1杀害,后又将朱某的两个年仅1岁和3岁的儿子残忍地杀害。]本院认为被告人朱某某因家庭矛盾产生杀机,持钢管、刀具等作案凶器,非法剥夺四人生命,其行为触犯《中华人民共和国刑法》第232条之规定,犯罪事实清楚,证据确实充分,应当以故意杀人罪追究其刑事责任。根据《中华人民共和国刑事诉讼法》第172条之规定,提起公诉,请依法判处。[公诉人指控被告人朱某某手段残忍,将自己的儿子朱某一家四口灭门,应当以故意杀人罪追究其刑事责任。法庭上被害人陈某2,也就是被告人朱某某的儿媳的父亲,坐在附带民事诉讼的原告席上,他又将追究被告人朱某某怎样的民事赔偿责任呢?]

……

公:进入朱某家之后,你是怎么动手的?首先向谁动手?

被:朱某。

公:拿什么凶器?

被:棍～子。

公:朝什么部位击打?

被:就～按身上砸的。

公:砸了多少下?

被:砸了两三下。

公:两三下?当时朱某什么反应?

被:当时没有反应。

[被告人朱某某将自己的亲生儿子杀害的过程中,儿媳陈某1终于被惊醒,被告人朱某某毫不怜悯地向被害人陈某,举起屠刀]。

公:你是如何对陈某1下手的?

被:她起来掐我的脖子,我把她摔倒了,我找棍子,找刀捅的。

公:捅刺的什么部位?

被:那个记不清了。

公:捅刺了多少下?

被:具体几下△两三下吧。

上述例子中,被告人使用棍子、刀等凶器非法剥夺了被害人的生命,公诉人建议以故意杀人罪定罪。其中"砸、捅、捅刺"都是"杀"的外延。在公诉人和法官的认知中,被告人以"砸、捅、捅刺"的方式非法剥夺他人生命,以作为行为实施犯罪,符合故意杀人罪的客观要件。因此,在庭审叙事语篇中,当控辩双方、法官理解某些词时,会根据自己的认知,将其理解为某些法律法规所规定的罪名的概念以及构成要件。

公:经依法审查查明被告人蔡某某[公诉人起诉书指控从2009年开始被告人蔡某某因家庭矛盾,为发泄心中不满,先后<u>多次掐女儿陈某某的脸、嘴、身体、用擀面杖殴打、用脚踢踹其全身多个部位,用开水烫伤其身上和全脚</u>,导致陈某某就诊和入院治疗。]经陈某某病例记载,2005年5月26日北京积水潭医院诊断为右肱骨远端骨折;2010年10月19日中国人民解放军北京军区总医院住院病例记载,腹部闭合性损伤、头皮血肿、眼外伤、全身软组织损伤;2011年4月28日,北京积水潭急诊病例记录:双足热水烫伤两天;2011年12月8日,首都儿科研究所附属儿童医院住院病例记载,呕吐、全身多发软组织挫伤、会阴部软组织损伤。后经医护人员报警案发。[听着公诉人一一列举被害人这几年来所遭受的非人虐待,在场所有人无不为之动容。被告人蔡某某作为一个母亲是否真的做出这些令人发指的行为呢?]

原代:蔡某某你是否<u>用脚踢踹</u>这个被害人的腹部?

被:没有。

……

原代:平时对被害人是怎么样实施伤害行为的,<u>用什么工具,采用什么方式</u>?

被:<u>用手</u>。

原代:除了手之外还有没有<u>借助其他的什么工具</u>对被害人伤害?

被:<u>用过一次擀面杖</u>。

原代:擀面杖用过几次?

被:一次。

原代:一次,用擀面杖这一次伤害的是被害人的什么部位?

上例是公诉人所宣读的公诉书,其中被告人的客观行为被叙述为"多次掐女儿陈某某的脸、嘴、身体,用手、用擀面杖殴打、用脚踢踹其全身多个部位,用开水烫伤其身上和全脚",这一系列的动词在公诉人的认知中最为符合虐待的概念。根据我国《刑法》的规定,虐待罪是指对共同生活的家庭成员,经常以打骂、捆绑、冻饿、限制自由、凌辱人格、不给治病或者强迫进行过度劳动等方法,从肉体上和精神上进行摧残迫害,情节恶劣的行为。在公诉书中,不难发现,"女儿"是"共同生活的家庭成员"概念的外延,"脸、嘴、身体、脚"是"肉体"概念的外延,"用手、用擀面杖殴打、用脚踢、用开水烫"是"摧残迫害"的外延。所以被告人的行为虽然也是对被害人的故意伤害行为,但是将其行为定性为虐待更为准确。

总之,语篇是由词、词素和小句构成的复合体,词、词素和小句都是概念承载的对象。在语篇解读中,当读者感知到词、词素或小句的时候,在其头脑中就会产生相应的概念框架(李天贤,2012)。在庭审叙事语篇中,叙事主体和客体在感知语篇中的词语时,这些词会激活他们相应的微观认知框架中的概念框架。叙事语篇中的这类词包括表示行为的动词、工具格、犯罪主体的身份等。

8　达到庭审叙事有效性的认知手段

叙事并不是像镜子一样简单地反映过去发生的事情。叙事者为特定的听众将事件以有意义的方式挑选、组织、连接。因此,叙事者不是重现事件而是解释事件的这一过程,是值得研究的。Riessman(1993)在其叙事分析中指出,可以从主题、结构、互动以及表演四个角度来分析叙事。其中在法庭话语中,互动分析十分适用。互动分析通常体现了话语的复杂性,而不是简单的内容载体。在互动分析中,也需要考虑到主题和结构,但更重要的是,将叙事作为一个重构的过程来看待,在这个过程中,叙事者和受叙者合作构建意义。这种分析方式要求话语记录要包括对话中的所有参与者、交互中的任何副语言特征等等。

本章将从叙事手段的合理运用、叙事视角的选择、叙事的完整性、叙述中的法律法规相关性以及叙事的"说服"功能来阐述达到庭审叙事有效性的认知手段。

8.1　叙事手段的合理应用

在叙事中,尤其是庭审话语中,一个有说服力的故事版本,一般具有以下大部分特征:(1)告知了人们如此行为的原因;(2)解释了所有已知或不可否认的事实;(3)由可靠的证人来阐述;(4)有细节的支撑;(5)遵循常识,不包含令人难以置信的成分;(6)有合理的组织方式,使随后陈述的每个部分有越来越高的可信度(Lubet,1991)。从这些特征中可以分析得出一些有效的叙事手段。例如,其中第一点提到的行为原因,可以从视角方向去分析;第三点所述可靠的证人,可靠是一个评价性描述;第五点遵循常识,则需要修辞的应用;第四点要求的细节支撑、第六点合理的组织方式,涉及叙事的情节安排。

在我们的社会中,存在着机会不平等带来的叙事权利不平等。在法庭中,这种情况会更为明显。庭审过程中含有多个话语者,不同话语者的视角是不同的,因此庭审话语的视角分析必不可少。基于庭审话语中视角选择的重要性,我们将在 8.2 节中单独阐述视角的选择。因此,本节从修辞叙事、情节安排、评价性描述三个角度来阐述叙事手段的合理应用。

8.1.1 叙事修辞

叙事修辞,即亚里士多德所说的"寻求任何特定场合下可能获得的劝说手段的功能"。修辞方法可以帮助人们在使用语言时更明白、更生动地表现思想(王德春,2006)。同时,亚里士多德在修辞学的语体划分中,将演说分为政治演说、诉讼演说和典礼演说,通过语体可以分辨常用的不同修辞。这里探讨的是诉讼演说中所用到的修辞,即庭审叙事中的修辞。

叙事修辞注重交际效果,以劝说为目的,以叙事为手段,以言语规律为方向,探索各种具体的遣词造句的修辞方法。修辞可分为广义修辞和狭义修辞,也可以说是新修辞学与传统修辞学。在法庭叙事中,更多使用的是广义修辞学,指的是一种释法说理的思维方式。而狭义修辞学更多关注遣词造句,如具体的文风、句法、语法等,强调学科边界,一般拘于文学领域。

陈金钊(2012b)对法律修辞的定义如下:法律修辞是一种运用修辞手段和修辞方法进行说服或劝服的行为,是法律人有意识、有目的的思维构建,是影响受众并达到法治目标的思维活动;法律修辞就是把法律作为修辞,构建法律判断,而不仅仅是修辞学规则在司法中的简单运用。因此可以看出,他所致力研究的也是广义修辞学在法律话语中的应用。

叙事修辞是与法律论证、法律修辞紧密结合的。一方面,法庭话语的叙事修辞学起源于法律论证,从法律论证的实践中发现法律修辞的应用,并加以归纳发展逐渐形成了法律修辞学。考夫曼(2011)把修辞学视为论证理论的特别形式。在论辩过程中,每一个叙事者同时有着听众的身份,辩论双方通过叙事构建不断努力说服对方,把法律作为论据,用法律进行说服,在论辩中形成判断(陈金钊,2012b)。而说服的重点在于合理性,或许有时为了这种合理性,故事版本已经偏离事实本身,但足够的逻辑和适当的语言可以提高合理性,增加说服力。因此,论证过程中的说服功能需要修辞的使用。但是,在法律领域中运用的修辞,很多人认为具有诡辩色彩,尤其是论辩过程中的修辞,可能会进一步强化法律语言的模糊性,掩盖很多事实的真相和很多不公平的判断。然而这只是过度修辞的结果,修辞只是一个中性的工具。论辩过程中,听众的存在可以较好地控制叙事者不超越合理性的范围,正确使用法律修辞。

亚里士多德及其老师柏拉图都在修辞学领域进行了丰富的理论构建,而且都是侧重于广义修辞学的研究。其中,柏拉图着重论述强调修辞学的心理效用问题,修辞的目的在于感动心灵,那么叙事者就必须研究心灵和不同人等的性格。在庭审叙事的过程中,多角色的动态特征,就要求叙事者必须考虑到法庭中其他角色的心理认知,如辩护律师在向证人提问环节,虽然直接受叙者只有证人,有时也包含法官,但是辩护律师必须考虑到公诉人、陪审团的心理认知,才能更好地进行故事重构来更好地为被告人辩护。

亚里士多德在继承和发展柏拉图观点的同时,也提出修辞式推论最适合诉讼演说。需要注意的是,修辞式推论是一种三段论法,是用于法律论证的一种经典修辞。然而三段论可以分为真三段论和伪三段论,举例如下:

【大前提】鱼生活在水里;
【小前提】海豚生活在水里;
【结论】海豚是鱼。

显然,这是一个伪三段论,出现了逻辑错误,在已有的认知基础上,我们可以非常容易地辨认出其真假。在现实的法庭话语中,通常以相关法律法规里的犯罪构成要件为大前提,以被告人具体的犯罪行为为小前提,从而得出是否有罪的结论,法律的公正性要求这是一个真正的三段论。这也是庭审叙事者可以采取的叙事顺序安排,使得叙事具有合理性、逻辑性,提高故事版本的说服力(具体会在后面情节安排部分进行阐述)。但是,修辞的过度使用在法庭上的体现之一就是假冒三段论的使用,其原因很大程度上是法庭上许多角色对案件情节或法律环境的认知不足。

另一方面,法律理论服务于法律实践,但是法律理论的直接操作层面是存在困难的。法律修辞应该成为一种法律解释的方法(陈金钊,2010),从而可以有效连接法律理论和法律实践,解决疑难问题。比较常见的如扩大性目的解释和缩小性目的解释,就是将法律修辞用于法律解释,将法律理论与事件有效结合。

8.1.2 情节安排

叙事,或讲故事的行为,被描述为法律事实与现实之间的桥梁。例如,典型的刑事诉讼程序,从采取行动到逮捕、起诉、审判、判决和上诉,每一阶段都需要描述事件、证据和法律标准。所有这些法律阶段都涉及书面或口头叙述：必须描述事件（Events），并必须给予相应的解释（Interpretation）。本节所指的情节安排即讲故事过程中的顺序安排，这里强调事件描述与解释的顺序安排。

当公诉人辩论时，他一开始就会联系涉嫌犯罪背后的事实情况以及被告人是如何与它们紧密相连的。在相关的情况下，法官在书写他们的判决时，往往会先把案件的有关"事实"进行叙述，然后再写相关先例和最终判决。在这两种情况下，公诉人和法官都在建构一种有助于说服目标的叙事结构。前者必须使陪审团确信被告是排除合理怀疑的有罪，而后者关注的是在同行、公众和后人的眼中维护他或她的法学完整性。通过对事件的重建，这些叙述者把听众引到一个特定的解释。这种"事件—解释"（Event-Interpretation / EI）叙事结构形成了罗尔蒙德所说的"事件与解释的双重层级"的第一部分；它是促使听者从"事件"转到"解释"的一个叙事本质（Lundgren，2004）。这样的例子在判决书中尤为多见，如 2003 年 6 月 26 日，美国联邦最高法院对劳伦斯诉得克萨斯州案（Lawrence v. Texas）作出的判决：

> 肯尼迪发表了法院的意见，其中史蒂文斯、苏特、金斯伯格和布雷耶支持该意见。
>
> 为回应私人住宅中的持枪情况报案，休斯敦警方进入了上诉人（petition）劳伦斯的住宅，并看到他和另一名成年男子——上诉人加纳进行私下的、自愿的性行为。上诉人（们）因违反禁止两名同性者进行特定亲密的性行为的得克萨斯州法规而被捕，并被定罪为越轨性交。
>
> 本案的解决取决于上诉人（们）作为成年人，是否能行使第十四修正案的正当程序条款下的自由，自由进行私人行为。对于这一调查……

所摘录部分为案件意见书的最前面一部分，在"事件—解释"的结构中十分典型，第一段较为简短，显然为文本类型的格式要求，点明发表意见和支持意见的法官；第二段对案情进行了简单的描述，虽然简短，但也包括案件主要当事人及事件发生过程，尤其是具体行为的性质（私下的、自愿的性行为）以及相关法律法规（禁止两名同性者进行特定亲密的性行为的得克萨斯州法规）；开始进行详细的解释和观点阐述，即文书的主体部分。这样的情节安排有利于读者先了解案件，再接受分析，循序渐进，符合读者的认知顺序，使判决结果的可接受性更高，适合判决书的公开性和教育意义。

相反，在"解释—事件"（Interpretation-Event / IE）叙事结构中，通过将所需的解释置于首要叙述位置，说话者可以使一个给定的故事的"事实"与预期的结果相一致。在庭审叙事中,"解释—事件"叙事结构体现为先阐述法律法规中该罪行的构成要件,再将被告人行为——与构成要件相对应进行叙述,即为规则导向,相当于在叙事修辞中提到的三段论,以规则解释为大前提,以事件为小前提,从而得出有逻辑性的、令人信服的结论。这种结构的情节安排多由公诉人于定罪量刑环节使用,真实例子如下:

公1:<u>交通肇事罪是指违反交通运输管理法规,因而发生重大事故,致人重伤、死亡或者使公私财产遭受重大损失的行为,本罪主观方面表现为过失。</u>本案中,被告人何某某明知自己不具备驾驶机动车的资格,没有驾驶证还要驾驶一辆制动系统技术性能存在安全隐患,转向、灯光技术性能不符合要求的无牌证面包车上路行驶。被告人何某某在发生交通事故后,为逃避法律追究而逃跑的行为属于交通肇事后逃逸。<u>根据《中华人民共和国刑法》第133条的规定交通肇事后逃逸的,处三年以上七年以下有期徒刑。</u>
……

在该段庭审话语中,"解释—事件"结构使用尤为典型。其第一句就解释了交通肇事罪的法定含义;第二句的案件叙述针对第一句中的"违反交通运输管理法规"进行对应以及详细描述,如"明知自己不具备驾驶机动车的资格"和"制动系统技术性能存在安全隐患,转向、灯光技术性能不符合要求的无牌证面包车"等,即符合了罪行的第一项构成要件;而罪行的其他构成要件如重大事故等在前面案情中已有呈现,因而在"解释—事件"和将罪行与构成要件相对应之后,该段最后一句又依照法规得出有力的结论,这样的结论是令人信服的。

所以可以看出情节安排的重要性,以及"事件—解释"和"解释—事件"的叙事结构分别由不同的法庭话语角色来使用,分别实用于庭审话语中不同的环节,发挥着可观、有力的作用。

8.1.3 评价性描述

许多学科和子学科已经从不同角度使用"评价"这个概念,使用的方式不同,其目标也不一样,这也导致不仅"什么是评价"这一问题有许多不同的答案,就连这个问题本身也需要根据希望得到的答案的类型来进行不同的阐述。莱昂斯(J. Lyons, 1977)重点关注语项,他认为词有"内涵"。坦奇(P. Tench, 1996)、韩礼德(Halliday, 1994)和贝尼耶(N. Besnier, 1993)从语言使用者的角度,都认为人"有"态度。贝尼耶用了"情感"(affect)这个词,而韩礼德和坦奇用了"态度"(attitude)这个词。角度的不同使利奇(G. Leech,1974)对内涵意义(是指一个人将"现实世界"的经历与表达相联系)和情感意义[是指说话者的个人感受(Cruse,1986)]进行区分。在谈及语言表达时也会使用其他的术语,比如马丁(J. R. Martin,2000)的"评价"以及康拉德和比伯(Conrad and Biber,2000)的"立场",但是这两者都是基于语言使用者的角度。霍斯顿和汤普森(Hunston and Tompson,2022)认为,对于表达说话者或作者对他(她)所谈及的事物或主题的态度、立场、观点或感受,"评价"这一术语是一个覆盖广泛的术语。态度可能和确定性、义务、愿望或任何其他的价值观相联系。霍斯顿和汤普森特别指出情态是评价的一个分支。他们用评价来指语篇模式的组成部分,并且有时在一个更加严格的意义上使用评价,即在分析作者或说话者的情感态度的词汇表达时。倾向于使用这一术语的很实际的原因是它在句法和形态学上的灵活性:它不仅表达了使用者导向在前面提到的两个方面(就是评价的人),也让我们可以谈论被评价的事物和主题的价值。霍斯顿和汤普森认为,评价是非常重要的,因为它有三个功能,而且我们可以从语言学的词汇、语法、语篇三个方面的四个参数来识别评价。

因此,评价性描述是用语言来构建我们对事物的评价,事物可以包括我们的所作所为,也包括自然现象。所以在这个定义下,事件进程与状态、自然事物、文本、艺术作品等都能根据其对社会的价值来进行评价。评价可以分为三类:反应、组成与价值(Martin and White,2005)。反应的评价表示如表达是否喜欢,组成的评价表示如表达跟进是否困难,价值的评价表示如这样做是否值得。当然,评价性描述主要取决于评价者的关注点,不同的关注点会产生对同一事物的不同评价。

虽然法庭话语作为一种特殊的制度性话语有其严肃性和庄重性,但是法庭中的话语者在叙事时也会使用一些评价性描述。这些评价性描述或许并不直接涉及法规法条,不能对罪行的衡量产生直接效果,但是不可否认其在庭审过程中发挥的重要作用,主要目的是引起受叙者的共鸣,产生一种基于受叙者的经历和认知的情感效果,是一种以叙述者认知来影响受叙者认知的方式。庭审话语中的评价性描述有其特殊的关注点,评价对象也具有多样性,如犯罪事实、被告人、庭审现场的话语等。通过实践积累,可以根据评价对象,将评价性描述的使用分为以下类别:对对方律师话语的评价性描述;对证据、证人和证词的评价性描述;对罪行的评价性描述;对被告人的评价性描述;对公共舆论的评价性描述等。

本节将从评价的三个功能、四个参数、评价的辨别和具体案例分析来阐述庭审话语中评价性描述的特征与运用。

1. 评价的三个功能

评价的使用有三个功能，每一个都使评价成为语言学家的兴趣点。它们是：

(1) 表达观点的功能：表达作者或说话者的观点，并以此来反映这个人和他所在的群体的价值体系。

(2) 维持关系的功能：建立和维持作者或说话者与读者或听者之间的关系。这也有三个主要的研究领域：① 操纵：评价可以被用来操纵读者，说服他(她)以特定的方式看待事物；② 限制：评价具有调整一个陈述的真值或者确定性方面的作用，这在学术写作中特别常见；③ 礼貌。

(3) 组织话语的功能：作者不仅要告诉读者"这个发生了，这是我对此的看法"，也要告诉读者"这是文章的开始，这是论证如何衔接在一起，这是互动的结束"。

日常中，最常使用的是评价的表达观点功能；而在庭审话语中，虽然叙述者也是通过评价性描述来表达观点，但更为重要的目的是维持关系功能中的操纵，以积极或消极的评价性描述来操纵受叙者的认知，让受叙者对描述对象产生积极或消极的认知，从而无形地影响庭审进程和判决结果。

2. 评价的四个参数

关于评价的四个参数，具体如下：

(1) 好坏或积极、消极的参数。对于好坏的评价依赖于文本背后的价值体系。

(2) 确定的程度。这是通过情态动词和其他情态意义的标志(比如不可能和可能)来表现的。

(3) 预期。比如，"清晰地"这个词表示这对作者来说很明显，并且暗示对于读者也应当如此。

(4) 重要性或相关性。

是与否的两种评价，即显示了评价具有积极肯定和消极否定两种选择。通常，辩护律师使用积极评价来维护辩方的利益，公诉人会使用消极评价来让受叙者对被告人产生不好的印象。而被告/被告人自身在陈述时，遇到一些不利于己的问题，会利用评价的确定程度，使用模糊用语，来阻碍一些不利情况的发生。本节主要关注评价的积极、消极参数，模糊用语的使用将在第九章详述。

3. 评价的辨别

对于"如何辨别出评价性的信息"这个问题,有概念上的和语言学上的两种答案。从概念上来说,评价被认为是比较的、主观的和价值负载的。辨别评价就是辨别出评价的比较本质的标志的问题。换句话说,评价包括任何与标准相比较或相反的东西。从概念上来看,评价的好处就是它不限制什么可以被视为评价(余素青,2017)。从语言学上说,我们可以从三个方面来辨别评价:词汇、语法和语篇。

(1) 词汇

首先,我们将识别出词汇上的评价。一些词语很明显带有评价性,在这个意义上,评价是他们的主要功能和意义,比如:

> 形容词:极好的、可怕的、惊讶的、明显的、重要的、不真实的
> 副词:高兴地、不幸地、明白地、有趣地、可能地、必要地
> 名词:成功、失败、悲剧、胜利、可能性
> 动词:成功、失败、赢得、失去、怀疑

其中形容词的使用在评价性描述中最为频繁。尽管在相当大的程度上对于诸如此类词语的评价意义取得了一致,但是建立一个可以区分评价性词语与非评价性词语的标准没那么容易。比如,我们可能赞成"简是一个天才"这个句子具有评价性(天才是一个相对的概念,对于天才的衡量是极其主观的,成为一个天才是要经过社会认可的)。但是,"简是一个学生"这个句子是否具有评价性可能会有争议。我们可能认为学生是对人的一个客观的分类,可以明显地同其他人区分开来。然而,尽管一些人会认为学生是一个中性的、纯粹描述性的词,而其他人可能会认为它有着积极的内涵(可能与一个勇于变革的知识分子相联系)或者消极的内涵(懒惰、外表不整洁、酗酒)。

此外,比伯和法恩根给出了12个"立场标识语"的清单,即"对一个消息的主要内容的态度、感受、判断或承诺的词汇和语法表达"(Biber and Finegan,1988)。这些标识语是由从特定词类中选出的词语组成,也包括一些其他的词类,即:表示影响、确定性、怀疑的副词、形容词、动词;模糊限制语(模糊语言,例如"大约""有点");强调(例如"确实""真正地");情态动词表示可能性、必要性和预测。

以前,语言使用的许多方面的知识只能通过直觉来获取,但是现在可以通过获取大型机器存储的语料库来学习。一个语言使用者对于一个特定词汇的直觉是对这个词汇十次、百次,甚至千次的历经多年的多样的语言经验的产物。

在自然发生并一同呈现的会话中,每个词我们都可以得到成千上万的例子,因此就可以直观地观察每个词累积所产生的效果(Hunston and Thompson, 2000)。

(2) 语法

一些学者已经将语法的某些方面与评价相联系,比如拉波夫(Labov, 1972)认为背离基本的叙事句法有一种显著的评价作用,并且列出了这些背离的方式:

增强: 比如手势、有表现力的语音、量词(例如"all")、重复和仪式性的话语(例如"And there it was")。

比较: 比如否定句、将来时、情态动词、准情态动词、疑问句、祈使句、选择从句、最高级和比较级。

关联词: 包括递进、附加成分(非限制性定语从句)、双重同位语和定语(例如一把刀、一个长的东西、一把匕首、一个大家伙)。

说明: 即从属连词引导的从句,比如然而、尽管、由于和其他句子之间的连词。

(3) 语篇:情景—评价组合

我们可以将被视为评价标志的语言特征分为三类,每一类都对评价的不同内在特征进行了排序(Hunston and Thompson, 2000):

① 评价涉及评价对象与某种尺度的比较。它们包括:形容词和副词的比较级;程度副词;比较副词比如"只是""仅仅""至少";否定的表达(形态上的,比如"un-"和其他前缀;语法上的,比如"不""从不"和"很难";词汇上的,比如"失败""缺少"等)。

② 评价是主观的,即主观性的标志。这是一个很大的分类,包括:情态动词和其他确定性或不确定的标志词;非识别性的形容词;一些副词、名词和动词;修饰整个句子的副词和连词;报道和归因结构;标记的从句结构,包括以 it 和 there 引导的句子,和"特别的从句"比如伪强调句。

③ 评价是价值负载的,即价值的标志。这可以分成两类:典型的用在评价环境的词汇(循环定义似乎是不可避免的);目标及其完成或未能完成的事实也能表明("什么是好的"可以被解释为"什么实现了我们的目标","什么是坏的"可以解释为"什么阻碍了我们目标的实现")。

另外,所有关于评价的研究都认为评价更多的是在语篇中体现而不是局限于语篇的某一个特定部分。确实,正如 Winter(1982)引用的作为情境—评价组合的例子中显示的那样,在情境和评价部分都有评价性语言(但是也可看到评价往往出现在语篇边界)。同样,评价之所以在一些情况下可以被识别出来,是因为它在语篇中的位置和它在该位置所起到的作用,这一观点也是正确的(Winter, 1982)。

4. 案例分析

以下将从庭审记录中摘选例子,结合上述评价性描述特点以及叙事和认知的角度,阐述其中一些典型的评价性描述。该案件基本案情为权某借钱无果,认为乔某对其反感,遂杀害乔某。以下例子是辩护律师的一段辩护词:

<u>因其过早失去父母的管教</u>,同班同学都对其另眼相待。就读小学的权某在这种备受歧视的环境下,产生极度自卑和敏感的心理。小学毕业后,<u>十三岁的权某就开始在绥化货厂、火车站等地方搞搬运或在附近劳务市场揽活挣钱,维持生活</u>,导致其对这个社会产生仇恨心理。只要有人言语间显露出对他的鄙视和嫌弃,他内心深处的痛苦便涌上心头。而本案正是由于权某幼时成长时期形成的仇恨社会和敏感自卑的畸形心理,最终导致了本案悲剧的产生。所以本案被告人权某从另一角度上来讲也是受害者。辩护人请求合议庭,对被告人权某能够宽缓量刑,建议判处死刑缓期两年执行,给他一次重新做人的机会。

这段辩护词是很典型的对被告人的评价性描述,并不是简单明显的词汇或者语法,而是负载价值的评价性话语,通过具体叙事描述被告人不幸的幼年经历,试图阐释犯下该罪行的原因,从原因出发,引起法官等现场受叙者的同情和共鸣,发挥评价的操纵功能,从而为被告人争取最大利益。从上述实例也可以看出,并没有涉及具体的法律法规,但是据此评价性描述,辩护律师仍然可以得到请求宽缓量刑的结论,并且这个因果关系是有说服力的。这样的由辩护律师对被告人进行评价性的描述很常见,内容可以包括对被告人的人生经历、犯罪原因、生活负担(如家中有老人、孩子)等,这样的评价性描述属于积极肯定的描述,对被告人的利益起着积极作用。

当然,对被告人的评价性描述也存在相当一部分的消极否定,一般来自公诉人,有强化被告人犯罪动机及后果的说服目的。例如,公诉人将被告人特征进行描述,与天生犯罪人学说相对应,使法官、陪审团等受叙者产生恐惧等负面心理,产生不想让被告人再出现在社会上的想法。以下是针对之前辩护律师的辩护词,公诉人做出的反驳,十分精彩。

公:如果我们每一个人都以少年不幸(仇)报社会,那么将要杀多少人?损害多少无辜?杀害多少无辜?这只能说明了其主观恶性<u>更大</u>,报复社会心理是更强的。并不能证明他有灰色童年,就是意思～对他从轻处罚这一理由。我们认为这是不能成立的。被告辩护律师刚才谈到即使我们法律规定现在对犯罪分子要少杀、慎杀,但是没有说不杀。被告人权某将被害人杀死后又分尸,这足以说明其手段是非常残忍的,后果也是非常严重的。我们认为应该对被告人权某判处死刑,立即执行,答辩意见完了。

一方面,开头三句的评价性描述,属于对前面辩护律师话语的评价,属于表达自己的观点,但是连用三个问句,是利用了句子语法的力量,增加了语势和语力,给受叙者极大的冲击,也起到了评价性描述的操纵作用;另一方面,这个反驳的后面几句也十分有力,这正是对罪行的评价性描述,"非常残忍""非常严重"等副词结合形容词的使用是典型的评价性描述,将叙事者的主观感受传染给受叙者。另外,对罪行的具体描述,"被告人权某将被害人杀死后又分尸",虽然没有过多涉及具体语法,只是简单地使用了一个连接词"又",但这一个字的连接词,以及这种选择性的描述也显然是带有评价性的,让受叙者直观地感受到被告人的残忍,对被告人产生负面形象的认知。

在这两个例子中,辩护律师和公诉人对同一案件从不同的角度构建了评价性描述,这是基于他们所处的不同立场和维护的不同利益。当已经确认被告人所犯罪行时,辩护律师的话语目的一般是使罪行看上去不那么残忍。但在此案中,被告人的罪行明显是十分残忍的,那么辩护律师又采取了另一策略,评价描述被告人的不幸,话语目的改为减轻量刑。公诉人的反驳也采用评价性描述,对具体罪行进行消极负面的描述。对同一事物的积极或消极评价暗示了评价人消极或积极的判断,因此不难理解辩护律师和公诉人两个站在不同立场的叙事者,通过评价描述不同的对象内容来争取所要维护的利益。通过评价性描述,我们也可以看到法与情不是能够完全相割离的,评价性描述就是利用了情来达到法律上的目的。

8.2 叙事视角的选择

本书第六章主要从叙述视角主体和叙述视角客体的角度对其选择的叙事视角进行探究,主要包括第三人称的全知视角、第一人称的个性化视角以及第三人称的个性化视角等。显然,不同的法庭言语角色选择不同的叙事视角构建案件的基本事实或案件事实,以达到自己的诉讼目的(这是由于自己的职责使然或是与自己的根本利益相关)。本节旨在研究法庭言语角色在庭审中对叙事视角的认知选择,从认知语言学和认知叙事学两种理论着手,结合经典案例进行对比分析。

8.2.1 原型与范畴

认知语言学中的"原型"概念是指人们通过指派同一个名称或标签来创造或表示一个范畴。原型和范畴化是认知语言学的研究基础。我们在对周围事物的认知过程中,会按照我们的理解对它们进行范畴归类;在归类时会把常见的特定事物原始模式作为归类的依据。我们认知的事物包括具体的和抽象的事物,以及在特定环境中所观察到的事件和状况。在对事物进行理解和归类的过程中,一种常见的行为是把某些事物比喻为常见的原型事物(余素青,2013)。比如,公诉人在宣读的公诉词中对案件基本事实以第三人全知视角进行构建,作出建议罪名时,脑海中已经存在一个"XX罪"的基本原型。

审:今天是北京市朝阳区人民法院,依法公开开庭审理被告人蔡某某涉嫌虐待一案。蔡某某你先坐下。现在开始法庭调查,首先由公诉人宣读起诉书。

公:经依法审查查明被告人蔡某某[公诉人起诉书指控从2009年开始,被告人蔡某某因家庭矛盾,为发泄心中不满,先后多次<u>掐女儿陈某某的脸、嘴、身体,用擀面杖殴打、用脚踢踹其全身多个部位,用开水烫伤其身上和全脚</u>,导致陈某某就诊和入院治疗。]经陈某某病例记载,2005年5月26日北京积水潭医院诊断为右肱骨远端骨折;2010年10月19日中国人民解放军北京军区总医院住院病例记载,腹部闭合性损伤、头皮血肿、眼外伤、全身软组织损伤;2011年4月28日,北京积水潭急诊病例记录:双足热水烫伤两天;2011年12月8日,首都儿科研究所附属儿童医院住院病例记载,呕吐、全身多发软组织挫伤、会阴部软组织损伤。后经医护人员报警案发。

以上是某案件中公诉人宣读起诉书的庭审阶段,根据公诉人的起诉,蔡某某的行为符合虐待罪的基本原型。根据我国《刑法》规定,虐待罪是指对共同生活的家庭成员,经常以打骂、捆绑、冻饿、限制自由、凌辱人格、不给治病或者强迫进行过度劳动等方法,从肉体上和精神上进行摧残迫害、情节恶劣的行为。在起诉书中,被害人为其继女,被告人的行为侵犯了被害人的人身权利,以及家庭中的其他合法权益，符合虐待罪的客体要件；客观方面，被告人"先后多次掐女儿陈某某的脸、嘴、身体，用擀面杖殴打、用脚踢踹其全身多个部位，用开水烫伤其身上和全脚"，对被害人的肉体进行摧残和折磨；主体上，被告人对被害人负有监护职责，符合主体要件；主观上，被告人故意对被害人进行肉体上的折磨。用图示表示如下：

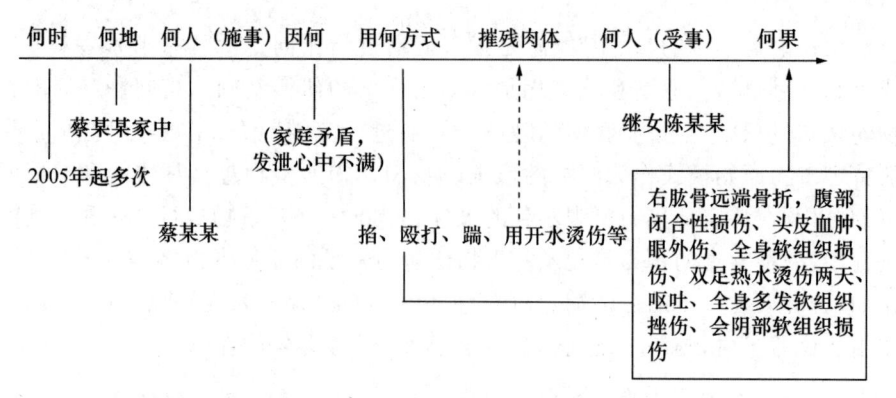

何时	何地	何人（施事）	因何	用何方式	摧残肉体	何人（受事）	何果
2005年起多次	蔡某某家中	蔡某某	（家庭矛盾，发泄心中不满）	掐、殴打、踹、用开水烫伤等		继女陈某某	右肱骨远端骨折，腹部闭合性损伤、头皮血肿、眼外伤、全身软组织损伤、双足热水烫伤两天、呕吐、全身多发软组织挫伤、会阴部软组织损伤

以下是法庭调查阶段中公诉人和法官对被告人的发问：

公：蔡某某你是否用脚踢踹这个被害人的腹部？

被：没有。

公：那你知道被害人这个腹部受到过伤害吗？腹部、胰腺受到伤害这个事。

被：我不知道是怎么造成的。

公：不知道怎么造成的？。

被：对。

公：被害人身上的这个烫伤是怎么造成的能说一下吗？

审：蔡某某，法庭提示你，在法庭上你要如实供述你的相关的问题，现在不要有什么思想顾虑。

被：是意外。

公：是意外造成的？

被：对。

公：跟你有关系吗？

被：～～有。

公：那你能说一下怎么个意外法？

审：蔡某某，这个你回答不了吗？你明确跟法庭说。

被:现在我不论说什么,他都要认定这些问题都是我都是我,我无论说什么,都要说我,说是是是。

审:你可以说你不是啊,如果不是你做的,你可以直接说,现在就是给你这个机会,让你做辩解,你为什么不说呀?

被:碰洒了东西了。

审:谁碰洒的呀?被害人本人碰洒了东西是吗?

被:(点头)

审:什么东西?

被:是汤。

审:汤,是吗?

被:(点头)

审:烫在什么部位了?

被:身上。

审:身上?

公:可是被害人从头△头部到这个胳膊,到这个身上一直到脚,都被烫伤了。那么多大一碗汤才能烫到被害人的全身呀?

被:是意外。

公:平时对被害人是怎么样实施伤害行为的,用什么工具,采用什么方式?

被:用手。

公:除了手之外还有没有借助其他的什么工具对被害人伤害?

被:用过一次擀面杖。

公:擀面杖用过几次?

被:一次。

公:一次,用擀面杖这一次伤害的是被害人的什么部位?

被:身上。

上述例子中,公诉人和法官的叙事始终围绕着被告人的行为是否直接导致被害人的受伤进行展开,询问被告人的"行为"和"用何方式",而被告人始终不愿意正面回答或者给出明确的答复,试图对故事原型的某些单位进行否认。再看下例:

公:安徽省淮南市人民检察院起诉书,淮检刑诉2013—11号,被告人朱某某,小名毛羔。[公诉人指控2013年3月11日凌晨2时30分,被告人朱某某携带事先准备好的尖刀、斧头、钢管、锁,使用梯子翻入朱某家院内。进入卧室见朱某一家人正在睡觉,朱某某使用钢管和尖刀先后将儿子朱某和儿媳陈某杀害,后又将朱某的两个年仅1岁和3岁的儿子残忍地杀害。]本院认为被告人朱某某因家庭矛盾产生杀机,持钢管、刀具等作案凶器,非法剥夺四人生命,其行为触犯《中华人民共和国刑法》第232条之规定,犯罪事实清楚,证据确实充分,应当以故意杀人罪追究其刑事责任。根据《中华人民共和国刑事诉讼法》第172条之规定,提起公诉,请依法判处。

上述公诉词中,公诉人对基本案件事实进行叙事构建,其叙事视角始终围绕故事原型的基本单位。何时:2013年3月11日;何地:被害人朱某家内;何人(施事):朱某某;因何:家庭矛盾;用何方式:使用钢管和尖刀;行为:杀;对何人(施事):朱某,陈某以及他们的两个儿子;致何果:剥夺了四人的生命。选择以第三人的全知视角进行叙事可以更为客观全面地对"故意杀人"的故事原型进行叙述,对被告人的行为进行全面的评价,与自己脑海中"故意杀人罪"的原型进行比较,判断其行为是否符合故意杀人罪的犯罪构成要件。

由此可见,叙事视角的选择与叙事主体所认知的罪名原型和故事原型密切相关。尤其是法律专业人士,会根据相关法律法规和自己的法律经验,结合已经掌握的确凿证据,对照原型图示,对自己的实施版本进行叙述。

8.2.2 认知突显观

庭审叙事中,叙事主体选择部分的信息组织言语,选择个性化的叙事视角进行叙述。任何一个事件的构建至少存在这样五个要素:"做了什么","什么时间和什么地点做的","谁做的","如何做的",以及"为什么",有些事件还包括"对谁做"以及"导致什么结果"这两个要素。在庭审叙事中,叙事主体为了达到自己的言语目的,常将注意力放在某一个要素上,置其他要素于不顾。

审:请公诉人发表第一轮的公诉发言。

公:……故意剥夺李某的生命,在她看来是帮助儿子以及全家人的精神解脱。其作案动机是来源于被害人的错误行为,并不卑劣。从被告人张某人身危险性来看,张某善良本分,不曾有过危害他人或伤害社会的行为。其家人、街道和社区自发写的请愿书中,对被害人李某近年来的情况和品行做了描述。因此被告人张某再犯的可能性较小,结合被告人张某与被害人李某的特殊关系,杀害目的和原因,和被害人李某的不良行为……被告人的行为虽然使被害人李某失去宝贵的生命,但仍应当认为其犯罪情节较轻,社会危害性不大。

……

审:下面由辩护人发表辩护意见。

辩:被告人张某具有自首情节,被害人李某由于自身过错,引发犯罪。张某是在觉得李某酒瘾戒不了、活着也是害人这种情况下杀害了自己的儿子,那么正是由于被害人啃老、酗酒、殴打家人、欺骗家人财产,那么使被告人——一个善良平凡的母亲逐渐绝望,从而走上极端之路。当然,我们说被害人有过错,并不是就豁免了被告人的责任,但请求对张某减轻处罚。在辩护人接触被告人的前期,被告人一直在说自己的责任,从不向辩护人说起儿子的一些事,实际上在今天的法庭调查的过程可以看出,被告人不想说被害人的事情,一直想隐瞒,受中国传统文化的影响,家丑不可外扬。但是她自己对自己杀子的行为十分后悔。

上例中,公诉人和辩护人都在构建案件基本事实中对被告人杀子行为的原因进行突显,强调被害人存在严重过错。被害人李某"啃老、酗酒、殴打家人、欺骗家人财产"是被告人最终杀害儿子的原因,被告人想以此使家人得到解脱而选择"大义灭亲"。公诉人和辩护人的叙事中都将被告人描述为一个善良、平凡、本分、品行良好的母亲,不是一个卑劣残忍的歹徒,其社会危害性极小。通过公诉人和辩护人的叙事,我们看到的是一个绝望的母亲为了摆脱这样没有希望的生活而选择一条最悲壮的不归之路。控辩双方对被告人品格良好、被害人自身过错以及存在减轻从轻情节的突显,引起法官和公众对被告人的同情,酌情减轻处罚。最终,合议庭作出如下判决:被告人张某犯故意杀人罪,判处有期徒刑六年。从最终判决来看,控辩双方选择突显"因何"单元和"人物构建"的视角进行叙事,成功达到其言语目的。下面且看这个父亲杀子案例:

审:下面进行法庭辩论,首先,由公诉人发表公诉意见。

公:审判长,审判员,人民陪审员,[公诉人认为被告人朱某某,因为与儿子的家庭矛盾而产生积怨,最终残忍地将自己的亲生儿子一家四口杀害,犯罪事实清楚,证据充分。而朱某某为了实施犯罪积极蓄谋,手段残忍,社会后果极大,应该以故意杀人罪追究其刑事责任。]当今社会处于快速发展的转型期,随着物质的极大丰富,人们对金钱的欲望和追求愈加强烈,但是金钱不是生活最高的目标更不能成为生活的全部。生命才是一个人至高无上的权利,亲情才是值得人们一生守护的珍宝,这些都不是金钱可以买到的。但是本案中,因为金钱,让父子反目,最后导致这场惨剧的发生,希望被告人朱某某对自己的罪行能够真诚地悔悟;希望人们能从这起案件中吸取经验教训。

审:好。下面由辩护人发表辩护意见。

辩:审判长,审判员,人民陪审员,根据我国《刑事诉讼法》的有关规定,本所接受朱某某近亲属的委托,指派我担任他的辩护人。[作为被告人的辩护人认为被告人朱某某具有从轻处罚的情节。]本案的发生完全是由被害人一方的过错造成的,被害人已经死亡不可能再追究其责任,只能相应地减轻被告人的刑事责任。辩护人认为,本案是民间矛盾激化引发的凶杀案件,本身就可视为一种酌定从轻的量刑情节,同时被害人存在明显的过错,对矛盾的激化负有直接的责任。被告人还有辩护人所说的一系列酌定从轻处罚的量刑情节,人民法院应考虑被告人不判处死刑,这样的判决符合法律的精神,也会得到社会的认可。

公:但是辩护人在刚才的辩护中反复提到与其中的被害人朱某、陈某之间有矛盾,认为朱某和陈某负有责任。如果辩护人提出被害人有过错的这个辩护观点,那么试问辩护人,另外两名被害人——两个孩子的过错在哪里?

审:你对你自己~的行为~有什么认识,有什么看法?

被:‖我认罪。

审:对法律即将对你作出的判决有什么要求,可以讲一讲。

被:我认罪伏法,请你们法官处理,随你便,我认罪伏法。

审:认罪伏法。由于本案案情重大,所以今天呢 我们不能够当庭进行宣判,本庭将择期对本案进行宣判,现在休庭,将被告人解回羁押场所羁押。

2013年6月27日,安徽省淮南市中级人民法院,对被告人朱某某故意杀人一案作出了判决,法院经审理认为被告人朱某某造成朱某一家四人死亡的严重后果,其行为已构成故意杀人罪,应依法惩处,对辩护人关于本案是因家庭矛盾激化而引发的故意杀人案件的辩护意见予以采纳。被告人朱某某报复杀死儿子、儿媳后,竟凶狠地杀害幼年无辜的两个孙子,犯罪手段极其残忍,后果极其严重,社会影响极其恶劣,实属法不容留,对辩护人建议对朱某某从轻处罚的辩护意见不予采纳。法院最终判决：被告人朱某某犯故意杀人罪，判处死刑。

上例中，被告人朱某某因家庭矛盾杀害其儿子朱某一家四口人。辩护人在辩护意见中，突显了被告人朱某某杀死其儿子与媳妇是有原因的，被害人本身存在过错，对矛盾激化负有责任。而公诉人并不赞同，因为其认为家庭间关于金钱的纠纷不能成为朱某某杀害其儿子的原因，更不能成为其故意杀害无辜的两个孙子的借口。最终，被告人朱某某被判故意杀人罪，判处死刑，剥夺政治权利终身。虽然从判决来看，被告人朱某某并未得到从轻减轻的量刑，但是法院在作出判决过程中采纳了本案是因家庭矛盾激化而引发的故意杀人案件的辩护意见。以此可见，辩护人对"因何"要素的突显在法官对案件事实的构建中对法官的认知有所影响。

通过上述两个案例，可以发现在许多刑事案件中，辩护人在辩护时常常会突显案发的原因、被告人的性格品行、被告人的先前表现和经历、被害人的过错等方面，旨在削减被害人的主观恶性，引起法官的同情，或是引起民众的激烈讨论，根本目的在于影响法官的叙事，使其对被告人作出从轻、减轻处罚的判决。法官在判决书中为了说服控辩双方、被告人、旁听人员和隐形受叙者等，在选择叙事视角时也会突显影响自己作出判决的信息。

8.3 叙事的完整性

在司法实践中，案件事实并不是客观发生的所有情况。案件事实并不会像课堂上或是考试中看到的那样自动呈现在法官面前，摆在法官面前的是一本或多本厚厚的卷宗，里面多是警察和检察官讯问犯罪嫌疑人或询问证人的对话笔录，以及其他如接警记录、勘验笔录、鉴定意见、照片等证据材料。而且，庭审中原被告双方所讲的事实经过也大相径庭，存在许多有出入的地方，那个在课堂学习中被清晰描述出来的、我们先前以为现成存在的案件事实不仅没有自动出现，反而在各方的争执中变得更加模糊。本节将研究主要案件事实是否完整地呈现在法官面前，案件事实的叙事的情节安排、修辞、评价和视角在庭审中的作用。

8.3.1 情节安排

情节安排即事件筛选是案件事实建构的主要策略之一。事件筛选是指修辞者在已经获得的证据信息中,通过着重强调或有意弱化、选择或放弃不同的信息,选用那些对修辞者所欲实现的意图有利的事件信息,组合形成情节完整的故事。事件信息的筛选这一策略在案件事实整体面貌的建构中具有全局性的作用,它可以影响证据信息,结合之后的全景故事结构,影响故事在整体上的意义指向。

情节安排可说是庭审叙事中的一个重要因素,它决定整个语篇事件的逻辑与时空的配置问题,即庭审事实或情节如何交织成一个连贯的叙事。庭审各方能够控制语篇的内容,决定什么是可以被包括进来的庭审事实,什么事实将得到详细描述,什么事实只是简单提及,以及什么事实能改变它在语篇中的通常位置。并非所有庭审事实讲述都严格遵守事件发生发展的自然时空顺序,庭审各方有时会根据实际需要,对故事进行剪裁,重新安排故事情节,用以影响审判人员内心确信的"故事",比如对不利于被告人的事实进行美化或省略,对被告人的罪后表现进行美化。认知维度赋予语篇以语义价值,决定语篇意义,制约语篇的构成性和情感形态性。

如在药某某一案中,辩护人在二审辩护意见中为了继续维护一审辩护意见中建立起来的药某某是初犯、偶犯、认罪、悔罪态度较好,犯罪意图瞬间产生、没有预谋、没有计划,主观恶性较小、社会危害性较小、人身危险性较小的这一人物形象,突出强调了药某某"欠缺驾驶经验,没有处理过交通事故,不具备处理应急事务的能力","案发前在学校、家庭、社会上一贯表现良好,从未受到过刑事处分,从未与人发生争执","一心扑在学习和练琴上,取得各项奖励、奖学金十余项","案发后自动投案,主动、如实供述犯罪事实,并明确表示愿意认罪","羁押期间主动向检察机关递交两份悔过书,对受害人亲属诚恳的道歉",以及"遵守监所的各项纪律,参与各项活动,争取积极改造"等情节信息,使药某某一案的故事呈现出被告人主观恶性较小、社会危害性较小的整体印象,而与故事建构者意图不合的其他证据信息则都被省略。根据数据统计可知,在法庭辩论阶段,被告人的代理人或辩护人通常会选择以下几个方法进行叙事:"对事件八个要素叙述的完整性"、"事件叙事时以法律法规为导向"、"按照事件发生的顺序进行叙述"、"根据事件发生的因果关系进行叙述"、"用描述性的修辞手段进行叙述"。详见律师调查问卷第2题"您认为有效的叙事方法有哪些?":

选项	小计	比例
A. 对事件八个要素叙述的完整性	14	46.67%
B. 事件叙事时以法律法规为导向	9	30%
C. 按照事件发生的顺序进行叙述	13	43.33%
D. 根据事件发生的因果关系进行叙述	13	43.33%
E. 用描述性的修辞手段进行叙述	1	3.33%
F. 其他：_____	0	0%
本题有效填写人次	30	

8.3.2 修辞策略

诉讼主体在建构案件事实的过程中，通常还会根据修辞形式的需要，分别采取不同的修辞策略，如故事建构、人物建构、环境建构等，以形成不同面貌的案件事实。

案件事实建构中最常用的一种修辞策略是故事建构。故事建构作为一种修辞方法，是用讲故事的方式把碎片化的证据信息组织起来，建构出一个情节完整的故事，以故事情节的合理性、人物形象的丰富性吸引听众，把听众的注意力从案件事实本身转移到对故事情节的关注上来。这一修辞策略用讲故事的方式描述事实，形成情节完整的故事轮廓，使听众认为案件事实就是故事所描述的那样。故事建构的修辞策略使听众在相信故事的同时，不知不觉地相信修辞者所描述的故事就是真实的案件事实。

案件事实建构的另一种修辞策略是人物建构。人物建构是把案件事实涉及的主体塑造成一个典型的正面或反面人物形象，使听众在接受人物形象的同时，也接受与其相称的故事结局(刘亚猛，2004)。建构恰当的人物形象是进一步说服听众接受故事的一种重要方法。因为案件事实作为影响案件最终裁决结果的关键要素，不仅要符合法律的规定、获得法官认可，还必须考虑社会公众对其的接受程度。法官必须在大量的证据材料中理清头绪，找到清晰的事实过程，并通过法律语言将其描述出来。听众对故事以及故事所表达的深层意思的接受，通常首先是对故事中人物角色的认可，然后才是对角色行为及故事内容的认可。因为一个特定的人物角色总是与他的社会身份、法律地位，以及与之相配套的一系列的权利义务和行为模式相关联，接受了人物角色，也就意味着接受了与该角色相关联的故事。如药某某一案中，一审判决书所描述的案件事实直接将药某某定格为一个持刀故意杀人的凶犯形象：

> 2010年10月20日22时30分许，被告人药某某驾驶陕Axxxx红色雪佛兰小轿车从西安外国语学院长安校区返回西安市区，当行驶至西北大学西围墙外翰林南路时，将前方在非机动车道上骑电动车同方向行驶的被害人张某撞倒。药某某下车查看，见张某倒地呻吟，因担心张某看到其车牌号后找麻烦，即拿出其背包中的一把尖刀，向张某胸、腹、背等处猛刺数刀，致张某主动脉、上腔静脉破裂大出血当场死亡。①

判决书随后将其行为认定为犯罪动机极其恶劣，主观恶性极深，犯罪手段特别残忍，情节特别恶劣，罪行极其严重，人身危险性极大，进一步丰富了药某某杀人凶犯的形象塑造，接受法律的严厉制裁也就顺理成章了。

案件事实建构的第三种修辞策略是环境建构。案件事实形成中的环境建构策略有两个层面，一是针对证据信息的环境建构，二是针对已经初具轮廓的案件事实本身的环境建构。任何语句描述只有放在一定的语境中才有意义，零散的证据信息只有在一定的事实环境中才有法律上的意义或价值，案件事实的建构者只有将所掌握的证据信息置于一定的语境中，听众才能了解证据信息的法律意义。当案件事实初具轮廓后，事实建构者为了进一步强化所欲达到的修辞意图，会把案件事实放在更为广阔的时代和社会环境中，提供与案件事实相关的各种背景资料，强化案件的时代意义，暗示案件裁判可能带来的社会溢出效应，影响听众的判断方向。如药某某一案中，辩护人建构的事实文本中很明显地欲将该案刻画为一场教育悲剧：

> 被告人年仅21周岁，至案发前一直处于校园生活之中、处于众所周知的且更具典型的被教育逼迫、家长望子成龙的重负之下。长期以来都高负荷地生活在考试、升学、夜以继日的钢琴训练、考级等等枯燥简单的环境中，加之其性格内向，与社会接触甚少。因为学习、就业等压力问题，及其对未来的彷徨和忧虑，被告人心理上承受着负担，长期处于紧张、压抑、抑郁的状况，不良情绪郁结，存在明显的心理缺陷，使其心理承受能力弱于常人。像我们大多数孩子们一样，他无力抗争，更无处诉说。

药某辩护律师的辩护词更是直截了当地明确主张，本案的深层次背景是教育体制和社会大背景，目前教育体制教育出来学生明显的缺陷也是法庭应当充

---

① 陕西省西安市中级人民法院刑事附带民事判决书，(2011)西刑一初字第68号。

分考虑的问题。这一事实文本的建构者希望通过强调这些时代背景,引发法官对药某某的同情心理,进而影响其决策。根据调查统计可知,在回答"您认为哪些因素会让法官对被告人酌情减轻刑罚?"一题时,有一些检察官认为"辩护人对事件的语言修辞"和"辩护人的叙述策略"会影响对被告人的量刑。从上述案例我们亦可以发现,律师对事件的修辞会深刻地影响到对量刑甚至定罪的影响。

8.3.3 社会评价

首先,请看两段案情叙事:

(1) 被告人崔某某于 2006 年 8 月 11 日 17 时许,在北京市海淀区中关村一号桥东南侧路边无照摆摊经营烤肠食品时,被北京市海淀区城市管理监察大队的执法人员查处,崔某某对此不满,以持刀威胁的手段抗拒执法,当执法人员将崔某某经营烤肠用的三轮车扣押并装上执法车时,崔某某进行阻拦,后持刀猛刺该城市管理监察大队海淀分队的现场指挥人员李某某(男,殁年 36 岁)颈部一刀,致刀柄折断,后逃离现场。李某某因被伤及右侧头臂静脉及右肺上叶,致急性失血性休克死亡。①

(2) 我家比较穷,来北京打工,我没有文化干了保安,却不开工资,我没钱减轻家庭负担,又兼了一份外卖,可感觉还是改变不了我的生活,所以我就当上了小贩。就在 2006 年 8 月 11 日,我和我父亲带的小女孩一起来到科贸西北角的胡同口,在那里摆摊的时候,来了城管人。我跟他们说,把三轮车给我留下,这是我新买的,我只听见一句话:不行,车必须带走。我拿了划肠的小刀吓唬他们,我看人越来越多,我感觉不可能打过他们,这时候我准备离开,决定不要了。我直接走出了人群,走出去以后我发现小女孩没有跟过来,我又返回来去看,找那个女孩,结果没找到女孩,看见他们一大帮人把我的车往他们的车上装,我非常心痛,跑过去想把车要回来,当我跑到车跟前的时候,车已经起动了。迎面上来一大帮人,我急于脱身,向左侧跑去,直接挨着的人就是李志强,我感觉他在抓我,我就用手上的刀扎了被害人,扎完就跑了。

这两段文字讲述的是同一个案件的经过。叙事(1)来自崔某某案的一审判决书,叙事(2)则是被告人庭审时的供述。从中不难看出,当证据已经完成了证

---

① 北京市第一中级人民法院刑事判决书,(2006)一中刑初字第 3500 号。

明任务后,用什么样的叙事策略去叙述案件经过,对最后呈现给受众的那个事实文本所造成的影响远比传统法学观念所想象的大得多,即使在证据相同的情况下,叙事和修辞的技术仍可以引起文本的巨大分歧,这一分歧足以导致截然不同的判决结果,叙事活动的关键目标正是诱导判决结果,因而讲故事必须尽可能迎合法律话语对某类情形的典型规定。根据数据统计可知,在回答"您在作出裁判时,哪些因素会让您酌情从重处罚?"一题时,有超过35%的法官认为"社会影响"会影响量刑的轻重。这也说明了在司法实践中社会影响对刑事案件审判有着不可估量的影响。

判决书对崔某某案的描述可谓证据确凿、事实清楚,认定其故意杀人罪名成立、判处死刑(缓期执行)是无可挑剔的;然而公众却对这一判决表现出相当大的不满,这种声音几乎占了压倒性多数,既有法庭外的法律专业人士也有非法学专业的其他民众,且这些被告人的同情者在事实的问题上都倾向于认同叙事(2)。造成这一现象的原因,依然与两个叙事文本的人物形象塑造有关。

扁型人物与圆型人物(或称平面人物与立体人物)是小说理论家福斯特(E. M. Forster)提出的概念。前者指的是特征集中且单一的人物形象,有的几乎用一句话就能完全概括他/她的为人,"除了这句话里描述的内容以外,他这个人等于并不存在"。这样的人物在叙事中的一切言行和一切情节,都是以单一特征为导向的,并且都在体现乃至强化这个特征,因此他/她能够被读者牢牢记住并一眼认出。圆型人物则相反,具有多个不同的特征,有些特征甚至是互相矛盾的,比如某个一贯冷酷无情的人物可以在特定的情节中突然表现出怜悯之心;人物的不同特征随叙事逐渐展开,与扁型人物相比形象较为复杂,从一定意义上说,也更接近我们在现实生活中看到的人。

叙事和圆型人物指向读者或听众的经验语境的同时,会形成进一步的影响——由于受众被唤起的经验的真实感和贴切感,容易让他们将自己与叙事人物进行类比,假如自己也遭遇类似的境况,是否也会得到法律的类似评价和对待?若受众感到自己要是受到如此的对待将是不公平的、不可容忍的,他们反对这一判决的声音便会更加强烈。

例如,2006年11月20日发生在南京的彭某案,徐某某起诉彭某将她撞倒,导致她受伤,要求彭某赔偿。这个民事案件与崔某某案的证据状况相反,双方均拿不出像样的证据来证明当时的情形,只能各执一词。一审法院认为彭某撞倒徐某某的可能性是存在的,判决其补偿徐某某40%的经济损失。虽然依据当时有效的《中华人民共和国民法通则》第132条规定:当事人对造成损害都没有过错的,可以根据实际情况,由当事人分担民事责任,但是公众得知法庭判决要求彭某向原告支付四万五千多元钱之后,绝大多数人都表现得极不服气。最关键的原因是,好心帮助跌倒的老人家却被对方告上法庭,法庭竟在没有证据能证明人是被告撞倒的情况下仍判他赔钱,那么以后自己在帮助别人的时候,岂不是也大有可能落得吃官司赔钱的下场?或者自己需要帮助的时候,别人想到彭某案的前车之鉴,岂不是都要被吓住不敢帮忙了?

显然,面对这个案件,人们因为彭某的救助行为将他想象成好人,而将徐某某看作恩将仇报的坏人。不仅如此,使得人们一面倒支持被告的主要原因是对于自身可能遭遇同类叙事场景的担忧。从这里可以看出,人们对叙事文本有着功能性的期待,他们非常敏锐地发现,故事在告诉他们某些人某些境遇的时候,也同时向他们传达经验教训,告诉他们在类似的语境中他们应有什么行为。叙事在人类社会中的确一直发挥着这样的作用:编撰历史,传授经验和道德评价,通过讲述他人的行为及其后果,来让受众反思和调整自己的行为。法庭向大众公布的叙事文本,更是以官方的、传媒的、制度化的高调姿态进行着宣传和训诫,人们当然会以特别严肃的态度仔细观察和掂量。

人们希望看到的是故事人物沿着公众熟知的价值体系走向"各得其所"的故事结局:人们若坚持按照以往耳濡目染叙事文本中的好人形象,去塑造自己的品性,遵循故事的训诫约束自己的德行,便能得到应有的尊重和安定的生活;如果有人像故事中的坏人那样行为,将毫无疑问与故事中的坏人一样受到惩罚。然而,民众却在司法的个案中发现错位的情景。崔某某案的判决仿佛在传递这样一个教训:穷苦人不偷不抢摆个小摊却要被赶尽杀绝,而城管有公共权力护身便可处处受包庇;彭某案的一审结果则暗示好心助人者没有好下场,倒打一耙的人却能得到法律撑腰。这难免使人们感到与过去接受的循规蹈矩、恪守本分以立足于社会的教育互相矛盾,官方训示的反复无常也令他们无所适从。

这必然导致公众强烈的抵触。公众通过选择另一种叙事文本、另一个版本的人物形象及其命运来表达这样的反抗,这就是崔某某等案件的审判在程序上、法律上没有破绽,却不断遭遇强烈抗议的原因。公众的动机和期望,归根结底是试图把司法活动(以及其他官方行为)重新拉回他们已经习惯的道德体系之内,重建日常生活的安全感。

对于司法机关来说,如果一味强调案件事实的证据确凿和逻辑严密,一味拒绝民间的反对声音,无异于逃避问题;假如不进行深层的反思,一旦面临具备精致的证据和逻辑条理的叙事文本的巧妙反击,则容易遭遇既无力解释症结在哪里、也无法回应公众质问的尴尬。

8.4 叙事中的法律法规相关性

庭审中的叙事往往需要有意或无意地向法律、法规靠拢,庭审规则主要由程序性规则、实体规则以及证据规则组成,庭审中各方都必须掌握以上规则,才能高效地解决法律争议。以上三个规则也制约着庭审角色的庭审言语的选择和使用。下面将主要介绍刑事诉讼中的庭审规则及其对庭审语言选择和使用的影响。

8.4.1 程序性规则对庭审叙述的影响

在第五章中,我们已经详细地介绍了程序性规则对认知的影响,本节将主要介绍程序性规则在叙事中的体现和影响。根据第五章可知,庭审是一种典型的制度性语境,其制度性特征之一即是具有相对固定和严格的程序规则。因此,控辩双方的庭审言语或多或少都会受到程序性规则的影响。我们将对程序性规则的几个方面进行介绍,以分析程序性规则对庭审叙述的影响。

8.4.1.1 开庭

宣布开庭是法庭审判的开始,其主要内容在《刑事诉讼法》和有关司法解释及文件中均有规定。如前述章节所述,开庭阶段中的规则大多是程序性规则,因而不涉及庭审各方对法律事实的叙述,也不涉及控辩双方的权利和义务,因此本节不作展开讨论。值得注意的是,在书记员宣读庭前注意事项时,此时控辩双方已经进入审判庭等待庭审,这也体现了法官的权势。

8.4.1.2 法庭调查

法庭调查阶段主要由以下几个部分组成:

(1) 公诉人宣读起诉书;审判人员询问被告人宣读内容是否与收到的一致。

(2)(审判人员令其他被告人退庭候审)审判人员询问被告人:"起诉书中指控事实是否存在?指控罪名是否成立?是否自愿认罪?"被告人对起诉指控的犯罪进行陈述。

(3) 公诉人对被告人进行讯问;在法庭调查过程中,律师应该认真听取对被告人的讯问、发问,作好发问准备。公诉人向被告人提出威逼性、诱导性或与本案无关问题的,辩护律师有权提出反对意见。法庭驳回反对意见的,应尊重法庭决定。

(4) 辩护人对被告人发问。

(5) 被告人退庭候审。

请看以下例子:

审:现在进行法庭调查。由公诉人宣读起诉书。

公:本案由定边县公安局侦查终结。以被告人权某涉嫌故意杀人罪移送定边县人民检察院审查起诉。经依法审查查明,被告人权某于2005年12月13日从宁夏银川市来到陕西省定边县会网友,所带现金不足以购买返程车票,经过多方打听寻找到乔某的远房姑妈刘某家,向刘某借来20元,当晚在网吧将借来的20元挥霍。失踪23岁的这个女青年是寄宿到她姑姑刘某的家里,跟犯罪嫌疑人实际上过去根本不曾相识。第二天晚上八点左右,权某再次来到刘某家中直到凌晨他才离开。当天晚上恰逢刘某外出,只有乔某独自在家。权某自己承认说,他在问的时候,这个女孩对他进行了言语上的侮辱,而且催促他快走。被告人权某就把她残忍地杀害了。最后在现场上劫得了钱财,又肢解并转移了尸体,最后抛尸到银川。权某从刘某家里盗窃现金700元,财物价值总计5000多元。杀人抛尸之后,权某潜逃至黑龙江省,两年后因犯盗窃罪被当地法院判处十年有期徒刑。原本以为可以逃脱命案追捕,谁知定边警方锲而不舍,时隔六年终于将其诉上法庭。

审:被告人权某可以坐下。被告人对刚才公诉人宣读的起诉书是否听清楚?

被:清楚。

审:下面你就起诉书指控的事实向法庭陈述一下。<u>从时间,什么时间,地点,手段,后果</u>。

被:被害人被我杀害之后的这一段过程,(摇头)实在是不想再谈了。

审:下面由公诉人进行讯问。

公:被告人权某你是否认识刘某?

被:认识。

公:如何认识的?

被:通过别人认识的。

此案为故意杀人案件,公诉人宣读起诉书后,法官开始询问被告人是否听清以及让其陈述所指控的犯罪事实。可以发现,在起诉书中,公诉人一般不使用大量的法律分析,而只是说明所指控犯罪及其构成要件。法官亦只是让被告人简述所指控犯罪事实(何时、何地、何事),因此被告人在此阶段受到法庭调查规则的制约而并不能作自我辩护。以上的话语选择皆由于法庭调查阶段的性质及其相应的规则,法官在法庭调查阶段主要关注起诉书中的事实是否与被告人所述的事实存在冲突,而将法律适用问题留待法庭辩论阶段解决。如果各方过多地进行法律分析,那么法官将会打断或制止。可见,法庭调查阶段的程序性规则极大地影响了庭审角色在庭审中的叙事。在第五章我们也分析了庭审各方的认知问题,从此例中我们可以发现,被告人对庭审程序性的规则认知不足,因而导致其抓不住庭审重点,过多地讲述与庭审无关或者法官并不关心的事实,从而影响了庭审效率。

8.4.1.3 法庭辩论

经过法庭调查,经过询问证人、出示物证等活动,案件事实和证据已经查清,控、辩双方对证据和案件事实方面的意见也已充分发表后,审判长应当宣布,法庭辩论开始。

(1) 公诉人发表公诉意见;辩护律师应认真听取控诉方发表的控诉意见,记录要点,并作好辩论准备。

(2) 被告人自行辩护。

(3) 辩护人发表辩护意见。辩护意见应针对控诉方的指控,从事实是否清楚、证据是否确实充分、适用法律是否准确无误、诉讼程序是否合法等不同方面进行分析论证,并提出关于案件定罪量刑的意见和理由。辩护前要确定是无罪辩护还是有罪辩护。

(4) 二轮辩论。

(5) 被告人最后陈述;法庭评论;宣判。

请看以下例子:

审:现在进行法庭辩论。由公诉人发表公诉词。

公:被告人权某的行为构成故意杀人罪和盗窃罪。被告人权某仅因借钱无果,认为乔某对其反感,如此不值一提的理由,瞬间转化为无视国法和他人生命的恶魔,将罪恶的双手伸向无辜的被害人。[公诉人建议法庭判处权某极刑。]案发后,被害人乔某生不见人,死不见尸,而被告人权某频繁变换身份,长期逍遥法外,致定边县城的邻居众说纷纭,互相猜忌,人心惶惶。本院认为,被告人权某故意杀人,手段特别残忍,情节特别恶劣,应当以故意杀人罪和盗窃罪及2007年的盗窃罪数罪并罚,判处被告人极刑。

审:下面由附带民事诉讼原告人发言。原告人可以就本案发表自己的意见。有没有?

原:没有。

审:被告人权某你为自己辩解,有没有?

被:(摇头)没有。

审:请权某的辩护人发表辩护意见。

辩:<u>因其过早失去父母的管教,同班同学都对其另眼相待。就读小学的权某在这种备受歧视的环境下,产生极度自卑和敏感的心理。小学毕业后,十三岁的权某就开始在绥化货厂、火车站等地方搞搬运或在附近劳务市场揽活挣钱,维持生活,导致其对这个社会产生仇恨心理。只要有人言语间显露出对他的鄙视和嫌弃,他内心深处的痛苦便涌上心头。</u>[辩护人认为应该给权某一个重新做人的机会。]而本案正是由于权某幼时成长时期形成的仇恨社会和敏感自卑的畸形心理,最终导致了本案悲剧的产生。所以本案被告人权某从另一角度上来讲也是受害者。辩护人请求合议庭,对被告人权某能够宽缓量刑,建议判处死刑缓期两年执行,给他一次重新做人的机会。

公:<u>如果我们每一个人都以少年不幸(仇)报社会,那么将要杀多少人?损害多少无辜?杀害多少无辜?这只能说明了其主观恶性更大,报复社会心理是更强的。</u>并不能证明他有灰色童年,就是意思~对他从轻处罚这一理由。我们认为这是不能成立的。被告辩护律师刚才谈到即使我们法律规定现在对犯罪分子要少杀、慎杀,但是没有说不杀。被告人权某将被害人杀死后又分尸,这足以说明其手段是非常残忍的,后果也是非常严重的。我们认为应该对被告人权某判处死刑,立即执行,答辩意见完了。

审:原告人有没有意见需要发表?

原:缓期执行绝对不允许,为民除害。

审:现在休庭。20分钟后继续开庭。法警将被告人权某带出法庭。

以上为法庭辩论阶段公诉人、辩护律师之间的问答。可以看出,相较法庭调查阶段,公诉人和辩护律师主要针对定罪量刑等问题展开辩论,对诸如证据等事实性问题不再发表意见。这是由法庭辩论阶段的性质和规则所决定的,在法庭调查阶段对事实问题依然进行了较为充分举证、质证,因此在法庭辩论阶段,双方主要针对定罪量刑等法律适用方面的问题进行辩论,控辩双方发表意见受到法庭辩论阶段规则的制约和引导。公诉人和辩护律师针锋相对,辩护律师认为应该给权某一个重新做人的机会:"本案正是由于权某幼时成长时期形成的仇恨社会和敏感自卑的畸形心理,最终导致了本案悲剧的产生。所以本案被告人权某从另一角度上来讲也是受害者。辩护人请求合议庭,对被告人权某能够宽缓量刑,建议判处死刑缓期两年执行,给他一次重新做人的机会"。而公诉人认为:"如果我们每一个人都以少年不幸(仇)报社会,那么将要杀多少人?损害多少无辜?杀害多少无辜?这只能说明了其主观恶性更大,报复社会心理是更强的。并不能证明他有灰色童年,就是……对他从轻处罚这一理由。我们认为这是不能成立的。被告辩护律师刚才谈到即使我们法律规定现在对犯罪分子要少杀、慎杀,但是没有说不杀。被告人权某将被害人杀死后又分尸,这足以说明其手段是非常残忍的,后果也是非常严重的。我们认为应该对被告人权某判处死刑,立即执行……"可以看出,公诉人和辩护律师的争议焦点在于量刑轻重的问题:律师认为被告人认罪态度好,应当从轻处罚;公诉人认为被告人主观恶性大,不应当从轻处罚。法官并未当庭对双方意见发表看法,而是待休庭后综合考量双方意见。可以发现,辩护人虽然在法庭辩论阶段的庭审言语符合辩论阶段的所有规则,但法官并不十分关心他是否符合辩论规则,而是关心其所述是否能够反驳公诉人构建好的故事,以影响或动摇自身内心的认知。这也与我们在第五章提到的认知图式有关,法官在庭审前、中、后对案件事实都有一个认知,而这个认知是建立在相对稳定的图式之上的,因而在法庭辩论阶段中,法官尤为关心控辩双方所述是否能够落入其图式,或有效地改变其对案件事实的认知图式。因而,此时法庭辩论规则于专业法律职业人员而言在程序上意义不大,重要的是利用这些程序将自己构建的故事说出并取得信赖。此外,此处被告人的主观恶性也通过其性格展现出来。根据调查数据可知,在回答"在庭审过程中,您认为被告人个人的哪些主客观因素会影响到法官?"一题时,有30%的法官认为被告人的性格会影响法官对案件事实的判断。

8.4.1.4 被告人的最后陈述

审判长宣布法庭辩论终结后,被告人有最后陈述的权利。让被告人作最后的陈述,这是在合议庭评议、判决前再给被告人一次行使辩护权的机会。被告人可以利用这个机会陈述他对全案的意见和看法,包括自己是否有罪、罪行轻重,自己犯罪的原因,对犯罪的认识,以及对量刑方面有什么要求等。被告人的陈述一般不能影响法官最后的裁决,一方面是因为被告人陈述大多并无新的内容;另一方面是因为最后陈述的设置其实主要是为了达到程序公平。因此,在这一阶段,无论被告人是否清楚地知晓这一阶段的实质内容,对其陈述语言的影响都不大。

8.4.1.5 宣判

宣判,即宣告判决,是人民法院将判决的内容公开宣布告知当事人及其他诉讼参与人等的诉讼活动。可见,刑事诉讼程序一般分为五个阶段,而且这五个阶段的内容相对独立,其中在"法庭调查"阶段、"被告人最后陈述"阶段以及"宣告判决"三个阶段都要求有相对完整的叙事。宣判分为当庭宣判和择期宣判,此一程序并不影响判决书中的语言,因而无赘述的必要。

8.4.2 证据规则对庭审言语的影响

在刑事诉讼庭审中,解决被告人的定罪量刑问题的关键在于证据,其有特殊的本质和特征。"诉讼证据,是审判人员、检察人员、侦查人员等依据法定的程序收集并审查核实,能够证明案件真实情况的根据。"从证据所反映的内容方面看,证据是客观存在的事实;从证明关系看,证据是证明案件事实的凭据,是用来认定案情的手段;从表现形式看,证据必须符合法律规定的表现形式,诉讼证据是客观事实内容与表现形式的统一(樊崇义,2004)。

包括刑事司法活动在内的司法证明活动必须以证据为本源和基石。换言之,司法裁判必须建立在证据的基础之上。司法证明的基本任务之一是认定案件事实,而证据是构成案件事实的关键因素。刑事审判中,证据既是审判的基础材料,又是庭审的重要方法。运用证据材料推论过去发生的事实的回溯性证明活动是认定事实的重要活动,因此规范裁判者对证据的运用,保证其正确运用证据、正确认定事实,就需要有一系列的证据规则来保证。取证、举证、质证、认证是司法证明的四个不可或缺的环节,因此,证据规则即为这四个证明环节的法律规范和准则。而在庭审中,主要关注的是举证、质证、认证等过程,因此以下将围绕与这三个过程有关的证据规则进行分析、介绍。

8.4.2.1 举证规则

审判中的举证程序是1997年《刑事诉讼法》对1979年《刑事诉讼法》修改的主要内容之一,它将由审判人员出示、宣读证据改为由公诉人、辩护人向法庭出示、宣读证据。这种举证的角色转换突出了公诉人、辩护人在法庭调查中的控辩作用,明显地增强了刑事庭审的对抗色彩,也表明了我国诉讼程序由职权主义向当事人主义转变的一个趋势。我国现行《刑事诉讼法》第52条规定:"审判人员、检察人员、侦查人员必须依照法定程序，收集能够证实犯罪嫌疑人、被告人有罪或者无罪、犯罪情节轻重的各种证据。严禁刑讯逼供和以威胁、引诱、欺骗以及其他非法方法收集证据，不得强迫任何人证实自己有罪。必须保证一切与案件有关或者了解案情的公民，有客观地充分地提供证据的条件，除特殊情况外，可以吸收他们协助调查。"第54条规定："人民法院、人民检察院和公安机关有权向有关单位和个人收集、调取证据。有关单位和个人应当如实提供证据。"这表明举证责任既是一种权利，也是一种义务，是司法机关工作人员的职责所在。除此之外，该法从第51条到第65条均为对证明责任的规定，这些规定明确了证明犯罪构成的责任主要由公诉案件中的检察院承担，即由公诉方向法院提供证明被告人有罪的证据，不能提供或者所提证据不足以说服审判者信服，就要承担败诉的不利后果。在举证程序中一般不涉及控辩双方的对抗，因为我国刑事公诉案件采用的是卷宗移送制度，即将所有证据材料都移送给法院，因而在庭审中公诉方无须在举证环节花费过多精力。因此，公诉方在举证环节中更多地倾向于在法庭调查和法庭辩论阶段对证据的合法性、真实性、关联性进行说明，以使法官信服。但这也要求公诉人在举证环节中使用精准的语言，对证明对象和证明目的采用精确化描述，如证据确实、充分等专业术语。在问题"您认为就影响故事构建的因素而言，有哪些诉讼策略与方案？"中，有80%的律师认为"攻击证据及证据所支持的次级故事，例如攻击证据的真实性、关联性"是一种有效的诉讼策略。因此，证据规则是控辩双方必须掌握的，也是在庭审中对于案件事实的构建和解构十分关键的一环。通过证据的提出与推翻，一方才能达到其目的。

8.4.2.2 质证规则

关于刑事庭审质证，我国《刑事诉讼法》第61条规定："证人证言必须在法庭上经过公诉人、被害人和被告人、辩护人双方质证并且查实以后，才能作为定案的根据。"除此之外，刑事诉讼法有关司法解释进一步规定，证据未经当庭出示、辨认、质证等法庭调查程序查证属实，不得作为定案的根据。质证在法庭调查环节中具有至关重要的作用，整个法庭调查其实都围绕着举证、质证这两个环节来进行。质证主要指在庭审过程中控辩双方就各自提出的证据的合法性、关联性和客观性发表意见，帮助法官对证据形成最终意见。质证的本质特征在于明确证据的实质，而只有通过控辩双方的对抗才能进一步解释书面证据无法表示的证据实质。质证是刑事庭审的必经程序，但在司法实践中，质证环节一般不如大众所想象的那样激烈，这与卷宗移送制度有关，即法官只是将其认为没有解决的问题带到质证环节中进行。

请看以下关于举证、质证的例子：

审1：下面开始由控辩各方向法庭举证。在接下来的法庭举证质证阶段，依次由举证方当庭出示证据后，由对方进行辨认并发表意见。控辩双方可以针对该证据互相质问以及进行相应的辩论。现就本案的刑事部分开始法庭举证。首先是公诉人举证。

公：首先举出第一组证据是被告人［公诉人首先出示了被害人陈某某以及几位邻居的证词，证实了沈某某的作案过程和犯罪事实。对此，沈某某和他的辩护人并无异议。接着公诉人又宣读了冯某某的询问笔录。］冯某某，也就是被害人的公公的笔录。冯某某的笔录有两份，但是对能够比较客观真实反映本案的一个事实的话，只有一份笔录。［公诉人在这份证据中披露了一个重要信息，章某某竟然被沈某某以 5000 元的价格转让给了冯某某。］在农历十一月中旬的时候，章某某跟我说，沈某某叫其转告我，要我给 5000 块钱给沈某某。我根本没多少钱，没办法，也没敢找沈某某本人谈。在腊月初五的样子，我找郑某某借了 500 块钱，从章某某身上凑了 500 块钱，正好 1000 块钱，我就让章某某把这个钱转交给和尚沈某某。问：你与沈某某之间有无矛盾恩怨？答：我有。那时候到浩山叶村庙求签时，我认识了沈某某，也认识了和沈某某一起在庙里的章某某。后来我也就常到叶村庙里去玩，跟沈某某、章某某就熟悉了。章某某平时感冒什么之类的，沈某某就叫我带章某某去医院。我带章某某去医院去过四五次，所以关系也近了。你跟他成个家，好好过生活。这是沈某某说的原话。一开始我也不同意，后来我也问了章某某本人，谈起这件事，章某某本人也同意了。

审1：被告人，你认可冯某某的说法吗？

被：这个好多不是事实。我根本没想过问他要钱。

审1：你也打过冯某某并且警告过他？

被：‖我（说话不清）我也没有要他钱。他说给我钱，我说我不要。我人没有了，我还要钱？

审1：公诉人继续举证。

被：下面举出章某某的询问笔录两份。章某某也就是本案中跟被告人沈某某同居在寺庙里的那个女的。问：你与沈某某什么关系？答：我不是浩山人，我是东至县人，沈某某就把我带到了浩山乡来了。一开始我和沈某某同居，后来我又认识了冯某某［章某某说，她认识了冯某某之后两人就产生了好感。而沈某某有所察觉之后便要求他们住到一起。但是,他要收取转让费。]2012年农历十月份,我就搬到冯某某家开始和冯某某同居。刚开始没有什么事情,过了一段时间,沈某某就找冯某某要钱,沈某某认为他把我转让给冯某某,需要冯某某支付一定的费用,最后他们以5000元成交。

原代1:本案发生在冯某某家一楼,理当属入户抢劫。代理人认为被告应构成抢劫罪,属入户抢劫,量刑应按十年以上有期徒刑。

被:你说我抢劫,我抢了一分钱吗?这个需要证据,哎,你需要证据。

从上述举证、质证的过程可以发现,公诉方对两名被告人的作案事件的开端进行了举证,并依次说明两名被告人的犯罪主观意图。被告人对其被控诉的索要钱财这个事实有异议,但法官却询问被告人是否有打过被害人,这表明法官对公诉方这组证据的真实性与关联性有一定程度的关注,继而发挥其权力向被告人发问。被告人其实"答不符问",公诉人并未讯问被告人是否有抢劫动机,而是在询问一个客观事实,被告人只需对这个事实的合法性、关联性、客观性发表意见即可。而法官的继续发问也表明,在法庭调查阶段,各方只能也只需对证据的三性发表意见。可见,被告人并不了解法庭调查这一具体的语境,如果被告人对法庭调查规则有所了解,则会调整自己的回答策略。综上所述,在举证、质证环节,对证据规则的认识会极大地影响到庭审程序的进行与庭审效率的高低。

8.4.2.3 证人作证规则

我国《刑事诉讼法》第54条明确规定了证人的作证义务,此外,在《刑事诉讼法》、有关司法解释和文件中,还分别就证人的权利保障、证人必须具备的条件、证人证言的收集方式、质证程序和采信要求等作出了较为具体的规定。言词证据是指以人的语言表述为存在和表现形式的证据。在法定的证据种类中,证人证言、被害人陈述、被告人供述以及鉴定结论都属于言词证据。当代各国刑事证据法普遍禁止将采取刑讯逼供、威胁、引诱、欺骗等方法非法获取的口供作为证据使用,我国《刑事诉讼法》第56条明文禁止了以非法手段收集证据,并明确了非法取得的证言、被害人陈述和被告人供述不能作为定案的依据。

8.4.2.4 认证规则

对某一证据能否作为认定案件事实的依据进行审查判断,即为认证。我国《刑事诉讼法》第50条规定,"证据必须经过查证属实,才能作为定案的根据"。刑事诉讼法相关解释进一步明确:证据未经当庭出示、辨认、质证等法庭调查程序查证属实,不得作为定案的根据。这就从立法上明确了庭前认证是一种非法认证,未经法庭程序查证属实的证据,即使本身是客观真实的,也不能作为定案的依据使用。

8.5 叙事的说服功能

说服可以定义为对另一个人的决策产生影响的行为。在现实世界中,说服可以有多种形式,既有良性的道德诉求又有残酷的胁迫。在审判工作的背景下,说服的定义更为狭隘且风格化。用更简洁的话来说,说服是律师的输入,旨在影响法官或陪审团的输出(Lubet, 1991)。

在结构主义者看来,每一个叙事文本都包含着两个部分:第一个部分是故事,即内容或事件链,加上所谓存在物,这一存在物由包括人物与环境在内的成分所构成;第二部分则是话语,也就是作品的表达,是其内容得以交流的方式(谭君强,2014)。美国学者查特曼以图8.1将叙事文本中的这种内在关系展现出来(Chatman, 1980)。

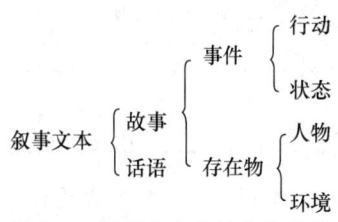

$$
\text{叙事文本}\begin{cases}\text{故事}\begin{cases}\text{事件}\begin{cases}\text{行动}\\\text{状态}\end{cases}\\\text{存在物}\begin{cases}\text{人物}\\\text{环境}\end{cases}\end{cases}\\\text{话语}\end{cases}
$$

图 8.1 叙事文本中的内在关系

我们从图8.1中可以看出,在叙事文本的话语这一层面上,有一个与之相对应的层面,这就是"故事"。需要注意的是,叙事学理论中所说到的"故事",与人们通常对这一词语的理解是有所不同的,《辞海》(第七版)对"故事"的定义是:文学体裁的一种,侧重于事件过程的描述,强调情节的生动性和连贯性,较适于口头讲述,通俗易懂。区别于文学叙事中的故事,庭审叙事中的故事具有更多的真实性,不同叙事者有着不同的故事版本。本节将从故事版本和叙事特征两方面来阐述庭审过程中叙事的说服力。

8.5.1 故事版本与法律说服

普通人面对复杂信息如何作出高水平的判断和决定？故事框架给决定作出者的基本工作提供了必要的分析工具，即"组织或重新组织大量的不断变化的信息"（这些信息通过"互相冲突的证言、迷惑性的时间推移、许多证人及专家的视角以及一系列令人困惑的陪衬情节"加以呈现）；对案件中被指控犯罪的行为保持关注，同时将支撑信息与对该行为的理解进行正面联系；"使人们能够在故事间进行系统性的对比"，以满足公平的规范标准、客观和合理怀疑测试；以及作出能够很容易符合立法机关定义的适用于案件的解释。了解庭审决策者的判决思维，这样的理论尤其体现了故事的重要性。以下数据来源于对刑事法官的问卷调查第16题的统计结果：

庭审中控辩双方都以叙事的形式陈述案情，在庭审前，您的脑海中有没有一个该事件的故事版本？

选项	小计	比例
A. 有，且大多数情况下故事情节清晰	14	48.28%
B. 有，少数情况下会有少部分故事情节不是很清晰	11	37.93%
C. 有，但大部分故事情节模糊	3	10.34%
D. 没有	1	3.45%
本题有效填写人次	29	

从选项分布中可以看出，选项A、B、C都表明几乎所有法官在庭审开始前对案情有自己的故事版本，占比96.55%。虽然在这个故事版本中，法官对案情的细节清楚程度不一，这时候就是庭审过程将要起作用之时，控辩双方努力在法官脑海中重构一个有利于己方的故事版本。每一个法律案例都从一个故事开始——委托方的故事，以法律裁决终止。实际上，它提供了另一个版本的故事，一个置于法律框架中的故事。在这中间有庭审时讲的故事，或者说，大多数庭审过程包含矛盾的叙述。大部分讲故事的工作集中在中间讲故事的庭审阶段（Rideout, 2008）。大家都同意讲故事是具有说服力的。有学者指出："刑事判判围绕讲故事进行。"彭宁顿和黑斯蒂得出了基本相同的结论：陪审员判决中的核心认知过程是故事结构（Pennington and Hastie, 1991）。

在中间讲故事的庭审阶段，公诉人或辩护律师进行口头叙事，其目的是说服法官或陪审团，合理运用叙事手段，配合证据，使其相信被告的有罪/无罪。

出于不同的目的,通过叙事,同一个事实会产生两种故事版本。公诉人一方的叙事重构一般强调被告人所犯罪行,认为被告人违反法律,应当受惩罚;而辩方的叙事重构则是为了证明被告人是无罪的,或者证明被控罪名过重。因此,法庭话语有着极大的说服功能,虽然是可能服务于不同的说服目的。以下交通肇事案的例子则体现了故事的两个版本:

公:下面向法庭宣读起诉书:浙江省台州市椒江区人民检察院起诉书……本院认为被告人陈某某无视交通运输管理法规,醉酒驾驶机动车,且在行驶中未与前车保持安全距离,而发生交通事故致 1 人死亡,负本次事故主要责任,且在交通肇事后逃逸,其行为已触犯《中华人民共和国刑法》第 133 条,犯罪事实清楚证据确凿充分,应当以交通肇事罪追究其刑事责任。根据《中华人民共和国刑事诉讼法》第 141 条之规定特提起公诉,请依法判处,此致台州市椒江区人民法院。

……

辩:本案的事实已经查明。被告人陈某某在离开现场之前,既曾跪地反复道歉,而且也曾向围观路人请求帮助,而且其在离开现场之前也已经得知围观群众已经报了警,那么陈某某也将自己的身份明确告诉了其所乘坐的出租车的驾驶员,所以从其行为特征上看,其离开现场是为了逃避法律的追究这个行为特征是不明显的。虽然其行为从客观后果上,确实属于离开现场,但是鉴于她没有明确逃避法律追究的这种明显的故意,对此辩护人认为对其定罪量刑应当依据其当时行为的客观情形来进行判断。

公:本案被告人在事故发生后,在交警人员未到达之前,逃离了事故现场,并且躲避到新港的酒店 KTV 内,因此该行为完全符合了在事故发生后,为逃避法律追究而逃跑的法律规定,被告人的行为构成交通肇事罪,且属于《刑法》第 133 条规定的交通肇事后逃逸的行为,依法应处三年以上七年以下的有期徒刑。

在这一组对话中,辩论的焦点为被告人的离开现场是否是为逃避法律追究。从公诉人的起诉书中可以看出,指控的故事版本为被告人在交通肇事后逃逸。但是,辩护人就这一点提出了完全不同的故事版本,从被告人的种种行为,如"既曾跪地反复道歉,而且也曾向围观路人请求帮助"等推断出其离开现场不是为了逃避法律追究,显然这个故事版本的说服目的是在已经造成被害人死亡的情况下,减轻被告人的罪行。而公诉人立即利用其他事实信息(在交警人员未到达之前,逃离了事故现场,并且躲避到新港的酒店 KTV 内)结合法条进行反驳,认定被告人符合肇事逃跑的情形,加固了原先的故事版本。好的故事从两个方向走到一起,即事实发现者提供的故事和控辩一方所提供的故事版本,两者具有一致性,就形成了一个好的故事。对于同样的事实,却产生两种故事版本,可见故事是描述和理解人们如何评估和运用证据的一种好方法。

故事对于劣势方即辩护方来说是非常重要的,因为它们要求听者暂停判断,倾听故事的要点,并且将其与他自己版本的事实互相验证。在这个庭审过程中,被告人属于劣势者,最重要的听者是决策者法官,法官听到辩护人的故事版本(被告人离开现场不是为了逃避法律责任)后,会"打断"自己原先在起诉书中所接受的故事版本(被告人在交通肇事后逃离现场),通过综合各种信息和证据,在脑海中重新形成对事件的认知,形成一个新的故事版本,这是一个动态的认知过程,也体现了辩护律师故事版本的说服作用。给予劣势方提出己方故事版本的机会在我们这样的多元社会中不可或缺,而且劣势方对此有实际需要:所有要求改变的行为都需要得到大多数人的支持或者至少是理解。

在裁决阶段,法官书写判决书时进行书面叙事,也是在重构一种具有说服功能的故事。这时候的故事版本或许与之前的版本都是不同的,在庭审中的各个故事版本为竞争性版本,属于基本事实的构建,判决书里的故事版本则构成了案件事实。法官的裁决叙事更多关注的是判决书会产生的社会影响,以及对后期法治的推动作用,需要就判决的公正性来说服社会公众知法守法。

8.5.2 叙事特征和法律说服

在故事版本之外,叙事基于自身特征,本身就具有法律说服性。以下将介绍叙事的三个特征:叙事是"天生"的理解和重构人类经验的方式,因此本身具有说服力;叙事模型超越了基于正式和非正式逻辑的说服模型;叙事体现了心理上有说服力的几个属性:一致性(一种正式属性)、相应性(一种正式属性)和保真(一种实质性属性)。

8.5.2.1 叙事是"天生"的理解及重构人类经验的方式

法律审判涉及对人类活动的叙事,必须在法官或陪审团作出判决之前以特定的方式得到理解。庭审过程中,律师的目的之一就是为这种理解提供一个结构,从而引向一个有利于己方的结果。事实证明,叙事提供令人信服的结构,很可能是因为叙事是理解人类经验的自然模式,人们生来习惯于通过他人的叙事来理解和重构他人的经验。

例如,如果人们按时间顺序理解案情,那么这样的理解是具有逻辑性的,但逻辑层面的理解要比普遍程度的理解更为深刻,即产生说服力。同时,任何在叙事结构之外理解案情的努力只会产生与可能的叙事不相符合的部分。

8.5.2.2　叙事模型涵盖"叙事理性"

传统的法律判决模式完全基于正式和非正式逻辑模式,正越来越不完整或不足以充分描述法律论据的说服力(Bernard,1988)。而叙事模型超越基于正式和非正式逻辑的说服模型,涵盖"叙事理性"。

叙事结构所包含的更深层逻辑增添到庭审辩论的传统模式中,就形成了庭审过程中叙事与逻辑同样重要的现状,庭审过程中的说服力产生也正是基于叙事与逻辑两个维度。我们将叙事结构所包含的更深层逻辑称为"叙事理性"。理性来源于叙事,费雪认为,修辞理性必须扎根于修辞之中。但是,在叙事修辞中,理性却是根据非形式的逻辑、用实用推理来评判的,所以他提出"掌握'好理由的逻辑'(也即好理由的规律)就保证了一个人具有基础的、或许是最优化的知识,这种知识必须能告知觅材、撰写、发言,以及对修辞信息的评论和互动,倘若这些技能表现出理性的话"(Fisher,1978)。这种叙事理性与传统逻辑学不同,但具有同样的甚至更强的无形说服力。

8.5.2.3　叙事体现的心理属性

如果说叙事是人类天生的理解方式,是人类形成思想和经验的主要形式,那么叙事可以为这个世界传统观念上的推理方式,即通过逻辑和修辞的形式进行推理增添新的东西。那么问题即为:何为叙事?费雪以两个具体原则作为回答——叙事可能和叙事保真;这些原则与传统的理性方式形成对比,但并不矛盾。事实上,这些原则被纳入了叙事结构中。这些原则令我们更加具体地融入了叙事结构的说服性,由此引出了叙事的其他三个特征,称为心理学特征。

1. 叙事一致性

费雪关于叙事理性和叙事可能的两个特征中,第一个特征体现了叙事的形式属性。事实上,几乎所有关于叙事属性的工作都集中于它们的形式特征或结构特征上。一致性确实是有说服力的叙事的一个重要特征。故事的一致性的另一个方面是它的完整性,故事的结构在很大程度上包含了所有的部分。

诉讼就是从被侵犯人(或其代理人)或公诉人对事件的叙事开始的(宣读起诉书),该叙事包括八个要素:何时、何地、何人(施事)、因何、用何方式、做何事(侵害/侵犯)、对何人(受事)、致何果。辩论阶段也无外乎是对以上细节的一个确认过程。叙事过程中的一致性与完整性使得受叙者逐渐接受这个故事版本,即被说服。然而辩论阶段中任何一个新情况的描述,即与原来叙事一致性的冲突,会动摇受叙者对原来的故事版本的信心;或者一方的叙事本身存在前后不一致、细节不完善等情况,那这个故事版本的说服力是不强的。

2. 叙事相应性

法律故事的一致性(其一致性和完整性)在很大程度上影响了其说服力。但叙事一致性只是叙述性说服力的两种正式或结构性质之一,第二种是叙事相应性。叙事相应性是与法官或陪审团对世界上通常发生的事情知晓程度相对应的问题,不会产生矛盾。该对应性是故事的合理性和其说服力的重要组成部分。

虽然叙事相应性可能听起来像是审判中正在编造的故事的一种现实检查,因此它就像一个实质性的特征,仍然是叙事的正式特征。相应性是结构性的,不是参照式的或"以事实为基础的"。审判中的故事必须符合"可能"发生的情况,或者"通常"发生的情况,而不是实际发生的事情。什么"可能"发生是决定性的,不是决策者对实际事件进行实证评估,而是他们通过寻找关于该类型的叙事的背景知识的存储——故事。叙事是合理的,有说服力的,只要它与这些脚本或故事中的某个结构对应,而不一定要"真的发生"。

然而,相应性依赖于与审判故事之外的事物的关系,因此也被称为外部叙事一致性。在庭审叙述中引用经典故事可以增强说服力。辩护人的任务是成功地将审判故事与适当的故事相匹配。

3. 叙事保真

观众在某种意义上是由故事的背景所暗示的,但因为故事本身就是历史的、社会的,在这个意义上,愿意呼吁最高正义的观众也是历史和社会背景上的观众。

诚然,叙述保真的动态是复杂抽象的。它具有实质性,认为叙事说服不仅是一种正式的特征;它超越了逻辑的推理模式,逻辑推理模式是我们许多人对叙事说服的直觉,但却很难解释;它有助于说明法律论据的规范性,而这样做超越了逻辑和价值观;它涉及一种自我定义的行为,不仅仅受到观众的尊重,而且针对观众和叙事者所处的群体。叙事的保真和忠诚才能真正打动人心,而叙事保真这一实质特征也在一定程度上取决于叙事的一致性和相应性。

结合以上叙事的特征与其说服力,我们来看以下数据,该数据来源于刑事法官调查问卷第 15 题:

您认为庭审中有效叙事比较重要的方面有哪些?

选项	小计	比例
A. 对事件叙述八个要素的完整性	23	76.67%
B. 事件叙事的法律法规导向	22	73.33%
C. 按照事件发生的顺序进行叙述	17	56.67%
D. 根据事件发生的因果关系进行叙述	16	53.33%
E. 用描述性的修辞手段进行叙述	2	6.67%
F. 其他：	0	0%
本题有效填写人次	30	

法官所认为的有效叙事，即说服力高的叙事。选项A（对事件叙述八个要素的完整性）直接体现的就是叙事一致性，且占比最高，达到76.67%，即要求庭审叙事要素完整。其次，选项C和选项D分别占比56.67%、53.33%，两个选项分别要求根据事件发生顺序或因果关系来进行叙述，都体现了叙事内在的、深层的逻辑性，即叙事理性的说服力。此外，法官在识别虚假陈述和伪证的时候，涉及实质性的叙事保真特征，发现虚假陈述和伪证通常都具有这样的特征：前后内容或细节不一致、所说与常理常情不符等，这体现了叙事保真性在极大程度上依赖于叙事的一致性、相应性等特征。

9 从认知角度解读庭审叙事策略

虽然我国对叙事的研究多见于文学领域,庭审话语也不是文学写作话语,但是庭审过程由对话构成,而正是对话的内容完成了对事件的叙述,即叙事。叙事的内容构成了案情,将决定对被告或被告人的判决情况,具有极大的现实意义。

庭审叙事和文学叙事不同之处在于,庭审叙事是一种口头叙事,叙事者和受叙对象关系较为复杂,处于一个动态的语境之中,受叙过程具有现场性和动态性。这种动态性即要求叙事者必须考虑到不同受叙者的认知,根据其目的来制定恰当的叙事策略,这种叙事策略显然与文学中的叙事策略不同。庭审叙事策略的使用的差异,同样会构成不同的叙事内容,从而形成不同的案情版本,因而对于法庭中任何叙事者来说,合理正确使用庭审叙事策略是十分重要的。

本章将结合认知角度,从修辞性叙事、通过叙述构建意义、消减叙事以及虚假诉讼四个方面来解读庭审叙事策略。

9.1 修辞性叙事的应用及其解读

首先,我们需要区分叙事修辞与修辞性叙事。8.1节中已经详细阐述了叙事修辞,本节中不再多加讨论。显然,叙事修辞强调叙事过程中的修辞,包括广义的和狭义的修辞,而研究话语说服力的修辞学和叙事学相结合就产生了"修辞性叙事学",修辞性叙事侧重于叙事这一行为、行为的过程和参与者。修辞性叙事学自二十世纪中叶以来发展较快,并于世纪之交经历了从经典修辞性叙事到后经典修辞性叙事的转向。

经典叙事学以文本为关注对象,往往将人物视为情节的功能、类型化的行动者;关注具有普遍意义的叙事语法,忽略人物在具体语境中的主题性。而在本节中主要提到的是詹姆斯·费伦(James Phelan)的后经典修辞性叙事理论。

詹姆斯·费伦是当今美国最有影响力的后经典修辞性叙事理论学家。费伦认为叙事作为修辞的本质是"作者代理、文本现象和读者反应之间的多重关系",关注修辞性叙事的表达效果和接收效果,将其作为作者和读者之间的一种交流,他的研究聚焦于人物和情节的进程。首先,他构建了一个由"模仿性"(人物像真人)、"主题性"(人物为表达主题服务)和"虚构性"(人物是人工构建物)这三种成分组成的人物模式(Phelan, 1989)。其次,费伦的理论模式重视叙事的动态进程,以(人物与读者的)"多维"、(叙事的)"进程"、(作者、文本与读者的)"互动"为主要特征(申丹,2002)。由此可见其理论对人物的关注。

9.1.1 区分选择不同角色的受叙者视角

在费伦的修辞性叙事理论中占有重要位置的是读者——不是单一身份的读者,而是同时充当不同角色的读者(余素青,2013)。以下是费伦所分类的三种读者:

(1) 有血有肉的读者,对作品的反应受到自己的生活经历和世界观的影响;这种阅读位置强调读者的个人经验,以及独立于文本的那一面,即站在文本之外,对作者的价值观作出评判。在庭审叙事中,有血有肉的读者即庭审现场的听众,包括庭审叙事的直接受叙者和间接受叙者,都会对听到的叙事内容(即案情)作出反应,这种反应是结合了听众的生活经历和世界观的。

(2) 作者的读者,即作者心中的理想读者,处于与作者相对应的接受位置,对作品人物的虚构性有清醒的认识;"作者的读者"接受作者的价值观,但会对叙事者的价值观作出评判。在庭审叙事中,叙事者能够在现场意识到其直接叙事对象的存在,直观地产生"作者的读者"。

(3) 叙述读者,即叙事者为之叙述的想象中的读者,充当故事世界里的观察者,认为人物和事件是真实的;叙述读者容易与作者的读者概念混淆,叙述读者是指叙事者为之叙述所想象的读者,也具有虚构性,但是叙述读者完全接受作者的价值观。

费伦非常关注作者的读者和叙述读者之间的差异,它们之间的区分对于不可靠叙述尤为重要。当叙事者由于观察角度受限、幼稚无知、带有偏见等各种原因而缺乏叙述的可靠性时,叙述读者会跟着叙事者走,而作者的读者则会努力分辨叙事者在哪些方面、哪些地方不可靠,并会努力排除那些不可靠因素,以求构建出一个合乎情理的故事。

费伦考虑有血有肉的读者主要是以下三个方面的原因:一是他关注的是作

者与读者之间的修辞交流,而非文本本身的结构关系;二是受到读者反应批评的影响,重视不同读者因不同生活经历而形成的不同阐释框架;三是受文化研究和意识形态批评的影响。若进一步深入考察,还会发现有血有肉的读者之间的差异会作用到另外两个读者维度:具有不同信仰、希望、偏见和知识的实际读者在阅读作品时,会采用不同的"作者的读者"和"叙述读者"的立场。

在庭审话语中,叙事者要考虑到不同角色受叙者的视角选择,这里的受叙者视角不同于第六章所阐述的受叙者视角,而是指上述三类受叙者/读者。叙事者处于庭审现场,能直接看到有血有肉的受叙者,在选择话语策略时必须将作者的受叙者和叙述受叙者相区别,不能以自己的价值观为主要导向。在此以被告人的叙述为例:

　　公:好。女婴出生以后,你对女婴做了什么?

　　被1:她一生下来就闭气,她一直不会哭。出生的时候她身上很冷,我就把她抱到床上。抱到床上后,把自己衣服整理好。后来我又给她参汤吃,提神。她不会吃,结果流到了脖子上,我就用毛巾这样擦。这时她的脸已经发紫,参汤也不会吃了。想起以前老人说过过夜女不好,会害死人的,就在她的脸上摸了一下。想想很伤心,两人就掉在了衣服堆里。家里的地不是木板的那种,是土的。后来自己想想自己生得那么辛苦,就又把她抱起来,用塑料纸把她裹起来▲

　　……

　　公:▼那你在2004年11月13日17时至20时40分向案子的侦查人员的供述是这样"你讲一讲女婴生下来以后有没有哭过",你的回答是"是哭了一两声"▲

　　被1:▼没有。

　　公:"后来我看到是女婴,而家里人又不在跟前,所以我很生气。平时就听别人说过,过夜女儿不好,生下来没死,到了两三岁还是会死掉。所以我就开始打我的女儿。"

　　被1:不是那样子说的,当时我那个女婴已经没有气了。我抱起来就说这个人真是会害死人的,以前那个老年人说的,过夜女会害死人的。他们让我说,我是老实人就是这样子说出来的。

　　公:这是供述里面并且有你亲自按印,你今天为什么要改变供词?

　　被1:没有改的。

在这段公诉人与被告人的问答中,双方既是叙述者,又是受叙者。在这里我们主要关注被告人的叙述,短短对话中呈现了被告人对事件的两个版本描述,一个是之前的供述(平时就听别人说过,过夜女儿不好,生下来没死,到了两三岁还是会死掉。所以我就开始打我的女儿),另一个就是庭审现场的叙事(想起以前老人说过过夜女不好,会害死人的,就在她的脸上摸了一下),现场的事件版本还增添了很多体现母爱的细节,如"抱到床上后,把自己衣服整理好。后来我又给她参汤吃,提神。她不会吃,结果流到了脖子上,我就用毛巾这样擦"等。

当然,被告人故意杀女真正的原因我们是无法得知的,从之前的供述来看可能是因为其重男轻女、"过夜女"等传统不科学的思想价值观。在之前的供述中,被告人显然是选择了叙述读者/受叙者的视角,假设对方认可自己的价值观。

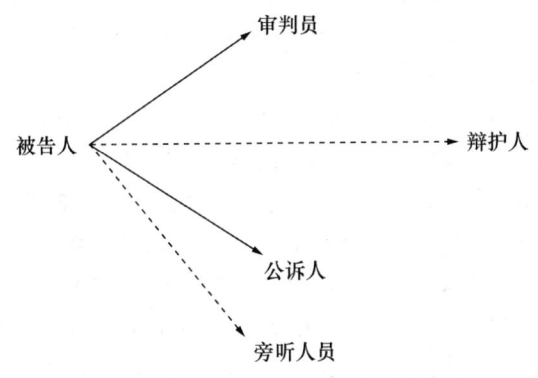

图 9.1 庭审中被告人及其叙事对象的关系

但是,在庭审现场的叙事过程中,在这么多有血有肉的受叙者面前,直接受叙者不只有公诉人,也无形地包括了审判人员,间接受叙者为辩护人和旁听人员,如图 9.1 所示。显然,这些受叙者一般不能接受这样不科学的传统价值观,即因为重男轻女、"过夜女"等原因而杀害刚生下来的女儿。在这样的情况下,被告人认识到不能以自己的价值观为主导,在脑海中产生了作者的读者/受叙者,假设对方会对叙事者的价值观作出评判,因而改变了说法。

庭审的过程通过问答形式构成叙事,不同庭审阶段的叙事者和受叙者是不同的,受叙者含有不同群体,而且有时直接受叙者和间接受叙者的界限并不是十分明确。这种复杂的、不断变化的叙事者—受叙者关系需要法庭行为者的关注。辩护人和公诉人在不同目的驱使下,会选择不同的受叙者视角,倾向于叙述不同的故事版本。修辞性叙事对读者的关注、对人物关系的把握在庭审叙事中得到了明显的应用。因此,如何去解读修辞性叙事,促进其有更好的应用,会对庭审效果产生重要的影响。

9.1.2 关注受叙者的微观认知语境因素

费伦对叙事的界定是:叙事是某人在某个场合出于某种目的告诉另一个人发生了某事。叙事者一般起三种作用:报道、阐释和评价。叙事既涉及人物、事件和叙述的动态进程,又涉及读者反应的动态进程。结构主义叙事学聚焦于文本自身的结构特征、结构成分和结构框架,费伦的修辞性叙事理论与其的主要区别在于关注叙事策略与读者阐释经验之间的关系。在费伦眼里,叙事是读者参与的进程,是读者的动态经验。此外,费伦的修辞性模式将作品视为作者与读者之间的一种交流,注重作者的修辞目的和作品对读者产生的修辞效果,因而注重读者在阐释作品的主题意义时对人物产生的各种感情,比如同情、厌恶、赞赏、期望等(Phelan,1989)。

与文学叙事不同,庭审叙事是以口语形式,而非文本形式进行的,因此只有叙事者和受叙者,整个过程是个动态的进程,其中不同言语角色和不同庭审程序阶段的叙事者和受叙者的角色和所使用的叙事策略也都各不相同。在庭审叙事这一特殊体裁中,另一个相当突出的特点是动态语境中的多角色参与,即叙事作者和读者之间的关系较文学叙事中更为复杂。法庭中的主要行为者有审判员、公诉人、辩护人、原告、被告或证人等等,有着不同程度的话语权,在庭审的不同阶段构成不同的叙事关系。而且,加深对读者(即庭审话语中的受叙者)的认识,熟悉受叙者的微观认知语境因素,即关注个体的个性心理特点区别,有助于改善庭审叙事者的叙事方式。所以,费伦的后经典修辞性叙事理论十分适用于庭审叙事的应用与解读,同时庭审叙事以其文体的独特性完善并发展了修辞性叙事理论。

微观认知语境已经在第五章中进行了探讨,微观认知语境因素包括种族、个人职业、文化背景、经历和经验、性格、气质、受教育背景等。法庭中的不同角色都会是受叙者,他们各自的微观认知语境都是叙事者需要考虑的。也正是考虑到受叙者的微观认知语境,控辩双方在庭审过程中要求替换陪审员的情况屡见不鲜,如陪审员中黑人或白人过多,可能存在对种族的偏见,会对被告人的判决结果产生一定影响。这里主要探讨对法官和被告人微观认知语境因素的关注。

9.1.2.1 法官的微观认知语境因素

庭审过程中,控辩双方话语最主要的受叙者是法官。法官作为一个特殊的职业群体参与到庭审叙事中,在庭审判决中几乎起着决定性的作用。叙事者在选择话语内容和策略时,必须考虑到法官的微观认知语境因素,包括法官作为一个职业群体的认知语境特征,以及法官性别、性格、经历、偏好等个人认知语境特征。以下数据来源于刑事法官完成的问卷调查,两个问题(第20题和第21题)考察的是法官对被告方酌情从重/从轻处罚的因素,问卷调查结果有助于了解法官这个职业群体的认知语境特征:

您在作出裁判时,哪些因素会让您酌情从重处罚?

选项	小计	比例
A. 被告人对所犯侵犯事件的认识态度	23	76.67%
B. 被告人在庭审过程中的不合作态度	15	50%
C. 被告人的冷酷	11	36.67%
D. 被告人的野蛮或嚣张	13	43.33%
E. 被告人在庭审对话中不按庭审程序随意说话/插话	3	10%
F. 被告人身份(性别因素、社会地位低、受教育程度低、身份卑微)	3	10%
G. 被告人不讲理	3	10%
H. 公诉人用评价性语言对被告人身份的构建(如街头恶棍、地痞流氓、惯犯)	4	13.33%
I. 辩护人的辩护态度(明明有罪却做无罪辩护)	2	6.67%
J. 您自身或亲属的相似受侵害经历	1	3.33%
K. 舆论压力	5	16.67%
L. 做伪证	18	60%
M. 社会影响	11	36.67%
N. 其他:	0	0%
本题有效填写人次	30	

通过选项比例分布,可以看出选项A(被告人对所犯侵犯事件的认识态度)和选项L(作伪证)所占比重最高,分别达到了76.67%和60%,说明这两个因素最容易使法官对被告人产生不好的印象,从而影响判决结果。其次,选项B、C、D所占比重都较高,被告人在庭审过程中的不合作态度、被告人的冷酷、被告人的野蛮或嚣张都属于被告人的不同态度,与选项A的内容类似。再次,选项M(社会影响)占了36.67%,因为随着信息网络的发展,社会越来越关注法

律案件及其结果,法官作出判决时必须考虑社会影响。

因此,可以得出结论,在同样罪行的情况下,法官在作出判决和量刑时,被告人的态度起着至关重要的作用。作伪证更是违背道德和法律的,无论是否会影响法官的认知,控辩双方都不应该作伪证。在微博、微信公众号等网络媒体的介入和泛滥的时代背景里,有些辩护律师也利用了法官顾及社会影响这个认知因素,制造不真实的社会舆论,"不杀某某某,难以平民愤"这样的声音我们都有所耳闻,这样影响司法公正的困境也是亟待研究和解决的。

酌情从重处罚和酌情从轻处罚看起来是两个类似的问题,但是从数据中可以看出,法官对这两个问题在认知上是不同的。

您在作出裁判时,哪些因素会让您酌情从轻处罚?

选项	小计	比例
A. 对当事人在案发前遭遇的同情	18	60%
B. 被告人身份(社会地位高、受教育程度高、公众人物)	2	6.67%
C. 辩护人用评价性语言对被告人身份的构建(如优秀表现、苦难经历)	7	23.33%
D. 辩护人的提问策略	3	10%
E. 辩护人对事件的语言修辞	5	16.67%
F. 辩护人的叙述策略(如叙述时注意事件情节的安排、因果逻辑、按事件发生)	14	46.67%
G. 其他	2	6.67%
本题有效填写人次	30	

被告人对罪行的认识态度恶劣会导致从重处罚,但态度良好不代表会从轻处罚,只是代表不会导致从重处罚。影响酌情从轻处罚的最重要因素是选项A(对当事人在案发前遭遇的同情),占比60%,其次是选项F(辩护人的叙述策略),占比46.67%。从轻处罚是辩方的最主要目标,关注法官的这个微观认知语境因素,能起到很大的作用。因此,在庭审话语中,可以见到许多以情动人的辩护词,这些辩护词从当事人的不幸遭遇、犯罪原因等情况入手。由于叙述策略的重要性,辩护律师也需要不断学习和使用叙述策略,具体的叙述策略可见第八章的阐述。

9.1.2.2 被告人的微观认知语境因素

一方面,被告人或非专家证人一般为非法律职业人员,对制度性语境——庭审语境因素认识不足,不熟悉法言法语和制度规则,在法庭上处于劣势。控方有时会利用被告人的这个微观认知语境因素来展开不利于被告人的庭审话语,来使被告人作出负面的回答,或者试图让被告人给法官或陪审团留下不好的印象。请看下例:

公:那你觉得交警出现在新港酒店的目的是什么?
被:▲(被插话)
辩:▼审判长,审判长,辩护人想打断一下公诉人的发问。因为刚才公诉人讯问的是,交警会到酒店的目的是什么,那么这是交警自己的认识,如果要求被告人来回答这个问题,辩护人认为有点强人所难。
审:<u>公诉人注意讯问方式</u>,公诉人继续发问。
……

这是一起交通肇事案,公诉人认为被告人在肇事后逃离现场。在对话中,公诉人对被告人提问"那你觉得交警出现在新港酒店的目的是什么",这个问题的提出是有目的的,或许期待被告人作出"交警过来是处理交通肇事现场,抓获犯罪嫌疑人"类似的回答,从而可以得出被告人是害怕交警前来,为逃避法律责任而迅速离开现场的结论,以巩固自己的叙事版本。而这样的回答也是合乎常理的,符合普通人对交警来到交通事故现场的目的的认知,因此,此时被告人作出任何正常的回答都会对己不利,这是庭审话语中被告人的一个劣势所在。辩护人及时地打断公诉人的提问,请求审判长的支持。这时候,辩护人和审判长在一定程度上改善了被告人因处于制度性话语而产生的劣势地位。

另一方面,控方进行调查,了解被告人的个人经历、性格、精神情况等微观认知语境因素,从而确定话语策略。例如,控方利用这些微观认知语境因素,在庭审过程中故意激怒被告人,让被告人作出不利回答,或呈现出态度不良的状态。又如,在英美法体系中,虽然沉默权受法律保护,但是控方仍然可能攻击被告人的回避回答,给法官、陪审团等留下被告人有罪的暗示。而控方所选择的问题,很有可能是经过调查之后认为被告人无法回答的问题,被告人无法回答不一定代表着被告人有罪,很多情况下有可能另有原因。控方的攻击行为显然违背了"疑罪从无"的原则。

法庭也需要关注到被告人的微观认知语境因素,为在制度性语境中处于劣势的被告人提供一定的帮助或指导,以提高被告人在庭审过程中的话语权。另外,法庭审判人员要严厉制止控辩双方不正当的言辞,给人民陪审员正确的指示。以下数据来源于刑事法官完成的调查问卷(第19题):

当被告人或证人不熟悉庭审程序、规则或法言法语时,您会如何应对?

选项	小计	比例
A. 引导法庭调查和法庭辩论程序的进行	25	83.33%
B. 让辩护人在被告人或证人陈述完毕之后进行总结和补充	18	60%
C. 当被告人或证人不了解法言法语时,使用平白的语言	19	63.33%
D. 当被告人或证人陈述过多与案情无关的事实时,及时打断	16	53.33%
E. 其他	0	0%
本题有效填写人次	30	

该问题涉及法官对被告人/证人不熟悉庭审程序、庭审话语这种情况的关注,虽然不同法官的处理方式不尽相同,但是都有对这一现象采取有效的措施,而不是不加关注和作为。法官的职责不仅仅是进行审判,为了维持司法的公正,也需要正确地引导庭审的进程,改善被告人在庭审中的劣势处境。而本题中的各个选项占比都较高,可见这些措施都是可行的——正常引导、让辩护人补充总结、使用平白话语和及时打断无效话语等,具有可参考的实践意义。

9.2 通过叙述构建意义的应用与解读

当提到法律推理时,我们想到的主要是规则的推理和类比、演绎推理、归纳推理,以及一些政策和习惯。叙事通常被忽视,然而在法庭话语中,叙述在构建意义方面起着不可忽视的实践作用。叙述是一种特殊类型的认知工具。这一工具是为破译事实的细节而"创造"的,这些事实细节只有在一系列互相连接的事件下才能体现意义,它们互相串联的方式可以让我们发现"有人曾经经过这条路"(Brooks,2003)。而法学理论和法学话语经常太远离个人经历,学者、法官和律师经常抛出抽象概念并展开争论,而不顾及人们实际上的担忧。叙述能够让他们重新感知从事实上的生活到我们谈论的生活。叙述是一种让法律更接地气、更接近大众的方式(Massaro,1989)。

在庭审过程中,原告方或控方总是通过叙述,把对方造成的损害或侵害扩大化,而被告方总是否认或把自己造成的损害或侵害最小化(余素青,2010)。因此可以看出,控辩双方常在叙述中使用低调陈述或夸大陈词等方法来达到言语修辞的效果。对于同一争议,原告方和被告方往往采取两种相反的叙述方式来进行叙事构建,一方使用低调陈述,另一方则夸大陈词。但是,低调陈述和夸大陈词采用的方式也有许多共通之处,一般通过形容词的使用、语气语调的变化、动词的选择、关键情节的突出等方法来实现。庭审过程中,常见的争议点有罪名认定、罪行程度分析、犯罪原因阐述、证据的可靠性分析、被告人的身份经历等,而通过叙述构建意义最常用于罪名认定和罪行程度分析这两个争议点,本节也从这两个争议点进行探讨。

9.2.1 通过叙述构建罪名的认定

罪名——犯罪的名称,即为案件性质问题。罪名由法律规定,它包含在法律条文规定的罪状之中,确定罪名必须以犯罪构成理论为指导,其主要根据是:(1) 犯罪行为所侵犯的社会关系的具体内容。犯罪行为侵犯的社会关系的不同,是区分不同性质犯罪的主要根据,也是确定罪名的主要根据;(2) 犯罪行为所侵犯的对象;(3) 犯罪行为的方法或者手段;(4) 犯罪主体;(5) 犯罪人的主观罪过内容(熊武一等,2000)。罪名认定的过程正是对这些根据的探讨与辩论,也就是将所发生的事件与这些根据相比较,这中间的事件描述是通过叙述来构建意义的。此外,在这个过程中,控辩双方可能基于同一事件,但同时主张不同的罪名,而罪名的给出与认定涉及认知语言学的原型理论。本节将要介绍罪名的原型认知与罪名认定之间的关系,以及在原型理论下,通过叙述来构建罪名认定的几种模式。

9.2.1.1 罪名的原型认知与罪名认定

原型理论作为心理学的一个重要理论,最早由美国心理学家 E·罗希(E. Rosch)于 20 世纪 70 年代初提出,很快便被广泛运用至语言学研究之中,尤其在语义学和语用学研究领域产生了很大的影响。原型理论试图说明人们形成、掌握和理解概念的心理过程。结构语义学中的成分分析方法认为,词语的意义由最基本的语义原素组合而成。各个概念都有其特定的一套语义原素,如"椅子"可以分解为"坐具"和"带靠背"两个语义原素。这套语义原素的存在与否是确定概念异同的唯一依据。原型理论则认为,人们通常并不是靠分解语义成分来形成或认识概念,而是通过最典型地体现了这个概念有关属性的某个实例,不加分解地、整体性地认识与把握这个概念。这种在认知过程的开始阶段起到典型作用的实例,便称作原型。然后,人们再根据与原型的接近程度来认识同类或异类的其他实例。换句话说,原型理论认为,人们不是以某种语义原素的有无来判断一个实例是否属于某个特定的概念,而是以接近原型的程度高低来评判实例的性质。同原型相似程度很高的实例一般被视为同类,而同原型相去甚远的则被视为异类。由此可见,异类与同类之间是一个按相似程度高低而逐渐过渡的连续体,不存在一个非此即彼的截然界限(汝信等,1988)。

原型范畴理论认为人们不可能完全地认识外部世界,隶属于同一范畴的各成员之间并不存在完全一致的共同特征。范畴是凭借它的原型特征,而不是什么必要和充分条件建立起来的,范畴成员之间只具有家族相似性,语义特征不是二分的,范畴的边界是模糊的,范畴成员区分为核心成员(原型)与边缘成员(蒋向勇、邵娟萍,2007)。例如,以"鸟"为原型范畴,来判断一种动物属不属于鸟,不是根据传统语义范畴的"身体呈流线型""全身长有羽毛""用肺呼吸"等来判断的,而是根据判断人已有的认知经验,来观察认定这种动物与鸟的认知概念的相似程度。把鸟作为一个整体性的认知概念,而不是拆分成许多的特点,这是原型理论在人们认知方式方面的观点。

那么,在庭审现场,虽然控辩双方所主张和认为的罪名不同,但依据的案情事件又是基本一致的。得出判决结果的过程是受叙者将控辩双方给出的罪名作为原型,将案情事件与这两个原型概念相比较,与事件本身相似度更高的罪名即为将要认定的罪名。一个特殊的现象是由于这两个所给出罪名的原型概念基于同一个案件事实,从而两个原型概念本身具有一定的相似性,如抢夺罪与抢劫罪、故意杀人与过失杀人等。

首先,辩护律师在给出将要辩护的罪名时,是基于对公诉人所给出罪名的认知,以该罪名为原型,确定一个最有相似性但程度更轻的罪名。其次,法官有一定的专业背景,对这些法律上的概念已经形成了自己的认知,此时控辩双方所要做的不仅仅是给出一个恰当的罪名,更重要的是通过对事件的叙述,让受叙者看到这种更高或较低相似性的存在,例如辩护律师需要通过叙述,让法官看到事件与轻罪罪名原型的相似性较高,与重罪罪名原型的相似性较低;在有陪审团参与庭审的情况下,陪审员可能本身对这两个罪名的原型概念较为模糊,此时控辩双方还有机会塑造陪审员对这两个概念的原型认知,从而有利于提高罪名概念与事件本身的相似度。而不管是塑造对罪名概念的原型认知,还是使事件与罪名原型相吻合,都是需要通过叙述来构建意义的。

9.2.1.2　通过叙述减轻罪名的模式

在罪名认定的过程中,通常是辩护律师通过证据、证词等内容进行辩护,将检察机关指控的重罪引向轻罪,属于叙述中的低调陈述策略。在重罪转轻罪的变换中,辩护律师主要采取以下三种模式:

(1) 降格指控罪名,将重的具体罪名降格为轻的具体罪名。例如,检察机关以抢劫罪提起公诉,但辩护律师认为只能按抢夺罪论处。抢夺罪相较于抢劫罪,不仅罪行的严重程度明显降低,而且罪名法定刑中的刑种更为轻缓、刑度也会降低。这种由重罪转轻罪的变更模式的样态也是在庭审叙事中出现次数最多的。

(2) 减少指控罪名,将数罪减少为一罪或者少于原罪数,或者指控连续犯罪行为次数的减少,对连续性行为次数的评价少于对指控行为的评价。例如,检察机关以盗窃罪与故意毁坏财物罪提起公诉,但辩护律师认为只有盗窃罪成立。由盗窃罪与故意毁坏财物罪两罪减少为盗窃罪一罪,使得量刑得以减轻。又如,检察机关指控被告人多次受贿且均尚未处理,达到人民币 1000 万元,但辩护律师认为只能认定其中几次受贿行为,起诉受贿的数额相应降低,等等。

(3) 拆分指控罪名,将原本较重的一罪拆分为较轻的数罪。例如,检察机关以故意杀人罪提起公诉,但辩护律师认为只构成过失致人死亡罪与寻衅滋事罪。虽然行为人的行为同时触犯过失致人死亡罪与寻衅滋事罪,应从一重罪论处,但是其是由故意杀人罪拆分而得,罪名的评价得以明显减轻。

显然,这三种减轻罪名的模式都是基于公诉人所给出的罪名,以这个重罪为原型,辩护律师根据对该原型的认知来选择将要辩护的轻罪罪名。而且,这些策略的实现都得通过在庭审过程中进行叙述构建意义,从而在法官脑海中构建事件与所辩护罪名之间的相似性,实现辩护律师由重罪转轻罪的话语目的。以下所提到的案例包括两名被告人——夏某和郑某某,公诉人所指控的罪名为共同犯罪的抢劫罪,在抢劫罪名无疑的情况下,两名被告律师在"共同犯罪"这一点上作出了不同的辩护词:

  辩1:首先,请允许我以辩护人身份呢,向被害人表示沉痛的哀悼,向被害人亲属表示极大的同情。无论被告人如何辩解以及本辩护人为被告人如何辩护,都无法挽回被害人死亡这一事实。[夏某的辩护律师对两被告人所犯的抢劫罪没有异议,但是认为不是共同犯罪。]主要理由是,共同犯罪是两个人以上共同的故意的犯罪。那么在本案中,<u>两被告人共同商议抢劫而属于共同犯罪,但是在抢劫的过程中导致两名被害人死亡的后果,并非两被告人预期的谋划,两被害人死亡属于突发事件。</u>所以对于导致死亡△被害人死亡的后果,对两名被告人应该分别定性和量刑。
  辩2:被告人郑某某在本案中,这个~从现有的证据材料可以看得出来,他所起的作用应该是次要的,应当认定他为<u>从犯</u>。被告人郑某某呢~他这个~首先呢<u>他犯意的产生是在"血狼"这个人的教唆下,而且在这个被告人夏某的指使下,前往南京来的。</u>[郑某某的辩护人还认为,郑某某捂死婴儿的行为也是受第一被告人夏某的指使,因此应当被认为是从犯。]

从辩护词可以看出,夏某的辩护律师认为不是共同犯罪,要求分别量刑,这样的观点由律师的具体叙述所支撑——律师先给出了共同犯罪的定义,在法官脑海中重新构建罪名原型,再与具体事实(在抢劫的过程中导致两名被害人死亡的后果,并非两被告人预期的谋划,两被害人死亡属于突发事件)相比较得出结论,符合三段论的叙事推理方式。通过叙述,认为事件本身与该罪名原型概念相似度低,属于异类,从而将重罪转为轻罪,这里使用的策略符合"降格指控罪名"的模式,从指控罪名 A 转到较轻的指控罪名 B,希望起到重罪转轻罪的作用。

而郑某某的辩护律师则不同,其同意共同犯罪的指控,但是认为郑某某是从犯,也是通过具体叙述来构建的(他犯意的产生是在"血狼"这个人的教唆下,而且在这个被告人夏某的指使下,前往南京来的),阐述了被告人如此行为的主要原因。这里辩护律师树立了一个"从犯"的原型概念,通过阐述行为原因,将事件与"从犯"这个原型概念相靠近,提高相似度。该律师使用的策略则符合"拆分指控罪名"的模式,将原本较重的 A 罪拆分为较轻的数罪,从而被告人领较轻的罪名,起到重罪转轻罪的作用。这两名辩护律师都从罪名认定的角度入手,为被告人谋取最大利益,提出己方观点的同时,通过叙述关键情节及相关因果来构建意义。

9.2.2 通过叙述构建罪行的程度

在罪名认定之后、判决量刑之前,被告方仍然有机会多方面地去努力争取减轻量刑,这中间一个非常重要的环节就是罪行程度的分析。在这个环节中,被告方通常采取低调陈述策略,公诉方采取夸大陈词策略。低调陈述的方式多样,常见的有替换罪行动词,如池某杀女案中的"打""抓""卡""捏""掐"和"摸""拍""擦"两组动词的选择;表达被告人正确、深刻的认罪和认错态度;描述被告人的家庭负担等情况,如需要赡养老人、抚养幼儿等;阐述犯罪原因,具体如下例。

该案例中,婆婆张某某与儿媳郭某某经过商议,将刚刚出生 5 天的婴儿以四万元的价格卖与他人,构成拐卖儿童罪。在以下庭审记录中,其中被告人 1 为婆婆张某某,被告人 2 为儿媳郭某某:

审:出卖孙子是你和郭某某谁最先提出来的?

被1:我媳妇才17岁,年龄确实太小。她给她妈打电话说,她妈说你现在还是个小孩,就没有办法要小孩。我和郭某某都去检查,说去引产,<u>小孩太大了没有办法做</u>。最后郭某某说,这个小孩确实是不能要。她说能不能找一个好一点的(人)家给他。我说可以。我们俩商量就找了王某某。给王某某打了电话,就把他(孩子)给别人了。

审:就是说郭某某提出来的,你同意了,对吧?

被1:　　　　　　　　哎。哎。

审:你当时是怎么考虑的?

被1:她年纪小,她确实没办法要。她说这个小孩绝对是不能要。

审:那你作为孩子的奶奶,为什么不承担这个抚养孩子的义务呢?

被1:<u>我现在我也养不起啊</u>。

审:你怎么会养不起呢?

被1:<u>你想我现在在家,我一年四季都是吃药吧</u>。吃了我老头吧▲

审:　　　　　　　　　　　　　　　▼你吃什么药?什么病?

被1:　　　　　‖ 心脏病。心脏病。

审:心脏病?还有什么原因?

被1:确实因为养不起,最后他们说,小孩是他们的,我给他▲……

审:　　　　　　　　　　　　　　　　　　　　▼你对这个出卖自己孙子的这个行为,你是怎么考虑的?

被1:<u>我可后悔</u>。

审:你后悔啥啊?

被1:(哭)刚开始不知道法,把自己的孙子卖了。我现在可后悔。

……

审:对起诉书指控的,你拐卖儿童,出卖自己的亲生儿子,<u>对这个犯罪事实有异议没有</u>?

被2:没有。

……

公:想?那为何最后又不要了?

被2:因为家庭方面的压力吧。

公:什么压力?

被2:<u>之前我跟张某在一起,我们家人一直都不同意我跟张某在一起</u>。

我怕我分手了以后,自己一个人养不活小孩,还有,带回去给我们家人丢脸,我才愿意送人的。

在所摘录对话的第二段最前面,被告人表示了对罪名没有异议,之后才进行了关于犯罪原因的问答。这证明了通过叙述减轻罪行程度的环节是在罪名认定之后,本案的罪名是拐卖儿童罪,这是证据确凿、难以辩驳的,因此被告方只能在罪行程度上为从轻量刑而努力。

在审判员提问"出卖孙子是你和郭某某谁最先提出来的"时,被告人1并没有进行直接回答,即直接回答是被告人自己或郭某某,而是回避问题,给出了"我媳妇才17岁,年龄确实太小""小孩太大了没有办法做(引产)"等犯罪原因。审判员作为专业人员,并没有被这个回答转移问题焦点,进行了重复提问和引导,但是被告人1在之后仍然不断重复原因。在审判员提问"你当时是怎么考虑的"后,被告人重复进行了"她年纪小"这样的回答。此外,被告人1还两次提到"确实因为养不起""你想我现在在家,我一年四季都是吃药吧"这样的原因。由此可见,在审判员提问被告人时,无论这个问题是否与犯罪原因有关,被告人都会努力往犯罪原因方面回答,甚至是重复性地一再回答,起到强调的作用,尽管有些对话是答非所问的。

显然被告人的这些选择性回答都具有策略性,都是在通过叙述构建意义(即罪行程度的轻重),在庭审话语的这个制度性话语的语境中,一般只有熟悉话语规则的专业人士才能熟练地运用这些策略,或指导他人运用这些策略。在该案例中,被告人1所提到的原因可以总结成儿媳年纪小、胎儿已无法引产、养不起三个方面,每个方面都包含了一个事件,如"养不起"的具体原因是被告人1一年四季都在吃药、没有工作等多方面背景。这些事件丰满了原来的案情,即婆媳二人卖婴儿,通过叙事对原本简单的犯罪事实进行了延伸,给了受叙者许多似乎可以理解的原因,通过叙述减轻了罪行的程度。

另一方面,被告人1在回答"你是怎么考虑的"问题时,用语言和神态(哭)等一再表达了自己的后悔之意,这样的态度可以让受叙者感受到被告人仍然是有人性的。这或许在从轻量刑上不能明显体现,但是如果被告人对所犯罪行毫无悔改之意,态度恶劣,是极大可能让审判人员从重量刑的。所以,良好的认罪态度是一种起到隐性作用的叙述策略,一定程度上起到通过叙述来构建罪行程度的作用。

9.3 消减叙事的类别及其解读

消减叙事包含了前一节中所提到的低调陈述策略,但是低调陈述强调的是具体情节的叙述方式,而消减叙事的范围更为广泛,重点在于叙事的消减作用,一般是维护被告方利益,消减被告方罪行,方式包括低调陈述、模糊用语、虚假陈述、作伪证等多个方式。本节将要介绍的是后面三种方式,显然这三种方式与低调陈述相比,不再是对具体真实细节的描述与加工,更多的是为了使被告方的利益最大化而捏造事实,不值得鼓励,甚至应当严惩。审判人员应当熟悉了解这些不当的消减叙事方式,发现它们的常见特征,提高自身的识别能力,以做到真正的司法公正。

9.3.1 模糊用语

一般而言,法律语言追求的是准确性。但在现实中,模糊语的使用相当普遍(Yu,2014)。一方面是因为,客观上有限的法律规范不可能穷尽纷繁复杂的社会现象与关系,在立法过程中往往难以准确无误地一一界定所有社会行为。在这种情况下,立法者会不可避免地运用模糊的表达方式,力图使立法留有余地,以此来包容难以准确、及时界定的事物与行为,从而使法律规范具备广泛的适用性;另一方面,是基于司法判决书为达到解决矛盾、调解纠纷,使其裁判获取认同的目的而采用的一种表达方式(张纯辉,2010)。这些法律话语中的模糊用语是实践的需要,也是为了更好地服务于实践。

然而,本节强调的是庭审言语活动中的模糊用语。庭审中的会话对于控辩双方来说是"被迫的合作",因为根据庭审程序规则,当一方对另一方提问时,对方必须作出回答。当正面的回答内容可能对问话者有利时,答话人会使用一些具有模糊语义的词语来避免直接回答,避免做出不利于己方的回答,即消减叙事策略。例如:

  辩:有。权某,我是你的指定辩护人。我想问你一个问题。我不是控诉方,请你如实回答。第一个问题是,在你去刘某家之前,你的犯罪主要目的,就是你主要去做什么事情?你准备做什么事情?你是劫财呢?是为了财物,还是为了劫色,还是因为你是一时激怒而杀害了乔某?请你如实回答。

　　被：辩护律师，关于说杀害乔某这件事，其实我一直到现在心里边都是，就是自己都不知道说是怎么回事。当时在那块杀害完乔某之后，我自己心里边也是(2's)(摇头)自己都不知道自己做了什么事。

　　在上述例子中，辩护律师以多个问句向被告人询问具体犯罪目的，而被告人并没有给出具体答案（就是自己都不知道说是怎么回事），这样模糊的回答存在两种可能，一个是属于激情杀人，一时脑热的行为，确实不能回忆起自己当时的行为目的；另一个可能是被告人隐藏了自己的真实目的，这个目的会是一个不能被世人所接受的、非常不道德的目的，如果被告人以这样的真实目的作为回答，将会给受叙者产生极为不佳的印象，对其量刑产生不利影响。而这样类似的回答，如"自己都不知道自己做了什么""不太清楚""我也不记得了"等，在实际案件中非常常见，可以说，很大一部分这样的模糊用语是为了在不得不进行回答的庭审会话过程中，隐瞒真实情况，避免作出不利于自己的回答。以下例子是被告方模糊用语的另一种情况：

　　自代：你的车跟这个摩托车是不是平行的？
　　被：在那一瞬间，就是发事儿的那一瞬间可能是平行的。
　　自代：那么你们两个车子，当时是不是平行行驶了？有几十米的距离？
　　被：不可能有十多米，因为在当时我只晓得出事那一瞬间是排着走的。当然肯定那个就是排着走，毕竟还是有那么一段长的距离。但是具体有多少距离我也肯定不太清楚了。

　　上述例子的模糊用语不再用"不记得""不知道"等回答直接回避问题，而是使用了"可能""那么一段长的距离""不太清楚"等语义模糊的词语。在该案例中，两辆车子是否平行以及平行行驶了多少距离关系到案件性质的认定。自诉人代理人认为被告的车逼堵被害人的摩托车，致使被害人的摩托车翻下立交桥造成一死一伤的结果，如果被告人回答"是平行行驶了50米的距离"，就等于承认了逼堵了被害人的摩托车的伤害行为，而这样的认定对被告人来说将不仅要支付自诉人30多万元的民事赔偿金，还将被追究刑事责任。因此，被告在回答可能不利于自己的问题时，避开了具体明确的描述，只给出了模糊答案。

　　此外，模糊用语不仅仅是被告/被告人的一个话语策略，有时律师也会使用模糊用语。以下数据来源于律师完成的调查问卷（第14题）：

　　在庭审过程中，当法官就您方当事人不利的情节提问时，您是否会故意隐瞒？或者说不清楚？

选项	小计	比例
A. 会	1	3.33%
B. 有时会	5	16.67%
C. 不会	3	10%
D. 视情况而定	21	70%
本题有效填写人次	30	

在该问题中所提到的"说不清楚"即为模糊用语,是对"故意隐瞒"的一个具体描述。虽然在选项分布中,直接表示肯定回答(即选项 A)的只有 3.33%,但是直接表示否定回答(即选项 C)的人数也只有 10%,意味着 90% 的律师不会直接回答不利于己方当事人的问题,至少会进行思考是否选择模糊用语来回避不利问题。然而这样的话语策略是否违背了职业道德还有待商榷。

在罪行已经犯下、悲剧已经发生即事实既定的情况下,大多数群众甚至是法庭话语者都会忽视这些细微话语的作用。话语细微之处会对受叙者产生无形的认知影响,模糊用语很多时候并不是谎言,但也不是事实,法庭审判者必须熟悉这些似是而非的表达,不要被这样的模糊用语所迷惑。

9.3.2 虚假陈述

庭审中的虚假叙事有两个方面的内容,一是虚假诉讼,二是在诉讼过程中提供虚假信息。其中虚假诉讼在当今社会中愈发常见,相关研究愈发重要和紧要,故将在 9.4 节中另行详述。这里要探讨的是虚假陈述,即在诉讼过程中提供虚假信息。

在一系列侵犯或违法事件发生后,受到侵犯的一方或公诉人会向法庭提起诉讼,要求对方对所造成的损失作出赔偿,或要求法律对其犯罪行为作出制裁。审判是从被侵犯人或公诉人提起诉讼开始的。但由于诉讼的结果对当事人来说关乎财产得失、毁誉荣辱乃至生命予夺,被告方往往会构建他们对事件的一个叙述版本,控辩双方因为有极大的利益关系,对所发生的事件的叙述版本可能完全相反,如图 9.1 所示:

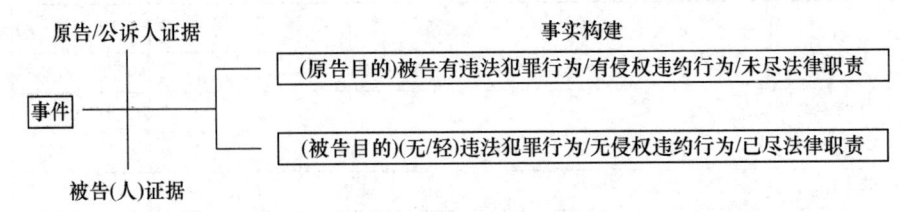

288　认知理论框架下的庭审叙事

```
                                    事实构建
原告/公诉人证据 ┐   ┌──(原告目的)被告有违法犯罪行为/有侵权违约行为/未尽法律职责
               ├──┤
     事件      │   └──(被告目的)(无/轻)违法犯罪行为/无侵权违约行为/已尽法律职责
               ┘
被告(人)证据
```

图 9.1　原被告/控辩双方对同一事件构建不同叙事版本示例

　　控辩双方在审判之前,根据他们收集的证据,对同一个事件已经各自构建了一个"事件版本",他们的任务是在法庭上叙述各自的"事件版本",由法官决定哪个"事件版本"最佳,因此,在法庭陈述或辩论时,他们都希望整个言语活动向着对自己有利的方向发展。具体而言,原告方或控方总是把对方的损害或侵害扩大化,而被告方总是否认或把自己的损害或侵害最小化。因此,他们两者之中必有一方是在进行虚假叙述,至少是部分虚假,以期达到削减叙事的作用。如前面所提到的模糊用语,庭审中的被告或被告人在回答问题时,如果对自己不利,他们会故意用"不知道""不清楚"等来回答,这样就阻碍了对方"事件版本"的构建,也会使法庭上的法律事实离客观事实更远。

　　这样模糊用语的虚假陈述体现出我国现有的法律规定和司法实践中,当事人真实陈述义务所存在的模糊化和操作难等困境。而在庭审话语中,出现最多的虚假陈述不是模糊用语的使用,而是作出完全与事实不符的陈述。以下是刑诉法官完成的调查问卷中关于虚假陈述方面的情况:

24. 您碰到过被告人进行虚假陈述的情况吗?

选项	小计	比例
A. 经常碰到	3	10%
B. 多次碰到	7	23.33%
C. 偶尔碰到	14	46.67%
D. 没碰到过	6	20%
本题有效填写人次	30	

25. 您一般通过哪些方面判定被告人进行虚假陈述?

选项	小计	比例
A. 在庭审中发现其所说内容前后矛盾	24	80%
B. 通过对细节的提问,发现他/她所叙述内容不一致	23	76.67%

(续表)

选项	小计	比例
C. 发现其神情紧张	10	33.33%
D. 发现其对所提问题很有准备	9	30%
E. 与自己脑海中形成的事件有较大偏差,产生怀疑	7	23.33%
F. 眼神总是看向辩护人,或者看辩护人的眼色做出回答	7	23.33%
G. 所说与常理常情不符	13	43.33%
H. 其他	3	10%
本题有效填写人次	30	

26. 碰到进行虚假陈述的情况您会对被告人留下不良印象吗?

选项	小计	比例
A. 会	13	43.33%
B. 基本会	2	6.67%
C. 偶尔会	4	13.33%
D. 不会	6	20%
E. 视情况而定	5	16.67%
本题有效填写人次	30	

问卷调查的结果可以说是刑事法官所积累经验的集合,具有极大的参考价值。从上述第24题的选项分布中可以看出,虽然并不是经常碰到虚假陈述,但是大多数刑事法官(80%)都碰到过虚假陈述,虽然陈述或者叙述这种话语证据不如具体的物质证据有力,但是虚假陈述仍然是一个需要重点关注的问题。

第25题的选项分布说明了虚假陈述这种庭审话语的现场特征,为识别虚假陈述提供了帮助。其中"在庭审中发现其所说内容前后矛盾"以及"通过对细节的提问,发现他/她所叙述内容不一致"这两个选项占比最大,分别为80%、76.67%,而这两点都是关于叙述的内容,可见虽然虚假陈述是一种叙事者精心捏造的话语,但是也相当容易产生漏洞,法官、检察官等受叙者应当关注话语逻辑和话语细节,利用提问等方式,去识别虚假陈述。

第26题的选项分布说明了虚假陈述所带来的后果,法官会因此对被告人产生不良的印象,而不良的印象即认知偏差,会对量刑等结果造成无形的影响。当然,虚假陈述的后果不仅于此,还需承担法律后果。例如,我国《民事诉讼法》规定民事诉讼应当遵循诚信原则,诉讼参与人或者其他人伪造、毁灭重要证据,妨碍人民法院审理案件的,人民法院可以根据情节轻重予以罚款、拘留;构成犯罪的,依法追究刑事责任。根据《民事诉讼法》的规定,当事人的陈述正是证据的一种。

9.3.3 作伪证

虽然证词属于证据的一种,但是虚假陈述的证词在前面已经进行过探讨,这里所要研究的伪证是法律意义上除证词以外的其他具体证据。法律意义上的证据即"诉讼证据",是诉讼中司法机关和其他诉讼主体用以依法证明案件事实的根据。诉讼证据同日常生活和科学研究中证据的区别在于,前者纳入了国家诉讼活动的轨道,受诉讼法规范调整和制约。诉讼证据有多种含义,通常有以下三种,第一种为事实说,指能证明案件情况的事实;第二种为来源说,指证据材料来源的种类,如物证、书证、证人证言、被害人陈述、当事人陈述、被告人供述和辩解、鉴定结论等;第三种为方法说,指证明案件事实的方法或手段。英美法系国家的刑事诉讼法取消了刑讯逼供和法定证据制度。大陆法系国家实行实质真实发现主义和自由心证原则,司法机关依职权取得证据材料,不受当事人意见的限制。证据价值的评定取决于法官的内心确信,而不受法定规则的约束。英美法规定了一系列复杂证据规则,依举证责任由双方当事人提证,然后通过交叉询问审查证据的真实性。法官不主动调查证据,但掌握证据的合法性和可采性的裁决权。法律规定了传闻证据、品格证据、意见证据及排除规则等。在我国,证据应当具有客观性、关联性和合法性,其中客观性是证据的本质特征。我国民事、刑事和行政诉讼法规定了证据种类,包括物证、书证、证人证言、被害人陈述、刑事被告人供述和辩解、当事人陈述、鉴定结论、勘验检查笔录、视听资料。各种证据材料只有通过司法人员查证属实,才能作为定案的根据(陈光中等,1995)。

控辩双方叙事版本的构建都以证据为支撑,有效的叙事建构要求特定的、具体的事实,选择"最好"叙事版本的理论假设以作出决定说明,他能够获得一系列丰富的证据。当存在可替代、相冲突的故事时,如果决定作出者根据现有的、充足的证据检验何者为最好的故事,那他就更有可能达到客观和公平的结果。由此可见证据的重要性,苏特(David Souter)法官将这些叙事效果称为"证据充足性"和"叙事完整性"。在解释证据充足性时,苏特法官指出了两点:(1)单一、特定、具体的证据能够提高(或减少)案件中一些争议问题或者关键要素的可能性,并因此拥有"超出线性方式推理"的证明价值;(2)特定具体的证据仅仅是通过讲述一个更精彩的故事而拥有证明价值,随之推动叙事,而更具有争议性的是,增加"陪审员作出推断的意愿,这不仅仅是为了证明一项事实,更是建立起人文内涵,进而体现法律的道德支撑"①。

证据的重要性在一定程度上会导致不道德的控辩一方为了己方利益而作伪证,这是违反公正、违反道德、违反法律的,需要提防和严惩。证据种类多样,而不同的证据有不同的特点,伪证的形成也不同,其中虚假的证人证言、被害人陈述、刑事被告人供述和辩解、当事人陈述等都属于虚假陈述的范畴,另外我们还需关注虚假的物证、书证、鉴定结论、勘验检查笔录、视听资料等的特征和识别策略,逐一攻破。试看下例:

辩:辩护人有一份证据是<u>被告人朱某某所在的村民委员会出具的一份书面意见,以及当地村民联合签名的一个请愿书</u>,就要求人民法院根据朱某某以前的表现呢,请求司法机关对其从轻处罚。

审:这个<u>证据</u>是怎么来的?

辩:这个证据的来源呢,是~~马店社区居民委员会在上面盖章,相关的群众在文字上面签字摁手印,这是相关人员签好后,交给这个~被告人家属,由被告人家属呢转交给辩护人的。

审:好,法警把这个书面材料传给公诉人和诉讼代理人看一下。

审:陈某某,你有什么话要讲的吗?

原代:好,我来代表他讲吧。因为陈某某讲呢,这份证据呢是他们<u>花钱买的,拿烟给钱</u>▲

审: ▼你有证据吗?

原2:<u>他们刚给村民一包烟,你在上面签个字</u>。

审:这个是你看到的还是你听说的?

原2:<u>我们得到烟的时候他讲的,他们拿烟的时候,给他一包烟,签个字</u>。

辩:审判长,请求补充下一点意见。

审:从这份证据上可以看出,<u>这很多,这是一个人签的名字</u>。

审:这是伪证?

辩:对,这是<u>伪证</u>。有很多名字都是一个人签的。

在这段庭审话语中,辩护律师提供了一份书面证据,是一份请求对被告人

---

① Old Chief v. United States, 519 U.S. 172, 183 (1997).

从轻处罚的联合签名请愿书,在庭审过程中被发现是伪证。伪证的依据有两个:(1)"我们得到烟的时候他讲的,他们拿烟的时候,给他一包烟,签个字";(2)"这很多,这是一个人签的名字"。这两个依据的发现,首先是由审判员传递证据给公诉人和诉讼代理人,并发起提问开始的,其次,一是原告方通过观察和调查发现给烟签字的隐情发现的,二是审判员通过现场字迹辨认发现的。从这个过程中,一方面可以发现虚假书面证据的特征,要细心观察书面证据本身,包括内容、字迹、盖章等细节;另一方面可以得出完善证据程序的重要性,在程序上,审判人员要对证据进行具体询问,如询问证据来源(这个证据来源是怎么来的)等,也要将证据展示给另一方,给另一方质疑和调查的机会。

9.4 虚假诉讼的识别

虚假诉讼是指诉讼当事人恶意串通,采取虚构法律关系、编造案件事实、伪造证据等方式提起民事诉讼,或者冒用他人名义提起诉讼,或者利用虚假仲裁裁决、公证文书申请执行,以使法院作出错误裁判或执行,逃避法律义务、获取非法利益,损害国家、集体、社会公共利益或者第三人合法权益的行为。虚假诉讼作为一种特殊的案件类型,有其特点,其中还可分为合谋型虚假诉讼、恶意串通逃避执行型虚假诉讼、规避法律政策型虚假诉讼和单方实施型虚假诉讼。

虚假诉讼具有极大的危害性,一方面既损害合法民事权益主体的利益,另一方面又损害司法的公信力与权威。随着日趋复杂的社会利益关系和法治进程带来的民众法律意识增强,虚假诉讼的案例有增无减。以下表格数据来源于律师完成的问卷调查第 34 题:

您碰到过虚假诉讼吗?

选项	小计	比例
A. 经常碰到	1	3.33%
B. 有时碰到	7	23.33%
C. 偶尔碰到	14	46.67%
D. 没碰到过	8	26.67%
本题有效填写人次	30	

虽然调查对象包括各个领域的律师,分布在民诉、刑诉等领域,而虚假诉讼

一般发生在民诉领域,且虚假诉讼只是一个特殊的案例类型,但是数据表示,有73.33%的律师都或多或少地碰到过虚假诉讼,这个占比是十分高的。

因此,研究和识别虚假诉讼并服务于实践,具有实际意义,也是迫在眉睫的。从已有的研究总结来看,虚假诉讼的共同特点有以下几点:所涉案件类型的法律关系容易虚构;当事人编造案件事实、伪造证据、虚构法律关系的行为较为隐蔽;当事人利用民事诉讼的规则,使法院错误采纳证据、错误认定事实等。此外,法院在识别、预防和打击虚假诉讼的工作中也存在着一定问题,如防范、处理虚假诉讼的意识不强,界定、识别虚假诉讼的标准比较模糊,审查、判断虚假诉讼的精力不足,个别审判人员工作能力不够,责任心不强等。

而本章将在已有发现和总结的基础上,从叙事和认知的角度对虚假诉讼进行研究,以期在识别虚假诉讼上有更为实际意义的作用。那么,虚假诉讼与叙事、认知有何关系呢?

叙事一词在《社会科学新辞典》中的定义为文学写作用语。叙事指以散文或诗的形式叙述一个真实的或虚构的事件,或者叙述一连串这样的事件(汝信等,1988)。从定义可以看出,叙事的结果可能是一个真实的事件,也有可能是一个虚构的事件,真实事件和虚构事件的叙事会有不同之处。虚假诉讼正是一个事件的虚构,发现其叙事特点有助于提高对虚假诉讼的识别能力。

虚假诉讼的识别正是一个认知的过程。认知一词在《逻辑学大辞典》中的定义如下:认识客观事物,获得知识的活动。包括感觉、知觉、记忆、学习、言语、想象、思维、判断、推理等。按照信息论的观点,认知是信息加工的过程(彭漪涟等,2010)。在虚假诉讼的叙事过程中,关注对虚假诉讼的认知信息加工,了解虚假诉讼过程中各个角色的认知背景,形成专业的认知模式,将有助于对虚假诉讼的判断和推理。

9.4.1 虚假诉讼的叙事特征

虚假诉讼作为一种极为特殊的诉讼案件类型,有其自己的叙事特征。了解这些特征有助于识别虚假诉讼。以下特征的总结来源于集体案件的分析以及调查问卷数据。

9.4.1.1 以证据为线索进行叙事的财产纠纷案件

现有的虚假诉讼案件材料多是介绍了案情和判决结果,但是从这些案情中可以看出,虚假诉讼绝大部分为财产纠纷,较为典型的是借贷类纠纷案件。财产纠纷为常见的民事法律关系,能够产生财产纠纷的基础法律关系多种多样,容易虚构,且财产纠纷中最直接的证据"借据""欠条""对账单"等易于伪造。涉及虚假诉讼的当事人虽然并不存在实质性的诉辩对抗,但表面上存在相互抗衡的形式,且当事人多为亲属、朋友、关联单位,在诉讼前串通一致,诉讼中相互配合,或者直接不到庭参加诉讼,给法院查清案件事实设置各种障碍。

因此,虚假诉讼的叙事过程极具特殊性,其叙事不同于一般案件。一般案件的叙事由庭审现场的问答式对话构建,而虚假诉讼不存在诉辩对抗,则其叙事多由(伪造的)证据构成,如"借据""欠条""对账单"等。以下例子摘于判决书,摘录案情涉及袁某某认为其丈夫蒋某某与其公公(即蒋父)串通,捏造虚假诉讼——其公公婆婆所提供的购房款是借款而不是赠予,要求归还购房款。具体叙述如下:

一、一审认定事实错误,本案是两被上诉人串通而为的虚假诉讼。

1. 2012年9月20日的3万元款项发生在袁某某与蒋某某婚前,是蒋父赠予给袁某某用以购买为结婚准备的衣物。

2. 袁某某提供的录音资料清楚反映出蒋父明确表示袁某某与蒋某某是没有债务的,说明案涉借条是虚构的。

3. 蒋父无法合理陈述出具借条时袁某某既然在场为何未签字的原因,对蒋父不符常理的陈述可以进行测谎。

4. 2012年11月25日35000元取款凭证间接证明两被上诉人之间存在串通行为。

5. 2013年1月18日2万元借条上写的是购房定金,事实上购房定金是2013年1月15日签订购房意向合同时袁某某汇款交付的,所以该张借条是虚假的。

虽然最后的判决显示这并不是一个真正的虚假诉讼,但是不论其论点的真实可靠性如何,该陈述符合法律中对虚假诉讼的描述。这正是一个对虚假诉讼的叙事描写,是十分典型的借贷类财产纠纷虚假诉讼,包括具体的时间、地点、人物和情节等叙事要素,围绕借据、录音、取款凭证等证据及其分析构成整个叙事过程,也关注一些叙事中的因果关系及认知常理(蒋父无法合理陈述出具借条时袁某某既然在场为何未签字的原因),主要体现了虚假诉讼中以证据为主要线索来构建叙事的特征。

证据在虚假诉讼的叙事过程中起到很大的作用,可惜目前的证据制度是不够严密的。《民事诉讼法》第66条规定了8种证据的形式要件,即证据的外在表现形态,而没有规定证据的本质属性。而外在形态只是一种载体或形式,至于这种载体所记载的内容的属性,法律没有明确规定。但是,能证实民事行为真实性的恰恰是其内容属性,不是载体本身。由于法律没有规定证据的本质属性,因而为虚假诉讼者任意编制证据提供了机会。实践中对一方提供的证据,对方如无异议,法官即予认定,而不管证据本质属性上是否真实。

9.4.1.2 庭审过程缓和并多以调解方式结案

请看以下虚假诉讼的案例:

> 甲公司欠多家银行借款高达5亿多元,而其资产只有一块50亩的土地及地上工业厂房,已经资不抵债,该公司也无力继续经营。为了<u>转移资产</u>,<u>逃避债务</u>,甲公司虚构了向乙公司投资4000万元协议并提起诉讼,诉讼中双方<u>达成和解</u>并经法院确认,甲公司除了要继续投资4000万元外,还要支付乙公司800万元违约金。在执行程序中,甲公司将名下的土地及房产全部<u>协议抵债</u>给了乙公司,这样使得甲公司其他债权人数亿元的债权无法获得清偿。

该案例为真实的虚假诉讼,仍然是借贷关系的财产纠纷案件,但当事人不再是个人,而是公司法人,涉案金额巨大,对他人利益的危害也更大。该案件的最后处理为双方和解,且甲公司的财产全部协议抵债给了乙公司。这样的情况在当今经济社会中非常常见,以转移资产、逃避债务为目的而提起的虚假诉讼,最后处理结果多为协议调解。从中可见虚假诉讼的另一个特征,若走庭审程序,则庭审过程一般较为缓和,缺乏激烈对抗;而且,虚假诉讼多以调解方式结案。

真实的诉讼因双方存在较大争议或者矛盾积累已久,庭审场面往往表现为针锋相对、硝烟弥漫的博弈过程。而虚假诉讼由于双方并不存在真正的纠纷,因此庭审过程往往表现得较为缓和,不符合对正常庭审话语的认知。即使虚假诉讼的庭审过程中也会出现一些"争执"或者"辩论",但细心的法官会看出,这是在双方精心策划下的表演。目的是分散法官的注意力和削弱法官的判断力,让法官更加相信诉讼的真实性。具体表现为,出庭当事人较少,往往只有双方代理人出庭,并且主要通过自认的方式来确定事实,叙事过程简单快速(陈凯健、朱莲花,2016)。

另外,因为调解比判决更为迅速,所以虚假诉讼当事人青睐于调解结案。而且虚假诉讼当事人提供的伪造证据经不起苛刻的审查,其为了避免法官在判决过程中对证据进行深入细致的实质性审查,往往采用自认的方式化解争议,最后在双方"形成合意"后达成调解。一般在法庭审判的这个制度性话语大前提下,民事诉讼证据制度中的自认规则、调解制度中的自愿原则,以及法律对法院依据职权调查取证的限制,在一定程度上制约了法官在诉讼活动中对案件事实和证据的审查。当事人如通过当庭自认的方式对证据及主张加以认可,或达成调解协议,法官难以启动对虚假诉讼的审查,更难以判断双方是否存在真实、合法的民事关系。上述客观因素的存在,导致当前防范和打击虚假诉讼的难度较大。

9.4.1.3 叙事有"套路"且细节有漏洞

此外,在律师完成的调查问卷第35题中,还有关于虚假诉讼叙事方面的以下问题:

您如何判断虚假诉讼?

选项	小计	比例
A. 对事件叙述内容过于简单	9	30%
B. 通过对细节的提问,发现他/她所叙述内容不一致	19	63.33%
C. 发现其神情紧张	8	26.67%
D. 发现其对所提问题准备充分	4	13.33%
E. 发现其有选择地回答问题	6	20%
F. 事有蹊跷,有"套路"	21	70%
G. 双方对事件主要信息有高度一致性,不愿就关于其他次要信息的问题作答	19	63.33%
H. 其他_____不合常理	1	3.33%
本题有效填写人次	30	

从问卷统计可以看出,虚假诉讼中最突出的叙事特征还有"事有蹊跷,有'套路'",占比70%,但是具体的叙事"套路"仍然需要研究和积累才能发现;"通过对细节的提问,发现他/她所叙述内容不一致"和"双方对事件主要信息有高度一致性,不愿就关于其他次要信息的问题作答"均占比63.33%,其中细节的提问体现了对叙事完整性的关注,内容一致性是对叙事逻辑性和合理性的要求,而双方过分的高度一致性是违背认知常理的。叙事漏洞也是虚假诉讼所独有的特征,律师通过实践可以发现虚假诉讼中的叙事漏洞。

综上所述,可以看出虚假诉讼在叙事和认知方面有以下特征:以财产纠纷类案件为主,尤其是借贷类纠纷;以证据为主要线索来构建叙事;叙事存在"套路",在叙事要素上存在破绽,即时间、地点、人物等细节,也容易出现不一致性;

庭审过程缓和,多以调解方式结案;双方对事件主要信息有高度一致性等。

9.4.2 虚假诉讼的识别策略

根据前面对虚假诉讼的叙事特征的总结,结合《最高人民法院关于防范和制裁虚假诉讼的指导意见》(以下简称《指导意见》),可以从叙事和认知角度为虚假诉讼的识别提供一些策略。通过上述分析也可以看出《指导意见》的内容十分具有实践意义,需要去做的是切实落实其中的内容。以下建议是从叙事和认知角度对该指导意见的内容进行补充和说明。

9.4.2.1 完善审判人员对虚假诉讼的认知图式

增加对审判人员的虚假诉讼相关培训,内容包括学习民事诉讼法关于制裁恶意诉讼、虚假诉讼的相关规定,研究学习实际的典型虚假诉讼案例,审判业务交流,庭审观摩,与有关部门建立信息共享平台等。

一方面,专业培训可以提高审判人员对虚假诉讼的重视和警惕,从而直接地提高防范和打击意识。现实生活中虚假诉讼识别出现困难的一个重要原因就是虚假诉讼具有隐蔽性,这种隐蔽性越来越强,而且法院和法官习惯于处理日常案件,导致其对虚假诉讼现象警惕性不高,缺乏防范和打击意识。

另一方面,具体的培训内容、对实际案例的研究学习等可以使审判人员更好地熟悉了解虚假诉讼的特点,发现其中的"套路",形成关于虚假诉讼的认知框架即图式。当审判人员重复接触虚假诉讼案件时,他就开始对虚假诉讼产生一种概括,把有关虚假诉讼的经验发展为一组抽象的、一般性的、关于我们在虚假诉讼里会遇到什么样的情况的一个期望。这样的认知框架将包括虚假诉讼范围、各环节的防范处理重点、工作及惩戒机制等内容,尤其是了解虚假诉讼易发高发的案件类型和应重点审查的相关情形,必然有助于审判人员识别和处理虚假诉讼。

9.4.2.2 关注虚假诉讼的叙事特征和叙事完整性

具体而言,审判人员要进一步增强工作责任心,从维护法律尊严、司法权威的要求出发,在立案、审判、执行各个环节注意发现问题,去伪存真,查明真相。根据所总结的虚假诉讼特点,审判人员尤其应当对虚假诉讼多发类型——财产纠纷类案件提高敏感度。对借贷纠纷、买卖纠纷、建设工程纠纷等案件,考虑到虚假诉讼以证据为线索来展开叙事的特征,应该重视质证认证程序,更多地去关注证据的真实可靠性,特别是"借据""欠条""对账单"等证据,通过实践和理论相结合来不断完善法律程序;从叙事要素方面进行全面考虑,应严格审查当事人、委托代理人的身份以及债务产生的时间、地点、原因、用途、支付方式、支付依据、基础合同、债权人的经济状况等,细问证据及次要信息,以发现其内容不一致之处,尤其要关注当事人不愿意进行回答的那些问题。

　　虚假诉讼的叙事一般只以证据为线索,且法律一定程度上制约了法官在诉讼活动中对案件事实和证据的审查,这样不完整的叙事方式容易出现虚假且不便于调查的困境。为了发现这样的虚假结果的叙事,法院应当完善叙事结构,获得更多的信息,应当传唤当事人本人到庭,就有关案件事实接受询问。除法定事由外,应当要求证人出庭作证。要充分发挥《最高人民法院关于适用〈中华人民共和国民事诉讼法〉的解释》中有关当事人和证人签署保证书规定的作用,探索当事人和证人宣誓制度。这样以"借据""欠条""对账单"等证据构成的叙事中添加了证人、证词、保证书等信息,叙事就显得更为完整,更容易发现其真伪性。

　　此外,根据认知框架,在诉讼中出现一方对另一方提出的于己不利的事实明确表示承认,或者"双方对事件主要信息有高度一致性,不愿就关于其他次要信息的问题做答"这些不符合常理的情况,不符合常人认知模式的,要做进一步查明,慎重认定。

9.4.2.3　改变公众对虚假诉讼的不正确认知

　　虚假诉讼情况的日趋增加一部分是因为国家推行法治,宣传法治,越来越多人熟悉法律制度和程序,尤其涉及经济利益时,部分单位和人员利用法律漏洞,为自己谋取不正当利益,损害他人利益。

　　从这个角度考虑,如果加大对虚假诉讼的制裁力度,这些对法律有所认知的人也会认识到提起虚假诉讼的风险。虽然说法律道德、职业道德是认知的根本,尤其要对律师、法务等行业的法律人进行职业道德教育,但是一定的制裁力度也可以进入人们的认知框架,起到相当的作用。例如,可以探索建立虚假诉讼失信人名单制度,将虚假诉讼参与人列入失信人名单,逐步开展与现有相关信息平台和社会信用体系的接轨工作,加大制裁力度。

10 余 论

通过前面九章的介绍和论述,总的来说,在本书完成之后,作者还有以下三点想法:

1. 在当前司法改革背景下,庭审叙事及其认知研究大有可为

党的十八大明确提出全面推进依法治国,加快建设社会主义法治国家,对法治建设作出重大部署。党的十八大以来,习近平同志多次就法治建设发表重要论述,积极地回应了人民群众对司法公正的关注和期待,明确提出了加强法治建设的新要求,表明了党中央加快建设社会主义法治国家的坚定决心和信心。

习近平在党的十九大报告中继续提出坚持全面依法治国。全面依法治国是中国特色社会主义的本质要求和重要保障。必须把党的领导贯彻落实到依法治国全过程和各方面,坚定不移走中国特色社会主义法治道路,完善以宪法为核心的中国特色社会主义法律体系,建设中国特色社会主义法治体系,建设社会主义法治国家,发展中国特色社会主义法治理论,坚持依法治国、依法执政、依法行政共同推进,坚持法治国家、法治政府、法治社会一体建设,坚持依法治国和以德治国相结合,依法治国和依规治党有机统一,深化司法体制改革,提高全民族法治素养和道德素质。他在出席中央政法工作会议时也强调促进社会公平正义是政法工作的核心价值追求。公平正义是政法工作的生命线,司法机关是维护社会公平公正的最后一道防线。政法战线要肩扛公正天平、手持正义之剑,以实际行动维护社会公平正义,让人民群众切实感受到公平正义就在身边。要重点解决好损害群众利益的突出问题,决不允许对群众的报警求助置之不理,决不允许让普通群众打不起官司,决不允许滥用权力侵犯群众合法权益,决不允许执法犯法造成冤假错案。[①]

党的十八大以来,在司法领域的分类管理与员额制改革使法官检察官队伍专业化、职业化水平提升,办案质量提高。员额制与司法人员分类管理改革试

[①] 《解读十八大以来习近平关于法治的论述》,http://www.legaldaily.com.cn/index/content/2014-10/08/content_5788847.htm? node=55112,2017年12月16日访问。

点以来,各试点省市办案力量明显流向办案一线,员额法官、检察官的职业化、专业化水平得到提升,带来了审判质效、当事人满意度的明显改善。司法责任制使法官、检察官办案责任意识增强。"让审理者裁判、由裁判者负责"是司法责任制改革的主要目标。司法责任制改革是在授权与监督两个方面同时展开的,各试点法院、检察院均大幅授权办案人员自行履行判断权、决定权。

除了法院和检察院的改革之外,2017年10月,最高人民法院、司法部联合出台了《关于开展刑事案件律师辩护全覆盖试点工作的办法》(以下简称《办法》)。该《办法》在北京、上海、浙江、安徽、河南、广东、四川、陕西试行。试点省(直辖市)可以在全省(直辖市)或者选择部分地区开展试点工作。在此之前,只有在青少年和残疾人为被告人时,或在被告人面临无期徒刑或死刑判决的情况下,才强制指定辩护人。因此,该《办法》的实施是推进司法改革和律师制度改革的重要举措,也是我国人权司法保障的一大进步,对于充分发挥律师在刑事案件中的辩护职能,维护司法公正,彰显我国社会主义法治文明进步具有重大意义。

该《办法》所指刑事案件律师辩护全覆盖主要是刑事案件审判阶段的律师辩护全覆盖,具体而言包括以下内容:被告人具有《刑事诉讼法》第34条、第267条规定应当通知辩护情形,人民法院应当通知法律援助机构指派律师为其提供辩护;除此之外,其他适用普通程序审理的一审案件、二审案件、按照审判监督程序审理的案件,被告人没有委托辩护人的,人民法院也应当通知法律援助机构指派律师为其提供辩护。这就将通知辩护范围扩大到法院阶段适用普通程序审理的所有一审案件、二审案件和按照审判监督程序审理的案件;同时,适用简易程序、速裁程序审理的案件,被告人没有辩护人的,人民法院应当通知法律援助机构派驻的值班律师为其提供法律帮助;在法律援助机构指派的律师或者被告人委托的律师为被告人提供辩护前,被告人及其近亲属可以提出法律帮助请求,人民法院应当通知法律援助机构派驻的值班律师为其提供法律帮助。

为确保刑事案件律师辩护全覆盖落到实处,该《办法》明确规定二审人民法院发现一审人民法院未履行通知辩护职责,导致被告人在审判期间未获得律师辩护的,应当裁定撤销原判,发回原审人民法院重新审判。要加强律师资源保障,要求对律师资源统筹调配,鼓励和支持律师开展刑事辩护业务。建立多层次经费保障机制,确保经费保障水平适应开展刑事案件律师辩护全覆盖试点工作需要。

法院、检察院和律师三个方面的改革以及朝着控辩制方向的改革,改变了以往刑事案件的审理中法院(代表国家行使审判权)和检察院(代表国家行使公诉权)两个公权力对被告人一个私权力的明显权力不平衡的状况。在这一改革背景下,庭审叙事及其认知研究大有可为。

2. 在问卷调查中收集到的一些司法改革意见和建议

在此次调查问卷中也收集到一些司法改革的意见和建议:

刑事法官的建议:请见刑事法官问卷第41题"您认为审判制度还应该在哪些方面进行改革?"

选项	小计	比例
A. 进一步加强控辩制	20	66.67%
B. 模仿英美国家的陪审团制度	6	20%
C. 提高律师在庭审中的地位和作用	16	53.33%
D. 避免庭审走过场现象	21	70%
E. 给予非专家证人更多的指示和帮助	11	36.67%
F. 完善人民陪审员制度	15	50%
G. 其他:	0	0%
本题有效填写人次	30	

其中,"避免走过场现象"占比最高,其次是"进一步加强控辩制",再次是"提高律师在庭审中的地位和作用""完善人民陪审员制度"和"给予非专家证人更多的指示和帮助",还有五分之一的受访者建议"模仿英美国家的陪审团制度"。除此之外,还有两条建议:第一,增强法庭仪式感和庄重感;第二,完善人民陪审员制度。感觉人民陪审员多数属于走过场,陪而不审。

检察官问卷第36题"您认为审判制度还应该在哪些方面进行改革?"的答卷情况如下:

选项	小计	比例
A. 进一步加强控辩制	20	55.56%
B. 模仿英美国家的陪审团制度	2	5.56%
C. 提高律师的辩护作用	12	33.33%
D. 避免庭审走过场现象	18	50%
E. 规范各项权力的运用	18	50%
F. 给予非专家证人更多的指示与帮助	9	25%
G. 赋予法官更多的自由裁量权	8	22.22%
H. 减小考核指标对审判的影响	21	58.33%
I. 其他:法官的控庭能力	1	2.78%
本题有效填写人次	36	

占比最高的是"减小考核指标对审判的影响",其次是"进一步加强控辩制"

"避免庭审走过场现象""规范各项权力的运用"占比都在一半及以上。

针对同一问题,律师问卷第45题"您认为审判制度还应该在哪些方面进行改革?"的答卷情况是:

选项	小计	比例
A. 进一步加强控辩制	20	66.67%
B. 模仿英美国家的陪审团制度	11	36.67%
C. 提高律师的辩护作用	26	86.67%
D. 避免庭审走过场现象	19	63.33%
E. 规范各项权力的运用	10	33.33%
F. 给予非专家证人更多的指示与帮助	3	10%
G. 完善人民陪审员制度	0	0%
H. 其他:去掉人民陪审员制度	1	3.33%
本题有效填写人次	30	

"提高律师的辩护作用"最高,占86.67%;其次是"进一步加强控辩制"和"避免庭审走过场现象",它们的占比都超过了60%。

另外,还收到了五条意见和建议:第一,简化认罪案件流程,减少审前羁押;第二,强化独立审判,减少舆论、行政对司法的干预;第三,法官专业化,减少非法律事务对法官工作时间的占用;第四,统一裁判标准,防止自由裁判滥用;第五,树立司法权威,判决一旦生效,严格执行,纠错不及既判案件。

从以上意见和建议来看,法官、检察官和律师站在各自的立场上都有自己首选的改革意见,如法官首选"避免走过场现象"、检察官首选"减小考核指标对审判的影响"、律师首选"提高律师的辩护作用",但是他们三类人员的第二选择都是"进一步加强控辩制",说明这应该是众望所归。所幸的是,我国的司法改革正是在朝这个方向改进的。

3. 今后想要深入研究的问题

前面提到习近平所强调的"决不允许滥用权力侵犯群众合法权益,决不允许执法犯法造成冤假错案"。本人对近年来影响广泛的聂树斌案、呼格案等冤假错案也有所关注,想进一步研究分析造成这些冤假错案的原因。但在与检察官的访谈中了解到,90%以上的刑事案件的案件基本事实都已经在公安侦查阶段定掉了,公诉人按照公安提供的案卷材料提起公诉,被告人胜诉的机会小之又小。那么,在公安侦查阶段案件事实又是怎么构建的? 这应该是更值得研究、更具有应用价值的一个问题。

附录一 刑事法官调查问卷表及数据统计

调查问卷表(刑事法官)

说明:非常感谢您抽出宝贵的时间参与此次问卷调查!本调查为国家社科基金项目"认知理论框架下的庭审叙事理论研究"的一部分,您的回答只为研究所用,因此受访者为匿名,非常感谢您的帮助!

本课题组的研究设想是在一系列违法事件发生后,受到侵害的一方或公诉人会向法庭提起诉讼,要求对方对所造成的损失作出赔偿或对所犯的罪行进行法律制裁。诉讼就是从被侵害人或公诉人对事件的叙事开始的(宣读起诉书),该叙事包括八个要素,具体是何时、何地、何人(施事)、因何、用何方式、做何事(侵害行为)、对何人(受事)、致何果。法庭调查及法庭辩论阶段也无外乎是对以上细节的确认过程。法官在判决书中也是先叙述认定的案件事实,然后陈述适用法律,最后宣布判决结果。

在庭审中,控辩双方通过证据对客观发生的事件进行认知,在法庭上运用语言来叙述案件"事实";法官在兼听双方的叙述和论辩的基础上认定案件事实,根据相应的法律法规、被告人的悔罪表现以及在法庭审判过程中的悔罪态度等,形成心证并作出裁判。整个庭审过程中有许多主客观因素在起作用,本调研的内容如下(可多选):

1. 您的性别:[单选题]

选项	小计	比例
A. 男	18	60%
B. 女	12	40%
本题有效填写人次	30	

2. 您所在的区域：[单选题]

选项	小计	比例
A. 华东地区	14	46.67%
B. 华北地区	6	20%
C. 华中地区	3	10%
D. 华南地区	1	3.33%
E. 西部地区	6	20%
本题有效填写人次	30	

3. 您所在的法院层级：[单选题]

选项	小计	比例
A. 基层法院	21	70%
B. 中级法院	8	26.67%
C. 高级法院	1	3.33%
D. 最高法院	0	0%
本题有效填写人次	30	

4. 您所承担的诉讼审理是：[单选题]

选项	小计	比例
A. 侵财类案件	15	50%
B. 侵权类案件	6	20%
C. 金融、知识产权类案件	2	6.67%
D. 贪污贿赂等自侦案件	4	13.33%
E. 其他：	3	10%
本题有效填写人次	30	

5. 您的文化程度：[单选题]

选项	小计	比例
A. 大专及以下	0	0%
B. 本科	8	26.67%
C. 本科双学位	1	3.33%
D. 硕士研究生	21	70%
E. 博士研究生	0	0%
本题有效填写人次	30	

6. 您的专业背景：[单选题]

选项	小计	比例
A. 仅第一学历为法学	7	23.33%
B. 第一学历为法学、第二学历为非法学	1	3.33%
C. 第一学历为非法学、第二学历为法学	0	0%
D. 第一、第二学历皆为法学	17	56.67%
E. 第一、第二学历皆为非法学	5	16.67%
F. 其他：	0	0%
本题有效填写人次	30	

7. 您是否为员额法官？[单选题]

选项	小计	比例
A. 法院行政人员	0	0%
B. 员额法官	11	36.67%
C. 法官助理	19	63.33%
本题有效填写人次	30	

8. 您任法官的时间：[单选题]

选项	小计	比例
A. 不到3年	18	60%
B. 3到5年	6	20%
C. 5到8年	2	6.67%
D. 10年以上	4	13.33%
本题有效填写人次	30	

9. 您办理的案件数量：[单选题]

选项	小计	比例
A. 30件以下	8	26.67%
B. 30—50件	6	20%
C. 50—100件	6	20%
D. 100—200件	3	10%
E. 200—300件	1	3.33%
F. 300—500件	4	13.33%
G. 500件以上	2	6.67%
本题有效填写人次	30	

10. 在庭审之前,您一般对涉案事件的细节了解程度是：[单选题]

选项	小计	比例
A. 95%以上	7	23.33%
B. 90%或以上	10	33.33%
C. 85%或以上	5	16.67%
D. 80%或以上	5	16.67%
E. 60%或以上	3	10%
F. 60%或以下	0	0%
本题有效填写人次	30	

11. 在庭审之前,您对涉案事件相应的法律规定的了解程度是：[单选题]

选项	小计	比例
A. 95%或以上	11	36.67%
B. 90%或以上	10	33.33%
C. 85%或以上	2	6.67%
D. 80%或以上	4	13.33%
E. 60%或以上	3	10%
F. 60%或以下	0	0%
本题有效填写人次	30	

12. 您通过哪些途径了解或掌握涉案事件的内容和情况？[多选题]

选项	小计	比例
A. 与当事人交谈	19	63.33%
B. 查阅公安笔录或案卷资料	27	90%
C. 当事人代理人	17	56.67%
D. 下级法院	8	26.67%
E. 公安机关	10	33.33%
F. 其他：	0	0%
本题有效填写人次	30	

13. 在庭审期间,您的发问重点是:[多选题]

选项	小计	比例
A. 明确诉讼请求	15	50%
B. 以了解涉诉事件情节为主	17	56.67%
C. 案件争议的焦点	23	76.67%
D. 控辩双方/原被告双方的证据	21	70%
E. 其他:	0	0%
本题有效填写人次	30	

14. 在庭审过程中,如果被告人(或辩护人)提出了涉诉事件的新情节,您的对策是:[多选题]

选项	小计	比例
A. 当庭询问/讯问	21	70%
B. 当庭询问/讯问,仍不能确认的将休庭	22	73.33%
C. 不采信	3	10%
D. 对被告人(或辩护人)留下不好印象	3	10%
E. 其他:	1	3.33%
本题有效填写人次	30	

15. 您认为庭审中有效叙事比较重要的方面有哪些?[多选题]

选项	小计	比例
A. 对事件叙述八个要素的完整性	23	76.67%
B. 事件叙事的法律法规导向	22	73.33%
C. 按照事件发生的顺序进行叙述	17	56.67%
D. 根据事件发生的因果关系进行叙述	16	53.33%
E. 用描述性的修辞手段进行叙述	2	6.67%
F. 其他:	0	0%
本题有效填写人次	30	

16. 庭审中控辩双方都以叙事的形式陈述案情,在庭审前,您的脑海中有没有一个该事件的故事版本?[单选题]

选项	小计	比例
A. 有,且大多数情况下故事情节清晰	14	48.28%
B. 有,少数情况下会有少部分故事情节不是很清晰	11	37.93%
C. 有,但大部分故事情节模糊	3	10.34%
D. 没有	1	3.45%
本题有效填写人次	29	

17. 公诉人、辩护律师或被告人对事件的叙述在哪些方面会影响或修正您对案件事实的构建?[多选题]

选项	小计	比例
A. 罪名的认定(如抢劫与非持械抢劫、抢劫与抢夺等)	17	56.67%
B. 事件起因	20	66.67%
C. 事件经过	21	70%
D. 事件结果	20	66.67%
E. 利用您的认知偏差影响您对被告人人品的判断(如受教育程度高或社会地位高的人犯罪可能性低,相反犯罪可能性高)	5	16.67%
F. 唤起您的情感(如对被告人的同情,或对被害人激怒被告人的行为及手段的气愤)	3	10%
G. 其他:	0	0%
本题有效填写人次	30	

18. 您认为影响庭审进程的主要因素有哪些?[多选题]

选项	小计	比例
A. 公诉机关"打包质证""捆绑质证"及只宣读证据名称不宣读具体内容等问题,以规避法庭审理	19	63.33%
B. 当事人作为非法律专业人员不熟悉庭审程序规则,答非所问	17	56.67%
C. 当事人作为非法律专业人员不熟悉涉案相关的法律法规,所叙之事与案情无关	18	60%
D. 辩护律师的胡搅蛮缠	12	40%
E. 证人作为非法律专业人员不熟悉庭审程序规则	12	40%
F. 旁听人员不遵守法庭纪律,例如喧哗、吵闹等	8	26.67%
G. 其他	0	0%
本题有效填写人次	30	

19. 当被告人或证人不熟悉庭审程序、规则或法言法语时,您会如何应对?
[多选题]

选项	小计	比例
A. 引导法庭调查和法庭辩论程序的进行	25	83.33%
B. 让辩护人在被告人或证人陈述完毕之后进行总结和补充	18	60%
C. 当被告人或证人不了解法言法语时,使用平白的语言	19	63.33%
D. 当被告人或证人陈述过多与案情无关的事实时,及时打断	16	53.33%
E. 其他	0	0%
本题有效填写人次	30	

20. 您在作出裁判时,哪些因素会让您酌情从重处罚?[多选题]

选项	小计	比例
A. 被告人对所犯侵犯事件的认识态度	23	76.67%
B. 被告人在庭审过程中的不合作态度	15	50%
C. 被告人的冷酷	11	36.67%
D. 被告人的野蛮或嚣张	13	43.33%
E. 被告人在庭审对话中不按庭审程序随意说话/插话	3	10%
F. 被告人身份(性别因素、社会地位低、受教育程度低、身份卑微)	3	10%
G. 被告人不讲理	3	10%
H. 公诉人用评价性语言对被告人身份的构建(如街头恶棍、地痞流氓、惯犯惯偷、纨绔子弟等)	4	13.33%
I. 辩护人的辩护态度(明明有罪却做无罪辩护)	2	6.67%
J. 您自身或亲属的相似受侵害经历	1	3.33%
K. 舆论压力	5	16.67%
L. 做伪证	18	60%
M. 社会影响	11	36.67%
N. 其他:	0	0%
本题有效填写人次	30	

21. 您在作出裁判时,哪些因素会让您酌情从轻处罚?[多选题]

选项	小计	比例
A. 对当事人在案发前遭遇的同情	18	60%
B. 被告人身份(社会地位高、受教育程度高、公众人物)	2	6.67%
C. 辩护人用评价性语言对被告人身份的构建(如优秀表现、苦难经历)	7	23.33%
D. 辩护人的提问策略	3	10%
E. 辩护人对事件的语言修辞	5	16.67%
F. 辩护人的叙述策略(如叙述时注意事件情节的安排、因果逻辑,按事件发生的自然顺序进行叙述等)	14	46.67%
G. 其他	2	6.67%
本题有效填写人次	30	

22. 您有没有碰到过案件审理过程中证据链不衔接或故事情节不连贯的情况?[单选题]

选项	小计	比例
A. 有,经常	2	6.67%
B. 有,多次	4	13.33%
C. 有,偶尔	23	76.67%
D. 没有	1	3.33%
本题有效填写人次	30	

23. 庭审中碰到证据链不衔接或案件基本事实情节不连贯的情况您会怎么做?[多选题]

选项	小计	比例
A. 根据直觉,判定被告人有罪	0	0%
B. 疑罪从无,判决被告人无罪	8	26.67%
C. 休庭并与检察院沟通让其补充证据	22	73.33%
D. 向领导汇报	12	40%
E. 建议检察院撤回案件	12	40%
F. 其他:	0	0%
本题有效填写人次	30	

24. 您碰到过被告人进行虚假陈述的情况吗？[单选题]

选项	小计	比例
A. 经常碰到	3	10%
B. 多次碰到	7	23.33%
C. 偶尔碰到	14	46.67%
D. 没碰到过	6	20%
本题有效填写人次	30	

25. 您一般通过哪些方面判定被告人进行虚假陈述？[多选题]

选项	小计	比例
A. 在庭审中发现其所说内容前后矛盾	24	80%
B. 通过对细节的提问，发现他/她所叙述内容不一致	23	76.67%
C. 发现其神情紧张	10	33.33%
D. 发现其对所提问题很有准备	9	30%
E. 与自己脑海中形成的事件有较大偏差，产生怀疑	7	23.33%
F. 眼神总是看向辩护人，或者看辩护人的眼色作出回答	7	23.33%
G. 所说与常理常情不符	13	43.33%
H. 其他	3	10%
本题有效填写人次	30	

26. 碰到进行虚假陈述的情况您会对被告人留下不良印象吗？[单选题]

选项	小计	比例
A. 会	13	43.33%
B. 基本会	2	6.67%
C. 偶尔会	4	13.33%
D. 不会	6	20%
E. 视情况而定	5	16.67%
本题有效填写人次	30	

27. 您碰到过作伪证的情况吗？[单选题]

选项	小计	比例
A. 经常碰到	1	3.33%
B. 多次碰到	4	13.33%
C. 偶尔碰到	19	63.33%
D. 没碰到过	6	20%
本题有效填写人次	30	

28. 您一般通过哪些方面判定当事人/证人作伪证？[多选题]

选项	小计	比例
A. 在庭审中发现其所说内容前后矛盾	14	46.67%
B. 通过对细节的提问，发现他/她所叙述内容不一致	17	56.67%
C. 发现其神情紧张	7	23.33%
D. 发现其对所提问题很有准备	8	26.67%
E. 与自己脑海中形成的事件有较大偏差，产生怀疑	13	43.33%
F. 眼神总是看向辩护人，或者看被告人的眼色作出回答	14	46.67%
G. 所说与常理常情不符	18	60%
H. 其他：	1	3.33%
本题有效填写人次	30	

29. 碰到作伪证的情况您会倾向于对被告人留下不良印象吗？[单选题]

选项	小计	比例
A. 会	10	33.33%
B. 基本会	1	3.33%
C. 偶尔会	8	26.67%
D. 不会	7	23.33%
E. 视情况而定	4	13.33%
本题有效填写人次	30	

30. 碰到作伪证的情况您会倾向于对被告人酌情从重处罚吗？[单选题]

选项	小计	比例
A. 会	6	20%
B. 基本会	6	20%
C. 偶尔会	3	10%
D. 不会	6	20%
E. 视情况而定	9	30%
本题有效填写人次	30	

31. 在判断时，您所用的知识有哪些？[多选题]

选项	小计	比例
A. 法律知识	27	90%
B. 涉案专业知识	23	76.67%
C. 除专业知识外的其他百科知识	13	43.33%
D. 审判经验	23	76.67%
E. 其他生活经验	20	66.67%
F. 其他：	1	3.33%
本题有效填写人次	30	

32. 在庭审及裁断过程中，您认为法官个人的哪些主客观因素会起作用？[多选题]

选项	小计	比例
A. 思想	21	70%
B. 心情	4	13.33%
C. 性格	7	23.33%
D. 个人修养	16	53.33%
E. 性别	7	23.33%
F. 涉案事件相似经历	13	43.33%
G. 家庭成员	4	13.33%
H. 受教育程度	15	50%
I. 法学理论水平	22	73.33%
J. 知识面	14	46.67%
K. 审判经验	20	66.67%
L. 人际关系	3	10%
M. 所处社会环境	9	30%
N. 其他：	0	0%
本题有效填写人次	30	

33. 在庭审及裁断过程中,您认为被告人个人的哪些主客观因素会影响到法官?[多选题]

选项	小计	比例
A. 思想	17	56.67%
B. 性格	9	30%
C. 性别	6	20%
D. 个人修养	14	46.67%
E. 品格	11	36.67%
F. 态度	15	50%
G. 受教育程度	7	23.33%
H. 身份,如外来务工人员、少数民族、外籍人士等	6	20%
I. 不幸遭遇	9	30%
J. 社会地位	4	13.33%
K. 犯罪次数	22	73.33%
L. 所处社会环境	8	26.67%
M. 人际关系	4	13.33%
N. 其他	0	0%
本题有效填写人次	30	

34. 在合议庭审理案件的情况下,案件最终根据您的意见作出判决的比例是?[单选题]

选项	小计	比例
A. 100%	3	10%
B. 90%及以上	8	26.67%
C. 80%及以上	11	36.67%
D. 70%及以上	3	10%
E. 60%及以下	1	3.33%
F. 其他:	4	13.33%
本题有效填写人次	30	

35. 案件如果由合议庭作出判决,最后判决中对案件事实的描述部分跟您的故事版本的一致性如何?[单选题]

选项	小计	比例
A. 完全一致	1	3.33%
B. 基本一致	25	83.33%
C. 一半一半	2	6.67%
D. 部分一致	2	6.67%
E. 基本不一致	0	0%
本题有效填写人次	30	

36. 您对自己所写的判决书的满意度是:[单选题]

选项	小计	比例
A. 100%	2	6.67%
B. 90%及以上	11	36.67%
C. 80%及以上	8	26.67%
D. 70%及以上	9	30%
E. 60%及以上	0	0%
F. 50%及以上	0	0%
G. 50%以下	0	0%
本题有效填写人次	30	

37. 您对自己制作的判决书中的案件事实的叙述部分的满意度是:[单选题]

选项	小计	比例
A. 100%	4	13.33%
B. 90%及以上	12	40%
C. 80%及以上	11	36.67%
D. 70%及以上	3	10%
E. 60%及以上	0	0%
F. 50%及以上	0	0%
G. 50%以下	0	0%
本题有效填写人次	30	

38. 您在写判决理由时碰到的最麻烦的问题是什么？[多选题]

选项	小计	比例
A. 事实叙述部分,怎样对事件情节进行剪裁	13	43.33%
B. 控辩双方的意见不采纳时的说理部分	14	46.67%
C. 判决理由部分,对事件的描述怎样与裁判进行逻辑连贯	18	60%
D. 对敏感或没有把握的部分进行语言或叙述处理	21	70%
E. 怎样使当事人及公众信服	9	30%
F. 如何体现对世人的警示教育作用	6	20%
G. 其他：	0	0%
本题有效填写人次	30	

39. 您认为当前判决书有哪些弊端？[多选题]

选项	小计	比例
A. 对案件事实部分的叙述不充分	16	53.33%
B. 案件事实的叙述与说理部分相脱节	16	53.33%
C. 对案件事实的关键部分使用模糊语言	10	33.33%
D. 对案件事实的叙述和说理都不够完整	18	60%
E. 其他：	0	0%
本题有效填写人次	30	

40. 您认为通过电脑程序用格式化自动生成的判决书有哪些弊端？[多选题]

选项	小计	比例
A. 太机械不灵活	20	66.67%
B. 不能考虑情感因素	12	40%
C. 使公众产生审美疲劳,感觉不到法官的用心	11	36.67%
D. 描述和分析不够完整	15	50%
E. 其他：	0	0%
本题有效填写人次	30	

41. 您认为审判制度还应该在哪些方面进行改革？[多选题]

选项	小计	比例
A. 进一步加强控辩制	20	66.67%
B. 模仿英美国家的陪审团制度	6	20%
C. 提高律师在庭审中的地位和作用	16	53.33%
D. 避免庭审走过场现象	21	70%
E. 给予非专家证人更多的指示和帮助	11	36.67%
F. 完善人民陪审员制度	15	50%
G. 其他：	0	0%
本题有效填写人次	30	

42. 您是否还有其他建议？

建议1:增强法庭仪式感、庄重感。

建议2:完善人民陪审员制度。感觉人民陪审员多数属于走过场,陪而不审,好像就是为了拿补助。

再次感谢您的帮助！

附录二　检察官调查问卷表及数据统计

调查问卷表(检察官)

说明:非常感谢您抽出宝贵的时间参与此次问卷调查!本调查为国家社科基金项目"认知理论框架下的庭审叙事理论研究"的一部分,您的回答只为研究所用,因此受访者为匿名,非常感谢您的帮助!

本课题组的研究设想是在犯罪事件发生后,检察机关对被告人向法院提起公诉,公诉人代表国家出席法庭支持公诉,要求法院对被告人的犯罪行为作出判决、给予刑事制裁。庭审是从公诉人对犯罪基本事件的叙事开始的(宣读起诉书),该叙事包括八个要素,具体是何时、何地、何人(施事)、因何、用何方式、做何事(侵犯)、对何人(受事)、致何果。法官在判决书中也是先叙述认定的案件事实、适用法律,最后宣布判决结果。

在庭审中,控辩双方通过展示证据对客观发生的事件进行认知,在法庭上运用语言来叙述案件"事实";法官在兼听双方的叙述和论辩的基础上认定法律事实、被告人的悔罪表现以及在法庭审判过程中的悔罪态度等,并根据相应的法律法规,形成心证并作出裁判。整个庭审过程中有许多主客观因素在起作用,本调研的内容如下(可多选):

1. 您的性别:[单选题]

选项	小计	比例
A. 男	23	63.89%
B. 女	13	36.11%
本题有效填写人次	36	

2. 您所在的区域:[单选题]

选项	小计	比例
A. 华东地区	32	88.89%
B. 华北地区	0	0%
C. 华中地区	0	0%
D. 华南地区	1	2.78%
E. 西部地区	3	8.33%
本题有效填写人次	36	

3. 您的文化程度:[单选题]

选项	小计	比例
A. 大专及以下	0	0%
B. 本科	25	69.44%
C. 硕士研究生	10	27.78%
D. 博士研究生	1	2.78%
本题有效填写人次	36	

4. 您的专业背景:[单选题]

选项	小计	比例
A. 仅第一学历为法学	11	30.56%
B. 第一学历为法学、第二学历为非法学	2	5.56%
C. 第一学历为非法学、第二学历为法学	7	19.44%
D. 第一、第二学历皆为非法学	11	30.56%
E. 其他	5	13.89%
本题有效填写人次	36	

5. 您是否为入额检察官?[单选题]

选项	小计	比例
A. 检察长	0	0%
B. 入额检察官	14	38.89%
C. 检察官助理	20	55.56%
D. 行政人员	2	5.56%
本题有效填写人次	36	

6. 您任检察官的时间：[单选题]

选项	小计	比例
A. 不到 3 年	9	25％
B. 近 5 年	11	30.56％
C. 近 8 年	9	25％
D. 10 年以上	7	19.44％
本题有效填写人次	36	

7. 您办理的案件数量：[单选题]

选项	小计	比例
A. 100 件以下	9	25％
B. 100—500 件	18	50％
C. 500—1000 件	6	16.67％
D. 1000 件以上	3	8.33％
本题有效填写人次	36	

8. 您所在的检察院层级：[单选题]

选项	小计	比例
A. 县级检察院	31	86.11％
B. 地市级检察院	5	13.89％
C. 省级检察院	0	0％
本题有效填写人次	36	

9. 您所承担的公诉类别是？[多选题]

选项	小计	比例
A. 30 件以下侵财类案件	21	58.33％
B. 30—50 件侵权类案件	16	44.44％
C. 50—100 件金融、知识产权类案件	13	36.11％
D. 100—200 件贪污贿赂等自侦案件	15	41.67％
本题有效填写人次	36	

10. 在庭审之前,您一般对涉案事件的细节了解程度是:[单选题]

选项	小计	比例
A. 90%或以上	27	75%
B. 80%或以上	7	19.44%
C. 70%或以上	2	5.56%
D. 60%或以上	0	0%
E. 50%或以上	0	0%
F. 50%以下	0	0%
本题有效填写人次	36	

11. 在庭审之前,您对涉案事件相应的法律规定的了解程度是:[单选题]

选项	小计	比例
A. 95%或以上	25	69.44%
B. 80%或以上	6	16.67%
C. 70%或以上	5	13.89%
D. 60%或以上	0	0%
E. 50%或以上	0	0%
F. 50%或以下	0	0%
本题有效填写人次	36	

12. 您通过哪些途径了解或掌握涉案事件的内容和情况?[多选题]

选项	小计	比例
A. 与当事人交谈	28	77.78%
B. 公安局办案人员	24	66.67%
C. 查阅公安侦查卷宗	33	91.67
D. 下级检察院	1	2.78%
E. 当事人家属或委托的辩护人、代理人	20	55.56%
F. 其他	0	0%
本题有效填写人次	36	

13. 在庭审期间,您对被告人的讯问重点是:[多选题]

选项	小计	比例
A. 让被告人当庭完整供述自己以及同案被告人的犯罪事实	25	69.44%
B. 揭露被告人在法庭上企图逃避罪责而虚假供述的本质	19	52.78%
C. 让法庭清楚了解被告人的辩解内容	15	41.67%
D. 质疑被告人个人品格	0	0%
E. 其他	0	0%
本题有效填写人次	36	

14. 在庭审过程中,如果被告人(或辩护人)提出了与定罪量刑有关的新证据,您的对策是:[多选题]

选项	小计	比例
A. 当庭讯问	21	58.33%
B. 当庭讯问,仍不能确认的将申请休庭	31	86.11%
C. 用其他相关信息进行辩论	9	25%
D. 忽略	0	0%
E. 其他	0	0%
本题有效填写人次	36	

15. 在公诉时,您所用的知识有哪些?[多选题]

选项	小计	比例
A. 法律知识	34	94.44%
B. 涉案专业知识	33	91.67%
C. 除以上专业知识外的其他百科知识	12	33.33%
D. 公诉经验	25	69.44%
E. 其他生活经验	11	30.56%
F. 其他,如_____	0	0%
本题有效填写人次	36	

16. 庭审中控辩双方都以叙述的形式陈述案件基本事实,在庭审前您脑海中对该事件的认知情况是?[单选题]

选项	小计	比例
A. 有,且案件基本事实情节清晰	31	86.11%
B. 有,案件基本事实情节不是很清晰	4	11.11%
C. 有,但案件基本事实情节模糊	1	2.78%
D. 没有	0	0%
本题有效填写人次	36	

17. 辩护人或被告人对案件基本事实的叙述在哪些方面会影响或修正您对案件基本事实的认知与构建?[多选题]

选项	小计	比例
A. 罪名的认定(如抢劫与非持械抢劫、抢劫与抢夺等)	10	27.78%
B. 事件起因	3	8.33%
C. 事件经过	12	33.33%
D. 事件结果	5	13.89%
E. 利用您的认知偏差影响您对被告人人品的判断(如受教育程度高或社会地位高的人犯罪可能性低)	0	0%
F. 唤起共情(如对被告人的同情,或对被害人激怒被告人的行为及手段的气愤)	5	13.89%
G. 其他	0	0%
本题有效填写人次	36	

18. 您认为影响庭审进程的主要因素有哪些?[多选题]

选项	小计	比例
A. 当事人作为非法律专业人员不熟悉庭审程序规则,答非所问	20	55.56%
B. 当事人作为非法律专业人员不熟悉涉案相关的法律法规,所叙之事与案情无关	21	58.33%
C. 证人作为非法律专业人员不熟悉庭审程序规则	14	38.89%
D. 辩护人的胡搅蛮缠	29	80.56%
E. 旁听人员不遵守法庭纪律	12	33.33%
F. 其他:_____	0	0%
本题有效填写人次	36	

19. 在起诉书中,就案件基本事实的构建而言,您的叙述策略一般是:[多选题]

选项	小计	比例
A. 先确定与罪名匹配的法律法规,根据相关法律法规构建案件基本事实	16	44.44%
B. 根据事件发生的顺序构建案件基本事实	16	44.44%
C. 围绕证据展开事件事实	13	36.11%
D. 先叙述事件经过,再提出适用法律的情况	18	50%
E. 其他:_____	10	27.78%
本题有效填写人次	36	

20. 在法庭辩论阶段,就事件构建而言,你的辩论策略是:[多选题]

选项	小计	比例
A. 确保事件构建的八个要素的完整性	18	50%
B. 确保罪名的确定	18	50%
C. 结合相关法规紧扣罪名的相关要件	25	69.44%
D. 打乱对方对事实构建的完整性	1	2.78%
E. 其他:_____	0	0%
本题有效填写人次	36	

21. 哪些因素会让您向法官建议酌情加重对被告人的刑罚?[多选题]

选项	小计	比例
A. 被告人的犯罪情节	30	83.33%
B. 被告人的犯罪动机	22	61.11%
C. 被告人对犯罪行为的认识态度	25	69.44%
D. 被告人在庭审过程中的不合作态度	16	44.44%
E. 被告人的冷酷、野蛮或嚣张	16	44.44%
F. 被告人的身份(性别因素、社会地位低、受教育程度低、身份卑微)	1	2.78%
G. 被告人不讲理	2	5.56%
H. 对被告人身份的构建(街头恶棍、地痞流氓、惯犯惯偷、游手好闲等)	9	25%
I. 辩护人的辩护态度(明明有罪却做无罪辩护)	16	44.44%
J. 社会危害性	11	30.56%
K. 被害人受侵害的程度	18	50%
L. 您自身或亲属的相似受侵犯/侵害经历	2	5.56%
M. 舆论压力	3	8.33%
N. 被告人或其辩护人让证人做伪证	13	36.11%
O. 作伪证	0	0%
本题有效填写人次	36	

22. 您认为哪些因素会让法官对被告人酌情减轻刑罚？[多选题]

选项	小计	比例
A. 对当事人在案发前遭遇的同情	17	47.22%
B. 被告人的身份(社会地位高、受教育程度高、公众人物、表现优秀、苦难经历)	6	16.67%
C. 被告人的犯罪动机	23	63.89%
D. 被告人的犯罪情节	27	75%
E. 辩护人的提问策略	1	2.78%
F. 辩护人对事件的语言修辞	3	8.33%
G. 辩护人的叙述策略(叙述时注意事件情节的安排、因果逻辑、按事件发生的自然顺序进行叙述)	4	11.11%
H. 辩护人的辩护态度(实事求是)	13	36.11%
I. 辩护人在庭审前的有效沟通	8	22.22%
J. 舆论压力	13	36.11%
K. 被告人在庭审过程中的合作态度	23	63.89%
L. 被告人的认罪态度	12	33.33%
M. 其他	1	2.78%
本题有效填写人次	36	

23. 您有没有碰到过案件审理过程中证据链不衔接或案件基本事实的情节不连贯的情况？[单选题]

选项	小计	比例
A. 有,经常	4	11.11%
B. 有,多次	2	5.56%
C. 有,偶尔	18	50%
D. 没有	12	33.33%
本题有效填写人次	36	

24. 碰到案件审理过程中证据链不衔接或案件基本事实的情节不连贯的情况时,您如何处理?[多选题]

选项	小计	比例
A. 根据直觉,认定被告人有罪	0	0%
B. 疑罪从无,对被告人不予起诉	11	30.56%
C. 查找新的证据	14	38.89%
D. 提交领导决定	4	11.11%
E. 建议公安机关撤回	11	30.56%
F. 其他:退回补充侦查(注:受访者意见)	1	2.78%
本题有效填写人次	36	

25. 您碰到过被告人或其证人作伪证的情况吗?[单选题]

选项	小计	比例
A. 经常碰到	3	8.33%
B. 多次碰到	9	25%
C. 偶尔碰到	15	41.67%
D. 没碰到过	9	25%
本题有效填写人次	36	

26. 碰到作伪证的情况您会向法官建议对被告人加重刑罚吗?[单选题]

选项	小计	比例
A. 会	10	27.78%
B. 基本会	3	8.33%
C. 偶尔会	3	8.33%
D. 不会	5	13.89%
E. 视情况而定	15	41.67%
本题有效填写人次	36	

27. 您一般通过哪些方面判定当事人/证人作伪证?[多选题]

选项	小计	比例
A. 在庭审中偶然发现其所说内容前后矛盾	21	58.33%
B. 通过对细节的提问,发现他/她所叙述内容不一致	27	75%
C. 发现其神情紧张	10	27.78%
D. 发现其对所提问题很有准备	7	19.44%
E. 与自己脑海中形成的事件有较大偏差,产生怀疑	9	25%
F. 其他:结合其他证据判断伪证需要调查核实认定,而非主观判断(注:受访者意见)	1	2.78%
本题有效填写人次	36	

28. 您认为庭审中有效叙事比较重要的方面有哪些?[多选题]

选项	小计	比例
A. 对事件八个要素叙述的完整性	18	50%
B. 事件叙事时以法律法规为导向	23	63.89%
C. 按照事件发生的顺序进行叙述	18	50%
D. 根据事件发生的因果关系进行叙述	12	33.33%
E. 用描述性的修辞手段进行叙述	2	5.56%
F. 其他：_____	0	0%
本题有效填写人次	36	

29. 在庭审过程中,您认为检察官个人的哪些主客观因素会起作用?[多选题]

选项	小计	比例
A. 思想	10	27.78%
B. 心情	11	30.56%
C. 性格	15	41.67%
D. 个人修养	13	36.11%
E. 性别	7	19.44%
F. 涉案事件相似经历	9	25%
G. 家庭成员	3	8.33%
H. 受教育程度	14	38.89%
I. 法学理论水平	30	88.89%
J. 知识面	22	61.11%
K. 公诉经验	15	41.67%
L. 人际关系	2	5.56%
M. 所处社会环境	2	5.56%
N. 其他_____	0	0%
本题有效填写人次	36	

30. 在庭审过程中,您认为被告人个人的哪些主客观因素会影响到检察官?[单选题]

选项	小计	比例
A. 思想	1	2.78%
B. 性格	4	11.11%
C. 性别	20	55.56%
D. 个人修养	5	13.89%
E. 品格	0	0%
F. 态度	0	0%
G. 受教育程度	0	0%
H. 身份,如外来务工人员、少数民族、外籍人士等	0	0%
I. 不幸遭遇	0	0%
J. 社会地位	0	0%
K. 犯罪次数	0	0%
L. 所处社会环境	4	11.11%
M. 人际关系	2	5.56%
N. 其他_____	0	0%
本题有效填写人次	36	

31. 庭审之后,案件最终按照您的主张作出判决的比例是?[单选题]

选项	小计	比例
A. 100%	4	11.11%
B. 90%及以上	26	72.22%
C. 75%及以上	5	13.89%
D. 50%及以上	1	2.78%
E. 30%及以上	0	0%
F. 10%及以上	0	0%
本题有效填写人次	36	

32. 案件如果最终未按您的主张判决,那最后判决中对案件事实的描述部分跟您认知的案件基本事实的一致性如何?[单选题]

选项	小计	比例
A. 相一致	4	11.11%
B. 基本一致	25	69.44%
C. 一半一半	1	2.78%
D. 部分一致	1	2.78%
E. 不一致	5	13.89%
本题有效填写人次	36	

33. 您认为判决书中存在的问题是什么？[多选题]

选项	小计	比例
A. 对事件情节的剪裁不当,对事件的描述太过简单,未能包含事件的关键点	17	47.22%
B. 对事件的描述与最后的裁判之间缺乏逻辑连贯性	7	19.44%
C. 对敏感部分的语言做模糊处理	20	55.56%
D. 不能使当事人及公众信服	11	30.56%
E. 不能体现对世人的警示教育作用	14	38.89%
F. 其他：_____说理性不强_____	1	2.78%
本题有效填写人次	36	

34. 在案件事实、法定情节，以及法律适用过程中，以下哪些情况会影响起诉书的制作？[多选题]

选项	小计	比例
A. 法学专业知识欠缺	28	77.78%
B. 所涉案件专业知识(如经济学等)	27	75%
C. 社会舆论	12	33.33%
D. 领导、亲友、同事等打招呼	5	13.89%
E. 徇私枉法	5	13.89%
F. 其他_____	0	0%
本题有效填写人次	36	

35. 您认为由电脑程序自动生成的格式化的判决书有哪些弊端？[多选题]

选项	小计	比例
A. 太机械不灵活	28	77.78%
B. 不能考虑情感因素	14	38.89%
C. 根据格式化生成的判决书判决偏重	7	19.44%
D. 根据格式化生成的判决书判决偏轻	4	11.11%
E. 描述和分析不够完整	23	63.89%
F. 释法说理不够	24	66.67%
G. 其他_____	0	0%
本题有效填写人次	36	

36. 您认为审判制度还应该在哪些方面进行改革？[多选题]

选项	小计	比例
A. 进一步加强控辩制	20	55.56%
B. 模仿英美国家的陪审团制度	2	5.56%
C. 提高律师的辩护作用	12	33.33%
D. 避免庭审走过场现象	18	50%
E. 规范各项权力的运用	18	50%
F. 给予非专家证人更多的指示与帮助	9	25%
G. 赋予法官更多的自由裁量权	8	22.22%
H. 减小考核指标对审判的影响	21	58.33%
I. 其他:法官的控庭能力	1	2.78%
本题有效填写人次	36	

37. 在诉判不一的情况下,若法院确实在适用法律或认定事实方面有错误,您会怎么应对？[单选题]

选项	小计	比例
A. 向法院制发检察公函	10	27.78%
B. 经本院检委会决定后,向法院提出抗诉	14	38.89%
C. 与刑庭庭长、审判长当面沟通交流	11	30.56%
D. 暂不处理	1	2.78%
E. 其他:_____	0	0%
本题有效填写人次	36	

38. 您是否还有其他建议？

司法改革后需规范检察权与审判权,注重对权力的监督。

再次感谢您的帮助！

附录三 律师调查问卷表及数据统计

调查问卷表(律师)

您好!

非常感谢您抽出宝贵的时间参与此次问卷调查!本调查为国家社科基金项目"认知理论框架下的庭审叙事理论研究"的一部分,您的回答只为研究所用,因此受访者为<u>匿名</u>,非常感谢您的帮助!

本课题组的研究设想是,在一系列侵犯或侵权事件发生后,受到侵害的一方或公诉人会向法庭提起诉讼,要求对方对所造成的损失作出赔偿或对所犯罪行给予法律制裁。诉讼就是从公诉人(或自诉人)或被侵权人(或其代理人)对事件的叙事开始的(宣读起诉书),该叙事包括<u>八个要素</u>,具体是何时、何地、何人(施事)、因何、用何方式、做何事(侵害/侵犯)、对何人(受事)、致何果。辩论阶段也无外乎是对以上细节的确认过程。法官在判决书中也是先叙述认定的案情、适用法律,最后宣布判决结果。

在庭审中,原被告/控辩双方通过证据对客观发生的事件进行<u>认知</u>,在法庭上运用语言来叙述案件"事实";<u>法官</u>在兼听双方的叙述和论辩的基础上认定法律事实,根据相应的法律法规、被告/被告人在法庭审判过程中的悔改表现以及态度等,形成心证并作出裁判。整个庭审过程中有许多主客观因素在起作用,本调研的内容如下(可多选):

1. 您的性别:[单选题]

选项	小计	比例
A. 男	20	66.67%
B. 女	10	33.33%
本题有效填写人次	30	

2. 您所在的区域：[单选题]

选项	小计	比例
A. 华东地区	3	10%
B. 华北地区	0	0%
C. 华中地区	0	0%
D. 华南地区	27	90%
E. 西部地区	0	0%
本题有效填写人次	30	

3. 您担任律师的时间：[单选题]

选项	小计	比例
A. 0—3年	1	3.33%
B. 4—7年	9	30%
C. 8—10年	5	16.67%
D. 10年以上	15	50%
本题有效填写人次	30	

4. 您在现律所的职位层次是：[单选题]

选项	小计	比例
A. 律师助理	1	3.33%
B. 律师	2	6.67%
C. 资深律师	1	3.33%
D. 合伙人	8	26.67%
E. 高级合伙人	18	60%
F. 顾问	0	0%
本题有效填写人次	30	

5. 您所承担的诉讼业务是：[单选题]

选项	小计	比例
A. 民诉	13	43.33%
B. 刑诉	2	6.67%
C. 刑诉民诉,刑诉多于民诉	4	13.66%
D. 刑诉民诉,民诉多于刑诉	11	36.67%
本题有效填写人次	30	

6. 您的文化程度：[单选题]

选项	小计	比例
A. 大专及以下	0	0%
B. 本科	17	56.67%
C. 硕士研究生	12	40%
D. 博士研究生	1	3.33%
本题有效填写人次	30	

7. 您的专业背景：[单选题]

选项	小计	比例
A. 仅第一学历为法学	12	40%
B. 第一学历为法学、第二学历为非法学	1	3.33%
C. 第一学历为非法学、第二学历为法学	9	30%
D. 第一、第二学历皆为法学	4	13.33%
E. 第一、第二学历皆为非法学	4	13.33%
F. 其他_____	0	0%
本题有效填写人次	30	

8. 您办理的案件数量：[单选题]

选项	小计	比例
A. 30 件以下	2	6.67%
B. 30—50 件	1	3.33%
C. 50—100 件	5	16.67%
D. 100—200 件	6	20%
E. 200—400 件	6	20%
F. 400—600 件	4	13.33%
G. 600 件以上	6	20%
本题有效填写人次	30	

9. 在诉讼过程中,您所用的知识有哪些?[多选题]

选项	小计	比例
A. 法律知识	28	93.33%
B. 涉案专业知识	25	83.33%
C. 除以上专业知识外的其他百科知识	1	3.33%
D. 代理人经验	25	83.33%
E. 其他生活经验	25	83.33%
其他_____行业经验		3.33%
本题有效填写人次	30	

10. 您对当事人的态度取决于哪些方面?[单选题]

选项	小计	比例
A. 情绪	2	6.67%
B. 理智	7	23.33%
C. 身份	3	10%
D. 配合程度	7	23.33%
E. 案件大小及期待利益	3	10%
F. 当事人在案件中的作为	4	13.33%
G. 当事人的支付能力	1	3.33%
H. 案件的难易度	3	10%
I. 其他_____	0	0%
本题有效填写人次	30	

11. 在庭审之前,您对涉案事件相应的法律规定的了解程度是:[单选题]

选项	小计	比例
A. 90%或以上	21	70%
B. 80%或以上	9	30%
C. 70%或以上	0	0%
D. 60%或以上	0	0%
E. 50%或以上	0	0%
F. 50%以下	0	0%
本题有效填写人次	30	

12. 在庭审之前,您对涉案事件相应的法律规定的了解程度是:[单选题]

选项	小计	比例
A. 90%或以上	24	80%
B. 80%或以上	5	16.77%
C. 70%或以上	1	3.3%
D. 60%或以上	0	0%
E. 50%或以上	0	0%
F. 50%以下	0	0%
本题有效填写人次	30	

13. 您通过哪些途径了解或掌握涉案事件的内容和情况？[多选题]

选项	小计	比例
A. 与当事人交谈	29	96.67%
B. 查阅公安笔录	21	70%
C. 检察院	18	60%
D. 法院	22	73.33%
E. 公安机关办案人员	7	23.33%
F. 其他：查询、案件研讨、网上大数据、案卷材料（2次）等（注：受访者意见）	4	13.33%
本题有效填写人次	30	

14. 在庭审过程中，当法官就您方当事人不利的情节提问时，您是否会故意隐瞒？或者说不清楚？[单选题]

选项	小计	比例
A. 会	1	3.33%
B. 有时会	5	16.67%
C. 不会	3	10%
D. 视情况而定	21	70%
本题有效填写人次	30	

15. 您主张证人出庭作证吗？为什么？[单选题]

选项	小计	比例
A. 主张,能证明案件事实,证明力强	12	40%
B. 主张,只请专家证人	3	10%
C. 不主张,他/她不熟悉庭审规则,答非所问	2	6.67%
D. 不主张,他/她万一说"是律师叫我这样说的",会起反作用	3	10%
E. 视情况而定	10	33.33%
F. 其他_____	0	0%
本题有效填写人次	30	

16. 您认为在庭审中对事件的基本事实构建的叙事方式会影响法官的判决吗？[单选题]

选项	小计	比例
A. 会,影响很大	13	43.33%
B. 会,影响一般	7	23.33%
C. 会,影响很小	9	30%
D. 不会	1	3.33%
本题有效填写人次	30	

17. 庭审中控辩双方都以叙事的形式陈述案情,您认为在庭审前您的脑海中有没有一个该事件的故事版本？[单选题]

选项	小计	比例
A. 有,且故事情节清晰	27	90%
B. 有,故事情节不是很清晰	3	10%
C. 有,但故事情节模糊	0	0%
D. 没有	0	0%
本题有效填写人次	30	

18. 在庭审调查期间,您的陈述重点是:[多选题]

选项	小计	比例
A. 以说明涉诉事件为主	10	33.33%
B. 说明涉诉事件和相关法律法规相结合	27	90%
C. 涉诉事件一笔带过,主要以说明相关法律法规为主	5	16.67%
D. 根据相关法律法规说明涉诉事件	13	43.33%
E. 其他_____	0	0%
本题有效填写人次	30	

19. 在庭审期间,您的发问重点是:[多选题]

选项	小计	比例
A. 以了解涉诉事件情节为主	10	33.33%
B. 案件争议的焦点	27	90%
C. 明确诉讼请求	5	16.67%
D. 控辩双方/原被告双方的证据	13	43.33%
E. 明知故问,向法庭确认您所掌握的信息	7	23.33%
F. 质疑被告人的可信度和个人品格	3	10%
G. 其他_____	0	0%
本题有效填写人次	30	

20. 在法庭辩论阶段,作为被告方的代理人或辩护人,从案件事实的构建来说,您的辩护策略是:[多选题]

选项	小计	比例
A. 就罪名而言,做轻罪(如抢劫与非持械抢劫、抢夺与盗窃、主犯与从犯等)或无罪辩护	21	70%
B. 打乱对方对事实构建八个要素的完整性	9	30%
C. 确保自己对案件事实构建的八个要素的完整性	13	43.33%
D. 结合相关法规紧扣罪名的相关要件进行辩护	21	70%
E. 其他_____	0	0%
本题有效填写人次	30	

21. 您认为有效的叙事方法有哪些？[多选题]

选项	小计	比例
A. 对事件八个要素叙述的完整性	14	46.67%
B. 事件叙事时以法律法规为导向	9	30%
C. 按照事件发生的顺序进行叙述	13	43.33%
D. 根据事件发生的因果关系进行叙述	13	43.33%
E. 用描述性的修辞手段进行叙述	1	3.33%
F. 其他：_____	0	0%
本题有效填写人次	30	

22. 在庭审过程中，如果当事的一方（或代理人）提出了涉诉事件的新情节，您的对策是：[多选题]

选项	小计	比例
A. 当庭询问	9	30%
B. 当庭询问尚不能确认的将申请休庭，留待与当事人确认后下次开庭进行	25	83.33%
C. 用其他相关信息进行辩论	9	30%
D. 不予回应	1	3.33%
E. 其他：_____	0	0%
本题有效填写人次	30	

23. 公诉人、对方及其代理人/辩护人的故事在哪些方面会影响或修正您所构建的故事？[多选题]

选项	小计	比例
A. 罪名的认定	16	53.33%
B. 事件起因	13	43.33%
C. 事件经过	20	66.67%
D. 事件结果	13	43.33%
E. 唤起您的情感（同情或气愤）	2	6.67%
F. 其他_____	0	0%
本题有效填写人次	30	

24. 您认为就影响故事构建的因素而言,有哪些诉讼策略与方案?[多选题]

选项	小计	比例
A. 仅攻击对方构建的故事本身,使对方的故事显得不可信	12	40%
B. 构建一个故事,间接地攻击对方构建的故事	10	33.33%
C. 攻击证据及证据所支持的次级故事,例如攻击证据的真实性、关联性	24	80%
D. 按照事件发生的顺序来呈现证据,并且尽可能让这一故事接近他们想说服裁判者相信的实情	17	56.67%
E. 以最有影响力的顺序来安排证人出场作证,即使不符合事件发生的顺序	5	16.67%
F. 其他:攻其一点、不及其余	1	3.33%
本题有效填写人次	30	

25. 您认为影响庭审进程的主要因素有哪些?[多选题]

选项	小计	比例
A. 当事人作为非法律专业人员不熟悉庭审程序规则,答非所问	18	60%
B. 当事人作为非法律专业人员不熟悉涉案相关的法律法规,所叙之事与案情无关	20	66.67%
C. 辩护人/对方代理人的胡搅蛮缠	18	60%
D. 证人作为非法律专业人员不熟悉庭审程序规则	12	40%
E. 旁听人员不遵守法庭纪律	7	23.33%
F. 其他:法官的主导能力,审判人员不专业;审判人员的控制力	2	6.67%
本题有效填写人次	30	

26. 您认为哪些因素会导致法官酌情从重处罚?[多选题]

选项	小计	比例
A. 被告(人)犯罪动机	24	80%
B. 被告(人)的认罪态度	25	83.33%
C. 被告(人)在庭审过程中的不合作态度	21	70%
D. 被告(人)的冷酷	8	26.67%
E. 被告(人)的野蛮或嚣张	13	43.33%
F. 被告(人)在庭审对话中不按庭审程序随意说话/插话	2	6.67%
本题有效填写人次	30	

27. 您认为哪些因素会影响法官酌情从轻处罚？[多选题]

选项	小计	比例
A. 当事人在案发前的遭遇	23	76.67%
B. 对方身份（社会地位高、受教育程度高、公众人物）	7	23.33%
C. 代理人/辩护人对被告人身份的构建（优秀、苦难经历）	18	60%
D. 代理人/辩护人的提问策略	7	23.33%
E. 代理人/辩护人对事件的语言修辞	5	16.67%
F. 代理人/辩护人的叙述策略（叙述时注意事件情节的安排、因果逻辑、按事件发生的自然顺序进行叙述）	8	26.67%
G. 代理人/辩护人的辩护态度（实事求是）	8	26.67%
H. 代理人/辩护人在庭审前的有效沟通	11	36.67%
I. 舆论压力	15	50%
J. 被告（人）在庭审过程中的合作态度	13	43.33%
K. 被告（人）有自首情节	23	76.67%
L. 被告（人）在案件调查过程中有立功	24	80%
M. 被告（人）为从犯	27	90%
N. 被告（人）主动坦白事件经过	24	80%
O. 被告（人）当庭认罪	20	66.67%
P. 其他：上级压力	1	3.33%
本题有效填写人次	30	

28. 您有没有碰到过案件审理过程中您方当事人证据链不衔接或故事情节不连贯的情况？[单选题]

选项	小计	比例
A. 有,经常	8	26.67%
B. 有,很少	8	26.67%
C. 偶尔	13	43.33%
D. 没有	1	3.33%
本题有效填写人次	30	

29. 碰到这种情况您如何解决？[多选题]

选项	小计	比例
A. 申请休庭,查找新的证据	10	33.33%
B. 通过想象,勉强说理	7	23.33%
C. 放弃辩护	3	10%
D. 承认事实	6	20%
E. 庭后确认	15	50%
F. 其他:根据现有证据辩护	1	3.33%
本题有效填写人次	30	

30. 您有没有碰到过案件审理过程中对方证据链不衔接或故事情节不连贯的情况？[单选题]

选项	小计	比例
A. 有,经常	10	33.33%
B. 有,很少	6	20%
C. 偶尔	12	40%
D. 没有	2	6.67%
本题有效填写人次	30	

31. 碰到这种情况您如何解决？[多选题]

选项	小计	比例
A. 抓住机会,成为赢得诉讼的关键	15	50%
B. 当庭挑明,引起法官注意	25	83.33%
C. 同意对方申请休庭并查找新的证据或庭后确认	0	0%
D. 视情况而定	6	20%
E. 其他_____	0	0%
本题有效填写人次	30	

32. 您碰到过对方作伪证的情况吗？[单选题]

选项	小计	比例
A. 经常碰到	3	10%
B. 有时碰到	9	30%
C. 偶尔碰到	13	43.33%
D. 没碰到过	5	16.67%
本题有效填写人次	30	

33. 您一般通过哪些方面判定当事人/证人作伪证？[多选题]

选项	小计	比例
A. 在庭审中偶然发现其所说内容前后矛盾	18	60%
B. 通过对细节的提问，发现他/她所叙述内容不一致	23	76.67%
C. 发现其神情紧张	7	23.33%
D. 发现其对所提问题很有准备	3	10%
E. 与自己脑海中形成的事件有较大偏差，产生怀疑	7	23.33%
F. 所说与常理常情不符	23	76.67%
G. 其他_____	0	0%
本题有效填写人次	30	

34. 您碰到过虚假诉讼吗？[单选题]

选项	小计	比例
A. 经常碰到	1	3.33%
B. 有时碰到	7	23.33%
C. 偶尔碰到	14	46.67%
D. 没碰到过	8	26.67%
本题有效填写人次	30	

35. 您如何判断虚假诉讼？[多选题]

选项	小计	比例
A. 对事件叙述内容过于简单	9	30%
B. 通过对细节的提问，发现他/她所叙述内容不一致	19	63.33%
C. 发现其神情紧张	8	26.67%
D. 发现其对所提问题准备充分	4	13.33%
E. 发现其有选择地回答问题	6	20%
F. 事有蹊跷，有"套路"	21	70%
G. 双方对事件主要信息有高度一致性，不愿就关于其他次要信息的问题作答	19	63.33%
H. 其他：不合常理	1	3.33%
本题有效填写人次	30	

36. 您从哪些方面判断证据的真实性、关联性？[多选题]

选项	小计	比例
A. 询问提出证据的原告或被告	18	60%
B. 提供证言的证人是否出庭作证	12	40%
C. 根据提出证据主体的言语表现	11	36.67%
D. 证据是否以原件、原本形式存在	23	76.67%
E. 相关证据是否形成于案件发生后	13	43.33%
F. 证据是否经过转述	12	40%
G. 证据内容是否能够直接证明案件相关情况	16	53.33%
H. 根据案件事实自行判断	7	23.33%
I. 其他_____	0	0%
本题有效填写人次	30	

37. 您认为以下哪些情况是考量高度盖然性要求的因素？[多选题]

选项	小计	比例
A. 原告或被告一方不能反驳另一方提出的证据	14	46.67%
B. 原告或被告都不能提出足够的证据,且只有一方完成举证	16	53.33%
C. 负有举证责任的一方不能提出足够的证据,且双方都没有完成举证	14	46.67%
D. 案件可能存在欺诈、胁迫或恶意串通等情形	9	30%
本题有效填写人次	30	

38. 在庭审过程中,您认为律师个人的哪些主客观因素会起作用？[多选题]

选项	小计	比例
A. 思想	13	43.33%
B. 心情	2	6.67%
C. 性格	10	33.33%
D. 个人修养	15	50%
E. 性别	1	3.33%
F. 涉案事件相似经历	11	36.67%
G. 家庭成员	3	10%
H. 受教育程度	13	43.33%
I. 法学理论水平	27	90%
J. 知识面	23	76.67%
K. 代理/辩护经验	24	80%
L. 人际关系	11	36.67%
M. 所处社会环境	6	20%
N. 其他_____	0	0%
本题有效填写人次	30	

39. 在庭审过程中,您认为被告人个人的哪些主客观因素会影响到其代理人或辩护人?[多选题]

选项	小计	比例
A. 思想	14	46.67%
B. 性格	18	60%
C. 性别	8	26.67%
D. 个人修养	19	63.33%
E. 品格	14	46.67%
F. 态度	22	73.33%
G. 受教育程度	14	46.67%
H. 身份,如外来务工人员、少数民族、外籍人士等	13	43.33%
I. 不幸遭遇	15	50%
J. 社会地位	11	36.67%
K. 犯罪次数	19	63.33%
L. 所处社会环境	16	53.33%
M. 人际关系	9	30%
N. 其他:独立辩护或代理	0	0%
本题有效填写人次	30	

40. 庭审之后,案件最终按照您的主张做出判决的比例是?[单选题]

选项	小计	比例
A. 100%	0	0%
B. 90%及以上	7	23.33%
C. 75%及以上	19	63.33%
D. 50%及以上	4	13.33%
E. 30%及以上	0	0%
F. 10%及以上	0	0%
本题有效填写人次	30	

41. 最后判决中对案件事实的描述部分跟您的故事版本的一致性如何？
[单选题]

选项	小计	比例
A. 相一致	0	0%
B. 基本一致	15	53.57%
C. 一半一半	5	17.86%
D. 部分一致	8	28.57%
E. 不一致	0	0%
本题有效填写人次	28	

42. 您对判决书的满意度是：[单选题]

选项	小计	比例
A. 100%	0	0%
B. 90%及以上	8	26.67%
C. 80%及以上	9	30%
D. 70%及以上	6	20%
E. 60%及以上	3	10%
F. 50%及以上	1	3.33%
G. 50%以下	3	10%
本题有效填写人次	30	

43. 您认为判决书中对事件的叙述部分最大的问题是？[多选题]

选项	小计	比例
A. 对事件情节的剪裁太过简单，未能包含事件的关键点	22	73.33%
B. 大多数内容与事实不符	2	6.67%
C. 近一半的内容与事实不符	3	10%
D. 对事件的描述与裁判没有逻辑连贯	15	50%
E. 对敏感部分的模糊语言处理	19	63.33%
F. 不能使当事人及公众信服	11	36.67%
G. 不能体现对世人的警示教育作用	9	30%
H. 其他：说理性不够，特别是运用自由心证进行自由裁量时说理不够	1	3.33%
本题有效填写人次	30	

44. 您认为格式化的判决书有哪些弊端？[多选题]

选项	小计	比例
A. 太机械不灵活	14	46.67%
B. 不能考虑情感因素	11	36.67%
C. 根据格式化生成的判决书判决偏重	3	10%
D. 根据格式化生成的判决书判决偏轻	2	6.67%
E. 描述和分析不够完整	23	76.67%
F. 其他：		
本题有效填写人次	30	

45. 您认为审判制度还应该在哪些方面进行改革？[多选题]

选项	小计	比例
A. 进一步加强控辩制	20	66.67%
B. 模仿英美国家的陪审团制度	11	36.67%
C. 提高律师的辩护作用	26	86.67%
D. 避免庭审走过场现象	19	63.33%
E. 规范各项权力的运用	10	33.33%
F. 给予非专家证人更多的指示与帮助	3	10%
G. 完善人民陪审员制度	0	0%
H. 其他:去掉人民陪审员制度	1	3.33%
本题有效填写人次	30	

46. 您是否还有其他建议？
（1）简化认罪案件流程,减少审前羁押。
（2）强化独立审判,减少舆论、行政对司法的干预。
（3）法官专业化,减少非法律事务对法官工作时间的占用。
（4）统一裁判标准,防止自由裁判滥用。
（5）树立司法权威,判决一旦生效,严格执行,纠错不及于既判案件。

再次感谢您的帮助！

附录四 民事法官调查问卷表[*]

调查问卷表(民事法官)

说明:非常感谢您抽出宝贵的时间参与此次问卷调查!本调查为国家社科基金项目"认知理论框架下的庭审叙事理论研究"的一部分,您的回答只为研究所用,因此受访者为匿名,非常感谢您的帮助!

本课题组的研究设想是在一系列侵权行为发生后,被侵权人会向法庭提起诉讼,要求对方对所造成的损失作出赔偿,或对所犯罪行给予法律制裁。诉讼就是从被侵权人(或其代理人)对事件的叙事开始的(宣读起诉书),该叙事包括八个要素,具体是何时、何地、何人(施事)、因何、用何方式、做何事(侵害/侵犯)、对何人(受事)、致何果。法庭调查及法庭辩论阶段也无外乎是对以上细节的一个确认过程。法官在判决书中也是先叙述认定的案件事实、适用法律,最后宣布判决结果。

在庭审中,原被告双方通过证据对客观发生的事件进行认知,在法庭上运用语言来叙述案件"事实";法官在兼听双方的叙述和论辩的基础上认定案件事实,根据相应的法律法规、被告在法庭审判过程中的悔改态度或表现等,形成心证并作出裁判。整个庭审过程中有许多主客观因素在起作用,本次调研的内容如下(可多选):

第一部分:

1. 您的性别:[单选题]
A. 男 B. 女

---

[*] 研究过程中未对该问卷进行统计,因此无相关数据。

2. 您所在的区域:[单选题]

    A. 华东地区   B. 华北地区   C. 华中地区   D. 华南地区

    E. 西部地区

3. 您所在的法院层级:[单选题]

    A. 基层法院   B. 中级法院   C. 高级法院

4. 您所承担的诉讼审理是_____?[单选题]

    A. 合同、不当得利、无因管理纠纷

    B. 侵权责任纠纷

    C. 劳动、人事争议

    D. 婚姻家庭、继承纠纷

    E. 与公司、证券、保险、票据有关的纠纷

    F. 其他_____

5. 您的文化程度:[单选题]

    A. 大专及以下   B. 本科   C. 本科双学位   D. 硕士研究生

    E. 博士研究生

6. 您的专业背景:[单选题]

    A. 仅第一学历为法学

    B. 第一学历为法学、第二学历为非法学

    C. 第一学历为非法学、第二学历为法学

    D. 第一、第二学历皆为法学

    E. 第一、第二学历皆为非法学

    F. 其他:_____

7. 您是否为员额法官?[单选题]

    A. 法院行政人员 B. 员额法官   C. 法官助理

8. 您任法官的时间:[单选题]

    A. 不到3年   B. 3到5年   C. 5到8年   D. 10年以上

9. 您办理的案件数量_____[单选题]

    A. 100件以下   B. 100—200件   C. 200—300件   D. 300—500件

    E. 500件以上

10. 在庭审之前,您一般对伤害类涉案事件的细节了解程度是:[单选题]

    A. 95%或以上   B. 90%或以上   C. 85%或以上   D. 80%或以上

    E. 60%或以上   F. 60%或以下

11. 在庭审之前,您对伤害类涉案事件相应的法律规定的了解程度是:[单

选题]

  A. 90%或以上　　B. 80%或以上　　C. 70%或以上　　D. 60%或以上

  E. 50%或以上　　F. 50%以下

12. 在庭审之前,您一般对非伤害类涉案事件的细节了解程度是:[单选题]

  A. 90%或以上　　B. 80%或以上　　C. 70%或以上　　D. 60%或以上

  E. 50%或以上　　F. 50%以下

13. 在庭审之前,您对非伤害类涉案事件相应的法律规定的了解程度是:[单选题]

  A. 90%或以上　　B. 80%或以上　　C. 70%或以上　　D. 60%或以上

  E. 50%或以上　　F. 50%以下

14. 您通过哪些途径了解或掌握涉案事件的内容和情况?[单选题]

  A. 与当事人交谈　　　　　　B. 查阅公安笔录或案卷资料

  C. 当事人代理人　　　　　　D. 下级法院

  E. 公安机关　　　　　　　　F. 其他:_____

15. 在庭审期间,您的发问重点是:[单选题]

  A. 以了解涉诉事件情节为主　　B. 案件争议的焦点

  C. 明确诉讼请求　　　　　　　D. 原被告双方的证据

  E. 其他:_____

16. 在庭审过程中,如果当事的一方(或代理人)提出了涉诉事件的新情节,您的对策是:[多选题]

  A. 当庭询问

  B. 当庭询问尚不能确认的将休庭

  C. 不采信

  D. 对提出新证据的一方留下不好印象

  E. 其他:_____

17. 您认为庭审中有效叙事比较重要的方面有哪些?[多选题]

  A. 对事件叙述八个要素的完整性

  B. 事件叙事的法律法规导向

  C. 按照事件发生的顺序进行叙述

  D. 根据事件发生的因果关系进行叙述

  E. 用描述性的修辞手段进行叙述

  F. 其他_____

18. 原被告双方都以叙事的形式陈述案情,在庭审前,您的脑海中有没有一个该事件的故事版本?[单选题]

　　A. 有,且大多数情况下故事情节清晰

　　B. 有,少数情况下会有少部分故事情节不是很清晰

　　C. 有,但大部分故事情节模糊

　　D. 没有

19. 原被告双方的故事在哪些方面会影响或修正您的故事构建?[多选题]

　　A. 案件的案由　　　　　　　　B. 事件起因

　　C. 事件经过(全部或部分)　　　D. 事件结果

　　E. 利用您的认知偏差影响您对对方人品的判断(如受教育程度高或社会地位高的人侵权可能性低,相反侵权可能性高)

　　F. 唤起您的情感(如对自己的同情,或对对方侵权行为及手段感到气愤)

　　G. 其他:_____

20. 您认为影响庭审进程的主要因素有哪些?[多选题]

　　A. 当事人作为非法律专业人员不熟悉庭审程序规则,答非所问

　　B. 当事人作为非法律专业人员不熟悉涉案相关的法律法规,所叙之事与案情无关

　　C. 代理人胡搅蛮缠

　　D. 证人作为非法律专业人员不熟悉庭审程序规则

　　E. 旁听人员不遵守法庭纪律,例如喧哗、吵闹

　　F. 其他:_____

21. 当原告或被告不熟悉庭审程序、规则或法言法语时,您会如何应对?[多选题]

　　A. 引导法庭调查和法庭辩论程序的进行

　　B. 让原告或被告的代理人在原告或被告陈述完之后进行总结和补充

　　C. 当原告或被告不了解法言法语时,使用平白的语言

　　D. 当原告或被告陈述过多与案情无关的事实时,及时打断

　　E. 其他:_____

22. 哪些因素会在您行使自由裁量权时,影响您作出对当事人不利的判决?[多选题]

　　A. 当事人对所犯侵犯事件的认识态度

　　B. 当事人对诉争事实的不实陈述

C. 当事人在庭审过程中的不合作态度

D. 当事人的冷酷

E. 当事人的野蛮或嚣张

F. 当事人在庭审对话中不按庭审程序随意说话/插话

G. 当事人身份(性别因素、社会地位低、受教育程度低、身份卑微)

H. 当事人不讲理

I. 代理人对当事人身份的构建(街头恶棍、地痞流氓、惯犯惯偷等)

J. 律师的辩论态度(否定侵犯行为)

K. 律师的辩论意见(法律适用意见错误)

L. 您自身或亲属的相似受侵犯/侵害经历

M. 社会影响

N. 舆论压力

O. 做伪证

P. 其他：_____

23. 哪些因素会在您行使自由裁量权时，影响您作出对当事人有利的判决？[多选题]

A. 对当事人在案发前遭遇的同情

B. 当事人的身份(社会地位高、受教育程度高、公众人物)

C. 律师对当事人身份的构建(优秀、苦难经历)

D. 律师的提问策略

E. 律师对事件的语言修辞

F. 律师的叙述策略(叙述时注意事件情节的安排、因果逻辑、按事件发生的自然顺序进行叙述)

J. 律师的辩论意见(法律适用意见准确)

H. 律师在庭审前的有效沟通

I. 舆论压力

J. 当事人在庭审过程中的合作态度

K. 见义勇为

L. 其他：_____

24. 您从哪些方面审查证据能否作为认定案件事实的根据？[多选题]

A. 询问提出证据的原告或被告

B. 根据案件事实自行判断

C. 要求证人出庭作证

D. 根据提出证据主体的言语表现

E. 证据的表现形式是否符合法律规定

F. 其他：_____

25. 您认为以下哪些情况是考量高度盖然性要求的因素？[单选题]

A. 原告或被告一方不能反驳另一方提出的证据

B. 原告和被告能提出一定的证据，但均无法达到百分之百的程度

C. 只有一方能够提供足够的证据，而另一方无法提供足够的证据

D. 案件可能存在欺诈、胁迫或恶意串通等情形

E. 其他：_____

26. 您有没有碰到过案件审理过程中证据链不衔接或故事情节不连贯的情况？[单选题]

A. 有，经常　　B. 有，多次　　C. 有，偶尔　　D. 没有

27. 碰到证据链不衔接或故事情节不连贯的情况您如何判决？[多选题]

A. 根据直觉，判定当事人负有责任

B. 证据不足，驳回其诉讼请求

C. 休庭并查找新的证据使之衔接完整连贯

D. 提交领导

E. 搁置案件

F. 其他_____

28. 您碰到过当事人进行虚假陈述的情况吗？[单选题]

A. 经常碰到　　B. 多次碰到　　C. 偶尔碰到　　D. 没碰到过

29. 您一般通过哪些方面判定其进行虚假陈述？[单选题]

A. 在庭审中发现其所说内容前后矛盾

B. 通过对细节的提问，发现他/她所叙述内容不一致

C. 发现其神情紧张

D. 发现其对所提问题很有准备

E. 与自己脑海中形成的事件有较大偏差，产生怀疑

F. 眼神总是看向辩护人，或者看辩护人的眼色做出回答

G. 所说与常理常情不符

H. 其他：_____

30. 碰到进行虚假陈述的情况您会对其留下不良印象吗？[单选题]

A. 会　　　B. 基本会　　　C. 偶尔会　　　D. 不会

E. 视情况而定

31. 您碰到过作伪证的情况吗？[单选题]

    A. 经常碰到   B. 多次碰到   C. 偶尔碰到   D. 没碰到过

32. 碰到作伪证的情况,您会在行使自由裁量权时作出对当事人不利的判决吗？[单选题]

    A. 会   B. 基本会   C. 偶尔会   D. 不会

    E. 视情况而定(如果有其他证据足以证明,则会作出支持其诉讼请求的判决,如果没有其他充足的证据,则会驳回其诉讼请求)。

33. 您一般通过哪些方面判定当事人/证人作伪证？[多选题]

    A. 在庭审中偶然发现其所说内容前后矛盾

    B. 通过对细节的提问,发现他/她所叙述内容不一致

    C. 发现其神情紧张

    D. 发现其对所提问题很有准备

    E. 与自己脑海中形成的事件有较大偏差,产生怀疑

    F. 眼神总是看向代理律师,或者看当事人的眼色作出回答

    G. 所说与常理常情不符

    H. 其他_____

34. 您碰到过虚假诉讼吗？[单选题]

    A. 经常碰到   B. 有时碰到   C. 偶尔碰到   D. 没碰到过

35. 您如何判断虚假诉讼？[多选题]

    A. 对事件叙述内容简单

    B. 通过对细节的提问,发现他/她所叙述内容不一致

    C. 发现其神情紧张

    D. 发现其对所提问题准备充分

    E. 发现其有选择地回答问题

    F. 原、被告相互串通,对案件事实叙述高度一致,无任何争议

    G. 当事人对案件事实陈述明显不符合常理

    H. 其他：_____

36. 在判断时,您所用的知识有哪些？[多选题]

    A. 法律知识   B. 涉案专业知识

    C. 除专业知识外的其他百科知识   D. 审判经验

    E. 其他生活经验   F. 其他,如_____

37. 在庭审及裁断过程中,您认为法官个人的哪些主客观因素会起作用？[多选题]

A. 思想　　　　B. 心情　　　　C. 性格　　　　D. 个人修养
E. 性别　　　　　　　　　　　F. 涉案事件相似经历
G. 家庭成员　　　　　　　　　H. 受教育程度
I. 法学理论水平　　　　　　　J. 知识面
K. 审判经验　　　　　　　　　L. 人际关系
M. 所处社会环境　　　　　　　N. 其他：_____

38. 在庭审及裁断过程中，您认为原被告个人的哪些主客观因素会影响到法官？[多选题]
A. 思想　　　　B. 性格　　　　C. 性别　　　　D. 个人修养
E. 品格　　　　F. 态度　　　　G. 受教育程度
H. 身份，如外来务工人员、少数民族、外籍人士等
I. 不幸遭遇　　J. 社会地位　　K. 侵权次数　　L. 所处社会环境
M. 人际关系　　N. 其他_____

39. 在合议庭审理案件的情况下，案件最终根据您的意见作出判决的比例是？[单选题]
A. 100%　　　　B. 90%及以上　　C. 80%及以上　　D. 70%及以上
E. 60%及以下　　F. 其他：_____

40. 案件如果由合议庭作出判决，最后判决中对案件事实的描述部分跟您的故事版本的一致性如何？[单选题]
A. 完全一致　　B. 基本一致　　C. 一半一半　　D. 部分一致
E. 基本不一致

41. 您对自己所写的判决书的满意度是：[单选题]
A. 100%　　　　B. 90%及以上　　C. 80%及以上　　D. 70%及以上
E. 60%及以上　　F. 50%及以上　　G. 50%以下

42. 您对自己制作的判决书中的案件事实的叙述部分的满意度是：[单选题]
A. 100%　　　　B. 90%及以上　　C. 80%及以上　　D. 70%及以上
E. 60%及以上　　F. 50%及以上　　G. 50%以下

43. 您在写判决理由时碰到的最麻烦的问题是什么？[多选题]
A. 事实叙述部分，怎样对事件情节进行剪裁
B. 控辩双方的意见不采纳时的说理部分
C. 判决理由部分，对事件的描述怎样与裁判进行逻辑连贯
D. 对敏感或没有把握的部分进行语言或叙述处理

E. 怎样使当事人及公众信服

F. 如何体现对世人的警示教育作用

G. 其他：_____

44. 您认为当前判决书有哪些弊端？［多选题］

A. 对案件事实部分的叙述不充分

B. 案件事实的叙述与说理部分相脱节

C. 对案件事实的关键部分使用模糊语言

D. 对案件事实的叙述和说理都不够完整

E. 其他：_____

45. 您认为通过电脑程序用格式化自动生成的判决书有哪些弊端？［多选题］

A. 太机械不灵活

B. 不能考虑情感因素

C. 使公众产生审美疲劳，感觉不到法官的用心

D. 描述和分析不够完整

E. 其他：_____

46. 您认为审判制度还应该在哪些方面进行改革？［多选题］

A. 进一步加强控辩制

B. 模仿英美国家的陪审团制度

C. 提高律师在庭审中的地位和作用

D. 避免庭审走过场现象

E. 给予非专家证人更多的指示和帮助

F. 完善人民陪审员制度

G. 其他：_____

47. 您是否还有其他建议？

_____

_____

_____

_____

再次感谢您的帮助！

附录五　刑事案件语料

（该案例语料从中央电视台第 12 频道《庭审现场》
同名节目"快递杀人案"转写）

南京某小区住户一老一幼在家中被冒充为快递员的两个抢劫犯杀害。
审：法警带被告人。
现在开始法庭调查。首先由公诉人宣读起诉书。
公：江苏省南京市人民检察院起诉书，X 检诉刑诉 XXX 号。[公诉机关指控，被告人夏某、郑某某经预谋后于 2011 年 5 月 17 日 13 时许闯入南京市一小区的第 15 栋一单元 801 室，将被害人 56 岁的保姆刘某某和一个 13 个月大的婴儿焦某某杀害，劫得现金人民币 10 万余元后逃离现场。]本院认为被告人夏某、郑某某入户抢劫采用暴力手段杀害两名被害人后当场劫得现金人民币 10 万余元，二被告人行为均触犯了《中华人民共和国刑法》第 263 条第 1、4、5 项的规定，犯罪事实清楚，证据确实充分，应当以抢劫罪追究二被告人刑事责任。二被告人共同故意犯罪，根据《中华人民共和国刑法》第 25 条第一款的规定系共同犯罪。根据《中华人民共和国刑事诉讼法》第 141 条的规定提起公诉，请依法判处。此致江苏省南京市中级人民法院。
审：把第二被告人带下候审。下面公诉人可以讯问被告人。
[第一被告人夏某，1992 年出生，刚满 19 岁]
公：被告人夏某，那么你有几个 QQ 号？
被 1：(2's)记不清了。
公：那你有几个网名？
被 1：记不太清楚。
[2011 年 4 月，被告人夏某在网上认识了一个叫"黑旗血狼"的人。"黑旗血狼"自称是个职业杀手。]
公：你是怎么联系上这个"血狼"的？

被1:在一个贴吧里面。

公:在一个贴吧? 当时你是看到他发的帖子吗?

被1:是的。

公:他发的帖子是什么内容?

被1:具体也记不清了。

公:具体记不清? 那么你有没有跟帖?

被1:记不清。

公:记不清? 后来你跟"血狼"在网上有没有交流?

被1:有过。

公:你们交流的主要内容是什么?

被1:也没有具体交流过什么,都是一些消极的思想。

公:那么你在网上有没有跟"血狼"交流过关于抢劫或者杀人,做杀手这样的内容?

被1:具体没有说过。

[被告人夏某说他通过这个网名叫"黑旗血狼"的人认识了本案的第二被告人郑某某]

公:"血狼"是以一种什么样的方式让你们俩认识的?

被1:是好像中介人那种。就是～ 通过QQ号认识的。

公:通过QQ号认识了这个郑某某? 这个QQ号是谁提供给你的?

被1:‖嗯。"血狼"。

公:后来你跟郑某某是利用手机联系还是利用QQ号联系?

被1:利用手机。

公:之前你们有没有商量好在南京抢劫?

被1:(点头)商量了。

公:是在网上商量还是利用手机短信联系还是手机电话联系?

被1:‖短信。

公:短信联系的是吗? 那么他是什么时候来南京的?

被1:记不清了。

公:他从哪里来南京的你可知道?

被1:从沈阳。

公:他来南京的时候是你去接的吗?

被1:是的。

公:在哪里接的?

被1:玄武车站。
[两名被告人一见面就开始了实施抢劫的一系列准备工作,分别在超市买了作案工具。]
公:怎么寻找抢劫目标的?
被1:就是在网上,搜索图片。
公:搜索到哪里? 哪些地域作为你们的抢劫(目标)?
被1:某小区。
公:除了某小区还有其他地方吗?
被1:(1's)其他～也记不清了。
公:你们为什么要选择某小区作为你们的抢劫目标呢?
被1:当时没有目标,就乱找。
公:你有没有给案发的一单元某户送过快递?
被1:好像有过。
[原来被告人夏某曾经做过快递员,并且还曾经给被害家庭送过快递。]
公:当时你对这一家有什么样的一个感觉?
被1:当时,没有什么感觉。
公:那么去超市买了什么东西啊?
被1:买胶带什么的吧。
公:除了胶带还有其他什么东西?
被1:记不清了。
公:那么当时郑某某买了些什么?
被1:他买了手套什么的吧。
公:晚上在你的住处,你们有没有重新再确定一下抢劫对象?
被1:当时就准备抢某户了。
公:当天晚上就准备抢劫某户?
被1:是的。
公:你们有没有商量在抢劫的过程中遇见反抗怎么办?
被1:当时也没有具体说,然后就比画了一下。
公:你是怎么比画的?
被1:(拿手在脖子上一横)这样。
公:就是拿手在脖子上一横?
被1:嗯。
公:那么你比画的动作是什么样的一种意思?

被1:就是把他控制住,让他不能那个(说话)。
公:把人控制住,不行就把人干了是不是?
被1:对。
[2011年5月11日中午时分,被告人夏某和郑某某来到位于南京市的某小区。该小区是一个高档小区,门口有保安,进楼还需要按密码,然后两被告人进入小区无人过问,而在人按密码时,被告人夏某在一旁记下了密码,顺利地进入了楼里。屋子里只有56岁的保姆刘某某和一个13个月大的婴儿,虽然被告人夏某一再让被害人刘某某不要叫喊,但刘某某并未听他们的话。]
公:那么你们去到某户的门口是谁敲的门?
被1:我先敲的。
公:里面有没有人在问?
被1:没有人问。
公:后来门开了没有。
被1:后来门开的。
公:门开了? 是谁开的?
被1:一个老太太。
公:一个老太太? 老太太有没有对你说什么?
被1:她说,她说"你们干嘛?"
公:你怎么回答的?
被1:我说送快递的,然后就进去了。
公:这时候老太太喊叫的过程当中,你们控制老太太在墙角这个地方的时候,你手上有没有拿什么东西?
被1:这时候刀拿出来了。
公:这时候刀拿出来了? 刀是从哪里拿出来的? 从包里拿出来的吗?
被1:是的。
公:你在拿刀控制老太太的时候,郑某某有没有帮助你控制老太太?
被1:(略点头)帮助了。
公:他是怎么帮助的?
被1:把她嘴捂住了。
公:拿什么捂住的?
被1:手。
公:后来你们有没有用宽胶带对老太太做了什么?
被1:用了。

公：你们拿宽胶带想干什么？
被1：就是把她嘴给封上不能说话。
公：在你们封住老太太嘴巴这个时候，你有没有听见有小孩的哭声？
被1：当时也没注意，然后老太太就进去了。
公：你第二次再进入这个侧卧室之内，想封住老太太的嘴巴始终没有封住，这时你有没有拿出那把刀？
被1：没封住，然后拿出来了。
公：拿刀以后，对老太太做了什么？
被1：就捅了她两刀。
公：你捅老太太的什么部位？
被1：是脖子～好像。
公：脖子？捅了几刀？
被1：两刀。
公：那么你捅完之后老太太是一种什么样的状态？
被1：然后她不动了。
公：后来郑某某对小孩儿做了什么？
被1：就是小孩捂死了。
公：他在捂死之前有没有征求过你对小孩的处理意见？
被1：他也问过了。
公：他怎么问的？
被1：他说小孩留不留。
公：他说小孩留不留？你怎么回答的？
被1：我当时就，摇头吧。
公：当时就是摇头？摇头的意思是什么？
被1：就是▲
公：　　　▼就是不留是不是？
被1：不知道。
公：那你们为什么要不留小孩？
被1：我也不知道。当时也没想过会伤害小孩。
公：你当时也不知道为了什么是不是？
被1：是。（声音很轻。）
公：那么郑某某在捂的过程当中，你一直都是在看着的吗？
被1：没有。我到洗手间了。

公：‖没有？

[将一老一幼杀害后,被告人郑某某和夏某开始翻箱倒柜寻找财物,在一个床头柜找到十万元现金后,携赃款逃离现场。两人租了一辆小车离开南京向合肥驶去,途中将作案工具分别抛弃。]

公：你们离开(该户)之前,有没有将留在现场的痕迹擦拭掉？

被1：擦了。

公：擦了？是谁提出要擦拭的？

被1：这个～▲

公：▼是你还是郑某某提出要擦拭掉痕迹的？

被1：记不太清楚了。

公：你们俩一起擦的吗？

被1：对。

公：拿什么擦的？

被1：拿布。

公：后来这十万余元的赃款你们是怎么分配的？

被1：他四万我六万。

审：法警把第一被告带下去。带第二被告郑某某。

被告人郑某某,你对于起诉指控你的犯罪事实可以进行陈述。对于起诉书的控诉内容有没有意见？

被2：没有。

审：下面公诉人可以讯问被告人。

公：被告人郑某某,根据《中华人民共和国刑事诉讼法》第155条的规定,公诉人现在就本案的事实对你进行发问,你要如实回答,听清楚没有？

被2：是。

公：第一个问题,你以前在侦查机关以及在本院审查起诉阶段所做的供述是否属实？

被2：是。

[法庭上被告人郑某某和第一被告人夏某的供述基本一致。对于捂死婴儿的行为也予以认可。但是面对公诉人的讯问,郑某某称是夏某让他捂死婴儿的,而夏某则说当时他只是摇摇头并未明确指示要郑某某杀了婴儿。]

公：你就小孩的处理有没有征求夏某的意见？

被2：有。

公：你怎么问夏某的？

被2:我当时问他小孩留不留。
公:夏某怎么回答你的?
被2:他说用枕头把他捂死。
公:他说什么?
被2:用枕头把他捂死。
公:你问夏某小孩留不留,夏某是如何回答你的?
被2:他跟我说不留。
公:他跟你说不留?
被2:用枕头把他捂死。
公:然后你就用枕头把他捂死了?
被2:当时夏某告诉我是用枕头。
公:夏某告诉你用枕头捂是不是啊?
被2:是。
辩1:当时这个夏某捅这个老太太的时候,以后,你看到什么了?你看到夏某是(2's)额～什么表情?有没有看到什么?
被2:表情比较兴奋吧。
辩1:刚才公诉人问你的时候,额～说你怎么将小孩捂死的,你是用枕头将小孩捂死的。那么是你自己把小孩捂死的,还是说夏某叫你用枕头把他捂死的?
被2:是夏某要△告诉我用枕头捂死的。
辩1:你刚才说夏某告诉你用枕头捂死的,这个在笔录里面从来没有出现过,你怎么解释这个事?
被2:我就问△就是在问他之后,他就告诉我,说用枕头把他捂死。
审:法警把第一被告人带上来。下面由公诉人向法庭举证。
公:公诉人将分五组证据向法庭出示,并提请法庭质证。[公诉人首先宣读了两人在公安机关的供述]上述两被告人供述证实了他们两个人通过网上认识"黑旗血狼",并且通过"黑旗血狼"的介绍而相互认识,["黑旗血狼"自称是一名杀手,还告诉他们作案后应该消除痕迹。公安机关通过调查所谓的"杀手"是一名十五岁的高一学生林某某。]后来两人通过手机联系以后,达成在南京抢劫劫财的一个犯罪合意。郑某某为此来到南京,并且住在夏某的日租房里。两人通过电脑熟悉小区周边情况,并且预谋进行抢劫。两被告人通过林某某,也就是这个"黑旗血狼"的介绍而认识,并且在网上跟郑某某说过一些作案时候的注意事项。上述两个证言呢,与两被告人的供述是一致的。

审:夏某,对公诉人刚才出示的这组证据有没有意见?
被1:没有意见。
审:你们两个是这样,是通过网上联系上的吧?通过"血狼"联系上的是不是?
被1:点头。
审:郑某某有没意见?
被2:没有。
审:辩护人对这组证据有没有意见?
辩:没有。
审:公诉人继续举证。
公:[对于两名被害人的死亡原因,公诉人出示了鉴定结论。]下面出示某市公安局物证鉴定所出具的 X 公物鉴(验)字 XXX 号法医学尸体检验鉴定书,在侦查卷第一卷的 18 到 20 页,它的结论是,刘某某系被单刃锐器刺穿颈部致大出血而死亡。某市公安局物证鉴定所出具的 X 公物鉴(验)字 XXX 号法医学尸体检验鉴定书,在侦查卷第一卷的 23 到 25 页,结论是焦某某系被捂压口鼻致机械性窒息而死亡。下面出示视听资料,视听资料这次公诉人通过电脑演示。在电脑演示的过程当中,公诉人将对视听资料做相关的说明。
审:两被告人请看这个屏幕。
公:侦查机关截取了相关的额~这个视频资料,也就是监控录像。这些监控录像显示了这两个被告人 5 月 17 日当天的活动轨迹和路径。下面公诉人仅就(1's)侦查机关提供的监控录像对它作进一步的说明。5 月 17 日 10 点 59 分,被告人夏某、郑某某出现在上海路地铁站二号口通道。同日的 11 点 30 分,两被告人从地铁软件大道一号口出站。11 点 35 分两被告人出现在华臣大道与郁金香路的交叉口。11 点 52 分出现在中信通讯的南门。11 点 54 分进入小区的北门。15 点 23 分离开小区,出现在地铁软件大道的站东。
审:对公诉人刚才出示的这组证据有没有意见?
被2:没有意见。
审:法庭调查结束。下面开始法庭辩论。首先由公诉人发表公诉词。
公:审判长,人民陪审员,5 个月前发生在南京某小区的抢劫案震惊了全城市民。在凶手落网之前,我们甚至不敢相信或者不愿意相信犯下如此暴行的竟然还只是两个风华正茂的青年。在今天这个伸张正义的日子里,两被告人接受法律的庄严审判更是昭示了一个真理:法网恢恢,疏而不漏。[公诉机关认为,从法庭调查和举证质证的过程来看,两名被告人是在实施抢劫的过程中将两名被害人杀害,应该理解为是一种排除妨碍的行为。两被告人以非法占有为目的强行进入家庭住所,当场使用暴力致使两被害人死亡,并当场劫取钱财,其行为符合抢劫罪的犯罪构成要件,且两人是共同犯罪。]两被告人是两个身强力壮的青年,面对一个几乎没有什么抵抗能力的老年妇女和一个连发生了什么都不知道的婴儿,痛下杀手,一个不留。老人的哀求,孩子的哭泣,怎么就唤不起内心的哪怕是一点点的怜悯?二被告人严重漠视生命,随意践踏法律,犯罪手段极其残忍,危害极其严重,影响极其恶劣,给社会及被害人近亲属带来的伤痛极其深远。既然你天良丧尽,那法律就绝不容情。因此,公诉人综合本案的事实证据和情节,对二被告人的量刑建议是,杀无赦!请合议庭本着以法律为依据,以事实为准绳的原则,对二被告人作出公正判决。(场上旁听者开始鼓掌。)审判长,公诉意见发表完毕。

审: ‖安静。安静。

辩1:首先,请允许我以辩护人身份呢,向被害人表示沉痛的哀悼,向被害人亲属表示极大的同情。无论被告人如何辩解以及本辩护人为被告人如何辩护,都无法挽回被害人死亡这一事实。[夏某的辩护律师对两被告人所犯的抢劫罪没有异议,但是认为不是共同犯罪。]主要理由是,共同犯罪是两个人以上共同的故意的犯罪。那么在本案中,两被告人共同商议抢劫而属于共同犯罪,但是在抢劫的过程中导致两名被害人死亡的后果,并非两被告人预期的谋划,两被害人死亡属于突发事件。所以对于导致死亡△被害人死亡的后果,对两名被告人应该分别定性和量刑。

公:两个被告人首先他们两个人是经过事先的共同预谋达成了在南京抢劫劫财的共同的犯罪故意。并且也在夏某的日租房当中,商量过遇见反抗即杀人的一个犯罪合意。郑某某在捂死小孩之前曾经询问过夏某的意见,也就是说捂死小孩是两个人合意的结果,因此他们理应当承担共同的(1's)责任。

辩1:[被告人夏某的辩护律师还认为法院在定罪量刑时,还应当考虑被告人夏某系初犯、偶犯,且认罪态度较好](被告人夏某)从一开始就交代了主要的犯罪事实,并且有这个悔罪的表现,愿意赔偿受害人家属的损失。犯罪嫌疑人夏某是在1992年11月出生的,在案发时刚满18周岁加6个月,心智还不是很成熟,这一点请法庭能够~予以考虑一下。

审:关于被告人夏某的法庭辩论终结。法警把夏某带下去。带第二被告人郑某某。被告人郑某某,你现在可以自行辩护。有没有什么为自己辩护的意见?

被2:(摇头)没有。

审：下面由郑某某的辩护人进行辩护。

辩2：被告人郑某某在本案中，这个～从现有的证据材料可以看得出来，他所起的作用应该是次要的，应当认定他为从犯。被告人郑某某呢～他这个～首先呢他犯意的产生是在"血狼"这个人的教唆下，而且在这个被告人夏某的指使下，前往南京来的。[郑某某的辩护人还认为，郑某某捂死婴儿的行为也是受第一被告人夏某的指使，因此应当被认为是从犯。]

公：那么我们认为两个人，夏某，郑某某在两个人的抢劫犯罪故意的形成上可谓是郎有情，妾有意，就是一拍即合。两个人在达成共同抢劫的目的之后呢，又共同实施了抢劫的行为，并且造成了严重的后果，共同劫取了数额巨大的财物，并共同进行分赃，后进行消费。应该说郑某某在整个抢劫过程当中所起的作用(2's)与夏某所起的作用是基本上相当的。

审：被告人夏某，你现在可以做最后陈述。

被1：首先我认罪，然后自己也挺后悔自己所作所为。由于自己一时糊涂，给被害人家庭、亲属带来严重的心理创伤。(2's)这里想说一下，真的对不起。但是事情已经发生了，嗯～就是(咳嗽一声)希望你们能够调整好情绪，然后积极面对以后的生活。我犯下的这个错误，反正杀人偿命吧。我也～积极地去承受法律的制裁。希望～我的家人也能够接受现实。(1's)你们尽力了，我也很感激。

审：下面被告人郑某某，你可以做最后陈述。

被2：我是因为～是我的无知和糊涂发生了这件事情，给被害人家里带来了非常大的痛苦，也对社会造成了极坏的影响，也对不起自己的父母。

审：因本案案情重大，庭后合议庭将进行评议，并报本院审判委员会研究决定，故今天暂不宣判。法警把被告人带下去，休庭。

2011年11月16日，南京市中级人民法院对该案做出了一审判决：

法院认为，被告人夏某、郑某某入户抢劫，分别致两名被害人死亡，并劫取人民币10万余元，其行为均构成抢劫罪。

[南京市人民检察院指控被告人夏某、郑某某犯抢劫罪，事实清楚，证据确实充分，指控罪名成立，对于两名被告人的辩护律师的观点均没有采纳。法院最终判决，被告人夏某、郑某某犯抢劫罪，判处死刑，剥夺政治权利终身，没收个人全部财产，抢劫所得的财物予以追缴，发还被害人亲属。两被告人均没有提出上诉请求。]

附录六 民事案件语料

(该案例语料从中央电视台第 12 频道《庭审现场》节目
"舅妈为何告外甥"转写)

　　陈某某 1,40 岁,浙江奉化人。其居住的村庄两年前被政府重新规划,即将成为城市新区。因为拆迁补助丰厚,村民们多有一夜暴富的情况。可是本以为一笔钱财到手的陈某某 1,却发现他的拆迁款被别人拿走了,而索要拆迁款的过程更加令他生气。拿走拆迁款的人是陈某某 1 姑姑家的儿子,名叫张某某。舅妈方某某一纸诉状将自己的外甥张某某告上法庭。

　　审:奉化市人民法院民事审判第一庭现在开庭。在开庭之前还是要交代几句。本案这个纠纷说到底就是,其实也是你们原被告的家务事。原告,你有什么道理,有什么话,认为对方说得不对的,向法官说。被告也是这样的。你们在庭审的任务呢,是说服法官,不是说你们双方吵架,谁吵赢了,你们就官司打赢了。不是这样的啊。原告方某某本人有没有到庭?

　　原代:没。

　　审:原告方某某呢,委托了陈某某 1。你跟她什么关系啊?

　　原代:母子关系啊。

　　审:陈某某 1,男,汉族,1973 年 8 月 26 日出生。你现在从事什么职业啊?

　　原代:我啊,我现在做生意啊。

　　审:户口迁出没有啦?还是在原来这个斗门村这个地址啊?

　　原代:户口现在仍旧在这里啊。

　　审:被告张某某到了吗?

　　被:到了。

　　审:你与原告是什么关系啊?

　　被:与原告是～娘舅关系。

　　审:舅母是吧?

被:哎,舅母。
审:那么你与原告代理人是什么关系啊?
被:跟他?跟他,我,一点关系也没有。早就不搭界了。
审:‖嗯。　　　　　　　　　　　　很久就不来往了是吧?
被:(摇手)一直不来往,一直不来往。
审:下面开始法庭调查。先由原告陈述诉讼请求、事实和理由。
原代:事实就是,我父亲,留下来的,就是说房子拆迁这笔款嘛,我的理由,现在我的母亲本身我在抚养,是吧。钱,就是说随便多少,我肯定,是吧,我自己管理吧。我现在,是吧,又不是小孩。
审:把这个事情的经过讲一下。
原代:就是2001年的时候嘛,房子拆迁嘛,房子拆迁,就是说这个拆迁款,现在不在我这里。[陈某某说自己是家里的独生儿子。父亲去世后,他和母亲相依为命。两年前村庄整体拆迁,村里邻居都拿到了拆迁补助,而自己父母的房屋拆迁应该得到的钱款42万多元,除去被叔叔借走的十万元以外,剩余的32万元钱被表哥张某某控制,一直拒不归还。]我是没拿到过,到现在为止,两年多了。反正家里母亲我自己在照顾,是吧?两年里面的所有的费用也是我在支出,所以要求我自己的钱我自己来管理嘛。
审:原告代理人啊,基于你的身份也比较特殊啊,你既是她的代理人,又是方某某的儿子。法庭有个问题问你。你认为这笔钱是谁的?323881元是谁的?应当属于谁所有啊?
原代:这个钱,本身属于我母亲的。我父亲去世了,应该是我母亲的,是吧?
审:你认为这笔款项是你母亲的,是吧?
原代:是啊。但是如果根据法律上的程序的话,因为父亲留下的资产我也是有份的,因为我是唯一的儿子,唯一的法定继承人,是吧?根据国家的法律,75%我父亲的财产是我母亲的,25%是属于我的。
审:被告有什么答辩意见?
被代:代理人代为答辩。首先,对于原告的诉讼的内容部分不实。原被告之间系舅母关系,就是～原告是被告的舅母。[被告方承认舅妈家的钱确实在自己手里,只是代为保管而已。]在原告的丈夫死亡前,就是托付被告要照顾原告的这个心愿。那么之后2010年,斗门村房子拆迁,这个时候有一笔款项,当时就是原告委托被告代为办理拆迁事宜,领取相应的款项。[被告指出,他的舅舅去世以后,原告长期在外打工,对于舅妈并未尽到赡养义务。房屋拆迁之后,把母亲从浙江接走,是为了得到拆迁补偿款。]那么在这种情况下,原告代理人出现并接走了原告,是这么一个情况。他的主要目的,就是希望得到相应的赔偿款。那么这种情况下,有可能会侵害原告的权利。

审:针对被告的答辩,原告有什么补充?

原代:补充就是,两年里面,我母亲从来没有拿到过一分钱。她的两年里面的费用全都是我在出。

审:被告张某某是否有代为保管的权利,原被告有什么意见吗?

原代:那肯定是我自己保管,我现在又不是小孩,是吧?

审:你呢?被告,被告本人什么意见?

被:不可能的事情,他肯定保管不了。

审:你这里要明确一下啊。你今天是你代表你的母亲来进行诉讼的啊。

原代:是啊。

审:所以说,这笔钱呢,法院的判决也是归方某某所有,不是说由你来保管。

原代:现在我本身就是,我母亲,是吧,委托我,就是说她想要回来这笔钱嘛。她就自己来保管嘛。

审:原告就自己的主张向法庭举证,原告有什么证据向法庭提供啊?

原代:我现在暂时没有。

审:在起诉的时候提交的这些证据,要不要当庭提供啊?包括拆迁安置补偿协议,还有委托书。

原代:是啊。

审:这一组证据是不是要向法庭提供啊?要不要提供啊?

原代:提供委托书这个事情,是吧?

审:我说这份就是方某某写给张某某的委托书。

原代:这个委托书我到时候还要去鉴定一下,是不是真的是委托书。

审:就是说你提交这一组证据,证明方某某应得的拆迁款被张某某领取了,这么一个事实,是吧?

原代:是啊。

被代:对委托书里面的方某某的签字与诉状里面的方某某的签字相差甚远。那么被告有理由怀疑,本案起诉并非方某某的真实意愿。要求方某某本人到场,就是出庭,进行诉讼。

审:对真实性没有异议,是吧?

被代:对,对。

审:这笔款项确实也收到了?

被代:对,收到了。

附录六　民事案件语料

审:原告,今天方某某本人为什么没有到庭?

原代:这个事情呢,本身呢,因为我母亲在智力上有一点点缺。否则这个事情也不会,是吧,变得这么复杂。所以说她就委托我,因为呢,她委托我的时候呢,因为这个东西呢,她也问过她自己的,包括我舅舅、我阿姨啊,她也跟我说这个钱是要她自己保管的,是吧?

审:你这里说到,这个委托书是她本人签字的哇?

原代:是啊。我的每一张委托书都是我母亲签字盖手印的。可以去鉴定啊。

审:那么你母亲本人,你说是不识字的是吧?

原代:是啊,一个字都不识啊。

被代:我讲几句啊,刚才原告代理人也说得很清楚了。方某某本人并不识字,而且年纪大了。刚才她精神方面有点,额~ 不是太好。那么在此情况下她是否理解诉状的内容以及对今后的生活是否有明确的目标,那么我认为这个是值得推敲的。那么因此请法庭必须要由方某某本人亲自到庭,来陈述相应事实,来保障其权利。

审:原告啊,法庭要求你,方某某本人在15日内到庭陈述,就是表明一下她自己来▲

原代:▼叫我母亲来的话,法院她走也不会走进来的。

审:她为什么不会走进来?

原代:她怕。

审:她为什么不走进来?

原代:她怕嘛,我告诉你。我母亲,是不啦,一个胆子小,你说到法院来,她是根本是不可能的。再说我母亲智力有点,是吧,村里面,书记,包括全村的人都知道。

审:你这里说的智力有点缺陷是什么情况?

原代:她脑子就说,有点,就是说啦,其实说啦,就是有点、有点低能,你知道吧?否则也不会出这样的事情,是吧,我告诉你,如果你跟她说话的话,她就不会说话了,一句话都说不出来。

审:被告,你的舅母平时能够正常表达自己的意思吗?

被:可以。

审:那么原告说的这个智力有所缺陷,你认为是什么样的情况?

被代:就是说她基本的表达意愿,还是能够表达出来的。但是有时候考虑事情呢,并不像一个正常成年人考虑得那么详细。

审：那么你们的要求就是说，希望方某某她本人向法庭来陈述，是吧？

被代：对。这个是第一点。第二点就是，通过～诉讼，让方某某了解她的生活状况以及今后应该如何走的一个方向。

审：关于本案的起诉是否为方某某本人的真实意思表示，法庭在庭后将会调查确认。本庭的庭审继续进行。被告有没有证据向法庭提供？

被代：被告有三份证据向法庭提供。第一份证据是2002年3月5日，陈某某与父亲之间订立的契约，主要是证明原告代理人品性恶劣，到处欠债，那么致使他们之间脱离父子关系，就是原告代理人对于原告的财产没有任何的权利。

审：当时其他亲属在场的还有什么人？

被：还有，其余的人，舅舅，两个舅舅也在。

审：当时写这个契约的直接原因是什么？

被：直接原因是什么？因为他不务正业，老是在外面，赌啊，是吧？家里面钱，有一点，我舅舅那里有一点△有一点钱，他走进去，拿一点，偷一点。舅舅于是就与他脱离了关系。

审：被告这个真实吗？

原代：这个我要这么说啊，这个契约跟我父亲脱离关系，根本就是两回事情。再说过，我哪怕就是以前在外面有外债了，我也没有交什么亲戚啊，什么什么他们的来还过啊。就是我老爸当时是有一点还过。他们有什么权利这么说我呢？他们帮我还过钱啊？

审：这份契约是真实的吗？

原代：这个契约写的时候根本就没有，村里面人也没有。

审：是真实的吗？

原代：因为这个契约，这张纸以前是我跟我老爸写的。

审：你正面回答我的问题。

原代：是啊。这个东西是，因为当时我跟我老爸写的。

审：就是说确实写过这么一份东西？

原代：是啊。我写给我老爸的。写的是▲

审：▼当时为什么会写这么一份东西？

原代：当时写这个事情啦，是因为啦，这个时间很长了啦。我想一想。哦，当时是这样，因为当时，年纪轻嘛，是吧。20多岁吧。因为我们家还有这样一个事。因为我老爸啦，家里很穷，是吧，所有的亲戚啦，他们比我们富有。所以呢，从我小到现在啦，谁都看不起我们家，是吧。那么当时的时候呢，我年纪轻，肯定是吧，家里再说穷，是吧，肯定是我自己闯天下了，是吧。在外面呢，肯定是有些债务的问题。那人家有债务了,肯定找到我父亲来了。你说是吧?

审:那么这个契约上面写道:"父亲的财产,儿子一无所有,为父亲所有。"这个你怎么理解啊?你们当时写这么一句是什么意思?

原代:他就是说,家里穷嘛,是吧。钱还不起嘛。

审:就是说这笔债帮你还完以后,就再也不帮你还了,以后家里的钱你也没份了,字面上是这么理解吗?

原代:那当时,当时也不知道是怎么样的。

审:父亲帮你还了多少债呢?

原代:几千块钱吧。

审:当时这笔给你还债的钱是家里承包田卖掉得来的是吧?承包田转让给别人来的钱,是吧?

原代:是啊。

审:到这个,写这个契约之前,他父亲帮他还了多少债?

被代:单单是契约上面就有一万三千块钱了。那如果说为了还一万三千块钱而与儿子脱离父子关系,这种父亲我觉得全天下也找不出来,是吧?肯定是还有其他一些债务在要求还的。不可能像他说的只有三千△几千块钱。

[为什么原代的父亲要与原代脱离父子关系?]

审:被告本人来回答这个问题。当时是怎么个情形啊?为什么要叫你去?他们父子写契约为什么要叫你去?

被:他老是不务正业,东扎西扎,东赌西赌。偷人家东西偷了以后,钱也还不出。

审:被告还有没有其他证据要向法庭提供?

被代:‖额~有。现在就是要求两个证人,就是原告的两个叔叔,就是被告的两个舅舅出庭作证。首先二舅舅陈某某2。

审:陈某某2,是吗?你把你知道的案情向法庭陈述一下。今天来要向法庭说一些什么事情呢?

证1:陈某某3是我的兄弟,他死了以后[由于担心陈某某将自己家的房产证拿去还债,所以陈某某2去世前把家里的房产证交给自己保管。]

审:为什么呢?为什么身体好的时候就把房产证给你?

证1:他说"放在家里,我儿子又拿出来"。

审:哦,怕儿子要房产证。

证1:好几次要拿过来。

审:就是放在家里不放心?

证1:哎,不放心。
审:陈某某1和陈某某3脱离父子关系的事情你知道吗?
证1:脱离父子关系是他自己决定,主张的。
审:斗门村拆迁的时候,为什么让张某某出去办拆迁的事情?
证1:张某某啊,这个事情怎么讲呢,就是拆迁之后呢,陈某某3要他(张某某)来管。
审:原被告,对证人有什么问题要问啊?原告,你有什么问题要问?
原代:没有啊。
审:被告有什么问题要问啊?
被代:那么被告保管这笔钱,具体情况是怎么样的?
证1:拿了这笔钱,拿了这笔钱啊,(方言)[被告张某某只是代替保管钱而已,至于如何使用是要经过我的同意的。]
被代:那这里再问最后一个问题啊。你认为,现在这钱交给陈某某1去保管,合理不合理?合适不合适?
证1:不合适的。
被代:不合适的,是吧?
证1:哎。方某某拿他都没办法的。
被代:哦。
审:下一个证人陈某某4。
[第二位证人的证言证实了第一位证人的证言。陈某某4也是被告的亲舅舅,原告代理人的亲叔叔。他说,家里人担心陈某某1挥霍无度,所以将钱交予张某某保管,方某某要用多少钱,则由两位叔叔出面向张某某提取。]
审:原告代理人,在房屋拆迁的时候,当时为什么你没有去办手续啊?就是你妈妈为什么没把委托书写给你啊?
原代:当时呢,拆迁的时候呢,我呢,去问了一下拆迁办,这个事情怎么办。
审:那你有没有跟你妈妈商量过呢,这个事情要你去办?
原代:我妈妈如果能这样说的话,我还用这样来打官司吗?
审:按照你的说法,你妈妈当时也没有什么主见是吧?
原代:是,说话也不太会说话,知道吗?也没有主见,是吧?因为呢,我老爸在的时候呢,因为我们家是比较穷一点嘛,是吧。家族里面就是说,听他们的。现在我老爸去世了以后嘛,她本身就是,以前我经常外出不在家,她肯定是相信他们说的话嘛,是吧。再说这个事情也是,是吧,我要钱有什么用呢?我也知道他们是不会答应把钱给我的,是吧。我还不如要房子呢。我过了几年以后,一套房子也可以卖几百万啊。[陈某某1说领拆迁补偿款的时候,自己在外做生意,没看见张某某与母亲签委托书,所以张某某可能是自作主张,领了自己家的拆迁补偿款。]再说,有的东西也可以要鉴定过以后才知道。

审:你对什么要提出鉴定?

原代:我对他出的这张委托书啊。如果不是我老妈,名字是绝对不是我老妈签的,是吧,这个手印如果不是她盖的话,我就肯定会直接再上诉。

审:被告,这个委托书上面的签名和捺印是方某某本人所为吗?

被:是方某某写的,手印也是她搞的。

审:名也是她签的吗?

被:是她写的。

审:手印也是她盖的,是吧?

被:是。

审:鉴于双方都没有新的事实,现在进入法庭辩论。首先由原告发表一下辩论意见。原告有什么要讲的呢?

原代:我基本上也没有什么要讲的嘛。就反正,这个事情,是吧。因为起诉之前,我问过我老妈,是吧,这笔钱你想怎么样是吧?她说她现在什么人都不相信。她自己保管。我老妈,是吧,她的弟弟妹妹都在,是吧,要保管也是我阿姨保管啊,她们是俩姐妹呢。

审:你的意思是你母亲不再愿意让被告保管了是吧?

原代:她现在是的,谁都不相信了。她包括原告代理人都不相信了,你说她还相信什么?我说可以啊,你自己保管啊。否则她委托我,是吧。委托书上的每一个签字,是吧,每一个手印,全都是她自己签的,你们可以去鉴定啊。

审:好,被告,你们有什么辩论意见?

被:反正他(方言)[他替舅妈保管钱只是执行长辈的要求,现如今却损害了自己的名誉。]

被代:但是被告今天来应诉,主要是两个目的。第一个,是为了正名,就是正确的正,名字的名。不知道的人还以为被告贪图钱财,想要吞没舅母的补偿款,是吧?还认为被告这个人品质不好。但实际情况通过今天的庭审,很明确的,这是对被告名誉权的一个损坏。也就是说,原告代理人品行不是很好。因此这笔钱如果现在交给原告代理人的话,那么基本上会造成原告今后老年生活无依所靠,有可能流落街头。也请法庭考虑具体老年人的合法权益,对这个案子进行详细的确定。另外,我们是要求原告必须本人到场来陈述相应的事实。否则的话,有可能这个签字,因为已经接走差不多快一年了啦,我们也没法确定方某某个人的这个具体情况,对于她签字、盖手印是否属于她本人的意愿,我们也无法确定。

审:被告本人还有什么要讲的吗?

被:我要求舅妈本人到庭。

原代:他这么负责,这两年以来他为什么不去看一下啊?她怎么在生活?每天在吃什么?在用什么?

被:我每年去了没有?法官。去年过年我去了没有?每年过年我去了没有?有事情我去了没有?你人在哪里啊?问你一下。

审:今天的庭审到这里结束。我宣布休庭。

[最后原被告双方达成和解。陈某某拿走五万元供其赡养母亲,以后每月再给其五百元作为方某某的生活费。]

参 考 文 献

[1] Allen, R. J., 1986, " A Reconceptualization of Civil Trials," *Boston University Law Review*, (3): 401-438.

[2] Allen, R. J., 1994, "Factual Ambiguity and a Theory of Evidence," *Northwestern University Law Review*, (2): 604-640.

[3] Amaya, A., 2011, "Legal Justification by Optimal Coherence," *Ratio Juris*, (3): 304-329.

[4] Amsterdam, A. G., and J. Bruner, 2000, *Minding the Law*, Harvard University Press.

[5] Antonin, Scalia, and Bryan A. Garner, 2008, *Scalia and Garner's Making Your Case: The Art of Persuading Judges*, Thomson West: Aspatore Books.

[6] Baron, J. B., and J. Epstein, 1997, " Is Law Narrative?" *Buffalo Law Review*, (1): 141-188.

[7] Baron, J. B., 2000, "Language Matters," *John Marshall Law Review*, (1): 163-180.

[8] Bartlett, Frederic C., 1932, *Remembering: A Study in Experimental and Social Psychology*, Cambridge University Press.

[9] Batchelder, J. S., D. D. Koski, and F. R. Byxbe, 2004, "Women's Hostility Toward Women in Rape Trials: Testing the Intra-female Gender Hostility Thesis," *American Journal of Criminal Justice*, (2): 181-200.

[10] Beaugrande, Robert De, 1981, "Design Criteria Far Process Models of Reading," *Reading Research Quarterly*, (2): 261-315.

[11] Ben, Bratman, 2009, "A Defense of Sotomayor's 'Wise Latina' Remark-with No Rewording Required," *Find Law*, http://writ.news.findlaw.com/commentary/20090717_bratman.html, Accessed on July 17.

[12] Bennett, M., 2015, "Unspringing the Witness Memory and Demeanor Trap: What Every Judge and Juror Needs to Know about Cognitive Psychology and Witness Credibility," *American University Law Review*, (6): 1331-1376.

[13] Bennett, W. L., and. Feldman, M. S., 1981, *Reconstructing Reality in the*

Courtroom: *Justice and Judgment in American Culture*, Rutgers University Press.

[14] Berger, Linda L., 2013, "A Revised View of the Judicial Hunch", *Legal Communication and Rhetoric: JALWD*, (10).

[15] Berger, L. L., 2009, "How Embedded Knowledge Structures Affect Judicial Decision Making: a Rhetorical Analysis of Metaphor, Narrative, and Imagination in Child Custody Disputes," *Southern California Interdisciplinary Law Journal*, (18): 259-308.

[16] Berger, T. A., 2012, "Trial Attorney's Dilemma: How Storytelling as Trial Strategy Can Impact Criminal Defendant's Successful Appellate Review," *Drexel Law Review*, (4): 297-318.

[17] Besnier, N., 1993, *Reported Speech and Affect on Nukulaelae Atoll*, In *Responsibility and Evidence in Oral Discourse*, Cambridge University Press.

[18] Biber, D., and E. Finegan, 1988, "Adverbial Stance Types in English," *Discourse Processes*, (11): 1-34.

[19] Blommaert, Jan, 2001, "Investigating Narrative Inequality: African Asylum Seekers' Stories in Belgium," *Discourse and Sociology*, (12): 413-462.

[20] Brigham, J. C., and Malpass, R. S., 1985, "The Role of Experience and Contact in the Recognition of Faces of Own and Other-race Persons," *Journal of personality and social psychology*, (42), 673-681.

[21] Brooks, P., and P. Gewirtz, 1996, *Law's Stories: Narrative and Rhetoric in the Law*, Yale University Press.

[22] Brooks, P., 2003, "'Inevitable Discovery'—Law, Narrative, Retrospectivity," *Yale Journal of Law and the Humanities*, (1): 71-101.

[23] Brooks, P., 2006, "Narrative Transactions—Does the Law Need a Narratology?" *Yale Journal of Law and the Humanities*, (1): 1-28.

[24] Brooks, P., 2002, "Narrativity of the Law", *Law and Literature*, (1): 1-10.

[25] Brooks, P., 2008, *The Law as Narrative and Rhetoric*, In *Law's Stories: Narrative and Rhetoric in the Law*, Yale University Press.

[26] Brown, T. R., 2011, "The Affective Blindness of Evidence Law," *Denver University Law Review*, (1): 47-131.

[27] Bruner, Jerome, 1991, "The Narrative Construction of Reality", *Critical Inquiry*, (18):1-21.

[28] Bryan, M., 2008, "Justice Callinan's Judgments in Private Law: Story Telling, Legal Coherence and Corrective Justice," *University of Queensland Law Journal*, (1): 29-46.

[29] Burke, K., 1945, *Introduction: the Five Key Terms of Dramatism*, In *A Grammar of Motives*. New York: Pretice Hall, xv-xxiii.

[30] Burns, Robert, 1999, *A Theory of Trial*, Princeton University Press.

[31] Burns, R. P., 2006, "The Rule of Law in the Trial Court," *DePaul Law Review*, (2): 307-334.

[32] Burt, N. Michael, 2009, "The Importance of Storytelling at all Stages of a Capital Case," *UMKC Law Review*, (4): 877-910.

[33] Carrell, Patricia L., and Joan C. Eisterhold, 1983, "Schema Theory and ESL Reading Pedagogy," *TESOL Quarterly*, (4): 553-573.

[34] Carrell, P., 1988, *Some Causes of Text—Boundedness and Schema Interference in ESL Reading*, In *Interactive Approaches in Second Language Reading*, Cambridge University Press, 93-101.

[35] Ceci, S. J., et al., 1994, "The Possible Role of Source Misattributions in the Creation of False Beliefs Among Preschoolers," *International Journal of Clinical and Experimental Hypnosis*, (4): 304-320.

[36] Chatman, Seymour, 1980, *Story and Discourse: Narrative Structure in Fiction and Film*, Cornell University Press.

[37] Chen, R. C., and Hanson J. D., 2004, "Categorically Biased: The Influence of Knowledge Structures on Law and Legal Theory," *Southern California Law Review*, (6): 1103-1253.

[38] Conrad, S., and Biber D., 2000, *Adverbial Marking of Stance in Speech and Writing*, Oxford University Press.

[39] Cook, G., 1994, *Discourse and Literature: The Interplay of Form and Mind*, Oxford University Press.

[40] Coombe, R. J., 2001, *Is There a Cultural Studies of Law*? Social Science Electronic Publishing.

[41] Corley, P. C., and J. Wedeking, 2014, "The (Dis)Advantage of Certainty: the Importance of Certainty in Language," *Law and Society Review*, (1): 35-62.

[42] Cover, R. M., 1983, "The Supreme Court, 1982 Term-Foreword: Nomos and Narrative," *Harvard Law Review*, (4): 4-68.

[43] Cruse, D. A., 1986, *Lexical Semantics*, Cambridge University Press.

[44] Crystal, D. A, 1987, *The Cambridge Encyclopedia of Language*, Cambridge University Press.

[45] Cunliffe, E., 2014, "Judging, Fast and Slow: Using Decision-making Theory to Explore Judicial Fact Determination," *International Journal of Evidence and Proof*, (2): 139-180.

[46] Dahlberg, L., 2009, "Emotional Tropes in the Courtroom: on Representation of Affect and Emotion in Legal Court Proceedings," *Law and Humanities*, (2): 175-205.

[47] Dan, Dobbs B., 1993, *Law of Remedies Damages, Equity, Restitution*, 2nd

ed, West Publishing Company.

[48] Dan, Sperber, and Deirdre Wilson, 1995, *Relevance: Communication and Cognition* (2nd Edition), Blackwell, Oxford.

[49] Daudistel, H. C., H. M. Hosch, M. D. Holmes, and J. B. Graves, 1999, "Effects of Defendant Ethnicity on Juries' Dispositions of Felony Cases," *Journal of Applied Social Psychology*, (2): 317-336.

[50] Deakin, S., 2005, "Special Rights in a Globalized Economy", In *Labour Rights as Human Rights*, Oxford University Press.

[51] Derek, H. Kiernan-Johnson, 2012, "A Shift to Narrativity," *Legal Communication and Rhetoric: JALWD*, (9): 81-98.

[52] DeSanctis, H. Christy, 2012, "Narrative Reasoning and Analogy: The Untold Story," *Legal Communication and Rhetoric: JALWD*, (9): 149-172.

[53] Dunn, M. A., P. Salovey, and N. Feigenson, 2006, "The Jury Persuaded (and not): Computer Animation in the Courtroom," *Law and Policy*, (2): 228-248.

[54] Eades, Diana, 1995, "Cross Examination of Aboriginal Children: the Pinkenba Case," *Aboriginal Law Bulletin*, 3(75).

[55] Edwards, L. H., 2010, *Legal Writing: Process, Analysis, and Organization*, Aspen Publishing.

[56] Edwards, L. H., 1996, " The Convergence of Analogical and Dialectic Imaginations in Legal Discourse," *Legal Studies Forum*, (1): 7-50.

[57] Elliott, C., 2011, "Juries, Sex, and Emotional Affect," *Law and Psychology Review*, (35): 37-60.

[58] Ellison, Louise, and Vanessa E. Munro, 2015, " 'Telling tales': Exploring Narratives of Life and Law within the (Mock) Jury Room," *Legal Studies*, (35): 201-225.

[59] Elstein, Arthur S., Lee S. Shulman, and Sarah A. Sprafka, 1978, *Medical Problem Solving: An Analysis Of Clinical Reasoning*, Harvard University Press.

[60] Eysenck, Michael William, and Mark T. Keane, 1985, *Cognitive Psychology: A Student's Handbook*, Longman Group Limited.

[61] Farber, D. A., and S. Sherry, 1992, "Telling Stories out of School: An Essay on Legal Narratives," *Stanford Law Review*, (4): 807-856.

[62] Farnsworth, Allan, 2004, *Contracts*, 4th Edition, Aspen Publisher.

[63] Fatma, E. Marouf, 2011, "Implicit Bias and Immigration Courts," *New England Law Review*, (2): 417-448.

[64] Ferguson, R. A., 1990, "The Judicial Opinion as Literary Genre,"*Yale Journal of Law and the Humanities*, (1): 201-220.

[65] Fielding, N. G., 2013, "Lay People in Court: the Experience of Defendants,

Eyewitnesses and Victims," *British Journal of Sociology*, (2): 287-307.

[66] Fisher, W. R., 1987, *Human Communication as Narration: Towards a Philosophy of Reason, Value, and Action*, University of South Carolina Press.

[67] Fisher, W. R., 1978, "Toward a Logic of Good Reason," *Quarterly Journal of Speech*, (4): 376-460.

[68] Fraser, N., 2009, *Scales of Justice: Reimagining Political Space in a Globalizing World*, Columbia University Press.

[69] French, Rebecca R., 1996, "Of Narrative in Law and Anthropology," *Law and Society Review*, (2): 417-436.

[70] Gee, J. P., 1986, "Units in the Production of Narrative Discourse," *Discourse Processes*, 9(4), 391-422.

[71] Goodman, G. S., Deborah Goldfarb A., Jia Y. Chong, and Lauren Goodman S., 2014, "Children's Eyewitness Memory: The Influence of Cognitive and Socio Emotional Factors," *Roger Williams University Law Review*, (2): 476-512.

[72] Goodman, G. S., J. M. Golding, and M. M. Haith, 1984, "Jurors' Reactions to Child Witnesses," *Journal of Social Issues*, (2): 139-156.

[73] Goodrum, S., 2013, "Bridging the Gap Between Prosecutors' Cases and Victims' Biographies in the Criminal Justice System Through Shared Emotions," *Law and Social Inquiry*, (2): 257-287.

[74] Gordon, Bower H., and Randolph K. Cirilo, 1985, "Cognitive Psychology and Text Processing," In *Handbook of Discourse analysis*, (1): 71-105.

[75] Gordon, Randy D., 2010, "How Lawyers (Come to) See the World: A Narrative Theory of Legal Pedagogy," *Loyola of Los Angeles Law Review*, (3): 619-650.

[76] Greenhaw, L. H., 1995, "To Say What the Law is: Learning the Practice of Legal Rhetoricc," *Valparaiso University Law Review*, (2): 861-896.

[77] Griffin, K. L., 2013, "Narrative, Truth, and Trial," *Georgetown Law Journal*, (2): 281-336.

[78] Halliday, M. A. K., and R. Hasan, 1976, *Cohesion in English*, Routledge.

[79] Halliday, M. A. K., 1994, *An Introduction to Functional Grammar (2nd edition)*, Hodder Education Publishers.

[80] Hamilton, Jonnette W., 2002, "The Use of Metaphor and Narrative to Construct Gendered Hysteria in the Courts," *Journal of Law*, (2): 155-203.

[81] Hanson, Jon, and David Yosifon, 2006, "The Situation: An Introduction to the Situational Character, Critical Realism, Power Economics, and Deep Capture," *University of Pennsylvania Law Review*, (1): 129-346.

[82] Haney, C., 2004, "Condemning the Other in Death Penalty Trials: Biographical

Racism, Structural Mitigation, and the Empathic Divide," *Depaul Law Review*, (4): 1557-1590.

[83] Harris, Sandra, 2001, "Fragmented Narratives and Multiple Tellers: Witness and Defendant Accounts in Trials," *Discourse Studies*, (1): 53-74.

[84] Hastie, R. , 1999, "Reflections in the Magic Mirror of Law: Media Effects on Juror Decisions," *South Texas Law Review*, 40(4), 903-906.

[85] Haugaard, J. J. , N. D. Reppucci, J. Laird, and T. Nauful, 1991, "Children's Definitions of the Truth and Their Competency as Witnesses in Legal Proceedings," *Law and Human Behavior*, (3): 253-271.

[86] Haven, K. , 2007, *Story Proof: The Science Behind the Startling Power of Story*, Libraries Unlimited.

[87] Heffer, C. , 2005, *The Language of Jury Trial*, Palgrave Macmillan.

[88] Holland, P. , 2009, "Sharing Stories: Narrative Lawyering in Bench Trials," *Clinical Law Review*, (1): 195-268.

[89] Hubert, W. Smith, 1942, "Components of Proof in Legal Proceedings," *Yale Law Journal*, (4): 537-581.

[90] Hunston, S. , and G. Thompson, 2000, *Evaluation in Text : Authorial Stance and the Construction of Discourse*, Oxford University Press.

[91] Jackson, Bernards, 1988, *Law, Fact and Narrative Coherence*, Deborah Charles Publications.

[92] Jackson, Bernard, 1994, "Towards a Semiotic Model of Professional Practice, with Some Narrative Reflections on the Criminal Process", *International Journal of the Legal Profession*, (1): 55-79.

[93] Johansen, Steven J. 2008, "This is Not the Whole Truth: the Ethics of Telling Stories to Clients," *Arizona State Law Journal*, (4): 961-994.

[94] Johnson-Laird, P. , 1983, *Mental Models: Toward a Cogritive Science of Language*, Harvard University Press.

[95] Jonathan, Van Patten, 2012, "Storytelling for Lawyers", *South Dakota Law Review*, (2): 239-276.

[96] Kadoch, C. Laurie, 2000, "Seduced by Narrative: Persuasion in the Courtroom," *Drake Law Review*, (1): 71-124.

[97] Kahneman, D. , and A. Tversky, 1972, *Subjective Probability: A Judgment of Representativeness*, Cognitive Psychology.

[98] Kedar, Leah, 1987, *Power through Discourse*, Greenwood Pub Group.

[99] Kehler, A. , 2006, *Discourse Coherence*, Blackwell Publishing, Ltd.

[100] Kenneth, D. Chestek, 2012, "Competing Stories: a Case Study of the Role of

Narrative Reasoning in Judicial Decisions," *Legal Communication and Rhetoric*: *JALWD*, (9): 99-138.

[101] Kenneth, D. Chestek, 2009, "Judging by the Numbers: An Empirical Study of the Power of Story", *Journal of the Association of Legal Writing Directors* (1): 1-36.

[102] Kenneth, D. Chestek, 2014, "The Life of the Law Has Not Been Logic: It Has Been Story, " *Savannah Law Review*, (1): 21-44.

[103] Kern, Richard, 2000, *Literacy and Language Teaching*, Oxford University Press.

[104] Kinneavy J. L., 1971, *A Theory of Discourse: The Aims of Discourse*, Prentice-Hall.

[105] Kramsch, Claire, 1993, *Context and Culture in Language Teaching*, Oxford University Press.

[106] Kress, K., 1993, "Coherence and Formalism," *Harvard Journal of Law and Public Policy*, (3): 639-682.

[107] Krähenbühl, S., and M. Blades, 2006, "The Effect of Interviewing Techniques on Young Children's Responses to Questions," *Child Care Health and Development*, (3): 321-331.

[108] K., Young, 1987, *Taleworlds and Storyrealms: The Phenomenology of Narrative*, Martinus Nijhoff Philosophy Library.

[109] Labov, W., 1972, *Language in the Inner City: Studies in the Black English Vernacular*, University of Pennsylvania Press.

[110] Labov, W., and Waletzky J., 1997, "Narrative Analysis: Oral Versions of Personal Experience", *Journal of Narrative and Life History*, 7(1-4), 3-38.

[111] Langacker, R. W., 2009, *Cognitive (Construction) Grammar*, Cognitive Linguistics.

[112] Larson, J. E., 2000, "A 'Good Story' and the 'Real Story'," *John Marshall Law Review*, (1): 181-192.

[113] Leander, L., 2010, "Police Interviews with Child Sexual Abuse Victims: Patterns of Reporting, Avoidance and Denial," *Child Abuse and Neglect*, (3): 192-205.

[114] Ledwon, Lenora, 2003, "The Poetics of Evidence: Some Applications from Law and Literature," *Quality of Life Research*, (4): 1145-1172.

[115] Leech, G., 1974, *Semantics the Study of Meaning*, Penguin Book.

[116] Lempert, Richard, 1991, "Telling Tales in Court: Trial Procedure and the Story Model", *Cardozo Law Review*, (2-3): 559-574.

[117] Levinson, S., 1982, " Law as Literature," *Texas Law Review*, (3): 373-404.

[118] Levinson, S., 1998, "Some (Brief) Reflections about Law and Literature," *Car-

dozo Studies in Law and Literature, (2): 121-124.

[119] Levit, N., 2011, "Reshaping the Narrative Debate," *Seattle University Law Review*, (3): 751-766.

[120] Lubet, S., 1991, "The Trial as a Persuasive Story," *American Journal of Trial Advocacy*, (1): 77-96.

[121] Luna, K., and B. Martín-Luengo, 2012, "Improving the Accuracy of Eyewitnesses in the Presence of Misinformation with the Plurality Option," *Applied Cognitive Psychology*, (5): 687-693.

[122] Lundgren, A. Auchincloss, 2004, "Perspectives on Patent Claim Construction: Re-examining Markman V. Westview Instruments Through Linguistic and Cognitive Theories of Decisionmaking," *Baltimore Intellectual Property Law Journal*, (12): 173-224.

[123] Lyons, J., 1977, *Semiotics*, Cambridge University Press.

[124] MacCormick, N., 2005, *Rhetoric and the Rule of Law: a Theory of Legal Reasoning*, Oxford University Press.

[125] Martin, J. R., and P. R. R. White, 2005, *The Language of Evaluation: Appraisal in English*, Palgrave.

[126] Martin, J. R., 2000, *Beyond Exchange: Appraisal Systems in English*, Oxford University Press.

[127] Massaro, Toni M., 1989, "Empathy, Legal Storytelling, and the Rule of Law: New Words, Old Wounds?" *Michigan Law Review*, (8): 2099-2127.

[128] Maynard, D. W., 1988, "Narratives and Narrative Structure in Plea Bargaining," *Law and Society Review*, (3): 449-481.

[129] Mcdonald, E., and Y., Tinsley, 2011a, "Evidence Issues," *Canterbury Law Review*, (17): 123-159.

[130] Mcdonald, E., and Y., Tinsley, 2011b, "Use of Alternative Ways of Giving Evidence by Vulnerable Witnesses: Current Proposals, Issues and Challenges," *Victoria University of Wellington Law Review*, (4): 705-741.

[131] Mcgough, L. S., and A. R. Warren, 1994, "The All-important Investigative Interview," *Juvenile and Family Court Journal*, (4): 13-29.

[132] Meade, J. Christopher, 1996, "Reading Death Sentences: The Narrative Construction of Capital Punishment," *New York University Law Review*, (3): 732-761.

[133] Melton, G. B., 1981, "Children's Competency to Testify," *Law and Human Behavior*, (1): 73-85.

[134] Meyer, P., 2010, "How to Shape Legal Storytelling," *Abajournal*, http://www.abajournal.com/magazine/article/shaping_your_legal_storytelling, Accessed on October, 2014.

[135] Meyer, P., 2006, "Vignettes from Narrative Primer," *Legal Writing: The Journal of the Legal Writing Institute*, (12): 229-284.

[136] Meyer, P., 2001, "Why a Jury Trial Is More like a Movie than a Novel," *Journal of Law and Society*, (1): 133-146.

[137] Michael, Smith R., 2012, *Advanced Legal Writing: Theories and Strategies in Persuasive Writing*, Aspen Publishing.

[138] Michaels S., 1981, " 'Sharing Time': Children's Narrative Styles and Differential Access to Literacy," *Language in Society*, (3): 423-442.

[139] Mishler, Elliot G., 1995, "Models of Narrative Analysis: a Typology," *Journal of Narrative and Life History*, (2): 87-123.

[140] Moore, A. J., 1989, "Trial by Schema: Cognitive Filters in the Courtroom," *University of California, Los Angeles, Law Review*, (2): 273-342.

[141] Morrison, F. L., 2004, "Public International Law: An Anchor in Shifting Sands," *Law and Inequality*, (2): 337-346.

[142] Mouffe, C., 1996, "Democracy, Power, and the 'Political'", In *Democracy and Difference: Contesting the Boundaries of the Political*, Princeton University Press.

[143] Mundlak, G., 2015, "In Search of Coherence?" *International Labour Review*, (1): 79-84.

[144] Nagy, Tamás, 2012, "Law, Literature and Intertextuality," *Acta Juridica Hungarica*, 53(1):62-71.

[145] Newman, J. E., and K. P. Roberts, 2014, "Subjective and Non-subjective Information in Children's Allegations of Abuse," *Journal of Police and Criminal Psychology*, (2): 75-80.

[146] O'Brien, S. D., and K. Wayland, 2015, "Implicit Bias and Capital Decisionmaking: Using Narrative to Counter Prejudicial Psychiatric Labels," *Hofstra Law Review*, (3): 751-782.

[147] Ochs, Elinor, 1997, "Narrative" In *Discourse as Structure and Process*, London: Sage Publications Company Limited.

[148] Old Chief v. United States, 519 U. S. 172, 183 (1997).

[149] Olive, E. Mark, 2009, "Narrative Works," *UMKC Law Review*, (4): 989-1020.

[150] Ortega, F. J., 2003, "Eyewitness Reliability: Causation & Preclusion of Erroneous Convictions," *Journal of Law and Border Studies*, 33-58.

[151] Pardo, M. S., and R. J. Allen, 2008, "Juridical Proof and the Best Explanation," *Law and Philosophy*, (3): 223-268.

[152] Paskey, S., 2014, "The Law is Made of Stories: Erasing the False Dichotomy

between Stories and Legal Rules," *Legal Communication and Rhetoric*, (11): 51-82.

[153] Paz-Alonso, P. M., G. S. Goodman, and I. Ibabe, 2013, "Adult Eyewitness Memory and Compliance: Effects of Post-event Misinformation on Memory for a Negative Event," *Behavioral Sciences and the Law*, (5): 541-558.

[154] Peace, K. A., R. D. Shudra, D. L. Forrester, R. Kasper, J. Harder, and S. Porter, 2015, "Tell Tales Across Time: Narrative Analysis of True and False Allegations," *Journal of Investigative Psychology and Offender Profiling*, (2): 171-184.

[155] Pennington, Nancy, and R. Hastie, 1988, "Explanation-based Decision Making: Effects of Memory Structure on Judgment," *Journal of Experimental Psychology: Learning*, (3): 521-533.

[156] Pennington, N., and R. Hastie, 1991, "Cognitive Theory of Juror Decision Making: the Story Model," *Cardozo Law Review*, (2-3): 519-558.

[157] Perry, N. W., B. D. Mcauliff, P. Tam, L. Claycomb, C. Dostal, and C. Flanagan, 1995, "When Lawyers Question Children," *Law and Human Behavior*, (6): 609-629.

[158] Phelan, J., 1989, *Reading People, Reading Plots*, University of Chicago Press.

[159] Picinali, Federico, 2012, "Structuring Inferential Reasoning in Criminal Fact Finding: an Analogical Theory," *Law Probability and Risk*, (11): 197-223.

[160] Poole, D., J. J. Dickinson, and S. P. Brubacher, 2014, "Sources of Unreliable Testimony From Children," *Roger Williams University Law Review*, (2): 382-410

[161] Porter, D. S., and L. T. Brinke, 2009, "Dangerous Decisions: a Theoretical Framework for Understanding how Judges Assess Credibility in the Courtroom," *Legal and Criminological Psychology*, (1): 119-134.

[162] Posner, Richard A., 1997, "Legal Narratology," *University of Chicago Law Review*, (2): 737-747.

[163] Powell, M. B., and P. C. Snow, 2007, "Guide to Questioning Children During the Free-narrative Phase of an Investigative Interview," *Australian Psychologist*, (1): 57-65.

[164] Ralph, E. Anne, 2014, "Not the Same Old Story: Using Narrative Theory to Understand and Overcome the Plausibility Pleading Standard," *Yale Journal of Law and the Humanities*, (1): 1-58.

[165] Richards, P. M., 2013, "The Neuropsychologist as Expert Witness: Testimony in Civil and Criminal Settings", *Psychological Injury and Law*, (1): 63-74.

[166] Rideout, J. Christopher, 2008, "Storytelling, Narrative Rationality, and Legal Persuasion", *Legal Writing: The Journal of the Legal Writing Institute*, (14): 53-86.

[167] Rideout, J. Christopher, 2013, "Twice-told Tale: Plausibility and Narrative Co-

herence in Judicial Storytelling", *Legal Communication and Rhetoric Jalwd*, (10): 67-88.

[168] Riessman, Kohler C., 1993, *Narrative Analysis*, Sage Publications, Inc..

[169] Robert, K. Bothwell, M. A. Pigott, L. A. Foley, and R. M. Mcfatter, 2010, "Racial Bias in Juridic Judgment at Private and Public Levels," *Journal of Applied Social Psychology*, (9): 2134-2149.

[170] Rubin, David C., 1995, *Memory in Oral Traditions: the Cognitive Psychology of Epic, Ballads, and Counting out Rhymes*, Oxford University Press on Demand.

[171] Rumehart, D. E., 1977, *Toward an Interactive Model of Reading*, Academic Press.

[172] Samet, J., and R. Schank, 1984, " Coherence and Connectivity," *Linguist Philos*, (7): 57-82.

[173] Sanford, A. J., and S. C. Garrod, 1981, *Understanding Written Language*, Wiley.

[174] Sarat, Austin, and Thomas Kearns, 1994, *The Rhetoric of Law. The Amherst Series in Law, Jurisprudence, and Social Thought*, University of Michigan Press.

[175] Sauerland, M., and S. L. Sporer, 2011, "Written vs. Spoken Eyewitness Accounts: does Modality of Testing Matter?" *Behavioral Sciences and the Law*, (6): 846 -857.

[176] Schank, R. C., and R. P. Abelson, 1977, *Scripts, Plans, Goals and Understanding: an Inquiry into Human Knowledge Structures / R.C. Schank, R.P. Abelson*, Lawrence Erlbaum Associates, distributed by the Halsted Press Division of John Wiley and Sons.

[177] Scheppele, K. L., 1989, " Foreword: Telling Stories," *Michigan Law Review*, (8): 2073-2098.

[178] Schiavi, Petrina, 2011, *The Construction of Truth in Legal Decision-making*, in *Exploring Courtroom Discourse*, Ashgate Publishing Limited.

[179] Scott, W. T., 1989, "The Assessment of Credibility: Legal Testimony," *Liverpool Law Review*, (1): 59-78.

[180] Sharps, M. J., J. Janigian, A. B. Hess, and B. Hayward, 2009, "Eyewitness Memory in Context: Toward a Taxonomy of Eyewitness Error," *Journal of Police and Criminal Psychology*, (1): 36-44.

[181] Shaw, J. A., and Hillary J. S., 2014, "From Fact to Feeling: an Explication of the Mimetic Relation Between Law and Emotion," *Liverpool Law Review*, (1): 43-64.

[182] Sherwin, R. K., 2009, "The Narrative Construction of Legal Reality," *Journal of the Association of Legal Writing Directors*, (1): 88-120.

[183] Simon, D., 2011, "The Limited Diagnosticity of Criminal Trials," *Vanderbilt*

Law Review, (1): 143-223.

[184] Singer, J., 1989, "Persuasion," *Michigan Law Review*, (8): 2442-2458.

[185] Smith, Robert J., et al., 2014,"The Failure of Mitigation?" *Hastings Law Journal*, (5): 1221-1256.

[186] Smith, V. L., 1991, "Prototypes in the Courtroom: Lay Representations of Legal Concepts," *Journal of Personality and Social Psychology*, (6): 857-872.

[187] Sperber, D., and D. Wilson, 2001, *Relevance: Communication and Cognition*, Foreign Language Teaching and Research Press.

[188] Spottswood, Mark, 2013, "The Hidden Structure of Fact-Finding", *Case Western Reserve Law Review*, (1): 131-200.

[189] Steblayt, N. M. and Bothwell, R. K., 1994, "Evidence for Hypnotically Refreshed Testimony," *Law and Human Behavior*, Vol. 18, No. 6, 635-651.

[190] Steinberg, A. and L. Fromm, 2012,"The Use of Narrative and Persuasion in the Child Forensic Psychiatric Report and Testimony", *Journal of Psychiatry and Law*, (1): 23-41.

[191] Steven, L. Winter, 2001, "Making the Familiar Conventional Again," *Michigan Law Review*, (6): 1607-1636.

[192] Stroud, B., 1977, *Hume*, Routledge.

[193] Tahin, G., 2011, "Rhetorical Heuristics: Probabilistic Strategies in Complex Oratorical Arguments," *Argumentation*, (1): 1-21.

[194] Taylor, S. E., and J. C. Crocker, 1981, *Schematic Bases of Social Information Processing*, Routledge.

[195] Tench, P., 1996, *The Intonation Systems of English*, Cassell.

[196] Thompson, H. Richard, 1995, "Common Sense and Fact-Finding: Cultural Reason in Judicial Decisions," *Legal Studies Forum*, (2): 119-138.

[197] Thornborrow,J., 2002, *Power Talk: Language and Interaction in Institutional Discourse*, Pearson Education.

[198] Trabasso, T., and P. Broek, 1985, "Causal Thinking and the Representation of Narrative Events," *Journal of Memory and Language*, (5): 612-630.

[199] Tversky, A., 1977, "Features of Similarity," *Psychological Review*, (4): 327-352.

[200] Twining, William, 1999, "Narrative and Generalizations in Argumentation about Questions of Fact," *South Texas Law Review*, (2): 351-366.

[201] Uviller, H. R., 1990, "Acquitting the Guilty: Two Case Studies on Jury Misgivings and the Misunderstood Standard of Proof," *Criminal Law Forum*, (1): 1-43.

[202] Van Dijk, T. A., 1980, *Text and Context*, Longman Group.

[203] Verschueren, J., 1998, *Understanding Pragmatics*, Foreign Language Teaching and Research Press.

[204] Vidmar, Neil, et al., 2007, "Was He Guilty as Charged? An Alternative Narrative Based on the Circumstantial Evidence from 12 Angry Men," *Chicago-Kent Law Review*, (2): 691-710.

[205] Virtanten, T., 1992, *Discourse Functions of Adverbial Placement in English*, Åbo Academic University Press.

[206] Wade, K. A., S. L. Green, and R. A. Nash, 2010, "Can Fabricated Evidence Induce False Eyewitness Testimony?" *Applied Cognitive Psychology*, (7): 899-908.

[207] Walker, Nancy, E., and M. Nguyen, 1996, "Interviewing the Child Witness: The Do's and the Don't s, the How's and the Why's," *Creighton Law Review*, (4): 1586-1618.

[208] Westera, N. J., B. M. Mckimmie, M. R. Kebbell, R. Milne, and B. Masser, 2015, "Does the Narrative Style of Video Evidence Influence Judgements about Rape Complainant Testimony?" *Applied Cognitive Psychology*, (5): 637-646.

[209] White, James Boyd, 1985, *Heracles' Bow: Essays on the Rhetoric and the Poetics of the Law*, University of Wisconsin Press.

[210] Wilkins, P. A., 2012, "Confronting the Invisible Witness: the Use of Narrative to Neutralize Capital Jurors' Implicit Racial Biases," *West Virginia Law Review*, (1): 305-362.

[211] Windowson, H. G., 1985, *Learning Purpose and Language Use*, Oxford University Press.

[212] Winter, E. O., 1982, *Towards a Contextual Grammar of English: The Clause and its Place in the Definition of Sentence*, Allen and Unwin.

[213] Wittenbrink, B., J. L. Hilton, and P. L. Gist, 1998, "In Search of Similarity: Stereotypes as Naive Theories in Social Categorization," *Social Cognition*, (1): 31-55.

[214] Yale, R. N., 2013, " Measuring Narrative Believability: Development and Validation of the Narrative Believability Scale (nbs-12)," *Journal of Communication*, (3): 578-599.

[215] Yovel, J., 2004, "Running Backs, Wolves, and other Fatalities," *Law and Literature*, (1): 127-159.

[216] Yu, Suqing, 2013, "Attribution Bias as a Strategy in the Narrative of Trials," In *Proceedings of The 2nd International Conference on Law, Language and Discourse: Multiculturalism, Multimodality and Multidimensionality*, 234-242.

[217] Yu, Suqing, 2013, "The Language in Trial by New Media—An Evaluation Theory Approach," *The Proceedings of the 3rd International Conference on Law, Translation and Culture*, 215-226.

[218] Yu, Suqing, 2014, "The Rhetorical Interpretation of the Fuzzy Expressions in Judgments," *The Proceedings of the 4th International Conference on Law, Translation*

and Culture，18-23.

［219］〔英〕E. M. 福斯特：《小说面面观》，朱乃长译，中国对外翻译出版公司 2002 年版。

［220］〔美〕E. 博登海默：《法理学：法律哲学与法律方法》，邓正来译，中国政法大学出版社 2004 年版。

［221］〔德〕阿图尔·考夫曼：《法律哲学》（第二版），刘幸义等译，法律出版社 2011 年版。

［222］安秀萍：《刑事司法文书叙事的详述与略述》，载《山西省政法管理干部学院学报》2002 年第 4 期。

［223］〔古希腊〕柏拉图：《文艺对话集》，朱光潜译，上海文艺联合出版社 1954 年版。

［224］《北京市第一中级人民法院 2006 年 12 月 12 日崔英杰案一审庭审实录》，http：//www.fatianxia.com/blog，2017 年 12 月 16 日访问。

［225］《北京市第一中级人民法院刑事判决书》，（2006）一中刑初字第 3500 号。

［226］常怡主编：《民事诉讼法学》，中国政法大学出版社 2021 年版。

［227］常宗林：《图式及其功能》，载《山东外语教学》2002 年第 5 期。

［228］陈光中等主编：《中华法学大辞典（诉讼法学卷）》，中国检察出版社 1995 年版。

［229］陈光中主编：《刑事诉讼法学》，中国政法大学出版社 1996 年版。

［230］陈剑敏：《顺应论视阈中的中英法庭话语研究》，载《山东社会科学》2011 年第 8 期。

［231］陈金钊：《把法律作为修辞——法治时代的思维特征》，载《求是学刊》2012 年第 3 期 a。

［232］陈金钊：《把法律作为修辞——讲法说理的意义及其艺术》，载《扬州大学学报》2012 年第 3 期 b。

［233］陈金钊：《法律修辞（学）与法律方法论》，载《西部法学评论》2010 年第 1 期。

［234］陈金钊：《"中国法理学"的特点及修辞方式的改变——社会主义法治话语体系建构的基础研究之二》，载《北方法学》2017 年第 6 期。

［235］陈劲松：《叙事、析理、辩法——民事判决书若干问题研究》，西南政法大学法学系，硕士学位论文，2010。

［236］陈炯：《法律语言学概论》，陕西人民出版社 1998 年版。

［237］陈炯：《谈司法语体中的叙述语言》，载《应用写作》2000 年第 2 期。

［238］陈凯健、朱莲花：《虚假诉讼的特征化识别及其司法应对》，载《法制与经济》2016 年第 2 期。

［239］陈敏、王厚庆：《语境理论的新发展：社会认知途径——van Dijk 的两部语境新著述评》，载《上海理工大学学报（社会科学版）》2014 年第 3 期。

［240］陈珊珊：《裁判事实构建中的修辞叙事研究》，载《法制与经济》2016 年第 8 期。

［241］陈松松：《中国刑事庭审中的问话结构与叙事构建》，华中师范大学外国语系，硕

士学位论文,2008。

[242]陈引驰、高姗:《"文学性"与文学文化》,载《文艺理论研究》2004年第6期。

[243]程荣斌:《我国刑事诉讼制度的重大改革与完善》,载《中国人民大学学报》1997年第2期。

[244]丛学芳:《司法文书文字叙述部分存在的问题及对策研究》,载《辽宁省交通高等专科学校学报》2016年第5期。

[245]崔明石:《话语与叙事——文化视域下的情理法》,吉林大学法学系,博士学位论文,2011。

[246]邓晓静:《案件事实与法律文书的叙事》,载《四川师范大学学报(社会科学版)》2009年第5期。

[247]《第一审程序——判决、裁定和决定》,http://blog.renren.com/share/259411146/2773187896,2017年12月16日访问。

[248]樊崇义主编:《证据法学》,法律出版社2004年版。

[249]范仲瑾、白雷杰:《交叉询问:一门关于法庭故事的艺术——读〈对方证人〉》,载《光明日报》2013年7月21日。

[250]傅达林:《法官如何讲故事——有关司法裁判的闲话之二》,载《检察日报》2013年第7期。

[251]高铭暄、马克昌主编:《刑法学》,北京大学出版社、高等教育出版社2000年版。

[252]葛忠明:《叙事分析是如何可能的》,载《山东大学学报》2007年第1期。

[253]《〈关于开展刑事案件律师辩护全覆盖试点工作的办法〉出台》,http://www.gov.cn/xinwen/2017-10/12/,2017年10月13日访问。

[254]郭春燕:《认知语境与对话语篇的构建和理解》,载《俄语语言文学研究》2007年第3期。

[255]郭悦:《案件事实的陈述与认定探究》,载《法制与经济》2013年第21期。

[256]何建民:《彰显法理学的中国精神——访中国人民大学法学院朱景文教授》,载《人民日报》2017年2月13日第16版。

[257]何兆熊主编:《新编语用学概要》,上海外语教育出版社2000年版。

[258]何自然:《语用学与英语学习》,上海外语教育出版社1997年版。

[259]侯兴宇:《司法文书的具体叙述和概括叙述》,载《贵州省政法管理干部学院学报》1995年第3期。

[260]胡霞:《略论认知语境的基本特征》,载《语言文字应用》2004年第3期。

[261]胡亚敏:《叙事学》,华中师范大学出版社2004年版。

[262]黄金兰、周赟:《判决书的意义》,载《法律科学(西北政法大学学报)》2008年第2期。

[263]黄新华、胡霞:《认知语境的建构性探讨》,载《现代外语(季刊)》2004年第3期。

[264] 姜同玲:《法庭提问中叙事的结构构建与使用》,广东外语外贸大学国际商务英语系,硕士学位论文,2003。

[265] 蒋向勇、邵娟萍:《语义范畴的原型理论诠释》,载《江西社会科学》2007年第6期。

[266] 〔美〕杰拉德·普林斯著:《叙事学:叙事的形式与功能》,徐强译,中国人民大学出版社2013年版。

[267] 《解读十八大以来习近平关于法治的论述》,http://www.legaldaily.com.cn/index/content/2014-10/08/content_5788847.htm? node=55112,2017年12月16日访问。

[268] 〔美〕凯斯·R.孙斯坦、艾德里安·沃缪勒文:《死刑是道德上的要求吗?——从作为、不作为及以命偿命问题出发》,余素青编译,载《江西社会科学》2011年第6期。

[269] 李安:《证据感知与案情叙事——以诉讼心理学为考察视角》,载《中国刑事法杂志》2009年第2期。

[270] 李法宝:《试论虚构性叙事与非虚构性叙事的差异性》,载《华南师范大学学报(社会科学版)》2007年第3期。

[271] 李华文:《语言描述视野中的刑事诉讼——论刑事法律文书对案件事实的还原描述》,载《湖南公安高等专科学校学报》2009年第6期。

[272] 李军:《话语修辞理论与实践》,上海外语教育出版社2008年版。

[273] 李蕾:《法庭提问中叙事话语的衔接与关联》,广东外语外贸大学国际商务英语系,硕士学位论文,2006。

[274] 李莉、黄飞:《英雄律师的正义神话——美国法庭电影叙事机制研究》,载《当代电影》2015年第7期。

[275] 李凌云:《二审民事判决的叙事与说理》,载《山西省政法管理干部学院学报》2000年第4期。

[276] 李萍、邓军:《公安刑事法律文书中全案犯罪事实的叙事方法新探》,载《应用写作》2001年第1期。

[277] 李天贤:《认知框架视角下的语篇连贯研究》,浙江大学人文学系,博士学位论文,2012。

[278] 李智伟:《戏剧独白的特征与体现》,载《戏剧》2011年第3期。

[279] 〔美〕里德·黑斯蒂主编:《陪审员的内心世界》,刘威、李恒译,北京大学出版社2006年版。

[280] 〔美〕理查德·A波斯纳著:《证据法的经济分析》,徐昕、徐昀译,中国法制出版社2004年版。

[281] 栗峥:《裁判者的内心世界:事实认定的故事模型理论》,载《中国刑事法杂志》2010年第3期。

[282] 栗峥:《叙事话语中的事实求证》,载《理论界》2007年第1期。

[283] 梁玉霞:《聚焦于法庭的叙事:诉讼证明三元系统对接——论裁判者心证自由的

限度》,载《中外法学》2011 年第 6 期。

[284] 廖美珍:《法庭问答及其互动研究》,法律出版社 2003 年版。

[285] 廖美珍:《目的原则和语境动态性研究》,载《解放军外国语学院学报》2010 年第 4 期。

[286] 刘方荣、何向东:《司法叙事理论的内涵及意义》,载《光明日报》2013 年第 11 期。

[287] 刘焕辉:《言语交际学》,江西教育出版社 1988 年版。

[288] 刘俐俐:《故事问题视域中的"法律与文学"研究》,载《文艺研究》2015 年第 1 期。

[289] 刘明娜:《法律规制与文本变异——新叙事理论视野中侦查文书写作权的建构》,载《湖北警官学院学报》2005 年第 2 期。

[290] 刘维娜:《论美国法庭电影中的话语叙事机制》,载《名作欣赏》2012 年第 30 期。

[291] 刘亚猛:《追求象征的力量:关于西方修辞思想的思考》,三联书店 2004 年版。

[292] 刘燕:《案件事实的人物建构——崔英杰案叙事分析》,载《法制与社会发展》2009 年第 2 期。

[293] 刘燕:《案件事实,还是叙事修辞?——崔英杰案的再认识》,载《法制与社会发展》2007 年第 6 期。

[294] 刘燕:《法庭上的修辞:案件事实叙事研究》,光明日报出版社 2013 年版。

[295] 刘燕:《缺少人物形象的案件事实——邓玉娇案事实认定的修辞研究》,载《甘肃社会科学》2011 年第 5 期。

[296] 刘云:《法庭叙事语篇分析》,载《宜春学院学报》2011 年第 11 期。

[297] 刘竹雀:《判决书的叙事方式初探》,华南理工大学法学系,硕士学位论文,2010。

[298] 卢植:《认知与语言——认知语言学引论》,上海外语教育出版社 2006 年版。

[299] 路刚:《药家鑫律师二审辩护词全文》,http://news.qq.com/a/20110521/000703.htm,2017 年 11 月 21 日访问。

[300] 罗桂花:《法庭互动中的转述言语行为》,载《语言教学与研究》2013 年第 5 期。

[301] 罗国莹:《话语信息结构功能探讨》,载《广西社会科学》2006 年第 12 期。

[302] 毛春香:《论刑事讯问笔录中虚假陈述的识别》,广东外语外贸大学国际商务英语学系,硕士学位论文,2008。

[303] 梅锦:《人格在定罪量刑中的运用探究》,法律出版社 2017 年版。

[304] 潘庆云:《跨世纪的中国法律语言》,华东理工大学出版社 1997 年版。

[305] 潘庆云:《中国法律语言鉴衡》,汉语大辞典出版社 2004 年版。

[306] 彭漪涟、马钦荣、冯棉、贺善侃、曹予生:《逻辑学大辞典》,上海辞书出版社 2010 年版。

[307] 任绍曾:《叙事语篇的多层次语义结构》,载《外语研究》2003 年第 1 期。

[308] 汝信主编:《社会科学新辞典》,重庆出版社 1988 年版。

[309]《陕西省西安市中级人民法院刑事附带民事判决书》,(2011)西刑一初字第

68号。

[310] 邵军航、余素青:《认知语言学的经验观、突显观、注意观及其一致性》,载《上海大学学报(社会科学版)》2006年第3期。

[311] 申丹:《多维 进程 互动——评詹姆斯·费伦的后经典修辞性叙事理论》,载《国外文学(季刊)》2002年第2期。

[312] 申丹:《叙事、文体与潜文本——重读英美经典短篇小说》,北京大学出版社2009年版a。

[313] 申丹:《也谈"叙事"还是"叙述"》,载《外国文学评论》2009年第3期b。

[314] 石小娟:《认知语境与语义理解》,载《外语研究》2002年第2期。

[315] 〔美〕史蒂文·J.伯顿著:《法律和法律推理导论》,张志铭、解兴权译,中国政法大学出版社1998年版。

[316] 宋方明:《刑事司法叙事视角中的证据问题》,载《理论探索》2014年第2期。

[317] 〔美〕苏珊·霍斯顿、杰夫·汤普森主编:《语篇评价:作者立场与话语建构》,曹昭乐、王雪峰译,社会科学文献出版社2022年版。

[318] 孙来清、毕可良:《从语言模糊到裁判确定——一个有关司法过程的语言叙事》,载《法学杂志》2010年第10期。

[319] 孙日华:《裁判事实如何形成》,载《北方法学》2011年第6期。

[320] 孙日华:《叙事与裁判——从"劫人质救母"案说起》,载《东北大学学报》2010年第3期。

[321] 孙懿华:《法律语言学》,湖南人民出版社2006年版。

[322] 谭君强:《叙事学导论——从经典叙事学到后经典叙事学》,高等教育出版社2014年版。

[323] "外语学院师生参加第九届中国法律语言学研究会",http://news.swupl.edu.cn/xzxz/209080.htm,2017年4月24日访问。

[324] 王彬:《裁判事实的叙事建构》,载《海南大学学报人文社会科学版》2013年第3期。

[325] 王德春:《语言学通论》,北京大学出版社2006年版。

[326] 王国枢主编:《刑事诉讼法学》,北京大学出版社2013年版。

[327] 王建:《结案陈词的叙事建构及其对裁决的影响——以辛普森案件为例》,载《外语教学理论与实践》2010年第1期。

[328] 王进喜:《中国律师法的演进及其未来》,载《西部法学评论》2008年第4期。

[329] 王菊丽:《叙事视角的文体功能》,载《外语与外语教学》2004年第10期。

[330] 王珏磊:《中国司法庭审变革:从纠问制到控辩制》,载《时代周报》,http://book.163.com/10/0221/12/602017OC009244K2.html,2017年8月3日访问。

[331] 王良顺:《论量刑根据——兼及〈刑法〉第61条的立法完善》,载《法学家》2009年

第 5 期。

[332] 王敏远:《一个谬误,两句废话,三种学说——对案件事实及证据的哲学、历史学分析》,载《公法》2003 年第 4 卷。

[333] 王甦、汪安圣:《认知心理学》,北京大学出版社 2001 年版。

[334] 王文斌、熊学亮:《认知突显与隐喻相似性》,载《外国语》2008 年第 3 期。

[335] 王晓阳:《叙事视角的语言学分析》,载《外语学刊》2010 年第 3 期。

[336] 魏薇、刘明东:《图式理论的发展及应用》,载《湖南第一师范学报》2007 年第 1 期。

[337] 文仕江:《法与情的衡平——香港法庭片的叙事与视听》,载《当代电影》2015 年第 10 期。

[338] 吴庆麟:《认知教学心理学》,上海科学技术出版社 2000 年版。

[339] 向波阳、李桂芳:《中国刑事庭审叙事话语特征研究》,载《湖北师范大学学报(哲学社会科学版)》2017 年第 1 期。

[340] 谢晓河、余素青:《虚构话语:言语行为和非交际性》,载《外语研究》2005 年第 3 期。

[341]《新〈律师法〉主要修改了哪些内容?》,https://zhidao.baidu.com/question/571632798.html,2017 年 8 月 2 日访问。

[342] 熊秋红:《新中国律师制度的发展历程及展望》,载《中国法学》1999 年第 5 期。

[343] 熊武一、周家法、卓名信、厉新光、徐继昌等著:《军事大辞典·下》,长城出版社 2000 年版。

[344] 熊先觉主编:《司法文书教程》,法律出版社 1993 年版。

[345] 熊学亮:《认知语用学》,外语教育出版社 1999 年版。

[346]《修辞学三要素》,http://www.xphabit.com/article/4011.html,2017 年 7 月 29 日访问。

[347] 徐赳赳:《现代汉语篇章语言学》,商务印书馆 2010 年版。

[348] 徐伟、管振彬:《拉波夫模式框架下法庭提问中叙事构建》,载《法制与社会》2008 年第 28 期。

[349] 徐亚文、伍德志:《法律修辞、语言游戏与判决合法化——对判决书上网的法理思考》,载《河南省政法管理干部学院学报》2011 年第 1 期。

[350] 薛爱昌:《叙事、融贯与真实》,吉林大学法学系,博士学位论文,2016。

[351] 〔美〕西摩·查特曼:《故事与话语:小说和电影的叙事结构》,徐强译,中国人民大学出版社 2013 年版。

[352] 〔古希腊〕亚里士多德著:《修辞学》,罗念生译,上海人民出版社 2006 年版。

[353] 姚睿:《正义与情感的银幕书写——美国法庭片的叙事与文化价值观》,载《当代电影》2015 年第 7 期。

[354] 于辉:《裁判事实构建中的叙事及其评估——以批判性思维为视角》,载《法学论

坛》2016年第6期。

[355] 余素青:《法庭论辩中的言语策略分析》,载《中国法律语言学展望》,对外经济贸易大学出版社2007年版。

[356] 余素青:《法庭审判中事实建构的叙事理论研究》,北京大学出版社2013年版。

[357] 余素青:《法庭言语的功能及其特征分析》,载《前沿》2009年第6期。

[358] 余素青:《法庭言语的制度性特征分析》,载《当代修辞学》2008年第5期。

[359] 余素青:《法庭言语研究》,北京大学出版社2010年版。

[360] 余素青:《〈关联性:交际与认知〉述评》,载《语言理论与教学研究》第1辑,中国大地出版社2006年版。

[361] 余素青:《判决书叙事修辞的可接受性分析》,载《当代修辞学》2013年第3期。

[362] 余素青:《认知图式下的庭审叙事连贯机制》,载《华东师范大学学报(哲学社会科学版)》2013年第4期。

[363] 余素青:《庭审叙事的修辞性叙事学分析》,载《法律语言与翻译(第三辑)》,复旦大学出版社2012年版。

[364] 余素青:《庭审叙事特征分析》,载《外国语文》(原《四川外国语学院学报》)2011年第2期。

[365] 余素青:《庭审叙事形式及其结构分析》,载《法律语言与翻译(第二辑)》,复旦大学出版社2011年版。

[366] 余素青:《文学话语的多语境研究》,载《江西社会科学》2009年第7期。

[367] 余素青:《新媒体传播与舆论审判叙事》,社会科学文献出版社2017年版。

[368] 余素青:《自由间接引语的语用分析》,载《外国语(上海外国语大学学报)》2013年第2期。

[369] 袁雄:《认知语境的多维度诠释》,载《科技信息》2009年第14期。

[370] 〔美〕约翰·加斯蒂尔、佩里·迪斯、菲利普·J.维瑟著:《陪审团和民主——论陪审协商制度如何促进公共政治参与》,余素青、沈洁莹译,法律出版社2016年版。

[371] 张纯辉:《司法判决书可接受性的修辞研究》,上海外国语大学外国语言学及应用语言学系,博士学位论文,2010。

[372] 张存建:《理论依赖与方法适用:新媒体语境下的案件事实论辩》,载《湖北社会科学》2016年第2期。

[373] 张存建、刘方荣:《陪审团裁定案件事实的知识论预设》,载《学术交流》2015年第4期。

[374] 张存建:《自媒体信息传播对法官认定案件事实模式的影响及对策——来自案件事实修辞叙事解释的启示》,载《理论导刊》2015年第2期。

[375] 张丹、邱天河:《法庭语言策略的意向含意分析》,载《重庆科技学院学报(社会科学版)》2008年第5期。

[376] 张德淼、康兰平:《法律修辞的司法运用:案件事实叙事研究》,载《中南民族大学学报(人文社会科学版)》2015年第2期。

[377] 张晓芝:《法律论证中的逻辑理性》,载《政法论丛》2010年第5期。

[378] 赵静:《法律叙事与文学叙事》,载《当代文坛》2008年第2期。

[379] 赵静:《司法判词的表达与实践——以古代判词为中心》,复旦大学中国语言文学系,博士学位论文,2004。

[380] 赵秀凤:《叙事语篇中视角交汇的认知解析》,载《四川外语学院学报》2006年第6期。

[381] 《制度分析与文化传播》,http://web.cenet.org.cn/web/wiacc/index.php3?file=detail.php3&nowdir=&id=58312&detail=1,2008年4月18日访问。

后 记

2012年，由本人主持的课题"认知理论框架下的庭审叙事研究"（12BYY040）获得了国家社会科学基金项目的立项。这是本人在2006年主持的"法庭言语研究"和2009年主持的"法庭审判中的叙事话语研究"获上海市教委一般项目立项，以及2010年主持的"法庭事实构建的叙事理论研究"获国家教育部规划基金项目立项之后，上的一个新的台阶。之后，本人主持的课题"庭审叙事的认知研究"还获得了2012年华东政法大学校级科研项目立项，"新媒体传播语境下的舆论审判叙事理论研究"获得了2014年上海市教委科学研究重点项目立项，目前以上项目均已结项。

在前期对法庭言语、法庭审判中的叙事话语、法庭事实构建的叙事、新媒体传播语境下的舆论审判叙事、庭审叙事的认知等方面内容的研究基础之上，我们发现法庭审判过程中对案件事实构建的叙事其实是庭审参与者之间交际互动的认知及解读过程。我们通过问卷调查的形式展示了法官、公诉人及律师对构建"故事"的叙事认知，以及他们在"故事"构建中起作用的认知因素。这些数据很有意思，也很值得进一步研究。在2018年项目结项时，本研究报告获得了评审专家"良好"的鉴定结果。

本人非常感谢在研究过程中给予我帮助的各位亲人、同事和学生，因为有他们的帮助，本项目才能得以按时结项。他们是王永杰教授、孙德通老师等，他们帮忙联系问卷调查的受访者；还有竺常赟、陈伟如、方刚、陈思瑶、李德隆等法官，柳文斌、谭尘、邓伟放等检察官，周伟良、李超等律师，他们帮忙修改问卷调查的各条内容。除此之外，万立、胡青青和徐粤慧三位同学帮忙收集资料、整理调研数据并进行统计等；余璐同学收集了10多个刑事和民事审判案例；还有我的先生——上海外国语大学法学院谢晓河副教授，作为项目主要参与人，他帮忙收集资料,并撰写了 7.3.2 和 7.3.3 两个部分的内容。在研究的过程中,我还参考并引用了大量的资料,在此也一并感谢各位作者,你们的真知灼见给了我很大的启发。最后,虽经多次审校,难免还有疏漏之处,还望读者朋友们批评指正!

余素青

2024 年 6 月 22 日于上海